想象另一种可能

理想国
imaginist

ASIA AND THE GREAT WAR

A SHARED HISTORY

亚洲与一战
一部共有的历史

徐国琦 著　尤卫群 译

四川人民出版社

ASIA AND THE GREAT WAR: A Shared History, First Edition
by Xu Guoqi
Copyright © Xu Guoqi 2017

ASIA AND THE GREAT WAR: A Shared History was originally published in English in 2017. This translation is published by arrangement with Oxford University Press. Beijing Imaginist Time Culture Co., Ltd. is solely responsible for this translation from the original work and Oxford University Press shall have no liability for any errors, omissions or inaccuracies or ambiguities in such translation or for any losses caused by reliance thereon.
All rights reserved.

四川省版权局著作权合同登记号：图进字 21-2020-129

图书在版编目(CIP)数据

亚洲与一战 / 徐国琦著；尤卫群译. --
成都：四川人民出版社，2020.5
　　ISBN 978-7-220-11807-4

Ⅰ.①亚… Ⅱ.①徐… ②尤… Ⅲ.①第一次世界大战 – 关系 – 近代史 – 研究 – 亚洲 Ⅳ.①K143 ②K304

中国版本图书馆CIP数据核字(2020)第038176号

YAZHOU YU YIZHAN
亚洲与一战
徐国琦著；尤卫群译

责任编辑：张春晓
特约编辑：鲁兴刚
装帧设计：彭振威设计事务所
内文制作：李丹华

出版发行　四川人民出版社（成都槐树街2号）
网　　址　http://www.scpph.com
E – mail　scrmcbs@sina.com
印　　刷　山东临沂新华印刷物流集团有限责任公司
开　　本　1270mm×960mm　1/16
印　　张　10.75
字　　数　278 千
版　　次　2020 年 5 月第 1 版
印　　次　2020 年 5 月第 1 次
书　　号　978-7-220-11807-4
定　　价　78.00 元

如发现印装质量问题，影响阅读，请与发行部联系调换。
电话：（010）84255532 转6085

献给
杰·温特(Jay Winter)与何复德(Chuck Hayford)

序　言

　　第一次世界大战是一场考验，既考验发动这场战争的国家，也考验它们在全世界的附属国和殖民地内的控制权的合法性。战败意味着在本国失去政权，在海外失去殖民地。无论结果如何，1914年爆发的这场大战象征着帝国世界的重构。如果加上1917年前后一系列俄国革命运动的影响——其中第二次俄国革命（十月革命）使俄国退出了一战——以及美国加入一战的影响，我们就会明显地看到，全球力量熔于一炉的汇合重整贯穿于整个大战冲突之中。

　　在1919年的战后和平会议上，旧帝国企图稳定或巩固他们的强国地位，但所有人都能看出，一战使美国和俄国崛起，释放出可能代替欧洲人统治帝国世界的另一股力量。俄国甚至都没有在和会上出现。由于威尔逊无法使参议院批准通过《凡尔赛和约》，美国的领导地位也一落千丈。列强在凡尔赛拼命谋划世界的持久和平，但事与愿违，他们所启动的力量有一天将毁灭整个旧秩序。为《凡尔赛和约》辩护的人认为它是没办法的办法，但我并不认同这个看法。

　　1919年在巴黎产生的是哪种"和平"呢？全球性的武装冲突仍在继续，在某些国家，如土耳其和俄国，残酷的内战一直持续到1920年代初。就殖民地世界而言，埃及、巴勒斯坦、伊拉克、印度及朝鲜都发生暴力骚乱。凯末尔废除了哈里发制度，从而放弃了部分伊斯兰地区，伊斯兰教权力失去了重心。很多穆斯林对英法在其殖民地选出的地方统治者的软弱表示不满。1920年末，穆斯林兄弟会在这种伊斯兰危机中出现，并且存续到了今天。

与此同时，国际上出现了将殖民地转化为新成立的国际联盟托管地的潮流。这种体制最终导致许多殖民地发展成完全独立的国家。在欧洲以外，第一个加入主权国家行列的是1922年独立的伊拉克，但仍有人怀疑这些帝国强权（无论当时还是现在）的真意是建立一些改头换面的附庸国——你也可以称之为俄式波将金村，空有其表，实际上并非真正独立。

1918年后，通过压制和命令，殖民强权在亚洲的一些地方，如印度、越南、印尼、马来西亚半岛和波利尼西亚群岛等地的统治得到巩固，或者进行了一些改头换面。要再经过五十年，帝国虚张声势的面具才会掉下来。即便如此，先是法国、英国、荷兰，其后是美国，仍然找到巧妙或者不那么巧妙的方法保持了对这些国家及其资源的控制。20世纪最后四分之一时间里的后帝国世界秩序，与之前的帝国世界秩序相比较，究竟有哪些差异？这是一个相当有争议并且至今依然众说纷纭的问题。

围绕一战前后数十年间动荡不安的帝国历史，人们已有相当丰富的文献研究。但徐国琦这本关于一战与亚洲的新著是开创性的，已经超出了传统学术研究的范围。这本书的与众不同之处在于，它是第一本从亚洲视角做一战叙事的学术著作，其核心是对中日冲突在一战中的转型，以及这种转型对亚洲及其他地区帝国的未来发展计划的影响做了深刻而重要的阐述。

徐国琦的著作从1914年战争爆发前二十年间的中日矛盾开始写起，就两国在战争期间及战后针对亚洲未来所持的互相对抗、彼此对立的前景，做出了非常清晰的说明。亚洲殖民地在新的自决秩序下的发展历史，为（重组后的）日本、英国和法国帝国力量所统治的旧秩序所掩盖，因此，徐国琦的这本著作为我们更好地了解整个亚洲的殖民历史打下了基础。

日本在1915年提出的"二十一条"要求明目张胆地表露了它对中国的帝国野心。它要趁欧洲各国耗尽资源，忙于相互间的军事毁灭之时，把中国变成其"附属国"。对中国而言，为了民族生存，必须参战并确保在协约国阵营拥有一席之地，这是利害攸关的举措，除此之外没有其他选择。徐国琦把日本外交的复杂内情及中国的反制行动，特别是中国派遣劳工团到西线的决策，生动地展现出来。关于这个课题，徐国琦是公认的权威。在本书中，他把中国的策略置于中国坚持参战国地位，以及中国有权帮助塑造其所在地区及其他地区的未来的大背景下进行考察。

一战期间乃至战争结束之后，中国与日本的力量明显相差悬殊，然而推动事物发展的正是这种矛盾。一方面，日本无法有效地征服中国，找不到足够的傀儡在中国替他们统治；另一方面，中国亦无法有效地抵抗日本势力的入侵。这种血腥及不稳定的平衡状态主导了20世纪初期的所有事件，直到1945年才猛然结束。

徐国琦从亚洲的视角出发，对战争结束后帝国力量内部所固有的不稳定性，为我们做出了有说服力的叙述。他为我们提供的是一个共有历史的视野，而不是单独几个国家的历史回顾。所有国家都受到那种侵蚀性的、结构变幻不定的、分裂的跨国力量的冲击。在这些亚洲国家中，有一些人认为，欧洲在这场大战中的杀戮败坏了西方声称的自己有什么"文明的使命"。欧洲霸权在1929年的世界经济危机中又遭受了一次沉重打击，但仍要等到再经历一次世界大战，英法等国的财产及资源进一步大量损耗之后，这些列强才意识到他们无法永远保留他们的殖民地附属国。

然而在1918年几乎还看不到这种对于帝国强权之极限性的认

识。一战自始至终都是一场帝国的战争。但是要想改变现实，就需要亚洲人民自己在战争中认清，他们能够作为完全自由的国家站起来的唯一出路，就是通过发展政治、外交、经济及军事等多种力量手段，并且要懂得运用这些手段。在20世纪上半叶的人类悲剧中，日本和中国将这些手段主要用于互相对抗之中。在本书以感人的笔触所描述的独立梦想实现之前，整个亚洲，事实上甚至整个世界都在这个铁的时代经受苦难。徐国琦对亚洲和一战的权威性研究，以经得起时间考验的重要方式，用精辟的说明，照亮了认识这段黑暗故事的路径。

杰·温特
耶鲁大学及莫纳什大学
2016年5月

致　谢

如果没有杰·温特邀请我为他的《剑桥第一次世界大战史》撰写其中有关亚洲与一战的一个章节，就没有这本书的撰写。我能在第一次世界大战这个研究领域坚持多年，杰起了重要作用。十年前，我的第一本书《中国与大战》就由杰收入由他主编的剑桥大学出版社"近现代战争的社会及文化史研究"系列出版。杰不但就如何撰写这本书给予我指导，还愿意牺牲他的宝贵时间为这本小书写序，实在为拙作增光不少。我希望借此表达对他的真挚感谢，感谢他帮助我及很多人对一战形成更深入的了解和认识。我也深深地感谢罗伯特·格沃斯（Robert Gerwarth），他担任牛津大学出版社"大战"系列的主编，说服我接下撰写这本书的任务，并在2012年邀请我在休学术假期间到都柏林大学的战争研究中心写作这本书。这个中心是一个非常棒的激励人思考的地方，在这里我得以同许多优秀学者论证我的想法。我必须感谢都柏林三一学院的约翰·霍恩（John Horne），他不但乐意介绍学院的藏书给我，还请我去都柏林他美丽的家中品尝美酒佳肴，花了许多时间同我讨论彼此都感兴趣的战争研究话题。我也要向凯特·达里恩—史密斯（Kate Darian-Smith）、安东尼亚·费内（Antonia Finnane）、芭芭拉·基斯（Barbara Keys）三位致谢，他们使我2014年、2015年在墨尔本大学的短暂停留既快乐又充实。

在撰写本书时，我受到不少学者的启发，为此向他们深表谢忱，特别感谢戈登·约翰逊（Gordon Johnson）、杜赞奇（Prasenjit Duara）、麦克·阿达斯（Michael Adas）、入江昭（Akira Iriye）、马雪松（Erez Manela）、弗雷德里克·迪金森（Frederick Dickinson）、杰·温特、罗伯特·格沃斯、约翰·霍恩、山塔努·达斯（Santanu Das）、玛丽莲·莱克（Marilyn Lake）、金伦·胡希尔（Kimloan Vu-Hill）、理查德·福格蒂（Richard Fogarty）、亚伦·克莱默（Alan Kramer）、拉蒂卡·辛格（Radhika Singha）、岛津直子（Naoko Shimazu），还有很多学者。我从他们的著作中获益极大，他们提供的观点和历史资料，都是本书的重要依据。我借鉴了这么多人的观点，恐怕都无法恰当地向每一位分别致谢。

戈登·约翰逊、杰·温特、弗雷德里克·迪金森、罗伯特·格沃斯、何复德和费德丽读过部分或全部手稿，并给予深入而精确的修改建议。匿名评审人亦提出了很好的建议和建设性的批评。虽然我对他们的意见并非全部接受，但他们不可或缺的反馈无疑让这本书变得更好。当然，这本书的任何缺点一概由我个人负责。牛津大学出版社的罗伯特·费伯（Robert Faber）和凯瑟琳·史迪尔（Cathryn Steele）不仅经常委婉地提醒我保持写作进度以确保我能准时完成计划，更重要的是，他们给了我非常需要的关键性支持，对我及这本书充满信心。

我要特别致谢哈佛大学瑞德克利夫（Radcliffe）高级研究院。它为我提供了一个极好的学术环境，让我在那里完成了过去两本书的写作。当我撰写本书时，研究所再次邀请我分别在两个暑期去那里进行专项研究，为本书及时完成提供了十分关键的支持。另外，研究所亦慷慨聘任以下几位优秀的哈佛学生帮助我完成这本书的写作：诺埃尔·席尔瓦（Noel de Sa e Silva）、吉娜·金（Gina

Kim）、法图马塔·佛尔（Fatoumata Fall）、安德鲁·李（Andrew Lee）、卡桑德拉·威斯顿（Cassandra Euphrat Weston）。这些学生协助我寻找各种语言的资料，虽然他们完成哈佛学位时，本书仍未能脱稿，但我非常高兴能在这里对他们不可或缺的帮助表示感谢。我也要向研究院瑞德克利夫资助项目的两名优秀负责人表示深深的谢忱：她们是分管研究员事务的副主任莎伦·布朗伯格－林（Sharon Bromberg-Lim）和研究院副院长朱迪斯·维科尼亚克（Juhith E. Vichniac）。她们两位一直让我在研究所期间的工作卓有成效，并且心情愉快。

我要感谢三位东京大学博士：徐行、李启彰、陈萱。他们在寻找日文资料和翻译上给了我极大帮助。我非常感谢我的同事鲍兰雅（Janet Borland）和史乐文（Charles Schencking），每当我在日语及资料方面遇到困难时，他们都为我提供帮助，为我鼓劲。我亦要感谢吴翎君、广部泉（Izumi Hirobe）、简·施密特（Jan Schmidt），在我撰写本书时，他们都提供了十分重要的帮助。我有幸就与本书内容相关的题目在以下地方做演讲：伦敦帝国战争博物馆、哈佛大学、墨尔本大学、曼彻斯特大学、日内瓦大学、柏林自由大学、维也纳大学、复旦大学、剑桥大学、北京大学、首都师范大学、暨南大学，等等。各地听众的评论、批评及建议都使我受益良多。我也要对奥利弗·简兹（Oliver Janz）表示感激，他邀请我成为其《在线 1914—1918：第一次世界大战国际百科全书》的东亚共同编辑，使我有机会与亚洲及世界的史学家同行密切合作，进一步加深了对亚洲与一战关系的理解。

我由衷地感激香港大学的同事们，他们在我撰写本书时给我以启迪，并给予我慷慨的支持。我要感谢香港政府的大学教育资助委员会的研究经费（HKU 752013）资助和香港大学的基础研究经费资助。香港大学的同事们慷慨地给予我最佳研究成果奖和杰出研究奖，使我在本书的研究和撰写中得到非常需要的经费资源。我亦感激大学给予我学术休假及研究假让我完成本书的写作计划。

最后，我要向我的家人致以深深的感谢。丘吉尔曾对一本书的撰写过程有这样的评论："写一本书是一次探险，开始时像在摆弄玩物，随后变为消遣，接着它变为一个情妇，然后又变为主人，再后来成为暴君。到了最后的阶段，当你差不多安于这种屈服奴役的时候，你却杀掉了这个怪物，把它抛到公众面前。"在这整个周期中，当我长时间忙于写作这本书的时候，我的太太尤卫群与三个孩子一直都给予了我最大的支持。他们的爱、支持及鼓励最终支撑着我按时完成这一相当具有挑战性的写作计划。我要对他们所福佑于我的所有的幸福和满足，表达最深的谢意。

目录

绪　言 / 001

作为中日共有历史的一战

第一章　一战来到亚洲，1894—1914：从下关到青岛 / 021

第二章　一战在中国与日本，1915—1918 / 042

战争中的帝国：一战与印度、朝鲜及越南民族发展的转型

第三章　印度的一战及民族觉醒 / 065

第四章　殖民地越南与一战 / 107

第五章　朝鲜人：从三一运动到巴黎和会 / 135

中国人与日本人的处境：高度期望与极度失望

第六章　中国、日本在巴黎：新世界中的老对手 / 173

第七章　日本的种族平等之梦 / 208

走向新的亚洲与世界

第八章　亚洲重新思考它与世界的关系 / 239

结　语 / 279

缩语表 / 285

注　释 / 287

主要参考书籍 / 317

绪　言

大英帝国诗人鲁迪亚德·吉卜林最初认为，第一次世界大战是文明与混乱的对决，并设法帮助儿子约翰进入爱尔兰卫队服役。他曾为约翰写了一首诗《如果》，后来在英国儿童及军官中广为流传。这首诗以"如果众人皆醉你独醒，而你却因此遭到非难"开始，最后以"我的儿子，你将成为真正的男子汉"结束。[1] 1915年约翰在洛斯战役中失踪，想必是阵亡。最近人们又发现了吉卜林的一首诗《赌徒》，其中写道："三次负伤／三次中毒气／三次被摧毁，最后我还是输了，彻底崩溃。"另一段写道："在疯狂之前，它的灵魂神圣如上帝。不要紧，坟墓会使它最终完全。"[2] 在《战争的墓志铭》中，吉卜林则痛苦地写道："如果有人问我们为何死亡／告诉他们，因为我们的父辈说谎。"[3] 显然，连吉卜林对这场大战的反应也是情绪复杂、一言难尽的。

一战爆发已经一百年了，而对于它的起源、影响和意义，人们仍然处于一种痴迷又无法厘清的沮丧状态。2014年《经济学人》指出，关于一战的书籍及学术文章总数已超过两万五千种。对于这场短短数年的大战争，大到国际秩序更广泛的意义，小到只有当地人才知道的具体事件的细节，每一个可能的方位和角度，无不被仔细考察。还有更多的相关书籍正在陆续出版。[4]

杰出的一战史学者杰·温特最近做出有力的论证：语言界定战争记忆，一战在"盎格鲁系"国家仍最具震撼力。在英联邦国殇纪念陵园里，一战牺牲者的墓碑上都刻着"非为荣耀，意义非凡"。在温特看来，一战期间"荣耀"在英国的名声并不好。但一战是用多种语言来叙述的。在法国，荣耀的说法仍然是战争时期甚至战后日常语言的一部分。[5] 最近，评论员们已经准备好将一个世纪以前的巴尔干半岛局势与中日之间的情形进行类比，或者更有针对性地，在今日充满政治震颤的中东地区看到了堪与1914年相比的危机四伏。这些辩论无疑将会继续下去。

一战在今日亚洲的回响

在亚洲，关于一战的严肃的学术讨论和辩论才刚刚开始。对一战在亚洲的影响和亚洲人在一战中的贡献的研究，特别是从亚洲的视野出发的研究尚付阙如。虽然我们现在在对日本、印度和中国这样的个别国家的研究有翔实而富有洞察力的著作，但还没有一本书揭示亚洲的集体参与和一战对其社会的影响。此外，亚洲国家卷入一战的最终结果各不相同，尚无哪一本书以任何一种语言探讨它们的共有经历。人们可以争辩说，鉴于一战对亚洲国家的相关性和重要性，在那里对事件的定义和在其他地方是一样的。但是，当纪念一战一百周年时，我们对这部分故事的了解仍然有限。许多问题有待我们去关注，而且无疑还有许多问题尚未提出。

只有当我们了解中国和日本在一战冲突过程中究竟发生了什么，了解导致冲突产生的那一代人之后，才能认清一战对于今天中日关系的重要性。我将论证，1894年到1895年的中日甲午战争，为中国和日本争相加入欧洲这场冲突奠定了基础并提供了动力。一战可能早已结束，但它的幽灵仍然以许多扭曲的方式困扰着亚洲人。

威廉·福克纳说:"过去并没有死,它甚至还没有过去。"话带讥讽,但用来描述一战对亚洲的影响似乎恰到好处。[6]

评论者、学者、政治家们在讨论当前中日关系时,已经开始用一战来进行类比。2014年1月,日本首相安倍晋三在瑞士达沃斯论坛上公开对一名听众说,日本与中国的竞争与第一次世界大战前德国与英国的竞争相似,暗示国家利益和外交的差异将取代密切的贸易关系,中国将扮演德国的角色。中国人当然不喜欢这样的类比。王毅外长在同年3月全国人大会议期间的一次记者招待会上说:"2014年不是1914年,更不是1894年……与其拿一战前的德国来做文章,不如以二战后的德国做榜样。"但在回应日本记者关于中日关系日益恶化的提问时,他又语带警告地说:对中国而言,在历史与领土这两个原则问题上,"没有妥协的余地"。[7]

美籍德裔史学家弗里茨·斯特恩(Fritz Stern)称这场大战争"是20世纪的第一场大灾难,是其后所有灾难的根源"。[8]其影响远远超出了中国与日本之外。今天朝鲜、韩国的对立是第二次世界大战及冷战的结果,而这一结果又直接源于第一次世界大战后建立的不平等的国际秩序。亚洲民族国家之间更大的领土争端问题是一战结果的另一个侧面。1962年,印度与中国因为边境争端开战,两国人民至今仍然担心利益冲突会导致另一场战争。越南与中国之间的南海问题纠纷,经常把两国带入外交或军事上的冲突之中。当前亚洲依然存在战争的可能性,并提醒我们这一地区过去,特别是第一次世界大战期间存在的复杂关系——它为日本十五年的侵华战争(1931—1945),为共产主义在中国、朝鲜和越南的兴起,以及印度走上漫长的独立道路奠定了基础。亚洲人也许对这场大战争没有什么认识,但正是这场大战以重要的方式决定了他们的现代命运。

鉴于当代现实和历史意识的广泛缺乏,本书旨在突出亚洲人对20世纪"空前的大灾难"的多层次参与和认识。其实这是个迟来的工作。一战对整个地区都产生了重要影响,塑造了民族愿景及发展,影响了外交关系以及亚洲人对自己和世界的看法。随着亚洲在世界事务和全球经济中的影响越来越大,随着亚洲人不断发展自己的民族认同和国家发展的新方向,认识第一次世界大战的作用可以为解决至今仍然困扰我们的许多难题提供答案。

主要议题

虽然本书的标题为"亚洲与一战",但并非涵盖与一战有关的所有内容,它主要考察的是中国、印度、日本、朝鲜与越南的经历。土耳其是亚洲国家,在一战中的地位也至关重要,但它的故事值得单独书写。[9] 不过,正如杜申(A. E. Duchesne)所指出的,土耳其在我们所要讲的故事中起着间接的作用:它对印度十分重要,因为它可以威胁到埃及,对英国在印度的统治造成负面影响。[10] 其他相关的东亚地区,例如新加坡[11]、泰国(暹罗)及马来西亚都受到一战影响,甚至以这样或那样的方式参与其中。[12] 遗憾的是,受篇幅所限及主题约束,我在书中不得不将它们排除在外。我只能查考最具代表性的事例。本书着重研究一个崛起的大国(日本)、一个拼命试图利用一战改变其民族命运的国家(中国)、一个英属殖民地(印度)、一个法属殖民地(越南)和一个日本殖民地(朝鲜)。这五个国家之间长期交往,建立了多方面的联系。日本、中国、朝鲜、越南、印度五国相邻,由于近代以前中华帝国势力延伸到这些国家的影响,以及佛教的传播,他们共有某种相同的文化源头,进而建立起一种若隐若现的共性。印度与中国之间保持着密切的、有时是间接的文化交流。南北朝之前,佛教从印度传至中国,许多诗词、戏剧及小说,无论民间俗传和文人雅作都深受佛教浸润,其语言表达也多有翻译自印度文化的外来语。而朝鲜和中国的佛教很快便成为日本社会、文化及政治中的重要元素。除了佛教的输入，日本也接受了中国的文化学识，并将其融入文学、近代以前的政治文化甚至茶道之中。朝鲜、越南的上层精英曾以汉字为书写文字，两国直到19世纪后期仍是向中国朝贡的王国。后来，它们都试图利用一战促进自身民族发展或建立国际威望，或两者兼而有之。具有讽刺意味的是，另一个凝聚力却来自欧洲中心论的世界观：认为他们全都是划一的有色人种，即便印度人与中国人、日本人、越南人和朝鲜人截然不同。通过研究这些国家及其人民对第一次世界大战的反应，我希望在书中指出至今仍然使该地区和整个世界感到担忧的问题，此外还能够进一步阐明这场战争如何极大地影响了他们对自身及20世纪国际体系的思考和认知。

本书没有对上述五个国家进行均衡阐述，原因有两点：首先，三个殖民地国家（印度、朝鲜及越南）的人民并不具备掌控自己的战争政策甚至自身命运的权利，因此不能像中国和日本那样，围绕一战和战后世界秩序，自由地进行探讨、辩论和制定独立政策；其次，围绕这五个国家的现有学术研究差异甚大，我们确实需要更多关于越南和朝鲜的研究。换言之，本书既突出了某些领域历史研究的缺乏，也为未来的研究方向做出建议。此外，出于对主题连贯性的考虑，本书将着重于西线战场以及本书所关注的这些国家和人民的经历。许多其他重要的领域和议题，如中东和非洲的印度人、俄罗斯的中国人以及中国对西伯利亚的军事干预，本书将不得不有所保留而未涉及。

除了聚焦在有限的地域范围，本书旨在更多地思考这些亚洲国家的共同旅程和一战对它们产生的影响，而非做全方位的历史叙述。换言之，本书的副标题"一部共有的历史"实际上才是本书的真正重点。本书以超越国家甚至国际层面的视野，试图从非国家和跨国界的角度展示历史。我希望它能引起反响并激发辩论。我还试图通过亚洲人和西方人的一战经历突出他们共有的历史。我注重关于亚洲人自身的期望、看法、痛苦和挫折的主题——而这一切在某种程度上也是与欧洲人共有的。正如我在另一本书中指出的："享有共同的经历或相似的遭遇，与分享共同的旅程有所不同，因为共同的旅程意味着共同的目标和共同的利益，尽管在旅途中存在困难、挑战和磨难。"[13] 不过，即使中国人、日本人、印度人、越南人与朝鲜人之间有很多差异，他们在很多层面上仍有互动，并且他们的一战经历存在着许多共同点。

为了运用比较的方法将外交、社会、政治、文化及军事历史等关键主题系统组织起来，本书借鉴了私人信件、日记、回忆录及政府档案等原始材料，以及英语及亚洲诸语言最新的研究成果。以亚洲的资料为基础，系统梳理所有主要的亚洲参战国家及其在一战中的经历是一项艰巨的任务。本书还将指出，在亚洲地区的人民寻求现代国家认同、寻求在战后重组的世界秩序中的新地位这些关键性问题上，一战的经历怎样影响了他们。

与任何研究一样，本书的研究从现有学术成果中获益匪浅，我将重点介绍迄今为止亚洲和世界其他地区的学者对该主题的最激动人心的研究成果。与对一战的传统研究方法相反，本书的讨论将清楚地表明这场爆发于欧洲的冲突如何在外交、社会、政治、文化甚至军事上将亚洲卷入其中。与现有的亚洲研究不同，我把对这场大战的国际史/跨国史叙述带入我们对一战遗产的集体反思。我还将展示这场战争如何以惊人和重要的方式影响了亚洲国家。例如，日本对欧战的兴趣与其征服中国的野心密切相关，而中国要求参战，特别是参加战后和平会议的目标，则源于抗拒日本侵略的决心。人们普遍认为，无论要充分了解中国还是日本，都需要将两者放在一起来考察。[14] 以中日两国对第一次世界大战的介入为例，上述意见尤为正确，而且，稍做变更或许就可以适用于本书所提及的全部五个国家。比如,朝鲜明显想利用第一次世界大战摆脱日本的殖民统治,越南则希望寻求中国及朝鲜的帮助以争取民族独立。

一战在亚洲国家的民族发展史上标志着一个转折点:日本在战略上利用它跻身强国之列,而中国、印度、朝鲜及越南则全都经历了宣传民族自决及民族复兴的新运动的出现。但为什么这场欧洲战争会被这几个国家视为实现上述雄心的良机呢?日本是中国在亚洲地区的最大敌人,为什么中国最终选择与日本站在同一个战争阵营?中国自愿派遣14万华工到法国帮助协约国一方,印度、越南的士兵和劳工也为响应各自宗主国的命令而远赴西方。欧洲的这场杀戮与争战,在印度最终的独立与民主中究竟发挥了什么作用?它又是如何种下使中国和越南最终走向共产主义的种子的?成千上万的亚洲人死于一战,这些都值得吗?

对大多数亚洲人来说,前往法国的旅程是艰辛和痛苦之旅。他们的痛苦主要来自晕船、疾病、恶劣的旅行条件及食物。虽然事实上他们是去支援法国或英国,或者同时支援两者,但中国人、印度人与越南人在法国都遭到欧洲人的种族歧视。吉卜林本人在《白人的负担》一诗中,就曾表达出夹杂责任与轻蔑的这种普遍的帝国复杂感情:他称亚洲人为"新近捉到的忧郁人群,半是魔鬼半是孩童"。他们深陷在"懒惰与异教徒的愚蠢之中",只有当他们达到吉卜林及其同侪设定的"男子气概"标准时才能得到尊重。[15]

尽管历尽艰辛并且面对种族歧视,亚洲人在欧洲的经历及与西方人的直接接触,还是为他们带来了对东西方文明的新认知。亚洲人除了贡献大量的人力资源以外,也在其他方面给协约国提供了重要帮助。由于朝鲜、印度及越南的殖民地地位,很难说他们从战争中得到了什么实质性利益,但中国和日本确实都获得了一定的经济好处。亚洲的参与使这场战争变成真正意义上的世界大战,更重要的是,它促进了整个亚洲地区人民的政治发展与国家认同。亚洲参战者对战后和平会议前景的激动期待，也进一步表明这场战争对于这一地区的重要性。

本书所提及的五个国家都经历了对一战前景的至高期望，和对战后结果倍感羞辱的失望。我将论证，这些期望和挫折，以及对战后和平会议的失望，是一次惊人的共有集体经验，尽管很少有学者从这个角度做比较研究。这五个国家都非常热衷于威尔逊"十四点原则"演讲中所刻画的新世界秩序。相对处于弱势的中国、印度、朝鲜和越南都希望在国家命运上争取平等发声，日本则希望在巴黎和会上得到梦寐以求的、西方对其亚洲强国地位的认可，同时希望其新近在中国攫取的利益能获得国际承认。更重要的是，日本希望西方列强能最终接受日本的完全平等地位。虽然日本人受到中国和朝鲜的学生、知识分子、商人以及外交官的强烈抗议，但它的第一个目标基本上实现了，第二个目标则以失望告终。

国际联盟继续抱持欧洲中心偏见、英美在亚太地区的团结日益增强，以及《1924年美国移民法案》（其中包括特别条款《排亚法案》，禁止亚洲国家的人民移民美国）的通过，从三个方面"加深了日本的幻灭感"，日本在和约谈判中引入种族平等条款遭到拒绝，更使日本人的失落雪上加霜。[16] 西方对日本所提条款的回应明显表明它仍旧未能与西方列强平起平坐。日本仍然被排斥在白人俱乐部之外，并继续与亚洲同胞同处次等地位。这种幻灭感也许有助于解释日本后来实行一意孤行策略及对华扩张政策的意图。

更糟糕的是，日本正在经历一场国家认同危机。当中国发现19世纪的世界秩序极其错误、不公正及充满敌意时，日本则因为决心效仿德国而成功采纳了西方先进物质文明，自视为"东方的进步先锋"。但是，一战与新的世界秩序迫使日本得出结论，认为它可能选错了模仿对象——毕竟，德国现在是一个受到谴责的战败国。

由于中国对战后的世界寄予太多期望，因此在巴黎的失望更大。中国人知道自己作为不受尊重的弱国在列强那里没有太大发言权，所以从1915年起就开始为和平会议做准备。鉴于正式对德宣战，并且派出数量庞大的劳工团去欧洲支援协约国，因此中国在和会中取得了席位，但仅仅作为三等国家而得到两名代表席位，而日本则有五名代表。事后看来，日本在和会上的成功自然而然地意味着中国的失败。即便如此，中国人仍抓住机会，成功地为会议讨论注入了新的内容和观点。但他们既没有实现在国际上获得平等地位的梦想，更没有实现从日本手中夺回山东的愿望。

对印度、朝鲜及越南这些殖民地而言，威尔逊的民族自决理念极大地鼓舞了他们。1919年，阮爱国在巴黎首次现身历史舞台，这位来自殖民地的籍籍无名的越南人就是日后大名鼎鼎的胡志明。胡在巴黎非常活跃，1919年9月，他甚至获得刚刚返回法国的越南总督阿尔贝·萨罗（Albert Sarraut）的接见。一些资料显示，胡志明与美国及法国的朝鲜民族主义者有来往，他在1919年的很多想法都受到了他们的启发。人们相信胡志明大量借用了朝鲜独立运动的经验。[17] 一战也许没有对朝鲜产生太大影响，也没有给朝鲜造成重大经济困难，但是与战后和平会议有关的观点都表明了朝鲜人心中具有很高的期望。由于一战，印度民族主义运动经历了一场大变革。直到1914年，印度国民大会党一直是帝国的支柱，但战争一结束，它就变成了大英帝国的死敌。有人认为，印度在一战及和平会议中的经历使它在第二次世界大战后走上争取完全独立的道路。从共有经历的角度透视，我们看到这些亚洲国家都曾期待第一次世界大战能改变它们的各种令人不安、岌岌可危的现状，但最后无一例外都感到失望和沮丧。像印度一样，朝鲜和越南不得不等到第二次世界大战之后才最终摆脱殖民者，宣布民族自决。

这五个国家的精英全都深受美国总统伍德罗·威尔逊的新世界秩序蓝图的影响。这给各个国家在内部及国际间为亚洲在战后的世界地位展开大辩论创造了氛围。对巴黎和平谈判的共同失望标志着亚洲与西方关系的重要转折点。这些国家开始寻找另外的独立道路,这一过程为未来的冲突,特别是中日两国的冲突埋下了伏笔。

1919年欧战结束后的亚洲与1914年的亚洲有着根本的不同,在社会、经济、思想、文化、意识形态各方面皆如此。[18]马雪松曾就威尔逊的新世界秩序构想以及其对中国人、印度人、朝鲜人和埃及人的影响写了一本优秀的专著。受到他精辟论证的启发,并以此为基础,我在书中强调了亚洲人自己对战后世界体系的看法,以及各国内部的声音和力量如何推动他们对战后现实做出反应、为改革做出努力,并特别关注来自亚洲本身的动力。我尤其关注有实力的思想家们——如印度的泰戈尔、中国的梁启超及许多日本思想家——所倡导的"亚洲价值观"。随着古老的儒家文明开始崩溃,中国力争成为一个民族国家,并试图与西方保持平等的关系,因此广义的一战年代恰逢亚洲内部发生巨大变化的时期。随着这场大战争,印度开始了漫长的独立之旅,而中国则走上一条可以称为国际化及民族复兴的新道路。一战结束后,中国和越南最终都走向共产主义,与此同时,一战导致了被战争所改变的日本的崛起,并最终在军事上挑衅西方。

以共有历史的范式来考察这一时期的整个亚洲非常合理:这场战争本身被后人称为"世界大战",它把那些原本没有什么机会相遇的人聚集在了一起。亚洲精英在一战和国家发展方面的经验之所以是共有的,不仅仅是因为他们都在本土和国际上获得启发——即使是他们最边缘化的同胞,即从中国、印度和越南的穷人中招募的工人和步兵,也在通常是极其危险的情况下分享着在异国生活和与西方文化接触的经历。我认为,虽然这些国家和它们各自与战争的联系在许多方面都有所不同,但它们之间存在着强烈的相似之处,这些因素综合在一起便形成了一次集体的共有旅程。

究竟亚洲各国的参与是如何把一战不但变成真正的"世界"战争,而且还将它变成一场"大"战争的呢?究竟这场战争是如何产生由内到外改变亚洲的力量的?无论在亚洲史还是世界史上,亚洲参与第一次世界大战都是独特的一章。亚洲的参战改变了更广泛的冲突的意义和影响。我们必须考虑为什么亚洲精英在战前和战争期间都将自己视为既有世界秩序的受害者,以及为什么这些精英在听到战争爆发的消息时都表现得既兴奋又焦虑。正如克里斯多夫·克拉克(Christopher Clark)所总结的那样,欧洲列强"是一群梦游者,小心翼翼却看不清,被梦想困扰,对于他们将要带入世界的恐怖现实视而不见",而中国与日本则迅速制订了应对冲突的计划。[19]事实上,第一次世界大战是形成整个亚洲世界观和发展道路的决定性时刻。

中国人的20世纪始于1895年到1919年的广义的一战时期。中国对一战的反应及参与,充分标志着它走向国际化的漫长历程的开始,并且将它作为一个国家带入世界。中国对一战的参与,也使它重新回到20世纪更广阔的世界历史之中。今天的中国正如一战时期的中国,仍在寻求国家认同,寻求"何为中国?何为中国人?"等问题的答案。由于一战的后果,中国成为一个共产主义国家。在一战和五四运动期间,中国人相信"德先生"(民主)与"赛先生"(科学)能够救中国。中国的社会转型和文化、政治革命恰逢这场大战,这为中国通过参战投入来重新定义其与世界的关系提供了动力和机遇。一战标志着已有国际体系的崩溃和新世界秩序的到来,这一明显的形势发展正符合中国想要改变其国际地位的愿望。年轻共和国的弱点和国内的政治混乱也为它进入和改变国际体系提供了强大的动力。

越南与英属印度作为殖民地,地位与作为独立国家的中国和日本不同。以越南为例,欧洲战争的爆发并没有引起人们太多的关注，关于一战对国家影响的议论及探讨也是有限和无关紧要的。但是越南人和中国人一样，深受20世纪初社会达尔文主义思想的影响，这促使他们开始为自己的国家寻求新的方向。如同越南一样，印度的参战在很大程度上是因其作为帝国属地的缘故，而不是出于印度自身利益的决策。印度的殖民主人起初并不认为它需要印度人的帮助。毕竟，这场战争主要是在欧洲人之间进行的。但英国人很快意识到，如果他们希望在这场冲突中幸存下来，就必须动员印度资源。印度的参与，即使是在英国的指导下，对于印度人的民族发展及对外关系也很重要。因此，战争打开了一些印度人看向外部世界的眼界，随着世界政治的变化，他们所谓的母国正在进行一场大战，这让他们拥有了梦想并设定了很高的期望。

罗伯特·葛沃斯与马雪松最近指出：

在历史研究中，第一次世界大战并不是一个被忽视的主题。然而，或许可以理解的是，鉴于西欧战争的中心地位，过去90年来出版的大部分文献都集中在西线战事及其对英国、法国和德国的影响上。这些历史大多都从下面两个主要前提出发：首先，战争爆发于1914年的"八月枪声"，结束于1919年11月11日的停战协议；其次，战争主要是民族国家之间的战争，而且主要是欧洲事务。[20]

本书即以上述论断为出发点。亚洲非民族国家在一战中的重要性可以说是显而易见的。但是，虽然我们知道个人的、社会的和跨国的理想与想法在亚洲的表现与欧洲有所不同，但是非民族国家的人民究竟是如何将这些理想和想法融入其愿望与活动中的？对于这方面的研究很少见诸文字。我通过考察来自中国的劳工、来自印度和越南的参战士兵在战争中和在西方文明中承担的角色来梳理这些联系。除了叙述在中国发生的实际战斗——特别是当驻扎在那里的德国军队遭到英国和日本袭击时发生在中国领土上的军事冲突——本书将着重描写在西线战场效力并通常死在那里的数十万亚洲人。本书一个主要目标是发掘和记录那些人的真实声音,因为他们在这场大战冲突中的生活和贡献在很大程度上一直被忽视。我将探讨为何印度、越南和中国都派人到欧洲为协约国一方提供帮助的问题。那些在欧洲的亚洲人在日常生活和工作中、在待遇上以及在他们对战争的贡献方面有什么不同的经历?本书无意成为标准的军事史或外交史,而是要呈现一部亚洲人参与、回应一战的社会史、文化史与国际史。

在参战国家中,中国的参与可能是最不寻常的。派遣劳工的计划标志着近代史上中国政府第一次在远离国土之外的事务中采取主动策略。由于一战是一场全面战争,对抗在前线战场及后方国内同时展开,它消耗了大量战斗力量及其他人力资源。西线进行的是可怕的战壕战,中国人、印度人和越南人所贡献的巨大人力资源必须被视为战争投入的重要组成部分。

与此同时,这些国家的国内局势也发生了重大变化。在一战期间,中国人为争取民族国家的地位而努力走到一起,而印度则走上了漫长的独立道路。虽然中国和越南最终将走上社会主义道路,但在日本,一战引发了一种新的民族自豪感,最终导致它采取军事手段直接挑战西方。亚洲的参战给了协约国一方道德声望和战略及人力资源优势。一战在亚洲的结果包含了悲剧、悖论和矛盾。冲突是关于帝国的野心,但中国在成为共和国和民族国家的过程中推翻了自己的帝国。日本利用一战强化了帝国地位,而朝鲜、印度及越南的经历则激励他们努力摆脱帝国主人,走向独立。

有战争就有胜利和失败。中国加入了胜利者一边,但只得到很少的回报。日本是一个胜利者,国际地位大幅提升,但它的收获也为其帝国未来的毁灭埋下了种子。一战终结了19世纪的世界体系，也提供了重新调整国际事务的机遇。亚洲知识分子都明白，一战代表了欧洲的道德沦丧，但战后世界体系并不能驱除称霸多年的列强势力，除了集体的失望之外，它在战争的直接后果中几乎没有什么作用。

各章简述：亚洲的参与及共有旅程

詹姆斯·乔尔（James Joll）在他关于第一次世界大战源起的经典著作中写道：这场冲突标志着"一个时代的终结与一个新时代的开始"。[21] 这一论述也可以用于亚洲。日本和中国对即将来临的、对自己有利的前景抱着强烈期望，印度和越南既有对宗主国的义务，民族主义也崭露头角，几乎全都立即卷入了这场欧洲战争。在实际战斗方面，只有印度及越南派出军队参加作战。日本对其盟友仅提供微薄的军事支援自有其道理，因为它真正的动机是扩大在华利益，而非打败德国。[22] 由于真正目的是中国，因此当它一旦取得此前被德国占领的青岛后，便立即转移战争投入，集中精力扩大在华势力范围。本书第一章概述一战开始时北亚的局势。1894年的中日甲午战争使日本成为该地区的大国，并成为拥有殖民地的帝国，中国被迫放弃的台湾就是日本的第一块殖民地。这场战争也使中国被迫放弃了对朝鲜的宗主权，中断两国多年的朝贡关系，为日后日本取得第二块殖民地奠定了基础。作为东亚新兴强国，日本似乎注定要参与一场重要的国际军事博弈。通过击败中国，日本已经成为一个正在崛起的亚洲强国。它决意趁欧洲殖民大国被发生在家门口的战争所困而无暇他顾之时，成为领先世界的强国和中国的主人。第一章还回顾了青岛战役，说明这场欧洲战争如何把战斗带到中国战场，以及印度人、中国人及日本人在这场战役中扮演的角色。

第二章重点介绍中国和日本如何利用一战来为国家利益和在国际间的利益服务。本章论证，如果没有认识中国在日本参战战略上的中心地位，就不能完全理解第一次世界大战对日本的重要性。如果说中国是日本参战的关键，那么对日本图谋的担忧也推动了中国努力加入战争。本章进一步探讨中国与日本的战时政策是如何交织在一起的。本章还突出了中国劳工团在法国的战略意义和经历。1911年的辛亥革命迫使中国人重新关注世界体系的变化，而这场大战是引起中国社会和政治精英想象的第一个重大事件。中国人世界观的变化与战争所释放出来的不稳定力量，为中国参与世界事务奠定了基础，尽管对中国本身似乎并没有立竿见影的效果。[23] 本章尤其关注中国人和日本人如何利用一战实现各自的国家目标等问题，以及一战如何确定了这两个亚洲主要国家在20世纪所选择的方向。本章会进一步论证中国和日本经过大量的思考和精心策划加入战争，并反映了各自的战略考量和长远计划。更重要的是，要把他们通往一战的道路，和他们在战争期间以及战后世界的经历作为同一枚硬币的两面来看，才能得到最好的理解。

第三章涉及印度战斗人员和辅助劳工的贡献。在第一次世界大战期间，约有120万印度男子来到法国，作为士兵或劳工，在母国周围为殖民主人服务。本章解释了战争经历如何帮助印度人了解自身的民族命运，并给他们带来关于英国和西方文明的新视野。透过印度劳工、士兵和英国人的眼光，可以看到种族问题也于此时出现了。关于印度和一战的文献很多，但我的讨论突出了印度人与亚洲同胞共有的各种经历。因此，我更关注弱势群体和个人的声音，并以印度故事与其他亚洲国家故事的比较为依据。

第四章讨论越南的参与和一战对其民族最终觉醒的影响。在战争期间，北圻、交趾支那及安南殖民地（构成今天的越南）共派出了约10万士兵与劳工，与法国人一同对抗德国人。本章讨论他们的贡献和经历如何塑造了他们的共同思考——思考祖国作为一个国家和作为一个殖民地的历史和未来，以及他们渴望独立的共同梦想。本章将特别关注像胡志明这样的人，关注他们对一战、对新兴越南民族主义的观察和思考，以及为什么这场战争是殖民地越南的转折点。

第五章研究一战对朝鲜民族独立运动的作用。与印度、日本、越南或中国不同，这场战争对朝鲜半岛民众几乎没有直接影响。朝鲜并没有卷入一战，对一战也没有兴趣。尽管如此，一战仍标志着朝鲜历史的一个转折点，因为它带来了威尔逊对战后新世界秩序的承诺。当朝鲜民族主义者得知伍德罗·威尔逊总统的"十四点原则"演讲以及随后在1918年1月的宣言时，他们像中国人和印度人一样对世界前景及这一承诺对朝鲜未来的意义感到兴奋。很多朝鲜民族主义者认识到"威尔逊时刻"是朝鲜前所未有的机会，遂决定迅速采取行动充分利用这一良机。第五章也强调了朝鲜人与其他亚洲人塑造自己民族发展的共有非凡旅程。

第六章考察了中日两国代表及游说者在巴黎和会上的作用。虽然很少有学者重视他们的角色，但本章论证，即便是日本人，也渴望参与在战后建立一个新的世界秩序。他们希望战后和平协议能巩固其作为亚洲主导力量的地位，并承认日本在中国的发展利益。日本领导者希望西方列强将日本视为平等一员，因为"骄傲、自信、富裕的欧洲已经把自己撕成碎片"。[24] 当然，中国压倒一切的目标是收回并决心守住被日本夺走的山东权益。第六章会进一步阐释中国人和日本人如何都对和平谈判及由此产生的《凡尔赛和约》失望。

第七章关注对日本种族平等条款的处理，正如在巴黎和平会议上一步步展开的那样。本章论证日本人在巴黎以复杂的心情迎接他们的胜利。的确，日本是和平会议上的五大强国之一，但其提出在战后世界秩序中使种族平等合法化的建议却被直接否定，甚至被忽视了。当代表团回到日本时，人们因种族平等条款的失败向他们抗议。不过，日本人并不认为他们将朝鲜人视为劣等人与他们的种族平等要求自相矛盾，因此这是一个比较复杂的问题。种族问题确实是日本人及其亚洲同伴之间共有的痛苦历史；当亚洲人在欧洲时，所有人都面临种族歧视，更不要说在自己本土与殖民者打交道的经历了。当日本在促进全世界种族平等和攫取领土权益之间做出选择时，它选择了后者，因为前者已经证明很难被日本精英接受，更何况付诸实施。

第八章集中讨论一战期间和战后的跨国思想运动和泛亚洲主义的发展。很多亚洲人，也可以说绝大多数亚洲人，都认为这场大战争只不过是一场白人之战，只是欧洲人的战争、西方国家之间的战争。但他们却参与其中，一战及其后果迫使他们思考他们的身份是什么，以及他们在世界上的位置究竟在哪里。印度人、中国人、日本人都在重新思考亚洲与西方、东方文明与西方文明之间的关系，以及他们应该在战争之后向何处去。战争及其造成的破坏使西方文明的道德价值观失去信誉，巴黎和会上发生的一切也从根本上削弱了亚洲人对西方列强的期望和尊重。第八章论述了一战给亚洲人带来的文化上的影响和对于文明社会的意义。

****

今天在亚洲地区，有关一战的记忆、遗忘甚至有意造成的缺失，背离了人们想要认清这场战争的重大意义的初步努力，说明要真正理解一战对亚洲的影响仍然任重道远。[25] 对亚洲国家、亚洲人及其对一战的参与，西方人头脑中的印象及看法同样是混乱的。由于中国和越南充满痛苦和创伤的政治历史、印度和朝鲜的殖民遗产以及日本的战争责任问题,这些参与国家的人们对一战的看法已被扭曲。本书意在为恢复一战记忆并在亚洲背景下重新评价一战向前迈出一步。我希望因此能进一步推动复原一战更广泛的"世界"意义和重要性的进程。

作为中日共有历史的一战

第一章

一战来到亚洲，1894—1914：从下关到青岛

欧洲的"八月枪声"即刻在亚洲有了回响。青岛是山东的主要城市，德国在此及附近地区取得了租借地。这一直令中国人不安，他们希望有一天将其收回；这也困扰着大不列颠，因为英国原本就不想让这里落入日本人之手。最关心这里的两个大国是希望保留租借地的德国，以及想要获得它的日本。因此，在欧洲爆发的战争却点燃了半个地球以外的战火。一场牵连了许多国家的战役随即在德国控制的青岛爆发，并很快以日本的胜利而告终。一战在东亚土地上唯一的战斗是一场多国竞争，其根源可追溯至上一世代，其影响则远及之后数代。本章将探讨这个半岛成为战场的原因，以及日本如何利用欧洲发生的冲突提高自身的国际战略地位，进而巩固国内政权并建立在中国的优势地位。

一战以前的战争

1894—1895年的甲午战争是近代中日之间的首次冲突，也是它们参加一战的根源。目睹了大清帝国在1840年代鸦片战争以后所受的屈辱，日本的改革派精英决心加入西方体系，并在1868年推行明治维新。在不到一代人的时间里，日本变成了一个西式国家，

甚至跟随西方人扩张和帝国建设的模式，将琉球群岛收入版图。新一代精英充满自信，不惜与大清帝国这个昔日该地区的经济文化巨人对垒。1894年开始的军事行动，不到一年便彻底击溃了中国。在迫使中国割让台湾后，日本攫取到第一块殖民地，也成为东亚主要强国。这场战争还使中国被迫放弃历来作为属国的朝鲜，替日本攫取第二块殖民地奠定了基础。正如其后出任朝鲜总督的寺内正毅指出的：明治政府认为控制朝鲜是"攸关日本国体的大事"。[1] 战争的另一个结果是赔款，中国政府被迫赔偿日本3.6亿日元，不但足以抵偿日本的战争开支（约2.47亿日元），也为建设明治时代第一个现代化工厂八幡制铁所提供了经费。[2]

但甜蜜的胜利导致了一场恶劣的对抗。19世纪欧洲的外交依赖一系列合纵连横来维持权力均衡，当某一强国似乎要成为主导力量时，其盟友便会制定新的条约或协定进行遏制。1815年《维也纳条约》后，欧洲没有发生重大战争，这种相对稳定使得欧洲大国将注意力转向海外扩张。当日本在1895年成为帝国时，"帝国主义外交"构成了国际关系，但协约国和未来同盟国各自的联盟开始固定下来而不是彼此转换。从那时起，日本决心加入世界，成为国际政治中的主要参与者，并且似乎必将参与重大的军事决策。

但西方国家拒绝让日本打破东亚的势力均衡。在被称为"三国干涉还辽"事件中，俄国、法国及德国"建议"日本，虽然《马关条约》中已签署割让，但日本不应该控制辽东半岛。这激怒了日本人，后者决心找到对德国采取行动的办法。一份日本报纸以"等着下次"为标题，清楚地传达了这种情绪。[3] 1915年，日本外务大臣加藤高明子爵向美国记者做出解释：

> 德国是个具有侵略性的欧洲大国。它已经在山东省的一角立足，这对日本来说是很大的威胁。此外，德国用看似友善的

劝告迫使日本退还辽东半岛。由于给我们施加了压力，日本不得不放弃用同胞的鲜血得来的合法战争果实。无论是个人还是国家，报复都是不合理的；但巧合的是，如果能够履行这项义务并同时偿还旧债，那么当然应抓住机会。[4]

为了准备与德国摊牌，日本在1902年与英国签署联盟条约，在外交上取得了重大成功。在理论上，《英日同盟条约》规定，如果英国卷入与另一个强国的战争，日本应"严守中立"。但是对于日本来说，1902年的条约（1911年又续签十年）实际上为其最终加入一战搭建了外交舞台。在英日联盟的基础上，1914年一战爆发时，日本想方设法挤入协约国一方。在这种背景下，人们可能会认为日本自1895年甲午战争以来一直在为这个机会做准备。

德国在"三国干涉还辽"事件中暴露出要在东亚扩张的野心。1895年参与"三国干涉还辽"时，德国有自己的设想，计划在中国取得租借地，并将眼光很快投向青岛。德国的亚洲舰队为了寻找一个良好的军港及海港，在中国沿海逡巡了很久，一位德国官员推荐胶州湾为最理想的选择。现在只需要一个借口或机会来达到这个理想的目标了。

借口与机会很快便出现了。1897年，两名德国传教士在山东被杀，德皇马上回应，派出由四艘军舰组成的远征军占领胶州湾。面对德军在中国领土上迫在眉睫的威胁，清廷被迫于1898年3月6日签订《中德胶澳租界条约》，租借胶州湾给德国99年。青岛是德国这个新租借地的重要港口。在同一条约里，德国也取得在山东修筑两条铁路，并在铁路两侧15英里内开采矿产的权利。不过，中国有责任及权利保护胶济铁路。山东矿业公司及煤矿与工业发展公司这两个德国企业在青岛成立总部，开采该地区的煤、金、铅、云母等资源。德国人也成立了德华缫丝厂与英德啤酒厂，生产出驰名世界的青岛牌啤酒。青岛通过轮船和铁路连接天津、上海等重要城市，经济及战略地位十分重要。仅在1913年，青岛的出海货物就高达930船次，总计130万吨。

德国在亚洲及太平洋的殖民地"都是神经中枢，把所得信息传到柏林的脑部中枢"。[5] 德皇则把青岛视为其中最重要的中心。德国外交部长伯恩哈德·冯·比洛（Bernhard von Bülow）曾表示，青岛是德国可以"对远东未来产生决定性影响"的中心。[6] 从一开始，青岛就被设计成军事基地，以保护德国在亚洲，特别是远东的利益。就德国海军部而言，在一战开始前的十年里，青岛"作为主要的帝国海军基地，可以对抗在远东水域的欧洲敌人"。[7]

德国人显然十分看重这块租界地，对之大量投资，使青岛成为他们的太平洋舰队基地和繁荣的商业港口。在1898年到1914年间，德国对这里的投资不少于162 480 000马克。他们建造了教会、学校、银行、赌场、政府及军事行政大楼。青岛有大量外国人定居，在炎热的夏天是海滨度假胜地。回顾青岛对德国的重要性时可以看到，它是1913年以前德国在太平洋地区唯一有永久军事设施的租借地。此时青岛的人口包括1855名德国人与奥匈帝国人、214名美国人、327名日本人以及大约52 000名中国人，这还不包括定期驻扎在那里的2300名德国士兵。[8]

1914年8月初，为了防备英日军队可能的进攻，德国另外从北京及天津派部队增援青岛。有趣的是，85名在北京的奥匈帝国正规军士兵也加入了在青岛的德国部队。在战争爆发时，德国有3710名士兵、1424名后备役及志愿军人、150名当地义勇兵、681名登陆的海员，因此包括德国与奥匈帝国士兵及后备人员，整体防守力量为5965人。[9] 德军甚至有一支拥有两架飞机的小型空军，其中一架在8月失事坠毁。当欧战爆发时，德国正控制着青岛，便导致了战火在亚洲即时点燃。

第一章　一战来到亚洲，1894—1914：从下关到青岛

中国的命运与甲午战争

中国在1895年的甲午战争中被打败，影响广泛。如果说甲午战争刺激了日本人，并推动其在后来参与一战，提高了德国在东亚扩张的兴趣，那么它也为清朝及中华帝国的命运画上了休止符。甲午战败使中国部分地区被外国人直接控制，但造成的心理影响却更大：汉族精英被迫认真思考自己的命运和他们的文明的价值；更重要的是，甲午战争促使他们质疑所继承下来的身份认同。清末民初的启蒙思想家梁启超写道，战争使中国从"四千年之大梦"中觉醒过来。[10] 颇具影响力的西方政治哲学翻译家严复在1895年甲午战败后写道："呜呼！观今日之世变，盖自秦以来未有若斯之亟也。"也就是说，自公元前221年秦统一中国以来，中国人从未有过这种经历。使用"救国"字眼以唤醒同胞了解情况之危急，严复也许是第一人。[11]

败给日本，为中国人认识自己和世界提供了一个转折点和共同点。无论中国精英如何看待传统及文明，他们都赞同若不想亡国就必须变革。因此"变革"成为当时的流行语，它的同义词开始时是"维新"，后来则变为"革命"。1911年辛亥革命爆发，孱弱的王朝体制崩溃，中国建立了以法国为蓝本的共和制度，军队及官僚制度则仿效日本制度。当共和国不能带来足够改变时，精英们便要求进一步的重大社会及文化变革。一战及其在亚洲的影响为中国重新定义与世界的关系提供了动力和机遇。在国内，各种思潮、政治理论以及新打造的国家认同刺激了意识形态、社会、文化及思想的创造力，所有这一切进而又催生了中国精英们进一步改革的强烈决心。

新的意识形态、对历史的解释，乃至对一战进程的各种反应比比皆是，反映在全国各地的新印刷媒体中。新的政治意识形态的出现（民族主义而非儒家思想；民族国家取代了群体生活的文化定义）、

留学西方及日本的学生回国、建立在财富基础上的新资产阶级（而非建立在科举教育基础上的旧有的士绅及士大夫）的积极活动、公共领域及新媒体的兴起，以及最重要的，不断变化的国际体系，共同推动着中国走向革新，将自己改造成为现代民族国家。中国近代史上，在塑造中国的政治、文化、社会方向上，还从来没有哪个时期的舆论及其社会、思想资源的动员发挥过如此重要的作用。在此之前，受过良好教育的中国人从未在国际事务中表现出如此巨大的兴趣，或者主动发起旨在振兴国家并准备进入世界舞台的外交策划。一战是第一次吸引新式社会精英及政治精英想象力的世界大事，它激发了他们的创新和激情。如同明治维新后的日本一样，新的世界眼光及战争所释放出的不稳定力量，在新式精英心中产生了深刻而不可逆转的雄心壮志，他们要在国际事务中发挥作用，并通过在这一领域的成功来稳固他们在国内的地位。

甲午战争后最关键的变化可能是新的民意力量的出现。甲午战争以前，中国没有独立的政治媒体，事实上也没有阅读报刊的"公众"。然而战争改变了这一切，为中国新闻学的蓬勃发展提供了新的机遇。政治舆论的兴起始于康有为组织的公车上书。1895年4月，八千名各省举人齐聚北京，准备参加三年一次的会试。其间他们听到清政府接受丧权辱国的《马关条约》，十分震惊，马上动员起来向朝廷请愿改革，并打破传统，组织学会，发行独立的政治性报纸，向全国宣扬他们的主张。根据包天笑的回忆，甲午战争之后，"潜藏在中国人心底里的民族思想，便发动起来。一般读书人，向来莫谈国事的，也要与闻时事，为什么人家比我强，而我们比人弱？"[12]当国家及外国事务的新信息愈来愈容易获取时，连城市的劳工也开始对外交政策感兴趣，最终形成了可以称为真正的外交政策群体。他们能够运用的武器是请愿、海报、公共示威、罢课罢工，以及抵制外货和外国企业。1900年，我们看不到任何全国性的公共示威支持义和团反对基督教和外国帝国主义者,但到 1905 年反对美国排华法案时,群众抗议活动已经组织良好,目标明确。1915 年,民国总统袁世凯因为不能拒绝日本的"二十一条"要求,受到民众的一致谴责,不过事实上他的外交部在很有技巧地以国际法和舆论为工具,为维护中国权益而奋争。[13]

1916 年袁世凯死后,纵然国势衰弱,国内局势一片混乱,但无论南北、政府官员还是街头百姓,都坚决反对日本占领青岛及在中国进一步扩张利益。一战刚刚爆发,中国政府及政治精英就希望马上参战。结果,战争成为一个重要支点,政治、外交、对外关系及民众心中关于何谓中国人的认知等议题都将围绕这一重心展开。假如一战是中国重新认识自我与努力在世界崛起的分水岭,它所遗留的影响也包括如何塑造中国对国际秩序及西方的认识和理解。1912 年 2 月民国正式宣告成立,表明中国不再效仿日本模式(即德国的君主立宪制)进入现代世界,新政府的支持者转向新近介入亚洲政治的美利坚合众国体制。辛亥革命迫使中国人关注世界体系的改变,而一战则是第一个唤起中国政治和社会精英想象的重要事件。中国人世界观的改变与战争释放出来的各种不稳定力量,虽然没能立刻对中国本身产生多少影响,但为它涉足世界事务做好了准备。中国正如日本一样,期待从一战中获得大量切实的好处。

1895 年中国在甲午一役战败后,欧洲主要帝国及美国开始将东亚视为帝国主义扩张最后争夺的地区之一。中国的局势造成了一个形式上非正规的(清)帝国——租借地的形式足够正规,不过在法律上缺乏主权——尤其是在沿海地区争抢土地与资源的控制权,这被所有欧洲列强视为殖民扩张的一个重要机会。实际上,在《马关条约》签订后的几年中,西方在东亚的商业扩张不断加剧。正如美国作家布鲁克斯·亚当斯(Brooks Adams)在 1895 年指出的,"东亚是所有虎视眈眈的强国要争夺的大奖"。[14] 1914 年一战爆发前夕,列强在很大程度上控制了中国的经济命运，持久的欧洲全球霸权似乎已经确立。不需要太多的想象力就知道，欧洲一旦爆发全面战争，必定会对东方产生巨大影响。而日本在1914年所采取的积极措施，是它首次有系统地进入全球性博弈。

日本走向一战之路

日本很早就决心要成为国际政治舞台中的平等一员，并且很快立下雄心勃勃的目标：首先阻止其他列强掌控中国大陆及亚洲内陆，然后把持中国国内的经济和政治。但由于没有盟国支持，日本还无法实现上述野心。因此当1914年8月欧战爆发时，很多日本人将其视为良机。元老井上馨为战争新闻欢呼，称那是"新的大正时代日本命运发展的天赐良机"。[15] 大隈重信内阁宣称："日本必须抓住这个千载难逢的好机会""确立在亚洲的权利和利益"。[16] 对日本而言，参与一战最大的目的就是要把德国人从亚洲彻底赶走。

此时的中国，为应对所面临的近代威胁，为了走上自强复兴之路，正脚步蹒跚地建立共和。日本的主要党派决意要在中国完成这一转变之前把它变为附庸。根据1902年的《英日同盟条约》（后来分别在1905年及1911年续约），日本没有义务在1914年对德宣战。英国起初也无意让日本参战，只希望其控制的香港或威海卫遭受攻击时日本海军能施以援手。以英国人的立场来看，日本人的援助要限制在英国人愿意的需要范围之内。早在8月3日，即英国宣战的前一天，外交大臣爱德华·格雷（Edward Grey）写信给驻日大使康宁汉姆·格林（Conyngham Greene）："当下政府有可能与德国开战，您最好能告诫日本政府，如果战火蔓延至远东，香港或威海卫遭到攻击的话，届时我们要依靠他们的援助。"[17] 不过，第一海军大臣丘吉尔请求外交部转告日本政府，他"诚挚地感谢日本政府愿意随时准备帮助"。丘吉尔等人希望的是不失去英国在中国的商机和影响力,同时在满足日本愿望的状态下适当约束日本。8月5日,英国请求日本援助,保护英籍商船免受德国战舰攻击。[18]

未来的协约国中没有哪一个国家起初想要邀请日本加入战争,甚至连中立国美国也反对日本干涉亚洲。欧洲列强最大的担心是日本的援助最后会变成全面介入,但他们不得不冒险。正如1914年8月6日格雷在给东京的格林的训令中所表示的:"当我们的战船需要时间寻找并消灭中国水域内的德国战船时,日本也要搜索并消灭正在攻击我国贸易船只的德国武装商船。如果日本政府在这方面能派出部分战船,对我们会有极大帮助。当然,这种行为意味着对德开战,但我们找不到避免这样做的其他方法。"[19]

日本与欧战并没有太大的利害关系,但它决意挤进这一冲突,而且并没有给盟友英国提出反对的机会。早在1914年9月3日,格林大使便通知伦敦,日本无意派兵到欧洲,给出了如下理由:"日本募集的军队与欧洲的军队性质不同,日本军队的服役责任是保卫自己的国家,而欧洲国家的军队是职业化的。日本军人没有这方面的知识,对此也没有兴趣。"[20] 简而言之,日本不会在欧洲为英国火中取栗。即便有像法国政治家乔治·克列孟梭那样的热诚,日本也从未派兵到西线战场。日本对战争的最大兴趣在于向中国扩张势力范围,为达成这一目的,它要用自己的方式投入战争。正因如此,日本没有提供英国原来要求的有限海军援助,而是超出了格雷最初的构想,建议更大规模地介入。日本的参与建立在一个广泛甚至模糊的前提下,即如果事态发展需要,它便可以采取相应行动。不管英国要求与否,日本都只会出于自己的目的而采取行动。如果英国拒绝合作,可能不仅"让日本人垄断德国在华租借地,而且会失去日本当下对英国诚挚的同情,有损协约国的利益"。[21] 换言之,不管英国想要日本怎样做,日本都决心利用这个机会向德国开战。[22]

在此背景下，日本政府在英国宣战两天后的8月6日通知格林大使，他们认为当前是"最佳"参战时机，并会马上请求天皇批准。很明显，日本在审慎考虑其战争策略时，一直在为攻占青岛做准备。格林接着向伦敦报告，"由于日本已充分进入战备阶段"，英国与日本一同向驻扎在青岛的德国人采取联合军事行动可能是最合理的做法。格林补充道，日本很有可能利用眼前的机会巩固其在中国的立足点，"因此在我看来，为了有利于我们的长远目标，现在应该单独与她合作，或者可能的话，和法国登陆部队一同加入行动。以上是我们还有支配权的时候唯一可行的方法"。[23]

日本外务大臣加藤高明对内阁建议，在亚洲这边参与这场战争，保证回报高而风险低。英国很可能会赢，就算英国失败，德国也不能把日本怎么样。加藤希望清除德国在亚洲，特别是在青岛海军租借基地及德属北太平洋岛屿的势力。他还设想了额外利益。欧洲列强无暇他顾，意味着日本可以从混乱日益加深的中国取得好处，巩固其在亚洲大陆的地位。此外，俄国在1914年前军事力量的增强也令日本领导者警惕，好战情绪高涨令桀骜不驯的国会也更容易通过扩军政策。换言之，利益、机缘及国内政治等各种因素综合在一起促成了日本参战。

从日本的国内政治来看，欧战也是聚集民族凝聚力的时刻。[24] 1912年明治天皇去世，终结了一个时代，也弱化了政治统治。在后明治时代，日本失去了国家目标。参战可以在人民的心里灌输一种思想，让他们有更远大的目标，回归到"朴素和纯粹"，并重新界定日本民族。因此，加入一战可以帮助日本达到三个目的：报复德国、扩大在华利益、振兴国内时局。1912年，元老井上馨侯爵罗列了一张愿望清单给新临朝的大正天皇，上面包括各式各样的项目，其中优先考虑的就是有系统地扩大日本在华利益。这也是到1914年秋为止大部分日本决策者的愿望。

第一章　一战来到亚洲，1894—1914：从下关到青岛

8月8日是英国参战后的第四天，日本政府决定对德宣战，不过正式公布则在一周以后。决定之迅速，连元老山县有朋也觉得惊讶。它由外务大臣加藤精心策划并且实际上由他一手在内阁推动通过。英国的主动要求提供了一个合适的介入条件，因为年老的内阁成员（元老）们一直十分重视日英同盟，他们需要有说服力的讯息以赞同开战。当然，假如这次未能成功开战，一定还有别的机会。事实上，8月7日英国正式提出援助请求后，日本便毫不犹豫地进入战争。尽管日本坚持超出英国的要求范围，我行我素，令格雷心怀疑虑而不愿接受，但他已对此无可奈何。英国政府最终决定与日本合作，对青岛采取联合军事行动。8月10日，格雷对英国驻华公使朱尔典（John Jordan）说："日本人的情绪被1895年德国干涉还辽的记忆所激发而不能克制……无论我们合作与否，日本都不得不采取行动。"[25] 显然，中国人和英国人都明白日本人的真正意图。

日本在宣战声明中表示，由于德国的侵略行为，东亚地区的和平事实上受到威胁，并且日本的特殊权益受到危害，英国提出请日本支援，日本答应了英国的请求。官方声明同时表示日本舰队已满载燃料，准备出航。东京外务省声称，"日本会采取必要措施执行日英条约中规定的任务"。[26] 8月15日，日本向德国送去最后通牒，开端即言："鉴于在当前形势下最重要和必要的措施是消除所有不利于远东和平的因素，捍卫《英日同盟条约》达成的共同利益，保证东亚稳固持久的和平——这也是上述条约所要建立的雄伟目标，日本帝国政府真诚地相信他们有责任奉劝德国帝国政府遵行以下意见。"[27] 虽然格雷不满意日本在最后通牒里的用词，但认为在此刻"责备是没有用的"。[28]

日本1914年向德国正式发出的最后通牒，被怀疑与1895年"三国干涉还辽"时德国给日本的"友善的奉劝"相似。正如德国曾经逼迫过日本一样，日本现在也"奉劝"德国撤回战舰，交出青岛。

相似的字眼反映出日本对德国的怨恨之深,而且将甲午战争与一战直接联系起来。日本现在要求德国:(1)撤出在远东的所有战舰,如不执行则解除武装;(2)由日本作为中介,在9月15日前无条件、无代价地将胶州湾交还给中国。德国人最迟必须在8月23日下午回复。[29]

当德国人表示拒绝之时,日本人立即发起进攻。正如弗雷德里克·迪金森(Frederick Dickinson)指出的,如果说欧洲是为保卫帝国而开战,日本帝国现在介入则明显不仅是为了防守,更是为了不惜一切扩张帝国的力量。[30]

事实上,为了游说日本给予帮助和支援,协约国及同盟国两大阵营的成员所做出的努力,既令人惊讶又具代表性,再一次反映出一战的全球利害性质。由于日本支持协约国的倾向十分明显,德国驻日大使格拉夫·冯·雷克斯(Graf von Rex)伯爵愁苦难当,有一次会见加藤外务大臣时,他重重地把座椅都坐坏了,差点摔在地上。大战爆发后的头两年,德国与奥匈帝国代表在欧洲各国首都与日本代表屡次会面,商讨独自达成和议的可能性。德国人因为英国将日本拖入战争而对英国人感到愤怒,认为一战是欧洲事务,是欧洲国家间的战争。德国驻美大使谴责英国"向黄种人求助"。[31]

根据日本军部的说法,日英同盟规定日本有责任维持远东和平。青岛作为德国海军基地,不但帮助德国阻挠英国在太平洋地区的商业行为,也对日本直接构成永久威胁。[32]因此,日本人一心一意盯住青岛。预料到可能与德国开战后,他们便开始撤离正在青岛的船只和日本国民。他们还准备动员及选派士兵组成部队,作为出征中国远征军的一部分。最重要的是,他们搜集了有关山东和青岛防御工事的资料。1914年,正当德国人刚刚在青岛立足,期待青岛带来经济及军事上的好处之时,一战爆发了。青岛将是德国在一战中第一个遭受重大伤亡的地方。

青岛战役

日本在青岛战役中牢牢掌握主动权。它投入的军力比英国要多——50 000人的队伍、12 000匹马、102门重型炮及榴弹炮、42门山炮及野战炮；而英国方面，连同印度兵在内只有1200人、350匹马以及300名华籍后备兵。除陆军外，日本还出动了海军。它们有些直接参与青岛战斗，有些负责支援。派出的海军由三支舰队组成，分别为第一、第二及第四舰队，包括4艘无畏级主力舰、4艘战斗巡洋舰、13艘一级和二级巡洋舰、9艘海岸巡逻艇、4艘炮舰、24艘驱逐舰、13艘扫雷艇，以及一些医疗舰及修理舰。而英国只有2艘战舰加入青岛战役。格林在8月9日给伦敦的电报中表示出担忧，认为很有可能"国内舆论界会因为英国把这次战斗中所有危险的事情都交给盟友负责，自己撒手不管，而认为这很不体面"，因此他建议英国驻天津士兵应参加青岛战役。他进一步报告说，日本向英国人要求，在正式参战后，给予它"不带任何责任的行动自由"。[33] 英国政府在1914年8月22日决定，"出于国内及印度的迫切需要，英国与日本合作的军力只能限于一个团的步兵"。最后它派出一团南威尔士边境部队及锡克36团的一半士兵参加了青岛战役。英国也同意这批军队将实际上听从日本指挥官指挥。[34] 这批数量不多的英国士兵和英属印度部队在日本战舰的护卫下抵达青岛。鉴于法国和俄国在一战中也同德国敌对，英国希望日英两国一旦达成协同行动计划后，有必要尽快通知上述两国的陆军及海军当局。但日本政府更希望俄国人和法国人不要参与此次行动。由于俄法两国并无军队驻守附近，也无准备，他们根本没有介入战事。不过有趣的是，针对日本的军事行动，英法两国开始讨论两国海军在青岛合作的可能性。法国似乎在担心，如果不参与在中国的对德行动，它在亚洲的威望将会下降。[35]

战役打响时，德国只有 4500 名士兵防守青岛，对抗着日本相当庞大的军事力量。虽然如此，日本仍然极为谨慎，做了充分准备。他们的情报谨慎而详尽，对德国在山东租借地的地理位置及情况了如指掌。其中一个报告写道："河床通常宽阔，年中大部分时间干旱。不过下雨时会变成危险的急流。德国人在租借地的内陆建造了几条道路，可通行汽车，但租借地以外地区只有小径，天气恶劣时几乎无法通行。"日本搜集这些详尽资料已有很长时间，很明显是为了应对可能发生的对德军事行动，以便到时候可以在运输步兵、山炮时有准确资料。该报告继续说："日本人确切地知道要对付的敌人是什么样的部队，以及对方有哪些资源。本报告后面提及的资料和数字，大致与日军参谋本部所掌握的材料相吻合。"

日本已经侦察到德国防线的每一个方面。例如，德国的第三道防线长五六公里，距青岛市东面四五公里，被加固成主要防线。没有战争的时候，防线被不断加筑，修建了一定数量的防守据点。日本人也察觉到德国人为了防御，已建造了永久性的三角形地面工事，并纵深配以层层铁丝网及水泥掩体。战争爆发后，防线再度加强，在主要炮台之间增建了固定数量的壕沟及堡垒，以掩护中间地带。根据青岛战役后一份日本军事报告，为了增强防御效果，德国人不但增加了铁丝网，还埋设了地雷。这一切当然不会没有价值，但它受到了对面山坡的制约。日本人也掌握了德国武器及军事人员的所有资料，他们知道当战争开始时，除了一艘鱼雷艇和一艘小型奥地利巡洋舰之外，德国在青岛还有五艘炮舰。

8 月 27 日，日本海军司令宣布将正式封锁德国在山东的租借地，打响了青岛战役。日本参谋本部拟定了作战计划。第一批派出的日本部队有两万多人，9 月 3 日在青岛以北 240 公里外的龙口登陆。因此日本军队必须横穿整个半岛才能到达青岛。途中他们占领中国城镇，夺取邮局和电报局，征用民夫和各种物资，使当地民众饱受

第一章　一战来到亚洲，1894—1914：从下关到青岛

痛苦与折磨。与日本军队协同作战的英国部队 9 月 23 日在德国租借地内的崂山湾登陆。抵达青岛后，日本人挖掘设计良好的战壕，沿外围构筑阵地将德国人包围起来。他们从最开始就决定不依赖大炮轰击，而是动员大量人力投入战斗。"不必急于炮击，因为日本不想有太多伤亡，而是希望守卫部队尽快投降，不要抵抗到底。"[36]

日本也决定从其他地区发动袭击。9 月 26 日，日本派出约 400 人的部队向维县推进，并占领了火车站。10 月 3 日，日军强迫中国军队撤出铁路沿线附近；三天后，即 10 月 6 日，日本军队向济南推进，占领了城内全部三个火车站，不顾中国政府的一再抗议，控制了济南到青岛的整条铁路线。铁路沿线分布着日本士兵，铁路职员逐渐被日本人取代，沿线的矿产也同时被没收。

8 月 22 日，在青岛的德国人收到德皇的一份电报。对当地守军来说，这可以视为死亡通知书："当你们勇敢作战时，上帝会保佑你们，我完全相信你们。"[37] 德皇命令青岛长官战至最后一人。面对日本的决心及优势兵力，德国人最终弹尽粮绝。他们的确打尽最后一颗炮弹，但之后便没有再继续抵抗了。

1914 年 11 月 7 日，德国司令官阿尔弗雷德·瓦尔德克（Alfred William Moritz Mayer Weldeck）投降，本来预计能坚守六个月围攻的堡垒六个星期便失陷了。这是日本人在充分的准备及详尽的计划下做到的。一份英国战后研究总结道："它是历史上最科学的包围战之一。"[38] 因此，在一战的第一年，德国就在中国战败了，根据英国史学家奥尼尔（H. C. O'Neill）所言，德国"没有在东方赢得桂冠"。[39] 在整个包围战中，约有 200 名德国人阵亡，日本方面则有 422 人阵亡，其中有 13 名军官，另有 1564 人受伤，其中有 45 名是军官。11 月 11 日，青岛的控制权从德国人手中转移到日本人手中。11 月 19 日，英军赶赴香港，印度兵团也在不久后的 11 月 23 日离开。11 月 26 日，山田少将受命为青岛总督。随着这场战役的结束，日本在一战中的

军事行动也告一段落。[40]

除了增强日本在华势力,更令人意想不到的事态发展是,欧战在很大程度上让日本得以在亚洲任意行动。当欧洲人在战争中拉锯至筋疲力尽时,日本对双方阵营都显得更加重要,这使它更加可以在中国为所欲为。日本比较喜欢周旋于交战双方之间,坐收渔人之利。因此,尽管严格意义上说日本与德国是交战国,但它十分善待德国公民。当时的一个美国人观察到:

> 日本并没有骚扰任何德国居民……他们都可以留下来,照旧继续他们的工作——甚至德国的编辑们都在"继续"他们的写作,每天发表的社论充满义愤及敌意。我们十分惊讶,一直在看日本人对这些违反常识及出版法的言论能容忍到什么时候。[41]

青岛战役显然是一场跨国性战役,德国人、英国人、日本人、奥匈帝国人、中国人以及印度人都参与其中。中国劳工被招募来构筑防御工事,如在堡垒、障碍物及前沿阵地之间挖掘战壕,以及清理战场。印度人的出现也很重要,因为它反映了一战在亚洲的共有历史,值得人们对此做进一步研究。

印度士兵(英属印度包括今日的印度、巴基斯坦、孟加拉和缅甸)加入英国和日本的军队中,因此他们在远赴欧洲前便尝到了战争滋味。一个值得研究的重要问题是印度士兵在中国的经历和想法。我在后面将会说明印度人在欧洲经历的种族歧视和另外受到的文化冲击:他们在中国遇到了什么?在亚洲土地上与德国人作战,他们感到骄傲吗?他们在亚洲是否经历了与后来在欧洲时同样的种族歧视?他们对亚洲伙伴,如日本人和中国人的态度怎样?如果印度人在亚洲能帮着打败强大的德国,他们有没有想过把英国人赶出

第一章　一战来到亚洲，1894—1914：从下关到青岛

印度？印度人参与了英国侵略中国的鸦片战争，至少从那时起，他们就明显为大英帝国在亚洲的利益发挥了重要作用。当然这些问题超出了本书的研究范畴。在1900年到1901年间对义和团运动的镇压及其后的报复行动中，一支共有18 000名士兵的军队被派遣入侵中国，几乎全都是印度人，并且显然装备精良。[42] 1914年，印度第36锡克团带着全副装备，帮助日军在青岛围攻德国人。锡克士兵10月23日在青岛以南的黄海沿岸登陆，穿过台风带来的大雨及泥泞，艰难跋涉近50公里准时抵达目的地。在接下来的十天里，他们随机在水浸的日本阵地，用锡兰铲（Sirhind tools）挖掘战壕，并且在横飞的弹片和极具杀伤力的炮火中保持住了进度。[43]

除了青岛之外，日本也夺取了德国在北太平洋的属地：它占领了赤道以北的德属岛屿，将德国军队从南太平洋群岛的密克罗尼西亚赶走。到1914年9月，日本已经将德国海军赶出马绍尔、马里亚纳以及加罗林群岛，这标志着日本不仅作为一个大陆帝国，也作为一个太平洋海上帝国的崛起。

从1914年到1918年间，日本船只运送澳大利亚及新西兰士兵，由太平洋穿过印度洋到阿拉伯海的亚丁，在大英帝国动员行动中发挥了关键作用。随着地中海的日本商船受到攻击，三队日本驱逐舰和一队巡洋舰（总共13艘战舰）于1917年2月加入了协约国与德国潜艇的对抗战。日本向协约国提供了运输船只、铜、军火，以及约10亿日元贷款，特别是最为急需的武器弹药（包括给俄国的60万支步枪）。日本士兵虽没有直接参与作战，但大量援助源源流入。日本的数个红十字会在整个战争期间都在各协约国首都运作。当时一位西方观察者说："如果没有日本的援助，俄国早就垮台了。"日本在一战时期的人力损耗则微不足道；对大多数日本人而言，战时生活照旧，一如平常。[44]

但青岛落入日本人手中之后，协约国的求助如滚雪球般越滚越

大,远远超出了他们的预期。1914年11月6日,英国外交大臣格雷催促英国驻东京大使,要求日本军队"像我们的部队一样参加在法国、比利时、德国等地的重要军事行动,与我们的士兵在欧洲大陆并肩作战"。[45] 法国报纸很快也报道说,法国向日本发出非正式请求,请日本派出50万部队参加巴尔干半岛的军事行动。日本对这些请求大多不加理睬。在日本看来,它的目标是在本国周围扩张势力范围,故对协约国有限度的军事援助最为合理。

一战期间,日本最大范围的军事行动便是1918年的远征西伯利亚。[46] 1917年11月的俄国革命,以及翌年3月苏俄独自与德国签订和约,在战略上给了协约国沉重一击。由于布尔什维克已清楚表明俄国会退出战争,这不仅意味着一战的俄国战线崩溃,更意味着整个俄国帝国的未来都成了问题。英法两国已经在西面战线倾尽全力,现在只好转而向美国求助,由它出面支持俄国内部的亲协约国派别。不过协约国对日本参战仍然抱有很高期望。正在此时,美国海军部长同日本驻美大使联系,征询日本派战舰到大西洋的可能性。华盛顿正式邀请日本军队加入英、法、意、美、加在西伯利亚的部队。如果说在一战第一年里,日本的战争胃口之大已出乎盟国意料,那么它现在对西伯利亚远征行动的强势回应更令盟友感到不安。

多国集体介入西伯利亚行动原本要达到以下两个目的:在德国战败前保证俄国的安全、当战争正式结束后转而对抗布尔什维克。[47] 然而在美国人的正式邀请之后,日本帝国军队立刻篡改计划,擅自行动,违背了美国对这次行动的所有预期。日本派出超出美国要求十倍以上的兵力进入海参崴及中国东北边界各个据点,占领了赤塔以东西伯利亚铁路沿线所有居民区。它甚至向协约国在西伯利亚西部的主要盟友——白俄——的竞争对手高尔察克上将提供支援。日本军队在西伯利亚一直留驻到1922年10月,而协约国的军队早在两年前的 1920 年 6 月就已全部撤走了。

根据以上记录，加上 1922 年日本不光彩地撤退（将在第六章讨论），远征西伯利亚当然无法替日本战时的合作加分。然而当首相原敬在 1920 年 1 月赞扬日本对世界和平做出的贡献时，他不仅指日本参加了巴黎和平会议，也包括战时日本跨越全球，与协约国所有的新的合作。这些合作首次使日本跃升至世界强国地位。尽管如此，对西伯利亚的远征无疑必须被看作是一战具备真正全球意义的另一个实例。

在战争中，所有国家都为了自身的最大利益而口是心非，说一套做一套，而英国在这方面的表现最为出色。它以保护比利时的中立为名向德国宣战，但在中国迅速宣布中立后却支持日本入侵。当日军由龙口横越山东半岛前往青岛时，日本对中国一再提出的强烈抗议毫不理会，英国则谎称没有看到任何违规行为。

等到青岛的德国人已全部投降，战争结束，双方都终止了军事行动，中国政府就立即要求日军从山东内陆撤到青岛，同时将所有架在中国电报杆上的特殊电报线移除。日本政府对这些要求不予理睬。中国别无他法，只好宣布撤销当地的特别军事区，也即废除了此前的声明。1915 年 1 月 7 日，中国根据惯例将撤销令通知了英国及日本公使。1915 年 1 月 9 日，日本公使回复说，根据日本政府的指令，撤销行动"从国际信用而言，是不合适的、片面的，将导致信心丧失，置友好关系于不顾"；并且，日本政府不会容许日军在山东的调动及活动受到中国政府任何行为的影响。

日本人迅速介入港口的行政管理。中国根据在 1899 年 4 月 17 日与德国签订、在 1905 年 12 月 1 日修订的《青岛设关征税办法》，在山东设立海关。日本在占领青岛和胶州湾后，要求委任将近 40 名日本职员进入海关。中国政府认为这一提议不公正，争辩说这样会扰乱整个海关行政体制，即便德国人控制海关时，青岛海关职员的任命也是由中国方面负责的。当谈判仍在进行时，神尾光臣中将在日本政府的指示下占领了海关办公室，没收文件和财物。1917年10月1日，日本政府成立青岛民政机构。与中德租约中给予的权利相比，它拥有的权限更为广泛。中国的舆论，尤其是山东地区的舆论界开始对胶济铁路沿线持续出现的日本军队感到不安，因为这等于把日本的影响力延伸至山东腹地。在中国人眼中，民政局的成立意味着日本的目标是要永久占领山东省。更引人注目的是1914年到1917年间港口船运贸易的变化：1913年港口进出总量是1 300 442吨，日本占222 693吨；1917年总量为1 600 459吨，日本则占1 114 459吨。[48] 英德啤酒厂是英德两国标志性的合资企业，从一战爆发后便处于闲置状态。1916年，日本的大日本啤酒厂买下英国股份，开始用日本原料而非德国原料生产青岛牌啤酒，并一直持续到1945年。[49]

从日本人的角度看，这些行为非常合情合理。石井菊次郎是著名的亲英派外交官。他在日记里写道："外国政府无法感受到中国国内灾难、疾病、内战及布尔什维克所带来的危险，但日本没有中国则无法生存，日本人没有中国人也坚持不下去。"因此日本经常倡言"亚洲门罗主义"。就像美国为了自身安全，视拉丁美洲为自家后院一样，日本也不得不为中国及邻国如朝鲜和蒙古操心。[50] 当欧洲各国在战争中将彼此打垮之际，日本的支持（与它的威胁退出）便成为一把通行无阻的钥匙，意味着它可以在亚洲为所欲为。

在整个一战过程中，日本人用高明的手段，以中国为代价跃升为世界强国。对日本而言，最大的收获是把德国的势力彻底赶出亚洲，同时取代英国成为对中国最有影响力的外来强权。

正如前面所提及的，对中国的觊觎促使日本加入一战。早在1914年8月26日，日本对德宣战仅三天后，日本新任驻华公使日置益便致电外相加藤高明，"当下是解决中国问题的最佳时机"，因为中国极度关注日本在山东的军事行动,同时又不想得罪日本。但加藤对华野心更大,指示日置益静待机会。他想要的结果就是臭名昭著的"二十一条"。[51]这些正式向中国政府提出的要求将日本的野心暴露无遗;在1915年1月至6月之间进行的针对"二十一条"的谈判,事实上反映出日本自1895年甲午海战打败中国初尝甜头后,一路争夺霸权的自然结果,远非我们过去常说的是一个突然的侵略行为。如果没有一战,日本也不会有这样的机会提出"二十一条",中国人也就不会发起外交战及舆论战来回应了。

第二章
一战在中国与日本，1915—1918

克里斯多夫·克拉克说，欧洲人在1914年像"梦游者"一样走进一战，不过中国与日本却十分清醒，是在详细考虑、周密计划与战略考量后才参战的。[1] 我们从第一章中看到，如果说中国是日本介入一战的关键因素，则防范日本也驱使中国加入了战争。中国对一战的回应看似有点矛盾，主要原因是随着鸦片战争和1900年八国联军侵华以后，中国的国际地位一落千丈，人们对此既感到惊愕又焦急不安。本章将考察左右中日双方决策者背后的忧虑及抱负、中日两国如何利用一战提出他们的国家目标，以及一战如何确立了两国此后在20世纪的发展道路。

一战时期的中日关系是一种不幸的、充满讽刺意味和相互抵触的关系。中国和日本有共同的儒家传统，但却用西方帝国主义的经验来实现各自完全不同的目标；它们是死敌，最后却在战争中站在同一阵营；它们是竞争对手，但又互相依赖、互相学习；与对方的关系，是它们制定战时政策及战后规划的首要出发点。一战是中国和日本近代历史上的转折点，它为这两个国家民族发展过程中的变革创造了共同的力量。

第二章　一战在中国与日本，1915—1918

中国的参战策略与日本的"二十一条"

1914年8月6日，袁世凯在总统公告中宣布中国在一战中中立。不久，政府与社会精英看到这是一个在国际上建立新的声誉、阻止日本占领青岛及向中国扩张的机会，因此力促中国参战。当欧洲的"1914一代"无辜地走向战争，对即将到来的血腥洗礼毫无知觉之时，中国的新一代感受到了整个国际体系崩溃所带来的危机——"危险"与"机会"。中国认识到被拖入战争的危险。所有交战国都在中国拥有势力范围，当它们被欧洲战事所困时，可能会给日本放手欺压中国和阻碍中国发展的自由。

大战也给中国机会，因此吸引了立场各异的新旧派公共人物为一个共同目标展开争论。德高望重的改良派人士梁启超提议：如果中国能好好利用当前形势，便能够"助长极健实之国民自觉心"，在世界上的地位将会迅速上升。[2] 财政大臣梁士诒是袁世凯心腹，精明能干，早在1914年就曾建议中国加入协约国阵营。[3] 他告诉总统，从长远看，德国没有足够力量取胜，因此中国应该抓住这个机会宣战。这样做就可以收复青岛，在战后和平会议上赢得席位，促进中国长远利益的发展。素有"中国马基雅维利"之称[4]的梁士诒在1915年再次重申："协约国操制胜之权，（因此中国）愿为助力。"[5] 在日期为1915年11月的手书中，梁士诒坚持中国参战"今时机已至，我意以为中国不必候德国之答复"，"舍此机会再无第二次"。[6] 就新一代外交官在这一时期的兴起，在第六章里我会详细讨论。他们之中最杰出的是顾维钧。他当时才二十几岁，在1912年获得哥伦比亚大学国际法博士学位后回国。袁世凯聘请他为英文秘书，从此他开始了长达数十年、历经数届政府的外交生涯。[7]

中国参战的主要目的是针对日本。最初为了避免战争蔓延到中国，中国政府正式宣布中立。[8] 中国多次提醒英国关于日本对德国在华租借地的企图,但英国的答复是"关于英国与日本可能的任何联合行动的结果,中国不需要有任何担心",并建议中国相信协约国会将山东从德国手里归还中国的"保证"。1914年8月19日,英国驻华公使朱尔典与顾维钧长谈,再次承诺青岛将被无条件地归还给中国。[9]

中国的中立立场到1917年8月终止。保持中立是权宜之计,中国一直密切关注局势发展,并准备着一旦时机来到就放弃中立。有着现代头脑的中国官员尤其满腔热忱。《曼彻斯特卫报》(*The Manchester Guardian*)记者报道说:"他们具备外交知识,立即开始关注一战,并且一同劝说保守派联合行动。"[10] 颇具影响力的官员张国淦向当时的总理段祺瑞建议,欧战对中国很重要,政府应该主动向德国宣战。这样不但短期内可以阻止日本攫取德国在青岛的租借地,而且是全面进入未来国际体系的第一步。段祺瑞让张放心,称自己正在为此秘密准备。[11]

日本在1915年初提出的"二十一条",激发了中国人加入一战的决心。日本人在占领青岛后将注意力转移到了中国的内部事务。1915年1月18日,日本驻华公使既没有公开声明,也没有通过正常外交渠道,而是私下将一份备忘录交给袁世凯,备忘录写在带有兵舰和机关枪水印图纹的纸上。全文分为五号(节),一共二十一款要求。第一号要求中国承认日本继承德国在山东的一切利益;第二号共七款,要求中国承认日本在南满及东部内蒙古的特殊控制权;第三号要求中国将最大、最重要的煤矿即汉冶萍公司交由中日合办,将控制权交给日本人。第四号规定中国沿海港湾、岛屿概不租借或让与他国。危害性最大的是第五号,要求中国政府聘用日本人担任政治、财政与军事顾问,中国主要地区的警察署由日本人控制。这些要求如此苛刻,连消息灵通的澳大利亚记者莫理循(George Morrison)都不由得指责说,这"比胜利者向被他彻底打垮的敌人提出的许多要求还要苛刻"。¹² 日本人显然要趁列强正忙于为生存而战、无力顾及中国或他们的在华利益之时,把中国变成一个附庸国。

因为害怕类似 1895 年"三国干涉还辽"事件重演,日本要求中国保守秘密并单独同日本协商"二十一条"。对新兴的公共外交群体而言,这是一个显现其力量的时刻。当顾维钧与外交部巧妙操作幕后外交时,梁启超和社会知识界在国内发起了一场公关运动。他写下一系列有力檄文,警告日本不要用 1910 年吞并朝鲜的方式对待中国。受到梁启超和其他精英的鼓舞,上海、北京、天津、杭州等城市的商人和学生纷纷集会,并在报刊上发文和通电全国,抗议日本蚕食中国。他们要求袁世凯政府拒绝日本的要求,成立了一大批组织开展民间抗议活动的协会和社团。¹³ 1915 年 3 月 18 日,约四万人在上海集会抗议"二十一条"。日本明目张胆的欺侮让很多中国人确信它是中国的最大威胁。1916 年 7 月 25 日,年轻的毛泽东在给朋友的信中说:"日人诚我国劲敌!"毛泽东预言中国"二十年内,非一战不足以图存"。¹⁴ 正因为有了 1915 年对"二十一条"广泛性的强烈反对,才有了 1919 年五四运动中的民众抗议。

民众的舆论诉求也许没有对当时的内外政策产生重要的外交上的结果,或者得到列强的真正支持,但媒体的公开至少迫使日本修改要求,并将日本人置于道德审判台上。中国外交官在同日本人的谈判中巧妙地利用了这场舆论运动给予的支持。他们与日本人就"二十一条"要求在近一百天的时间里进行了二十四次正式会谈,中国人的谈判技巧让英国驻华公使朱尔典印象深刻。他宣称:"仅仅从唇枪舌剑的辩论来看,我会支持中国人。"¹⁵ 直到面临武力对决为止,中国人都没有屈服。朱尔典在给英国外交部的正式报告中说:"日本人提出的要求是在刺刀尖刃下被迫接受的,实际上有两三万日本军队已经在东北及青岛登陆。"¹⁶ 尽管中国人尽了一切努力要扭转局面或拖延时间,1915 年 5 月 7 日,日本发出最后通牒,要求中国在四十八小时内做出令日本人满意的答复。5月25日，中国在日本的胁迫下签署了出让山东权益的不平等条约，以及其他三份换文。中国政府认为被迫签约是为了维持远东和平，为了人民免遭不必要的痛苦，也是为了那些正在本国奋战的西方友邦的在华利益不受威胁。中国人相信，这一问题以及因日本所提要求而引发的其他问题，只有在欧战结束后必定召开的和平会议上才能最终得到解决。

日本一方面对中国施压，另一方面则以高明的外交手腕确保自己能上升为亚洲强国。日本外交官缔结秘密条约，牺牲中国以使日本在战争结束时能保持优势地位。由于中国得不到其他国家的外交支持，官员在与日本谈判时便密切注意舆论。外交部官员了解外国舆论的影响力，设法把日本的要求泄露出去，并且把谈判的过程秘密通报给驻北京的列强代表。在海外的中国外交人员也密切留意当地媒体有关中日交涉的报道。[17] 在国内，梁启超等社会精英除了给政府施压不要轻易向日本投降外，还密切关注决策过程，并随时向公众通报。"二十一条"是中国的民族生存以及中国成为真正富强的民族国家的最大威胁。

"二十一条"使中国持不同信仰的各个派别汇聚到一起，为设计出一个可行的行动方案出谋划策。1895年甲午一役的战败引发了中国的民族认同危机，1915年的"二十一条"则唤醒了中国人的民族意识，帮助中国在考虑一战对策时认清了第一个具体目标：在战后和平会议上争得席位。[18] 虽然中国很早就表达了参战意向，但只有在日本提出"二十一条"要求之后，社会上才有足够的势头和力量聚集，使政府能够采取行动。此时出席战后和平谈判的强烈渴望几乎已不可抗拒。正如梁启超指出的，日本的要求显然使中国必须出席战后会议：中国外交官绝不能向日本的野心让步，因为中国问题在任何战后会议上都会是"主要议题"。梁启超认为日本在战后会议上必能享得最有力的发言权，但他指出，日本如有正当主张，为什么不在战后提出，而是急急忙忙在现在提出？他的结论是，日本确信在战后会议时绝无通过之望，即从列强那里很难得到它想要的东西。因此中国外交官不要对"二十一条"让步，要记住在战后和平会议上有机会。[19] 当中国最后不得不在日本最后通牒面前低头时，政府决定发表解释交涉经过的详细公报，为最终废除这些被迫签署的条约文件保留希望。[20]

很多中国人以为战争结束后解决山东问题的时机将会到来，但事实上，因为日本同协约国之间的密约，山东的命运在此之前就已经确定了。早在1916年初，英国便保证会站在日本一边。[21] 1917年2月14日，英国正式通知日本"欣然同意日本政府的要求……在和会召开时，针对继承德国在山东及赤道以北岛屿的所有权，英国会支持日本的要求"。[22] 日本和法国、意大利及俄国也达成了同样的协议。[23] 到1917年2月，日本"在列强命运岌岌可危之际，说服它们承认日本已取得的地位，以及她对德国在山东权益的继承"。[24] 朱尔典向外交部解释说，"由于我们目前忙于全球事务……我们无法得罪日本，而不得罪它的话（原文如此），我们就无法把正在欧洲为之奋战的原则延伸至远东地区"。[25] 在上述交易中，中国人当然被蒙在鼓里。

1915年1月18日，即日本提出"二十一条"当日，中国外交部致电所有驻外公使，说明日本人在中国犯下的种种罪行"要到我国出席战后和平会议时方有公平解决的可能"。为了给在战后和会上提交这一提案做准备，民国政府于1月22日成立了一个高级别研究小组，由外交部许多重要官员组成，[26] 其中包括外交总长陆征祥[27]、外交部次长曹汝霖、参事顾维钧。[28] 根据他们的建议，外交部还决定派出一位特使去同驻海外的中国使节见面，搜集有关文件资料。特使的任务也包括私下向世界上最优秀的国际法专家们咨询。[29]

这年秋季,曾在美国接受教育的顾维钧被任命为驻美公使,借机在华盛顿展开游说,并向全美各地传达中国人的观点。

经历了1915年,绝大部分中国知识分子和社会精英都支持官方出席和平会议。外交政策精英撰文批评日本的"流氓行为",但人们普遍认为最好的机会是在战后,因为日本侵略最后能否成功取决于欧洲战争的结果。[30] 无论是政府,还是关心此事的民众,都决意把中国的命运与战后世界秩序和国际体系联系起来,希望依靠国际社会的帮助赢回自鸦片战争以来失去的尊严、主权与声誉。他们面临的挑战是如何在谈判桌上取得席位。日本外相加藤高明男爵后来公开宣称:中国不是交战国,没有资格参加和平会议。[31]

很多中国人断定参战是出席和会的保证。事实上,1915年5月,当被迫签署与"二十一条"相关的条约文件时,中国的首席谈判代表陆征祥便告诉袁世凯总统,只有参战才有希望出席战后会议。[32] 甚至在五四运动中被认定为汉奸的曹汝霖也在1915年10月向袁世凯建议说,对抗日本对中国野心的最好方法就是站在协约国一方参战。他认为即使中国无法派兵到欧洲,也应该尽可能地帮助协约国,这样在战后才可能得到回报。[33] 曹氏对这个想法极为认真,还利用外交部次长的地位让中国驻日公使探询日本对中国参战可能会有的反应。[34]

不出所料,日本强烈反对中国加入一战。朱尔典直言不讳地指出了日本的立场:"同意中国加入协约国不符合日本的本意,就是这样。日本希望欧战拖得愈长愈好,让它能控制中国,达到自己的各样目的。"[35] 1915年末,当英、俄、法等国都对中国参战表示同意的时候,日本单方面拒绝了中国的参战请求。早在1915年初,参战前景未明,中国已开始制订一个"以工代兵"的计划,试图以此建立与协约国战争的联系,加强中国在一战中的地位。中国人全力以赴推动派遣劳工赴欧帮助协约国的"以工代兵"计划。[36] 1916

第二章 一战在中国与日本，1915—1918

年袁世凯去世之后，继承者争斗不止，但仍设法派出十四万名劳工，为一战西线战场服务。除了战争牵涉的欧洲国家，中国是向法国派遣劳工人数最多的国家，华工也在法国停留时间最长。尽管中国人是作为辅助性的角色参与一战的，然而这代表了他们郑重的承诺。

中国的"以工代兵"策略

中国政府希望利用参战策略从日本及其他列强手中收复失去的主权。虽然渴望在正式参战后能派军队到欧洲，但只有法国对接受中国军队加入战斗感兴趣。日本坚决反对，英国对此前景不看好。由于缺乏运输船只及资金，大部分参战国也对此反应冷淡，中国向欧洲派兵的愿望落空。结果，中国最大的贡献是派遣劳工前去支援英法作战。[37]

为了增强中国的作用，中国人全力推动派遣劳工帮助协约国的计划。整个计划是梁士诒的构想，最初针对的主要目标是英国。[38]他首先建议派遣武装劳工而不仅仅是劳动力。如果英国一早就接受这个计划，中国在1915年就已经与协约国并肩作战了。但英国对提议当即表示拒绝，梁氏只好将目标转向法国。

此时中国人处在"二十一条"带来的震撼性的打击之下，法国人则正面临人力资源危机：如何一面继续进行伤亡惨重的战争，一面保持后方的稳定？听到中国愿意提供援助，法国立刻开始筹划运送华工，最终招募、运送了大约四万名华工。到1916年，英国人也清楚认识到自己的未来岌岌可危，向来的傲慢被一部分绝望情绪取代。温斯顿·丘吉尔告诉下议院："为了继续这场战争，我不会忌惮提及'中国人'这三个字。"[39] 英国陆军部1916年开始招募中国人，之后的两年里约有十万华工抵达法国，支援英国方面的作战。很多为英国军队工作的华工在法国一直留驻到1920年，是最后一批离开法国的为英国人工作的劳工。[40]为法国服务的中国人则大多留到1922年。换言之，在欧洲之外的国家中，中国派送到法国的劳工人数最多，停留的时间也最久。

劳工最主要的任务是保障军火补给、清理及挖掘战壕，以及打扫战场。战壕战是一战的特色，而亚洲人在维持地面工事这一战争基础设施方面起到了至关重要的作用。中国人似乎尤其善于挖掘战壕。一名英国军官证实：在他管辖的包括英国人、印度人和中国人在内的大约十万人中，中国人平均每天挖土200立方英尺，印度人是160立方英尺，而英国人则是140立方英尺。另外一名英国军官报告说："在我的队伍里，华工挖战壕的工作量比白人多得多。"[41]除了挖战壕外，一些华工团队也会负责技术要求更高的任务，例如维修战时最先进的坦克设备。[42]他们的效率及勇气常常受到称赞。费迪南·福煕（Ferdinand Foch）将军称法国招募的华工是"能成为出色士兵的一流工人，是冒着现代炮火出色完成任务的典范"。[43]

在战争期间，每个人都要经受法国严冬的折磨，但麦考米克（A. McCormick）上尉注意到，中国人很少抱怨天气恶劣，他们似乎比越南人和印度人更耐寒："有件事令我十分惊讶。我以为他们会比我们更怕冷，但似乎不是。无论是在工作还是行走时，你都能看到他们打着赤膊跑来跑去。"[44]

由于华工是中国提高国际地位的战略的一部分，因此除了政府部门以外，其他一些机构也参与进来，其中比较突出的是基督教青年会（YMCA）的参与。在一战期间，不少从西方大学毕业的中国最优秀、最有才华的年轻人，为了服务一战而奔赴法国担任基督教青年会干事。他们深为威尔逊关于新世界秩序的呼吁以及建立更美好的世界体系的承诺打动，相信中国会因此受惠。他们要奉献出自己的知识、能力和经验，帮助这个新的世界秩序加快启动。晏阳初、蒋廷黻、蔡元培、汪精卫以及其他未来的领袖人物，经过在欧洲与华工共事之后，开始相信通过与这些同胞之间的深层相互理解，互相看到和肯定对方的价值，携手共进，中国就能够变为一个更好的国家。当然，他们的世界观和对中国的理解，与华工们的看法仍有很大差距。

当华工抵达法国时，基督教青年会的帮助对他们的人生产生了积极影响。青年会的干事们帮助这些同胞写家信、教他们识字、为他们组织适合的文娱活动、用各种方式帮助他们更好地了解世界及中国形势。也许最重要的是，他们决心将这些劳工改造为现代公民。精英学者、优秀学生与华工共处的经历，提高了前两者对中国劳工阶层的认识，增进了他们和劳工之间的感情，激发他们为中国的问题寻找答案，并且改变了他们对中国及其未来的看法。当劳工们从自身经历，以及从这些帮助他们的中国精英身上学习时，他们也同样教育了这些精英老师。这批劳工最终将成为中国的新公民，在法国建立起对自己的民主共和国及其在国际上地位的认识和肯定。华工大多是普通农民，被招募送到欧洲时对中国乃至外面更大的世界没有什么认识。但他们仍然亲身为中国改变在国内及国际上的形象做出了贡献。他们在法国出现，等于每天都在向世界表明，中国人在积极参与世界事务。此外，主要是基于他们在欧洲的付出，中国外交官在战后和平会议上才得以设法争取公平待遇。他们跨国界的作用重新塑造了中国的国家认同，加强了中国的国际化，也因此有助于新兴的国际体系的建立。通过战时欧洲的经历，以及与美国、英国、法国士兵以及来自其他国家的劳工相处，他们有史以来第一次对自己所处的世界形成了独特的看法。[45]

印度、越南和中国劳工常常遭受种族歧视，受到不公平对待。虽然中国不是任何国家的殖民地，但华工经常被错误地置于殖民地劳工的队伍中。历史学者约翰·霍恩写道：法国军械工厂雇用华工时（至少到1917年），"虽然合约上对劳工待遇的平等条款规定得很清楚，但华工得到的薪水远少于法国劳工"。⁴⁶ 法国人还明显不愿意本国妇女嫁给中国人。1917年5月，勒阿弗尔港的一份警察报告指出，当地的法国人不喜欢看到那里有华工，因此发动骚乱抵制他们。据报告，法国人对国家遭受的战争伤亡十分失望，"他们（在军火工厂里）常常说，若这种情况继续下去，法国就再没有男人留下来。我们为什么要打仗？这样下去我们早晚都要在前线战死，中国人、阿拉伯人、西班牙人就能娶走我们的妻子和女儿，占有法国"。⁴⁷

让人感兴趣的是，这段共有经历的尾声是中国人参加了战后的协约国运动会。它由基督教青年会组织："这场运动会向一大群来自各协约国的士兵宣告战争的结束，也以独特而友爱的方式，向来自不同国家、不同种族的人们宣布一个前所未闻的更大规模、更有希望的和平的开始。"该运动会源于基督教青年会在中国人、日本人和菲律宾人之间组织的远东运动会。干事们认为，如果中国人、日本人和菲律宾人能被聚集在一起，在运动场上放下彼此间因种族差异而有的反感，"提前鼓励他们，激励他们在赛场上注意对方并互相持赞赏的态度，他们一定会发现这种聚会在许多方面愉快而有益"。⁴⁸ 因此，基督教青年会向美国远征军提议举行一场"军人奥林匹克运动会"，口号是"人人参赛"。当时运动会只为军人举办，华工似乎不够资格参加，而欧洲军队中也没有中国军人队伍。然而，1919年1月9日，美国将军约翰·潘兴（John Pershing）邀请中国人参加运动会。⁴⁹ 1月20日，中国赴欧洲军事代表团团长唐在礼知会潘兴："我们非常感谢在这伟大的共同使命下与你们建立美好的关系，也会以你们为榜样，致力于维护并加强这一关系……运动场上的友谊竞赛，将会是莫大荣幸，深盼我们有人能参与各项赛事。"虽然中国最终没有派代表队参加比赛，但1919年5月，中国贡献了三个奖项的奖杯给潘兴在运动会上颁发。一名中国官员告诉潘兴，尽管中国人不能加入比赛队伍,"我敢向您保证,我们愿意一直尽一切所能与美国合作,使运动会圆满成功"。[50] 除了中国人外,美国总统威尔逊也捐献了奖杯,法国总统与总理、比利时国王等也都捐献了。1919年6月22日运动会开幕式那天,中国人也来了,不过走在游行队伍最前列做领队的光荣给了法国人。中国人则再一次被安排在游行队伍中的次等位置。[51]

中国更广泛地参与

事实上,中国的经济在战争中受惠,虽然不像日本那样有贸易盈余,但贸易赤字明显下降。除了派遣劳工到法国,中国还秘密通过香港运送大量步枪给英国。一位自称"显赫"并且"身居要职,能知道和了解事实真相"的中国人写道,战争期间中国急欲派兵去欧洲,之所以没有这样做,主要是因为没有经费及远洋运输船只。不过,中国代之以向协约国供应了大量战争所需要的物资——尽管国内局势动荡,以及黄河泛滥的灾害造成生产力下降。中国仍在自己的船厂为美国建造船只,一些中国飞行员也驾机穿越敌人防线与敌机空战,并因此获得了法国军队颁发的勋章。[52] 上海的江南船坞及机器制造局(即江南机器制造总局)是中国历史上最悠久、规模最大的造船企业,1918年7月它接受美国政府的指示为美国建造四艘万吨级远洋轮船。钢材运自美国,其余的材料则由中国供应。苏格兰工程师毛根(R. B. Mauchan)在中国主管船厂机器已经十四年,他指出:

> 在中国建造美国轮船对中国的年轻人有极大的吸引力。当他们知道自己参与制造的船只将对赢得这场战争发挥作用,便对这项事业有了感情,同样看到了其经济方面的价值……中国

不像其他发展中国家，她在智力上已经觉醒了。造船不是个新事业，已经持续数百年，然而在这里建造美国船既新鲜又特别。当所有目光都转向这个国家时，它具备一种吸引力，以巨大的力量冲击着中国人的心灵。[53]

参战的好处也并不仅限于经济方面。送到欧洲的华工成为东西方之间的信使，帮助塑造了中国及西方的政治秩序。他们在西方的亲身经历及回国后的新生活，对中国的国家发展也有长远的影响。从更深层的意义上来说，第一次世界大战改变了中国人对西方及世界的认知，留下了十分长远的影响。中国人极为痛恨战后和平会议上的不公正，无论何时，只要国家受到西方列强的不公平对待，人们的怒火便会被重新点燃。因此，这场战争及其后果是塑造现代中国历史意识及民族归宿的关键。在很大程度上，由于战争期间及巴黎和会上所发生的一切，欧战结束后的中国与1914年的中国已经彻底不同了。

日本的一战及其现代转型

对日本而言，为一战付出的代价微不足道。日本没有派军队到欧洲，在战争期间只有75名护士到了法国。虽然如此，一战对日本经济、外交及政治现代化的影响毋庸置疑。弗雷德里克·迪金森有力地论证：一战是日本"由农业国走向工业国，由区域强权走向世界强权的分水岭"。一战也代表了日本人的认知从19世纪过渡到20世纪的决定性转变。"正如帝国主义的强权介入催生了日本最初的现代化建设，一战对流行于欧洲、在整个19世纪扩散至全球的世界文明的破坏，刺激了日本在1919年之后努力实现国家复兴。"[54]

日本战时对外贸易

	出口		进口	
	年平均值		年平均值	
	日元 (百万)	指数 (1910—1914=100)	日元 (百万)	指数 (1910—1914=100)
1910—1914	593.1	100	662.3	100
1915—1919	15 999	269.8	14 137	213.4
1920—1924	18 104	305.3	24 257	366.2

包括日本与其殖民地的贸易，摘自 W. G. Beaseley, *Japanese Imperialism, 1894-1945*（Oxford: Clarendon Press, 1987），p. 125。

日本的经济从一战中获益丰厚。雇用五人以上的工厂由1914年的31 000所上升到1919年的43 000所。一战期间，日本首次实现19世纪末以来破纪录的显著贸易顺差。其出口贸易由1914年的5.91亿日元增至四年后的20亿日元，增长了三倍，贸易顺差接近3亿日元。[55] 1914年日本对外贸易数额本来与中国大约相等，但在这之后的增长就是因为日本充分利用了战争带来的机会。

表2.1表明了日本的经济是如何繁荣起来的。对外贸易的增长使日本的国际收支在历史上首次实现盈余。[56] 1914年的运输业纯收入不足4千万日元，到1918年则达到4.5亿日元。至于商品贸易，四年战争期间的年平均出口额比进口超出约3.3亿日元。而之前的1911年到1914年，年平均进口额却比出口多出6500万日元。因为将利润再投入到新的建设中，战时日本整体工业投资增长了17倍。日本的生产总值由26.1亿日元增长到1918年的102.12亿日元。[57]

工业就业人数也相应增加了。1919年与1914年相比，工业劳动人数翻了一番。[58] 战争不但为日本厂商带来订单，也遏制了不少战前竞争者。由于对英美出口增加了一倍，对中国出口增加了四倍、对俄国增加了六倍,因此日本的远洋船队规模增长了一倍。1918年,澳大利亚总理威廉·休斯(William Morris Hughes)警告英国外交大臣阿瑟·贝尔福(Arthur Balfour)说:勤劳的日本人到处都是,"我们也必须像他们那样努力工作,否则就会像我的祖先一样,由肥沃的平原退居到贫瘠崎岖的山区去"。令英国人担心的还不止是经济威胁,在海上,日本已经比1914年强大得多;在陆上,它正在中国扩张势力,并延伸至俄国的西伯利亚。[59]

协约国不断要求战争援助及物资供应,以及欧洲列强从亚太地区撤出,都为日本创造了新的商业机会,使其经济飞速增长。日本在1913年到1922年间的经济增长远远超出了当时的国际标准水平。1920年到1924年间,工业产品占到日本出口的90%以上。到1925年,日本全国人口达到607.4万,位居世界第五,仅次于中国、美国、俄国及德国。迪金森说:"正如佩里将现代帝国主义介绍给日本,带来了一个现代民族国家的诞生一样,第一次世界大战也带动了当时人们所称的'新日本'的建设。"[60]

迪金森有力地论证,20世纪的史学家强调一战后深层结构的转变为新世界奠定了基础。同样,20世纪初日本的企业重建,也立足于惊人的结构转型之上。当我们承认一战时期世界中心由欧洲急剧过渡到美国时,或许也会意识到强国势力逐渐由全球转移到了东方,其代表就是日本帝国的崛起。从农业国到工业国的转变,使日本在东亚的地位有了前所未有的提高。日本的经验也证实,一战非凡的变革力量不在于破坏力,而在于它所启动的大规模的隐蔽国际进程。[61]

一战也带来国家基础的改造,并为日本1918年后的急剧变化做好准备。战时工业迅速扩张促进了城市的发展,农业劳动力向非农业劳动力的转化在1910年到1920年间出现爆炸性增长。一战时期日本农业人口减少了200万,1908年到1920年间,东京人口增加了 30 万,达到 101 万。"大阪成为日本工业首都,1925 年人口达到 200 万,是当时世界第六大城市。"战后日本出现了新的城市中产阶级,1914 年到 1922 年间,雇员超过百人的公司占比由 46% 增加至 53%。"从 1912 年到 1926 年,人均国民生产总值增加了 33%,人均支出上升了 40%。在新兴城市中产阶级中,女性的比例不断增加,其中,1920 年代初期,在东京的商业中心丸之内,10% 的雇员是女性。"[62]

新的经济力量以及随之而来的社会转型,支持着日本在东亚的势力迅猛发展。正如迪金森所指出的,通过打败德国在中国及德属密克罗尼西亚的军队、与中国交涉获取一系列特权(即臭名昭著的"二十一条"),以及派遣五万名日军参与协约国干涉西伯利亚,日本首次将政治、军事、经济势力延伸至俄国和南太平洋。对于从 19 世纪中叶起就主宰着东亚外交的英国、法国、俄国和德国这些殖民强国来说,除了经济繁荣之外,日本在战时获得的所有好处,都突显了其强大实力的急遽增长。日本的外交实力主要以牺牲中国为代价而大幅增长。战火最终摧毁四个王朝帝国——德意志帝国、奥匈帝国、俄罗斯帝国及奥斯曼帝国,给日本帝国带来的则只是机会。"二十一条"巩固了日本垂涎已久的、在福建及南满的权益,并保障了其势力在新地区的扩张,包括德国昔日在山东的租借地、俄国控制的与外蒙接壤的内蒙古东部,以及英国在福建长期占据的租借地。列强在 1916 年(俄)、1917 年(英、法、意)先后同意了上述权益。这意味着日本仅仅用了三年时间和少量兵力,就在争夺在华势力范围的竞争中,由不起眼的小角色一跃成为亚洲大陆发展事务的主要仲裁者。无怪乎连加藤外相在国内的最大政敌陆军大臣山县有朋,也对允许日本保留在华所得权益的谈判条件"极为满意"。[63]

战时的权力转移在地缘政治上给作为新的世界强国的日本带来了根本性改变。如同日本帝国海军的驱逐舰长驱直入地中海一样,日本纺织业也进军印度。但最能体现日本最新影响力的是，交战国两大阵营都在战争中争相寻求日本的援助，从英国最初在1914年8月要求日本参战、英美两国请求日本舰队帮助，到法国恳请日本派遣军队到欧洲、德国与奥匈帝国尝试单独与日本达成和平条款。在巴黎和会上，日本代表出现在由五个战胜国所组成的高级代表会议上，有力地反映出其世界强国的地位。日本首相原敬在巴黎骄傲地宣称："作为五强之一，（日本）帝国为恢复世界和平做出了贡献。因此，帝国的地位获得极大提升，承担的责任也愈来愈重。"[64]

日本帝国、政府及国家经济在一战期间的转型，把日本推到20世纪新世界的最前沿。欧洲研究专家很久以前便注意到1914—1918年带来的异乎寻常的政治后果，特别是四大主要帝国的崩溃。但大日本帝国却并没有在1919年自我毁灭。随着经济快速工业化、城市中产阶级及大众消费文化的兴起，日本经历了类似1868年早期革命的政治转型。如同19世纪中期封建王朝让位给现代君主，日本的政治权力在1920年代也从非选举出身的开国元老手中转移到政党内阁。

根据迪金森的说法，"从全球视野来看，一战带来的影响远远超出欧洲之外"。当站在1914年而非1939年的角度来叙述事件发展，就会注意到"不仅跨越国界，而且超越洲界甚至一战战线"的广大过程。全球所持的观点认为"日后出现的灾难（第二次世界大战）带有一种偶然性，其破坏规模之大通常令人很难不对欧洲国家已日渐西山产生很多想法"。站在现代日本的角度，一战绝不仅仅是全球性的一个"契机"，更是"20世纪的重要分水岭"。正如1853年佩里上将叩关日本所带来的震撼一样，一战也使人们对已经确立的既定和合法的"文明"概念提出了根本性的质疑。一战的影响是全球性的，这不只是因为战争冲突涉及全球各方，也因为战火吞噬了哪怕是远离战争中心的人们也一直相信的、世界文明的核心。"重建的任务不只落在被炮火炸平了的地区的人们"身上,也吸引了所有对欧洲文明有实质情怀的人。从战争期间发表的言论中可以清楚地看出,20世纪早期的日本在根据自身条件转向欧洲文明过程中下了多么大的功夫,在他们眼中,欧洲文明是普世性的而不仅仅是欧洲的。"到战争结束时,很多日本人相信进行第二次全民维新的重要性——国家重建等同于"从昔日传统封建体制转化为民族国家。就像他们19世纪的同伴一样,"1918年后,'新日本'的建造者大声谴责过去,扬言要'开放'日本,并为未来规划出一个充满希望的愿景。像在1868年一样,他们用天皇的高调宣诏,将新的建国事业神圣化"。[65]

迪金森正确地指出两战期间日本的国家重建"涉及的不仅仅是崇高的语言及帝国的宣诏"。如同最初的国家建设一样,这一次的国家重建也源于改变了整个国家基础的结构性发展。19世纪后期的改革建立在新的中央集权制度之上,即统一的地方都道府县制度,以及全国性的税收、教育、征兵、通讯和运输制度。《凡尔赛和约》之后的日本则建立在新兴工业化、城市化政治之上,拥有受教育的中产阶级和大众消费文化。以此为基础,"从19世纪的文明概念转向20世纪的世界,也即由精英政治转向大众政治",从注重本国转为越来越多地关注其他国家,从对武力坚定不移的信仰到军事控制,由"玩弄武力威慑到倡议和平","新日本"在这整个决定性的转变当中起到了举足轻重的作用。这些新感觉、新认识汇集在一起形成的强大综合体,从来没有得到全面或完全的发展,并且依然不足以防止比一战更大的战火燃起。[66]

一战对日本也有负面影响。虽然工业从战争中受益巨大,但在1914年到1918年的繁荣年代里,绝大多数日本人看到的却是实际消费能力下降。鉴于战争时期公认并广泛宣传的国家财富增长,人们都相信大米将再不缺乏。然而当食品价格的涨幅远远超过薪水增长速度时，民众的愤怒便指向地方官员及内阁首相寺内正毅。新闻媒体从1917年开始报道"米骚动"，[67]但中央政府对此反应迟钝。1918年，日本出现一系列示威及武装冲突，规模之大在日本近代史上前所未有。从7月22日到10月4日的八个星期内，"米骚乱"由北海道蔓延至九州，出现在渔村及农村、东京街道市区，甚至煤矿附近。[68]日本政府担心将面临类似于俄国革命的事件，动用占绝对优势的兵力镇压骚乱。为了恢复秩序，士兵向人群开枪，造成了三十多名平民死亡，多人受伤。[69]

1918年的"米骚动"，无论是从规模、地区分布，还是从大规模军事镇压以及为平息骚乱而做的救援努力上看，都是史无前例的。根据可靠估计，在49个城市、217个镇、231个乡村都发生了抗议。对参加暴动的人数估计从最低70万人一直到最高1000万人。姑且不论数字的精确度，上街抗议的人代表了不同的社会背景，并且在日本当时5600万总人口中占有相当高的比例。要知道，当时绝大多数日本家庭成员都不是成年人，因此它代表的意义更不寻常。事件平息后有超过8000人被起诉。"米骚动"导致了文官制度的解体，原敬就此崛起，成为第一位平民宰相，开启了以政党为主的内阁政治时代。然而，战争以及随后的骚乱所包含的政治意义不能被过分夸大。因为这些抗议发生的背景是世界范围内兴起了争取更大的民众权利的潮流，日本内部也出现了早期反抗运动。但是，抗议的结果并未限于平民首相替换了寺内正毅，广泛的社会动乱还造成了中央及地方政府政策上一系列影响深远的改变。骚动后的一个主要改革是，政府建立了永久而又系统性的大米供应及分配制度。"米骚动"过后，日本的殖民地政策也发生改变，政府决定从中国东北进口高粱到朝鲜，用这种劣质谷物取代朝鲜人日常食用的大米，而多出来的大米则用来供应本土。台湾的殖民地政府也同样鼓励本地人多食用红薯，并加强对各类农作物的垄断控制，以减轻日本米粮供应的

第二章 一战在中国与日本，1915—1918

不足。[70]

中国对一战的兴趣来自受害者情绪。正是这些欺压中国人的帝国主义强权，反过来变成了激励中国人的力量。中国试图通过采取帝国主义者的方法和意识形态来击败日本帝国主义。新的民族主义意识推动了中国的革命、内部更新及变革，它根源于中国人想要加入世界大家庭的愿望——成为一个富裕强大的现代民族国家。不过，同样的民族主义也对昔日象征中国文明的传统价值观予以排斥，损害了它的特殊性质。从某种意义上说，中国在这个时代的行动力度反映在它着手参与世界事务时，政治上的民族主义、文化上的除旧布新及外交上的国际主义相结合。在第一次世界大战期间，中国精英开始了构建抛弃旧有文化和传统的民族国家的实验。他们尝试重新界定一个与自身文明及经验毫无关系的国家认同。自由主义与军阀主义奇怪地共存，使中国像一个双头怪兽，两个头朝向各自不同的方向。[71] 事实上，这一时期中国存在双重决策机制：一边是现代和开放的官僚及社会精英，奋力推动中国进入国际体系；另一边是军阀和极端保守主义者，只想让时间停滞，为了自己的利益不惜牺牲中国的未来。其中所产生的紧张局势制造了极端的困境，使寻求新的国家认同陷于危局，造成中国进入国际体系的道路曲折又艰难。如果中国和日本之间的敌对是第一次世界大战以及当今两国的共同主题，那么，"何谓中国，何为中国人？"的困惑，则是那个时代以及今日中国人所共有的另外一个难题。

一战之后西方势力在亚洲的衰退，让中日两国陷入无法实现各自目标的"不可能的困境"：只有可以抵抗日本的中国政府，才有足够的资格来动员（或强迫）各方资源达到上述目的；软弱无能的政府无法团结起整个民族和动员各方资源捍卫国家利益。日本的不可能则是，它无法找到既愿意合作又不会被烙上汉奸烙印的中国人，从长远看，日本也无法控制中国；能同日本人合作而又能免于民族主义者攻击的领头者,偏偏不需要与日本人合作,因为他们有足够的力量违背日本人的意志。第三个不可能是,第一次世界大战之后,日本政府能否站住脚取决于它能否控制中国,或至少能对中国发号施令,而中国政府能否维持下去则取决于它能否挫败日本的这一政策。只有到1945年美国击败日本,1949年共产主义革命统一了中国,以及美国、日本和一个强大的中国在1970年代彼此达成协议之后,上述不可能才得到解决。也只有在那时,第一次世界大战在中日两国留下的问题才部分得到了解决。

战争中的帝国：

一战与印度、朝鲜及越南民族发展的转型

第三章
印度的一战及民族觉醒

同中国与日本主动策划自己的一战政策不同，印度卷入一战主要因为它是大英帝国的属国，而不是直接出于印度自身利益考虑的决定。在就国际关系做决定上面，印度的民族主义者还没有这样的地位，但这并不意味着他们完全处于被动消极的状态。很多印度精英从更长远的观点出发，选择支持英国对一战的投入，认为那会对他们实现最终的独立梦想有帮助。

从两个方面可以看到印度在英国之下介入战争的重要性。第一，它扩大了印度与外部世界的联系。过去，世界其他国家对大部分印度人而言几乎没有什么意义，他们很少关心国际形势及军事事务。参加一战使他们第一次对大英帝国其他部分，以及与世界各国的关系有了全面的认识。第二，对一战的介入深刻影响了印度精英对本国的思考，并对印度民族主义的兴起产生了巨大影响。1914年，印度还不是一个民族国家，而是由不同种族、种姓及信奉不同教义的人聚集在一起的混合体，他们彼此容忍，但除了都被英国人统治以外没有任何共同点。然而，一战为印度人打开了一个新世界，并帮助他们看到了自己的力量；此外，他们认识到这个力量经过西方教育及理想的熏陶可以进一步发展。换言之，一战被证明是他们与亚洲同伴以及与西方人所共有的一条道路。

英国人向印度人求助的决定"提供了一个共同的信念,那就是不管在种族或信仰上有何差异,任何人都能做事",这也给印度民族主义事业提供了"有决定性作用的催化剂"。[1] 杰出的印度史专家斯坦利·沃尔珀特(Stanley Wolpert)写道,战争对印度的冲击"是全面性的,它改变了印度的经济平衡,催生了大规模的新式工业",同时"掀起了前所未有的政治变革的波澜。新的希望被唤醒,新的骄傲亦是;新的选民出现,伴随而来的是新的思考:印度对于在大战中幸存下来的大英帝国的意义究竟何在,还有,人们对摆脱帝国的束缚已变得迫不及待了"。[2]

印度被卷入一战

对德国、奥匈帝国的宣战声明是由印度总督哈丁觉(Hardinge)爵士签署的。[3] 开战之初,英国没有想过需要印度的帮助。[4] 但很快英国人便意识到,若想取胜就必须动员他们所有的资源。正如自由党首相赫伯特·阿斯奎斯(Herbert Asquith)对下议院所说的,"如果我们要进入这场争斗,现在不仅要动员联合王国的所有资源,而且要将以此为中心的广大帝国范围内的所有资源,全部投入进去"。[5] 为了确保印度的支援,英国政府口头答应最终会将政治权力移交给印度人。阿斯奎斯宣称未来会从"不同角度"审视印度问题。他支持让印度自治的承诺,以此作为对印度的忠诚的回报。很快,劳合·乔治宣布自治原则会进一步延伸至"热带国家"。[6]

1916年,劳合·乔治在担任首相后不久便告诉下议院,现在是与自治领及印度正式商讨赢得战争的最好方法的时候了。因此,他打算成立帝国战时内阁。这既是一种姿态,也是务实的做法。但英国人真的有这个意思吗?各自治领和印度为英国提供原料、军火、贷款以及最重要的人力资源,以维持英国的战争投入。而英国也相信战争能帮助它牢牢掌握印度:"我们已经消灭了妨碍我们拥有印度的威胁。"[7]然而,随着民族主义开始兴起,内部威胁逐渐显现。在这方面英国人完全错了。印度与一战问题研究专家山塔努·达斯曾指出,"印度人心中的脆弱之处,存在于继续和有策略地忠实于英帝国同强烈的民族主义抱负之间。第一次世界大战正是在这一点上抓住了印度人的心"。1919年旁遮普省发生阿姆利则惨案,而这里正是为一战提供士兵人数最多的地区,印度人原来以为他们在一战中所做的贡献能够改善印度与英国的关系,但这场屠杀使他们的希望彻底破灭。[8]

一战时代恰逢印度民族觉醒的重大时刻。印度精英及下层阶级都受到这一进程的影响,从此走上一条义无反顾的民族发展道路。山塔努·达斯认为,印度的政治舆论在对一战的支持上是一致的。虽然人们普遍认为一战对于欧洲是一场灾难,但对印度来说却是一个机会,有人甚至将其称之为"印度机会"。这一局面与中国人所谓的"危机"形势极其相似,即战争既带来危险,也带来机会。印度行政会成员史瓦斯瓦米(P. S. Sivaswami)写道,(印度人的)"忠诚并非出自对英国或殖民者本能的忠心,而是因所获得的利益而感恩,以及相信印度的进步与大英帝国的诚信和团结密不可分的结果"。[9]

因此印度精英热诚地回应英国人的求援召唤。帝国立法会成员布彭德拉·巴苏(Bhupendra Basu)在1914年写道,战争爆发以前,印度内部纷争不断,"然后,这场欧战爆发了。突然间,所有的怀疑和犹豫、所有问题都一扫而光;只存在一种共识,那就是在目前英国的危急存亡之秋,印度要与英国同舟共济。一个巨大的机会已经来临,即印度要借此机会要求在帝国内的平等地位,并证明它值得拥有这一平等地位"。印度人愿意在战争中做出牺牲,"旧的秩序必须废弃,基于互信和互相理解的新秩序应该建立,在新秩序下,一个比过去更光明和更幸福的时代将会出现。如果在战场上能与英国人同仇敌忾,经历血的考验,那么,东方和西方,印度和英国,将会携手前行"。[10] 印度著名政治家、印度国大党主席辛哈(S. P. Sinha)在1915年说:"我们目前的当务之急是大战,这场战争给印度提供了前所未有的机遇,以展示印度军人即使同世界上最有组织的军队对抗,仍然无所畏惧、勇敢和坚韧,同时也向世人宣告印度人不论阶级、信仰、民族差异如何,都会在高涨的斗志的激励下,以一个共同民族而挺立在人们面前。"[11] 他希望英国能够因为印度做出的这样大的牺牲而准许其自治。"战争正在帮助我们快速向这个目标迈进。在杀戮和屠杀中,很多邪恶的东西正在被毁灭,又有很多新生事物将会萌芽。"[12] 有些印度人甚至走得更远,宣称在这次战争中,"印度的心和灵魂都与大不列颠在一起了"。[13]

以民族平等为既定目标的印度国民大会党成立于1885年。[14] 但直到第一次世界大战爆发前,它既缺乏资源,又对如何实现印度的民族梦想没有长远规划。它没有挑战英国统治的合法性,只注重于保护印度人在大英帝国管辖下的权利。一战的爆发改变了这一切。根据吉姆·马塞洛斯(Jim Masselos)的说法,"到20世纪第一个十年的末尾,印度的民族主义运动已经经历了相当大的变化。它的手段与目标进一步扩大,在旁遮普、孟加拉、马哈拉施特拉等省,同19世纪最后二十年相比,精英参与的比率要高得多"。[15] 1914年12月,战争爆发仅仅数月,印度国大党即通过决议,向"英王陛下及其人民"转达他们"对王室的无限热爱,对英印关系坚定不移的忠诚,以及面对所有危险不惜一切代价与帝国共进退的决心"。[16] 几乎所有著名印度政治家都支持为参战进行的军事招募。事实上,一个出人意料的支持者是甘地(Mohandas K. Gandhi)。他当时年近五十,刚从住了二十年的南非回来。在那里,他为当地英国治下的印度人争取平等公民权利,赢得了斗士美名。当战争开始时,他刚好经过伦敦回印度。适值战争爆发，甘地决定"为祖国和大英帝国，愿意效力"，并率先在英国印裔居民中间组织了一支救护车医疗队。[17] 回到印度后，他主动要求为印英军队招募士兵。他曾给殖民地政府一位官员写信，"我打算做点切姆斯福德勋爵（Lord Chelmsford）认为是真正的战时工作。我想，假如能让我担任您的招募机构主管，我保证士兵会源源不断而来"。[18] 但英国官员并没有把甘地的招募计划当一回事。虽然甘地没有提供多少积极的支援行动，但他对英国战事表现出的热忱十分明显。[19] 当安妮·贝赞特（Annie Besant）要求甘地支持她的印度自治运动时，甘地的态度更清楚：他拒绝了请求，并说："你不信任英国人，但我不认同这样做，我不会在战争期间参与任何反英活动。"[20] 甘地对一战及大英帝国的态度反映出他满怀希望与幻想："如果印度全力支持英国的战争，战争结束后，印度将会得到一个自治政府。"[21]

甘地并非唯一这样想的人。印度人巴尔·提拉克（Bal Gangadhar Tilak）也认为战争是通向自治的大道。1917年，埃德温·蒙塔古（Edwin Montagu）在日记中写道，提拉克"此时大概是印度最有影响力的人"。[22] 提拉克被关在曼德勒监狱六年，于1914年6月获释。他致电英王，保证全力支持战争。[23] 提拉克的报纸《马拉塔》（Mahratta）在1914年10月4日发表评论："知道印度士兵已经在法国登陆，印度人心中无比振奋。"[24] 像提拉克一样，很多民族领袖都全力支持招募印度人入伍，因为他们看到这是证明印度人对帝国的价值及忠诚的机会，进而能确立他们作为公民的平等权利。战争爆发后，印度的自治运动开始蓬勃发展。运动的组织者安妮·贝赞特宣称："印度忠诚的对价就是印度的自由。"1916年，她进一步对追随者宣称："我们将自己全部交给神，没有任何保留。我们献出名字、献出自由，需要的话，献出生命，目的是为祖国；神是公平的，神是正义的。在家乡的祭坛前，我们的牺牲会将燃烧的火焰送到天堂,我们也将得到来自上天的答案。"[25]

为了推动自治运动向前发展,巴尔·提拉克首先在1916年成立了自治联盟。提拉克与贝赞特是这个运动的主要策划者,在一战期间发起,目的是为了从英国政府获得实质性的政治让步。提拉克在1917年2月公开表示,他十分满意政府打算招募印度人进入印度防卫军,并呼吁人们为保卫家乡和帝国而全力响应这一号召。他表示,他们的地位必须同"在印度居住的、来自欧洲的英国臣民"平等,就算到战后也不会变。[26]

这场战争是如何激发印度不同行业的专业人士和中产阶级的想象及其民族意识的?山塔努·达斯认为,战争期间"国内政治比以前更具有'民族性'"。举例来说,安妮·贝赞特在其《印度的忠诚与英国的责任》一文中说:"当战争结束时,我们毫不怀疑女王会在她的胸前佩戴在帝国范围内自治的钻石奖章,作为对印度光荣地保卫了帝国的奖赏。在某种意义上,它将是一枚真正的维多利亚十字勋章,因为伟大的女皇会从中看到她在1858年的承诺的实现,铭刻在上面的颂言将是'勇气可嘉'。"达斯也相信"对很多印度人而言,为帝国战争服务奇怪地变成了一种挽救民族及地区声望的方式"。《一切关乎战争》中的一系列诗歌深情地体现出这一类民族觉醒。其中一首是马哈维亚(A. Madhaviah)的作品:

> 姊妹们!兄弟们!现在正是时候
> 来证明我们的价值
> 让能打仗的,上前冲杀不退后
> ……
> 让我们不惜一切来证明
> 英国的事业就是我们的事业[27]

战争刺激了印度的商业和工业发展，但也对脆弱的印度经济提出了惊人的要求。欧洲工业品实质上从印度市场消失，刺激了某些工业部门如纺织业的发展，但由于战时的通货膨胀、经济以及社会各方面的失衡，印度人也付出了巨大的代价。战时的困难"孕育了一种普遍的躁动和期待，加上为战争贡献了大量人力与物力，让许多印度人期待英国在战争结束时对他们有所补偿。一位著名的温和派领袖在1916年便注意到，这场战争的艰巨意味着世界正处在'一场伟大的重建前夕，英国和印度都将加入这场重建'。另一名政治领袖也指出战争'已经将时钟……向前拨动了五十年'。当它结束时，印度人肯定能够'合法地参与到自己国家的行政管理当中'"。[28]

欧洲的情况

印度历史上还从来没有过这么多印度人奔赴海外，更重要的是，他们是去帮助宗主国打一场重要的战争。当印度士兵在1914年9月抵达法国时，《纽约世界》(New York World)报道说："多么棒的军队！这支'土著队伍'属于一个古老文明，那时德国还是一片森林，而早期英国人还在把蓝颜色涂在他们赤裸的身上。"[29] 印度兵团司令官詹姆斯·威尔考克斯(James Willcocks)将军在写给总督哈丁觉的信中说："印度士兵的服务只得到很少的报酬；他们在陌生的异国他乡服务；他们是世界上最有耐性的士兵；他们正在做着亚洲人从来没被要求过的工作。"[30]

对在法国的印度士兵及劳工来说，生活肯定是不容易的。1917年12月27日，一位印度劳工从法国写信说："你问冷不冷？下次见面我会明白地告诉你法国的寒冷是什么样的。现在我只能说，大地是白色的，天空是白色的，树是白色的，石头是白色的，泥巴是白色的，水是白色的，吐出的痰都会冻成一团白色的小硬块。"[31]

寒冷的天气固然是个挑战，遍布欧洲的种族歧视则更让人难以忍受。

印度人在前线深受英国军官的种族歧视及不公平待遇的折磨。士兵因不吃牛肉或其他习惯而受到讥笑。英国人普遍认为"印度人天生低劣"，军官轻蔑地对待印度劳工，并用"黑鬼""黑怪"等蔑称招呼他们。英国的下级军官同样如此，他们对印度人的蔑视极少得到制止。但英国的步兵多半"从联合王国最贫穷的地区招募而来，65%的人没有达到一个11岁英国男孩应有的标准教育程度，以至于一名当时的精神科医生称他们为'废物和傻瓜'"。他们随时用暴力对待印度平民，声名狼藉，一个威尔士大兵私下说："就是要那些可恶的乡巴佬抬不起头。"[32] 甚至德国人也落井下石，在宣传机器中大肆攻击英国人在一场白人战争中使用了"殖民地野蛮人"。

印度史家拉蒂卡·辛格（Radhika Singha）的研究指出，驻法印度劳工团团长顾问安普希尔勋爵（Lord Ampthill）也曾担心该团的作用会受影响。起初，他很担心这些印度人"低劣的体格和智力及外国习性"，但看到他们友善的微笑、孩子气的打扮、奇怪的吟咏以及毫无羞涩的裸露，他称他们是"非常有吸引力的野蛮人"。安普希尔不满法国百姓友善、仁慈地对待印度劳工，不过也承认他们来法国是受到为帝国服务的崇高愿望的感召，而非只为薪水。安普希尔曾担任马德拉斯省省督（1900—1906），在1904年也曾短暂出任代理印度总督一职。他开始为英国陆军部毫无政治头脑地调遣印度劳工团而恼火，认为那是置帝国在印度的将来于不顾。他努力想要把这些人归为印度士兵（军事人员）而不是劳工，好让他们感觉自己是以一个光荣的身份工作，也提醒公众记住印度一直是欧洲战场的一分子，但这种努力没有成功。安普希尔也强调他们工作负荷过重，非常需要休息，亦需要人们对他们的付出做出肯定。他报告了印度人在家信里抱怨自己"被当作动物一样对待，完全没有人关心（……）没有任何人对我们所做的一切表示过称赞"。到1918

年初,大部分印度劳工都无意延长合约,只想回家。但由于运输工具短缺及要求续约的压力,他们的归国行程被推迟了。劳工很不乐意,偶尔用怠工表达不满。1918年3月到12月间,印度劳工团队伍至少有十二宗罢工记录。集体抗议行动的主要诉求是拒绝签新合同。因此,现在他们工作只是为让自己的指挥官满意,而不是因为受到合约限制,他们力求让更多的人站在他们一边,支持他们回家的要求。[33]

印度士兵一到英国,马上就有命令下达,限制他们的行动自由以及与异性接触,白人女工也受到同样的限制。确实有很多印度男性和法国妇女亲密交往。目睹印度士兵与西方妇女的浪漫关系,英国人担心这是"对白人声誉的威胁","(女性)殖民者与被殖民者的身体"的性关系暗示着"欧洲人的堕落和道德败坏"。英国当局意识到,这种不同种族之间的关系最危险的地方是"危及欧洲统治的声望和精神"。[34] 政府及军队都特别限制印度人与白人社会接触。用当时人的话来说,英国当局认为印度人和英国女工性欲都很强,可能会因此相互吸引,违背家庭及民族价值观,造成异族混血儿的出生,并最终导致种族退化。为了将印度男性与白人女性隔离,除了少数例外,英国当局禁止英国女护士接触受伤的印度军人。实际上,与白人女性的性关系刺激着印度人思考为什么在家乡及其他地方自己被视为低于白人殖民者一等。[35] 政府规定负伤的印度人只能到英国南部海岸的一个特定医院区医治,但人们对那里是否要雇用白人女性护士争论起来。政府的解决办法是女护士只能担任监管职位,并规定印度人去伦敦必须通过参加高度组织化的库克旅行团。英国白人士兵则从来没有受到过这种限制。[36]

基督教青年会获准为印度劳工和士兵组织娱乐活动,就像它为华工所做的那样,条件是不得在活动中传教。根据1915年11月5日基督教青年会官员的报告,当印度人到达法国时,工作人员经常看到他们极度想家,几个人一群地挤在一起取暖,凄楚地谈论敌人力量之强及前线最新的伤亡消息。与家乡失去联系、极少通信来往,自然使他们的情绪消沉低落。在法国寒冷的冬天,为防止他们在马赛找妓女,基督教青年会每晚在营地放映印度传统的马拉地语舞台戏(tamasha),400到600名士兵聚在一起,一边围炉取暖,一边欣赏骑兵奔驰或旅行景色的影片。其中也有热情的法国谐星麦克斯·林德(Max Linder)的喜剧,他的法式幽默似乎很令印度人满意。与中国劳工一样,印度人每两星期有一次关于战争等主题的幻灯片讲座。令人惊讶的是,他们对自己正在参加的这场战争所知极少,头脑中对欧洲地理也一片空白,地图对很多人来说还是新鲜事物。有一次,基督教青年会为印度人开了一个理发店,这一举动令营区里的英国军官极度不满,认为丢尽了英国人的面子且永远也无法挽回。基督教青年会还定期办法语班,用乌尔都语、古木基语、印地语印发法语句子手册,并由印度士兵基金会对其修订并重印。手册发行了近十万册。听到一个"汤米"(英国人)与一个"强尼"(廓尔喀兵)用法语对话会很有趣。印度人非常热衷法语班,晚上的课可以吸引400人。[37]

基督教青年会的干事也帮劳工写家信、给他们读家里的来信。印度人是书信高手。学者克劳德·马科维茨(Claude Markovits)认为,在1915年3月间,除非因为战斗或行军的耽搁,印度人一星期写了一两万封信。[38] 有空的时候,劳工会一整天都聚集在基督教青年会搭建的小棚子外,请印度干事在里面帮他们写信。一些基督教青年会职员对他们的耐心深表赞叹,因为他们在刺骨的寒冷中一小时接一小时地写信,且总是面带微笑。由于在法国的印度人写了大量的信,有时一个月达三万封之多,一位英国检查员终于发出抱怨:"我的工作本来是优哉游哉的,你们这些家伙却把它变得沉重不堪。"这些家信各式各样,但几乎所有的信里都避免发牢骚。

它们大都是同一个格式:"我很好。吃穿都不错。天气有些冷。"一份基督教青年会的报告中记录了两例印度人感谢基督教青年会的帮助,颇为生动:"这天是圣诞节,锡克人借我们的棚子举行庄严的冥想和祈祷。结束后,他们收集了一些钱币,有几十枚大大小小来自不同国家的硬币,用来帮助基督教青年会的工作。接着他们开始做运动。"第二个场景则是:"锡克人聚在一起,很严肃地商量'为了防止酗酒和心思不纯我们能做些什么呢?我们邀请基督教青年会的先生来做一个讲话吧!'"[39]

对西方国家的直接观察以及给家乡人写信,帮助身处异国他乡的印度人思考他们的身份,思考印度是什么国家,并使他们对自身和故乡有了新的认识。根据苏珊·万考斯基(Susan Vankoski)的看法,这些印度人的书信"展示出他们对法国人的好客及热情的真诚感谢"。一个士兵写信给家乡的朋友:"告诉女人们要像男人一样勇敢。我惊讶地发现法国女人这么漂亮,竟然比男人更振作、更有胆量。她们甚至准备拿起武器参加战斗。我的母亲和妻子也应该这样有勇气。"另一个印度人认为缺乏全民教育影响了印度并对之抨击。他意识到法国拥有文明的优势,因为:

> 这个国家的习惯是,当孩子五岁时就送他去学校……他们看起来比我们优越完全是因为教育。学习有极大的好处。此外,我们让用人做粗活的习惯也毫无益处。这里的人亲自做粗活,不会因为劳动而感到任何羞耻,而我们的人则会陷于要命的耻辱中不能自拔。如果我们所有的事都由自己来做,不论对自己还是对政府都将有极大的好处。

同令人心悦的欧洲相比,印度的生活在很多士兵心中都是一种打击。有些人在家信中表示在战争结束后更愿意留在欧洲,而的确有许多人最后留居在了英国。⁴⁰ 印度人对法国社会的观察迫使他们对自身的生活做出反省。一名锡克士兵发现在法国丈夫和妻子的地位更平等，便写信给祖父："我很清楚在我们国家一个女人不会比一双鞋更值钱。正因为如此，印度人低人一等。我观察欧洲，不禁为印度深感悲哀。在欧洲，不分男女老少每个人都受过教育。男人打仗，女人工作……你应该让女孩也像男孩那样接受教育。"⁴¹

远赴欧洲的印度人的思想发生了变化，因此，第一次世界大战加快了可能需要好几代才能完成的印度政治和社会的转变。动员人力资源以及派遣印度人到欧洲当兵或做工，对印度的民族发展产生了深远影响。它帮助创造了政治流动性。根据印度史家拉蒂卡·辛格的观点，动员印度军队，放宽了不同种姓及种族战斗员之间的界限，在军事招募上，人们打开了一个更为宽广的社会的和立体的视野。对辛格来说，一个印度人长眠于欧洲，在他的安息之处，人们可以发现历史上一个新的愿望：

《苏卡·卡劳的墓志铭》

他离开国家、家乡与朋友，
在这场欧洲大战中
拯救陛下和帝国
……
信仰上他不是基督徒
但为了别人的利益，这条尘世的生命牺牲了
有一位神，就是众人的父
超乎众人之上，贯乎众人之中，也住在众人之内⁴²

辛格写道，特别是在印度边境地区，响应还是拒绝去欧洲为战事服务，在不同族裔的民族主义叙事，以及由此而来的领土纠纷上留下了永久的印记。对印度劳工团的一些人而言，参军提供了游历宗主国世界的机会，他们在那里调整自己的标准，并在这种努力中重新认识自己的家乡。不过，辛格的关注超出军人阶层的范围，进一步探讨了帝国"原始"属民在劳工、军事及政治可能性方面日益加深的殖民兴趣。一战期间，当派遣各部落劳工去海外时，印度政府认为有必要利用专断的方式招募，但在现实中，阿萨姆邦与缅甸边境上的各部落经常处于战争状态，在那里，以军事方式划界是殖民地"民政机构"的例行工作。因此，印度劳工团的招募架构及做法便是从殖民地划界习惯演化而来。不少印度人来自边境地区，那里被殖民地民族志归入"初级"文明范畴。他们前往的法国则是西方文明中心。[43] 换言之，他们的战争经历在很大程度上同时帮助塑造了印度文明和西方文明。

印度民政事务部的沃尔特·劳伦斯（Walter Lawrence）能用好几种印度语言和士兵沟通，并于1914年被任命为英方特别专员，负责在法国和英国的印度伤员。他写道，经过长时间与印度人交谈，"和他们坐在一起，听他们讲述他们所闯入的这个迷人新世界所带来的奇特感受，我对印度人的心理有了新的认识"。[44] 根据劳伦斯的描述，在欧洲的时候，在整个环境看上去都与他们作对的情况下，印度人总的来说都沮丧而失望。锡克人和廓尔喀人是沙漠及炎热山区的战士，以传统作战能力而自豪，但他们发现在佛兰德斯（Flanders）地区无法发挥所长。"大家都注意到，对于这种新的静态和器械战斗条件，来自加瓦尔和旁遮普省山区信奉伊斯兰教的人（Punjabi Mahomedans），要比向来评价很高的锡克及廓尔喀士兵适应得更好。"根据劳伦斯的近距离观察，印度人是来欧洲打仗的，但"对于敌人是谁或这场战争究竟是怎么回事并不清楚。要说感激，应该有理由感谢英国人而不是印度人"。不过，劳伦斯也提及，"印度士兵离开法国后，在美索不达米亚和巴勒斯坦找到了更合心意的地理环境；在快速的运动战中，他们赢得了桂冠及名声。我在1919年被派到叙利亚，发现印度士兵在熟悉的环境中很快乐，用其所长又有效率"。[45]

不过，即便在欧洲，印度士兵个人也对受到的友善对待深表感谢。一个锡克退伍老兵说，"法国人欢迎（英属）印度军队，因为他们知道印度人为他们流血"。另一位则回忆说，"法国人非常尊敬我们，总让我们愉快。他们让我们住到他们的家里，这样我们就能学习他们的语言和生活方式。他们给予……我们许多东西……他们是我们最好的朋友"。[46] 一封来自布赖顿医院的信里写道，"在自己家里也不可能得到这样的服务，就算是贵族也不可能。牛奶，肉，茶，苹果、梨、橙等水果，甜品，还有尽善尽美的床铺，简直无法形容。这些都不是梦，与其他地方相比，这个国家就是天堂"。[47]

与中国人一样，印度人和西方人在欧洲的直接接触，拓宽了双方的视野，也使他们对东西方文明有了新的看法。印度人在战争中的重要地位对他们的政治觉醒、新的民族意识的形成及自信的建立都有重要的促进作用。

在法国的印度人及其贡献

由于印度人对英国战事的巨大支持，英国政治家必须承认印度做出的贡献。1910年到1916年4月担任印度总督的哈丁觉爵士曾宣称，战争爆发后，"知识分子和政治人物停止了所有关于印度的政治争议，目的是不为政府的工作增添困难"。[48] 哈丁觉后来告诉《纽约时报》，"假如印度像德国无疑会期待的那样不忠（于英国），我们的政策就将无异于放弃印度帝国撤退，会因为将数千名连大炮都没有的士兵抛在后面而受到谴责,并使整个白人民众陷入反叛的浪潮之中"。[49] 甚至英国国王也在 1914 年 9 月 8 日致信印度王公和人民。他写道,在过去的几个星期中,他的帝国子民"同心同德地行动起来,为了文明的延续和人类和平,对抗并击退空前的侵犯"。[50] 他接着对印度人的献身和忠诚表示感谢:"他们异口同声地要求第一个走上战场令我很感动,这也是对爱和献身的崇高精神的激励……在这个经受考验的时刻,我收到你们给我的众多而高尚的承诺,大不列颠与印度的命运不可分割地联系在一起。"[51]

在亚洲人当中,只有印度人与越南人直接参加了欧洲战场的战斗。[52] 虽然印度处于大英帝国成员的最底层,官方文件中常以"自治领及印度"并称,但事实上,印度为英国战事提供了最多的人力,也比其他殖民地和自治领贡献了更多资源。随着英属印度政府及地方政府为一战动员了战斗和非战斗人员,印度人"成为协约国阵营内巨大的人力储备"。[53] 在整个战争期间,1069 名印度医疗队军官、1200 名护士、2142 名外科医生的助手及副助手,以及 97 名随从被派遣到不同的战场。[54] 约 120 万印度人——其中 80 万人是战斗军人——在法国、埃及和美索不达米亚与殖民地主人并肩为帝国而战。先到法国的是士兵,然后是劳工。1916 年,英国转而向印度招募平民劳工,第一批有 2000 人,于 1917 年 5 月前往法国。[55] 1917 年 6 月,另一批 6370 人也抵达法国。不久又有约两万人抵达。[56]

运送到法国的五万名印度劳工分别来自六个省份。当还需要更多劳工时,英国当局转而开始招募囚犯。在 1916 年 10 月到 1919 年 7 月这段时间,约 16 000 名囚犯被送到美索不达米亚,在囚犯组成的运输队及劳动团工作。另有 1602 名囚犯被招募来做各种杂务。上述行动的成功使 D 军团的指挥官相信,与劳工团维持契约诚信是个聪明的做法,包括那些通过"战争期限"协议招募的劳工。他断言:

"在很多情况下,如果将亚洲人,即埃及人、中国人与印度人置于超出协议规定的紧张环境,就会产生麻烦。"

帝国对劳动力的迫切需要,也使人们对战争进程中的政治变迁产生了新的看法。印度士兵及劳工对一战的介入,也在印度精英阶层中引起复杂反应。在一个层面上,印度知识分子群体开始指出用刑事规定来强制执行劳工契约"不符合现代条件",并把这些法律归咎于"外来"资本。虽然他们呼吁给予劳工平等的法律待遇,但也要求通过对非技术性劳工移民的严格限制,实行劳动市场"国有化"。苦力必须受到保护,以免限于"贫穷与无知",因为这种素质也影响到印度人在英国殖民地之间的声誉,并助长英国对有地位的印度人的公民歧视。另一个议题是为印度自身的经济发展保留人力。不过,当印度精英重新描述"印度对一战的贡献"时,含糊地把劳工算作了士兵。他们也许有自己的理由。作为对战争投入的结果,如此规模的士兵的奋战,要比同样多的劳工的贡献更深入人心,精英们也因此更能显示出他们的公民资格。[57]

印度人不但派遣了数量最多的人力到法国,在后方也付出很多牺牲。随着战争的延续,帝国加在印度经济上的负担也不断加重。印度人要承担海外驻军的费用,包括提供军服和装备。据官方统计数字,直接投入战争的现金是 1.462 亿英镑,而间接支援的金钱和物资数额同样庞大。[58] 举例来说,印度运送了 172 815 头牲畜、3 691 836 吨物资。另外,与中国和越南一样,印度也发售战时债券,募集了数额庞大的资金,并全数交给英国政府。[59] 战争不但消耗了印度大量的人力、财政及物质资源,也带来了沉重的征税、战争负债以及高压政策,例如政府成立了特别法庭、拘留所,并限制公民权利。当然,印度经济也从战争中受惠。英国与印度经济关系出现了某种程度的翻转,帮助印度在财政上脱离宗主国而更为独立,也有助于印度资本家从战争期间不断增长的产量和利润中获得一定的好处。

当印度军队在1914年9月抵达法国时,莫里斯·巴雷斯(Maurice Barres)便称,"在这场多国战争中征召印度士兵绝对令世界震惊"。的确,一份英国早期官方报告评论说:"很少有人预见到印度士兵有一天会与英国、各自治领及协约国军人一起,并肩在三大洲作战,打得匈牙利和土耳其动不了,为捍卫大英帝国做出贡献。"

巴雷斯进一步想知道:"但这些印度人,无论是锡克人还是廓尔喀人,他们究竟在想什么?""他们的脑子里对这场战争的概念是什么?战争是什么?他们为何而战?"[60] 1914年10月10日,詹姆斯·威尔考克斯对印度兵团的"当日第一号命令",显示了英国人希望指导印度人的那种情绪。这个命令篇幅很长,但值得在此引录出来,因为它揭示了方兴未艾的印度民族主义和大英帝国心态之间联系的关键环节:

> 英国战友在这场大战中光荣地战斗,我们正要奔赴战场与他们会合;在出发前夕,我们作为印度军队的代表,保证要以行动证明我们配得上所赋予的荣耀。几天后我们将参加从未经历过的战斗,对抗有很长历史的敌人。但他们的历史有你们的悠久吗?你们的祖先在许多世纪里一直是非凡的统治者和伟大的战士。你们永远不要忘记自己是他们的后裔。你们要牢记民族的光荣。印度教徒与穆斯林将和英国士兵及我们英勇的法国盟友并肩作战,你们将帮助创造历史。你们将是国王—皇帝陛下第一批印度士兵,将荣幸地向整个欧洲展示印度之子并没有失去任何自古就有的勇武本能,你们配得上自祖先就有的自信。你们在战斗中要记住身上与生俱来的宗教教导,尽职尽责就是你们最高的奖赏。你们的宗教同伴以及同胞都看着你们……你们将为你们的国王—皇帝和信仰而战,因此历史会记录下印度

之子所做的一切，而你们的孩子也将骄傲地向世人宣扬父亲的作为。[61]

英属印度军队在世界各地，包括法国、比利时、加里波利、塞萨洛尼基、巴勒斯坦、埃及、苏丹、美索不达米亚地区和红海沿岸、索马里、喀麦隆、东非、伊朗、里海东部和华北作战。印度一共为英国的战争投入提供七支海外远征军。仅在法国的战斗部队便有85 000人，分别由1500名英国军官指挥，另有26 000名印度非战斗人员直接为他们提供服务。[62]

印度人一加入战争就引起英国对其军事价值的质疑。有些英国作家及军官认为，没有白人军官的带领，印度士兵"便如失去牧人的羊群"。[63] 劳合·乔治就怀疑印度人永远没有能力管好自己。他从未到过印度，对它也没有多少了解，但以他那个时代不假思索的成见，认为印度人与其他棕色皮肤的人种一样是劣等民族。[64] 一名英国军官认为，从种族事实出发，印度人是西线战斗人员中的渣滓。他们"当然没有英国军队好，连差不多都谈不上。他们怎么可能？"[65] 到1916年，招募士兵参战已经变得非常困难。印度政府注意到，国内征讨边地的作战通常时间不长，伤亡也微不足道，与之相比，在当前的这场战争中，据说前线条件"异常艰苦，加之疾病和战场上的伤亡，损失极其惨重"。[66]

一百年已经过去，关于印度人对一战的贡献仍存在大量争论。权威著作《牛津大英帝国史》(Oxford History of the British Empire) 将印度部队视为"失败"。[67] 学者大卫·奥米西 (David Omissi) 指出印度人的贡献从整体来看"不佳"。[68] 帕拉迪普·巴鲁阿 (Pradeep Barua) 描写了"印度部队如何在队伍溃散后逃离战壕的恐怖"。[69] 不过格林哈特 (Greenhurt) 提醒我们，"第一次世界大战是第一个完全工业化的战争，而印度士兵则是前工业文化（以及)文盲农民的产物"。[70] 考希克·罗伊(Kaushik Roy)将1914年到1915年印度人在法国的出现形容为"枝梢末节"。[71] 而莫顿—杰克(Morton-Jack)则认为,对印度军团不断增多的批评来自"1915年晚些时候就将他们从西线撤离了,因为他们力量太弱,无法再坚持下去"。[72]

评价上述关于印度人的军事表现的讨论超出了本书范围,但我希望人们注意一些与此看法相反的事例。印度军队很早就介入战争,1914年10月23日到11月5日,他们在比利时伊普尔(Ypres)直接加入战斗。从1914年11月中旬到1918年2月,印度步兵的作战任务主要是防守前线。1914年圣诞节前的七个星期,印度兵团在英国远征部队防线最南端的法国新沙佩勒村旁边防守。当英军在1914年开始溃败时,印度军队决定加入战争受到人们的热烈赞扬。寇松(Curzon)侯爵宣称:"印度远征部队真的是在最后一刻到达。开战才几个星期,各国当局上上下下都公开承认战争的残酷,血流成河,印度军队的到来既挽救了协约国,也拯救了文明。我记得这是弗伦奇勋爵(Lord French)对我特别强调的。"[73] 印度骑兵从1914年冬一直战斗到1916年春部队解散为止。1915年新年除夕,《曼彻斯特卫报》刊登了一则官方声明,标题为《印度人的撤退——有关他们在法国服役的事实》。报道写道:"他们已经离开法国,带着值得骄傲的记录……事实是(他们)做了所有我们可能有理由期待的事,(并且)他们在最完全的意义上证明了自己是头等兵。"威尔考克斯在1917年很自信地说,"我出色的印度士兵不必担心历史学家笔下对他们的评价"。[74] 当然,印度士兵有时会逃走,有时被打败,但正如莫顿—杰克所写的,"印度人逃走不是因为他们是印度人,而是因为和欧洲人或非洲士兵一样的理由:他们都是人。印度人当然不喜欢炮火和战壕战,谁会喜欢呢?"[75]

印度部队被撤出西线是事实。有人认为,重大伤亡、士气低落及对使用非白人士兵决策的怀疑等因素，导致1915年底将印度人从西线永久撤离。但正如莫顿—杰克最近指出的："印度兵团被调离西线是因为其他地方需要他们去作战，而不是因为他们在那里能力不够。"[76]虽然经历了许多挫折、艰辛及困难，但印度人确实作战英勇。莫顿—杰克认为，"事实上，在第一次伊普尔战役中，当地军队开始依赖印度军队，相信他们不会失败。也许印度军队没有完全仅靠自己'挽救'了英国远征军，但他们是整个救援行动中的关键环节，没有他们，远征军和协约国将会遭受灾难性的损失"。[77]1914年10月的最后一天，印度军团的胡达达·汗（Khudadad Khan）成为第一位获得维多利亚十字勋章的印度人，该勋章授予那些"英勇卓著或献身国家"的士兵。当所有同伴都在比利时战场倒下，胡达达依然镇静如常，像平日一样奋勇作战。[78]贾马达·米尔·多斯特（Jamadar Mir Dost）也因为勇敢与能力出众而获得了维多利亚十字勋章。1915年4月26日，在率领的一排士兵受到攻击后，贾马达集合并指挥剩下的士兵继续作战，直到接到撤退命令为止。据说他"表现出了非凡的勇气，尽管暴露在猛烈的炮火下，还是设法将八名英国及印度军官转移至安全地区"。[79]一位英国军官在1914年10月25日的日记中记述了在险恶环境里印度士兵的意志坚忍程度："整团人守在战壕里直到半夜，全都惊恐不已……我看见一个印度兵坐在一个死去的德国人身上吃饭，配给他的锡饭盒就放在死人的背上，到处都是尸体。"[80]第18（印度）师的英国司令官在报告中提到，虽然该师在战争后期才成立，"但它短暂的历程却充满积极的行动和吸引人的经历"。[81]

印度部队在1914年秋天进入美索不达米亚。这次远征从印度出发，由印度军队组织，行动由印度政府部署。虽然1916年初英国陆军部接过指挥权，但整支军队都由印度政府招募，提供所有的装备和补给，使这支伟大的军队相当与众不同。

根据一项资料，派往美索不达米亚的士兵共有 302 199 人，其中 15 652 名阵亡，31 187 名受伤。印度派往埃及的有 104 419 人，其中 3513 人阵亡，8001 人受伤。前文提到，在法国有 86 382 名印度人在西线作战，其中 4844 人阵亡，16 297 人受伤。在派往东非的 34 511 人中，2460 人阵亡，1886 人受伤。在派往波斯湾的 24 451 人中，368 人阵亡，210 人受伤；在亚丁的 17 573 名印度士兵中，455 人死亡，566 人受伤。在加里波利及塞萨洛尼基的 9717 名印度士兵中，1618 人死亡，3669 人受伤。综上总计，一战期间一共有 579 252 名印度士兵在各个战区作战，总共有 29 010 人战死，61 916 人受伤。[82] 另一份资料指出印度部队在不同战区因各种原因而死亡的人数为 53 486 人。[83] 士兵死伤人数为 106 600 人，占战前陆军战斗力量的半数以上。[84]

我们还必须记住在欧洲和中东战区还有印度劳工。1916 年，与招募中国人一样，英国当局开始招募印度人前往法国，第一批在 1917 年春天抵达。在法国直接支援印度士兵的非战斗人员大部分属于印度陆军行政机构。有些人在马匹运输队，包括骡车队工作，其他人则在战地医院服务。他们的一位军官后来写道："我们总部骡车队的人知道自己规模不大，但准备最大限度地发挥其作用，用我们微小的力量推动美好的事业向前发展。"[85] 在 1918 年 3 月德国人的进攻中，印度劳工团的工作受到称赞，他们在混乱撤退中的沉着以及在炮火下的牺牲受到特别表彰。当接到立即撤退的命令时，他们的表现令人印象深刻。他们在撤退中"令人钦佩地沉着镇定"——虽然有些人已经忍受了连续数昼夜的炮火、飞机轰炸及机关枪扫射。不论何时，只要有命令到达，他们会马上停下来甚至回过头去，协助部队将物资装上火车、货车及马车。"有一个连队在一列医疗火车上帮助伤者，他们完全没有受过此类训练，然而在执行任务时，他们的表现得到了医疗队军官们的高度赞赏。"[86] 印度劳工在法国服务到1918年底，有1500人死在执行任务中。[87]

考虑到不同观点及标准，有关印度对一战的贡献问题不可能得到共识。虽然如此，在欧洲的英属印度军队的总司令詹姆斯·威尔考克斯1917年曾在《布莱克伍德杂志》(Blackwood's Magazine)上撰文，向他的读者保证：

> （不列颠）人民欠印度军人一笔极大的恩情债，因为当我们的同胞在克服艰难无比的困难，执行将带来不朽荣耀的任务时，印度军团能够加入进来并填补空缺，帮助继续以轰鸣的巨浪击打那面单薄却仍未破碎的坚硬石墙。他们在最后一刻到达，没有人对他们提出任何要求，他们从那糟糕的已经收缩的防线进入自己的阵地，为我们勇敢的战士缓解了几乎再也无法忍受的压力。[88]

1919年，印度部队受邀参加伦敦的和平庆祝大会。根据一份官方报告，将印度人包括在内是"实至名归的"。[89] 虽然印度人没有准时到达以出席主要庆典，但他们在伦敦举行了自己的胜利大游行，而英国国王也在白金汉宫检阅了他们。[90] 1927年，印度事务大臣史密斯（F. E. Smith）在新沙佩勒印度军人纪念碑落成仪式中提及印度士兵："他们接受任务。他们完成任务。没什么可多说的，也不需要多说什么。"[91] 英国官方对印度军人的评价铭刻在石碑上："向1914—1918年在法国及比利时作战的印度军人致敬，永远怀念那些名字刻在这里以及没有留下姓名的人。"[92] 新德里也有一座被称作"印度之门"的国家纪念碑，纪念在一战中牺牲的印度士兵。这座纪念碑在1921年落成，献给"在法国及佛兰德斯、美索不达米亚及波斯、东非、加里波利及近东与远东各地牺牲的印度军人，也永远纪念名字铭刻在这里的人，以及在印度、西北边境与第三次阿富汗战争期间的牺牲者"。[93] 威尔考克斯在离开印度军团之前向白金汉宫报告说:"事实是,印度人做得非常好,超出了我们所有的期望。他们经受住了长期的考验,永久地标志着他们配得上印度国王赋予他们的这身军服……他们为英国慷慨无私地献出了生命、健康及最宝贵的理想。一个人还能付出比这更多的吗?"[94]

无论对印度参战有何争论,一战无疑对印度本身产生了实质性影响。归国士兵和劳工带回了新的信心及清晰的政治、社会意识。作为战争的结果,一种对社会平等的新认识及对政治自由的渴望,不但在城市人的心中扎根,而且传播到农村——大多数受招士兵和劳工的家乡。这些人带回来的想法及活力,将进一步推动社会和政治发生改变。

一战与印度民族主义

德里出版商昌德(S. Chand)在 1964 年《剑桥印度史》再版时宣称:"要评价一战对印度的影响,可能是最聪明的人也无法厘清的难题,因为这个问题仍未弄清。"[95] 五十多年以后,我们仍然不能就一战对印度社会的全面影响写出明确的结论。但有一件事是明确的:一战显然在政治上激励了印度人。甚至英国当局也认识到战争对英国及印度的严重影响。《泰晤士报 1914 年战争史汇编》(*The Times History of the War in 1914*)有下面一段论述:

> 他们(印度人)学习西方文明的优点愈多,尤其当我们将土生土长的印度军人的标准提得愈高,自下而来的压力便愈大,因为被我们唤醒的抱负要找到一些出口。从军队这方面看,只要了解事实就一定会知道,我们再也不能否认英国臣民的这股力量,这一时刻已经迫在眉睫了。这些土生土长的印度军人有

光荣的纪录和完美的效率，任何时候帝国遭受攻击，他们都有权与他们的英国战友肩并肩为保卫帝国而战。[96]

世界政治正在发生变化，而他们的"母国"卷入了一场大战争，因此，一战打开了印度人的视野，使他们看到了外部世界，并允许他们有梦想，开始怀抱崇高的期望。如前所提到的，当国王-皇帝陛下要求协助时，印度知识分子热诚回应。山塔努·达斯曾暗示，他们的回应中有某种程度的政治考量，因为他们从战争中看到了机会。著名诗人艾哈迈德·伊克巴勒（Ahmed Iqbal）似乎在诗句中反映了当时印度精英心里的想法：

> 世界会见证从我的心里
> 掀起感情的暴风
> 我的沉默后面隐藏的
> 是期望的种子[97]

几乎所有杰出的印度政治家都支持英国的战时招募活动，很多人把对战争的支持与取得同大英帝国公民一样的平等地位联系在一起。他们希望一旦战争结束，英国就会报偿印度人，让他们在自己的政府中有更大的发言权。因此，战争唤醒了他们的民族意识和民族独立思想。

正如尼赫鲁后来指出的，印度政治直到1914年以前都处在"平淡乏味"的状态。[98] 然而当战争爆发后，印度国大党主席巴苏宣称："我们的时候到了，我们一定要抛弃懒散；让我们绑紧腰布，奋力朝目标前进。我们的目标并非不符合我们最崇高的愿望……我们正开始感受到印度人民的日益团结和力量；印度已经认识到它必须是帝国至关重要的部分，它已经正当地抓住了这个伟大的机会。"[99]

他提及的目标当然是自治。另一位有影响力的印度政治家辛哈，也敦促印度人追求同一个目标："唯一能满足印度渴望的自治形式，就是林肯总统简短有力的'民有、民治、民享'，一样都不能少。"[100] 但甘地采取了渐进的方式，告诫说："战争仍在进行，不施加压力更合适、更有远见。"[101]

战后英国政府显然意识到印度民族主义生根立足的危险性，因此把每一个印度人都看作潜在的民族主义者或革命者。一战期间，英国的印度情报头子查尔斯·克里夫兰（Charles Cleveland）秘密指示所有印度口岸的移民官员："从美国或加拿大回来的每一个印度人，不管他是劳工、艺人还是学生，都必须被当作可能的革命积极分子，或者至少是革命党的同情者。"[102] 由于英国寻求印度的帮助，并且有那么多印度人响应，加入了西方列强之间的致命战争，这些印度人追求自己的权益并变成民族主义者就十分自然了。1919年的一则评论认为：

> 印度士兵与他们的欧洲兄弟一起在三大洲浴血奋战；印度还用很多方式，在通向胜利的战斗中做出有价值的贡献。在这种环境下，印度人怎能不像英国及法国人一样感觉到，要取得快速、健全的进步，必须要改进政治、社会和经济制度及措施呢？他们自然会期待在不久的将来，在知识上、身体上、社会上及政治上，都变得像其他国家的人一样，或者成为那些人也愿意成为的那样。这种觉醒传遍整个大地，加快了民族意识的发展。过去四年中关于政治及社会的争论，已经成为灌注到印度民族里的新生命的象征。人们希望承认他们的自治政府，他们想要社会进步与平等。[103]

在战争中服役给了印度人挽回声誉的途径。正如蒂莫西·瓦恩加德（Timothy Winegard）所写的："与1939—1945年的二战相比，一战对于自治领来说，是20世纪更具决定性意义的一章。通过自治领有力地参与，它永久地改变了帝国格局，在法律和文化上都加快了对建立完全独立的国家的认识。"[104] 对印度陆军的阿玛·辛格（Amar Singh）上尉来说，一战中的军事生涯给了他履行职责的机会，也是他"表达自己的荣誉感和民族感"的机会。印度士兵能够与欧洲军队并肩作战使他非常满足。他期待战争的结果是印度的地位得到提升，而这也是印度有识之士对战争的共同看法。[105]

印度人的战争经历给他们带来了新的自信及政治觉醒。一位印度精英评论说："战争使我们改变很多。它改变了印度的视角，也改变了英国的视角。"[106] 一名退役军人指出："当接触到不同的人，了解了他们的看法，我们便开始抗议英国在白人与黑人之间制造的不公及差别。"[107] 印度军官阿玛·辛格告诉他的同事："这是我们印度人第一次光荣地在欧洲人的土地上与他们作战。政府已经把我们提升到这个水平，我们一定要发挥应有的作用。"[108] 1915年10月，辛格在日记中反省："无论发生什么，他们（士兵们）一定要看到，印度的光荣都寄托在他们身上。战后印度将得到巨大的优惠，这是她用其他方式所得不到的——至少在未来几年不行。"[109] 1914年11月，他在日记里写道："自从来到法国，我一直对他们的林荫大道十分羡慕，一直在研究他们城镇及乡间里的林荫路。"[110] 1915年6月，他再次写道："树林和林荫大道给了我非常深刻的印象，我常常想，在（印度的）家乡我要在这方面做些什么。"[111]

在战争期间，有几个革命者试图在孟加拉与旁遮普两省组织对抗英国的暴力行动，举行起义，但没有得到群众的同情和有力支持。而且，他们的行动很容易就被安全部门挫败了。这主要得力于1915年印度国防法，它给予英国人战时拘捕及审判的特殊权力。据一项估计，战争期间根据这部法案有46名革命者被审判并处死，另有64人被终身监禁。印度第5轻步兵师驻守新加坡，其中的穆斯林士兵在1915年2月起来造反，反抗英国军官。英国人向日本求援帮助镇压叛乱，事后抱怨日本人来得太迟，什么也没有做，但印度人则强烈谴责日本人帮助西方列强镇压自己的同类亚洲民族主义者。[112] 提拉克在1916年建立的自治联盟支部遍布全国，围绕着自治目标帮助动员世界各地的印度大众。安妮·贝赞特虽然不是印度人，但1917年曾担任印度国大党主席一职。为了争取底层社会对自治的支持，她与提拉克之间既合作又竞争。到1919年，尽管自治要求已经深化，但大部分自治运动者的目标仍是在帝国框架内进行改革——帝国内的印度自治——而非挑战帝国本身的合法性。

如果说一战激发了印度人的民族意识，那么战时英国给予印度更多权利的口头承诺，以及协约国的宣传声明，都进一步鼓舞了印度的民族独立梦想："人们从来没有像在最近这场世界大战中那样坚定而持久地宣扬权利、自由及民主的事业，印度的家家户户都在说着协约国政治家阐述战争目的时说的那些话。"[113] 鉴于自治运动愈演愈烈，伦敦越来越为如何保持英国统治的稳定而担忧。为了确保国大党温和派对英国的忠诚不变，化解极端分子的要求，内阁决定谨慎地宣布英国有意在战后允许印度人更大程度的自治。1917年8月，印度事务大臣埃德温·蒙塔古正式宣布，政府的政策是"加强政府各个部门与印度人之间的联系，逐步发展自治制度，以期逐步实现印度责任政府，使它成为大英帝国不可分割的一部分"。[114] 1917年英国对印度声明是对印度民族觉醒的直接回应。批评者也许会将这个高调声明称为空头支票，实际上，战争和印度人的牺牲带给印度的只是高通货膨胀率、货币贬值和高税收。然而，从长远来看，这个声明仍是积极的一步。它是同英国关系的新一页，是印度的所有付出以及对战争的参与使它成为可能。通过答应给印度一定程度的自治，1917年的声明可以被看作印度迈向独立的漫长旅程上重要的第一步；无论这一步多么小，无论英国人多么三心二意，但事实就是这样。不过，虽然英国从来没有像现在这样承诺这么多，但其中仍然没有包括注定成为战后国际秩序核心原则的民族自决这一基本权利。很明显，伦敦发布这项声明是要重新取得印度政治的主动权，并且看起来在战争期间也收到了它想要的效果。

《蒙塔古声明》(Montagu Declaration)——日后人们都这样称呼这份声明——开始时很受不少国大党温和派的欢迎。1918年夏天，英国政府发表报告，就实现《蒙塔古声明》中所做的承诺列出详细计划，但是很明显，这时候印度人的期望已远远超出了英国所建议的渐进式改革。国大党领袖们和民族主义报刊经常呼吁"立即允许印度自决"，谴责英国人的报告"不够，令人不满，让人失望"。在一个批评改革建议的小册子中，国大党领袖马丹·马拉维亚（Madan Malaviya）注意到：既然一战"是为了让小国家拥有掌握自己命运的权利，那么英国现在就无法否认印度人民同样拥有这些权利。现在要做的是制定关于印度责任政府的具体措施，清楚表明对她更高地位的承认，以及对自治原则的肯定"。[115]

根据另一份战后报告，"1919年给印度带来了所有希望……但是在那一年，随着时间的推进，情况发生了变化。1918年灾难性季风的后果开始全面出现，物资持续匮乏，物价不断上涨。知识分子没有得到满足的政治期望，加上贫穷阶层背负的经济困难，滋生一种不利于社会和谐的危险气氛"。[116] 通货膨胀迅速加剧、印度的出口崩溃、人们揭发出军事上的无能造成在美索不达米亚的印度士兵丧生，这一切甚至使那些认为英国统治至少能提供一个好政府的印度人都感到理想破灭。但最具破坏性的是，人们发现英国人无意遵守1917年所做的承诺。赫维特爵士（J. P. Hewett）注意到，人们也许会"后悔"1917年做出的计划，"因为当时每个人想的都是眼前这场当务之急的战争，无论在国会内部还是国会之外都没有对声

第三章　印度的一战及民族觉醒

明进行任何讨论"。然而这个计划是国会对印度人民的保证。"必须得到每一个英国人的尊重。"[117]可是当战争结束后，英国政府通过《1919年印度政府组织法》，决定保留主要权力，印度政治家几乎什么都没有得到。雪上加霜的是，伦敦还在1919年3月通过了《罗拉特法案》（Rowlatt Act），有意把战时的许多高压政策在战后永久化。一封1919年5月由安德鲁斯（C. F. Andrews）写给泰戈尔的信，反映了印度有政治意识阶层的反应："我发觉我遇见的每一个印度人都在说，'拿走那个，那个什么改革，我们不想要，也不会要。回答我们，是不是要把我们当奴隶，一点人权都没有？'"[118]泰戈尔自然非常愤怒，他在1919年5月30日写道："人民心中充满痛苦，义愤填膺，但统治者对此却视而不见，他们可能正在自我庆幸，自以为给出了一个有益的教训……时候到了，荣誉的勋章在这种上上下下的侮辱中，使我们受到的羞辱格外刺眼。"泰戈尔因此放弃了1913年获得诺贝尔文学奖之后英王授予他的"爵士"称号。[119]

斯坦利·沃尔珀特指出："如果说战争给太多的人带来太大的希望，那么，其结果就是希望的破碎太过残酷。到1919年，维多利亚晚期印度自由派的合作与爱德华时期温文尔雅的印度时代已经一去不复返了。"[120]不幸的是，停战并没有给印度带来和平、自由或自治，而是持续镇压的屠刀。"第一次世界大战的结果给印度人带来如此广泛的幻灭，使得国民代表大会放弃了与英属印度政府当局的合作，转而跟随甘地的革命号召，支持非暴力不合作运动。"[121]一旦认识到英国不会允许自治，印度民族主义者就改变了方向。一战之后，对英国的不满泛滥，国家到了全面动荡的临界点。[122]穆斯林礼赞他们的哈里发，工人罢工，农民抗租。接着，印度政府通过立法增强自己的权力，给事态火上浇油。1914年以前，国民大会是帝国的支柱，但战争结束时却成为其最坚定的敌人。因而，1919年的春天"是关键性的分水岭，印度民族运动决定性地转向了以终结英国统治为目的"。[123]

在这一民族运动转型中,甘地成为伟大人物。一战期间,甘地由南非返回印度,将他完备的政治组织及非暴力反抗技巧带回来,要将中产阶级的国民大会改造成强大的群众运动组织。1919年以后,他对英国政府愈来愈失望。他总结道,它"不道德、不正义、傲慢自大。它用一个谎言掩饰另一个谎言,用武力威慑来达到大部分目的。如果人民忍受所有这一切而无所作为,他们永远都不会进步"。[124]除了人为制造的这场战争灾难之外,1918年到1919年间肆虐全球的大流感夺走了2150万人的生命,其中大部分死亡发生在亚洲,尤其是在印度,那里的死亡人数高达1250万。[125]甘地以这些灾难造成的严重破坏作为英国没有足够道德来统治印度的例证。他的"立场在1919年发生了改变,从坚定支持印度作为大英帝国的一员,变为坚决反对英国统治"。[126]温斯顿·丘吉尔认为甘地是一个"半裸的骗子"。[127]

1922年甘地被捕,不合作运动因而中止。史学家朗博尔德(A. Rumbold)认为,从一战爆发到这一年,是英国统治印度的历史分水岭。[128]甘地一开始希望温和地带领印度在英属政府中争取自己的权力。然而1919年3、4月间,印度各大城市中出现了大规模示威和公众集会。4月6日,甘地号召全国总罢工。虽然他敦促追随者不要使用暴力,但仍有零星的抢劫和骚乱发生。英国人,尤其是那些在当地的人开始恐慌。一份当地英文报纸不禁发问:在这些表象背后,有没有恶意而且极度危险的组织在操纵?骚乱是不是布尔什维克煽动的?是因为有来自埃及的渗透者吗?或者,这也许是伊斯兰教在全世界策划的阴谋?毕竟,英属印度的穆斯林人口在1914年约为5700万。这些人认为土耳其与巴尔干国家的战争是基督教与伊斯兰教之战,并且大都站在土耳其一边。一战爆发后,特别是当土耳其在战争中加入了与英国敌对的阵营,印度穆斯林对英国的忠诚问题便凸显出来。[129]

最大的麻烦来自旁遮普省。4月13日，阿姆利则一名张皇失措的英国军官命令士兵向集会的大批人群开枪扫射，打死了大约400名示威者。印度人的零星暴动，特别是在德里及旁遮普，引发了英国人的极端暴力，他们用与阿姆利则同样的方式进行镇压，造成至少1200名印度人被杀，3600人受伤。[130]英国人的暴力甚至刺激了温和的舆论，并加速了国民大会党的转变，使其从一个绅士辩论俱乐部变为具有广泛群众基础的政治党派，而甘地则脱颖而出，成为它的领袖。[131]印度人愈来愈敌视英国统治，自治要求也愈加强烈。在阿姆利则屠杀发生以前，甘地曾期待与英国合作，实行宪政改革，但现在他改变了想法，决定转向不合作。英国人将他逮捕并判了六年监禁。

根据哈佛历史学者马雪松的观点，"威尔逊时刻"在印度民族主义的发展中也发挥了重要作用。印度民族主义者齐心协力开展活动，争取世界舆论尤其是美国舆论的支持。贝赞特因散发威尔逊的演讲词而被捕，也帮助了他们的计划，因为这引起了美国神智学派的愤怒。他们组织公开活动，要求释放贝赞特，谴责英国在印度的"监狱政权"。提倡用暴力行动将印度从英国统治中解放出来的印度革命者，也希望国际领袖威尔逊能支持他们的事业。马雪松认为，威尔逊的花言巧语对印度人的效果，反映在抵制英货运动领袖拉杰帕特·雷（Lajpat Rai，1865—1928）对《蒙塔古声明》的态度上。他欢迎英国人推动印度自治的意愿，但拒绝接受英国政府有单方面决定印度政治进程的性质及速度的权利。威尔逊总统的宣言将新的正义原则带到全世界："人民必须自由决定自己的政府形式"，令英国人的看法站不住脚。正如马雪松指出的，拉杰帕特·雷和当时殖民地世界许多民族主义领袖一样，视印度民族运动为更广大的反帝国主义斗争的一部分。当伍德罗·威尔逊以雄辩的发言人姿态出现，大谈战后国际关系转型展望时,拉杰帕特·雷兴奋不已。就在威尔逊发表"十四点原则"后不久,他在《青年印度》(Young India)上写道:"人们希望整个世界能够合起来成为一个共和国,由威尔逊总统担任领袖。"总统的演讲"一定会帮助世界上所有为争取民族自决权利而战的人",因此它是国际事务走向真正民主的一大步,是有教育意义及政治意义的工具,其价值"简直无法估量"。在接下来的一个月里,威尔逊发表声明,指出战争的"根源在于无视弱小国家和民族的权利,因为它们缺乏"决定自己政治命运的"联合力量"。在这之后,拉杰帕特·雷以私人名义致电威尔逊总统,为这番话向他表示感谢。他说,他们注定要制定"一个世界自由的新宪章","令世界上千百万不同种族的民众为之雀跃"。威尔逊已经"一言以蔽之地将一切概括出来",世界的未来有赖于列强执行威氏原则的意愿。不管印度民族主义者如何猜测威尔逊的真意,拉杰帕特·雷认为,"印度的自治运动活动家在重新制定他们的目标、重新调整他们的希望时,把威尔逊的原则结合到他们的言论武器中,力求跟上他们所领会的国际局势变化的步伐"。[132]

根据马雪松的看法,印度人与其他殖民地民族主义者一样,并不认为美国在菲律宾的殖民统治是个污点,反而认为这是英国需要好好学习的榜样。战争结束后不久,拉杰帕特·雷便写信给威尔逊,主张印度应该被准许得到"至少像当前贵政府在菲律宾施行的进步自治政策"。他还在民族主义媒体上发问:如果美国政府不到二十年内便能为未开化的菲律宾带来自治,那么英国统治印度已有一个半世纪,为何却宣称印度这个古老文明不适合自治呢?当然,这样的说法在英国人自己身上反映得最差。[133]

同东亚人一样,印度人对威尔逊新世界秩序的畅想感到兴奋,并对战后和平会议充满期待。但事实证明,威尔逊和他所谓的时刻是极大的失望。印度人将不得不等到另一场世界大战结束,才最终实现民族自治和国家独立的梦想。

印度人来到巴黎

1918年12月,印度国大党召开年会,"鉴于威尔逊总统、劳合·乔治先生与其他英国政治家的声明,即为了维护未来的世界和平,自决原则将会运用到所有进步民族",他们通过了一个决议案,呼吁在印度实行自决,并要求列强承认印度是"可以实行自决原则的进步民族"。[134] 国民大会进一步呼吁,选出的代表团要在巴黎和会上代表印度。其他参与自治运动的组织,例如安妮·贝赞特的印度全国自治同盟,也为协约国的胜利向英国最高当局表示祝贺,但提出了在印度立即实行"绝对必要的"自治的要求。

印度人以为美国总统既已发表"十四点原则"演讲,那他必然是这些原则最重要的支持者。有人给威尔逊写信说:"可敬的先生,印度哀痛的心向您呼求,我们相信在世界的重建中,您是上帝派来的使者。"[135] 诺贝尔文学奖获得者泰戈尔很钦佩威尔逊,甚至有意把自己在1917年所写的《民族主义》(*Nationallism*)一书题献给他。[136] 威尔逊的战时演讲集在印度出版,著名的自由主义政治家、知识分子斯里尼瓦瑟·萨斯特里(V. S. Srinivas Sastri)在该书的序言中写道,"无法想象人们在亚洲各地首都欢迎他(威尔逊)的狂喜场面。那将像人类的伟大先知——耶稣或佛祖——回来一样。"[137] 从战争初期开始,为自治而动员起来的印度民族主义者就认识到威尔逊提出的口号对他们事业的重要性。他们把该口号拿来重新界定自己的运动目标,共同努力利用在国际舞台上出现的新机会和舆论影响来推进这些目标。当停战的时刻到来时,拉杰帕特·雷即向威尔逊总统和英国政府发出贺电,并把电文翻印刊载在他的杂志《青年印度》上。他在贺电里表达了希望立即"保证协约国治下的印度及各国自治"的愿望。在 1919 年 1 月的杂志中,他又发表了另一篇直接向威尔逊发出的诉求,"简洁地表达了他对总统的期待,希望他在和平桌上承担起殖民地人民的解放者的角色"。他写道,"您深刻的历史学问让您能完全了解印度的问题",同时"您的道德观点在我们这一代中是最领先、最高贵的,它向我们保证了您对我们的同情;您的地位在今天世界上是最具号召力的,这给了您权力,您也有这个权力,去保护所有在外来势力和不民主统治下受苦的人"。[138]

早在 1917 年春天,当威尔逊宣布以民主、民治政府及"弱小民族的权利和自由"的名义向德国宣战时,印度民族主义者便开始将美国及其总统视为争取自治运动的潜在盟友。印度主要的民族主义日报都对威尔逊"高贵而感人的话语"做了全面而有利的报道。报刊上除了刊载他演讲的详细内容和逐字逐句摘录大段原文之外,还告诉印度读者当总统进出华盛顿国会大厦时,外面的群众疯狂地欢呼,而议院里的议员们,甚至连少数"假装的和平主义者"在内,也都用震耳欲聋的欢呼为他的演讲喝彩。一份报纸报道说,他的演讲在海外被誉为"新人权宣言"及"人类治理的新福音"。也许最奇特的评论,是形容总统的演讲是"俄国革命合适的续集",因为两个事件"都注定对各国命运产生最深远的影响"。这里提及的革命是 1917 年 3 月的革命,而非六个月之后发生的布尔什维克革命。威尔逊的原则和俄国的民主革命都同样代表着世界政治中的进步精神。

鉴于印度对一战及大英帝国的贡献,印度人自然期待在和平会议上表达自己的愿望。但是这也有挑战。尽管战争已经结束,但关于印度人能否代表自己出席战后和平会议并没有达成任何决议。幸亏印度参战,它才得以和其他自治领一起被纳入帝国战时内阁。但是与其他自治领成员相比,印度出席和会与否似乎并不受重视,不在优先考虑之内。这与印度民族主义者力量不断壮大的情形并不相符,令他们难以接受。[139]

印度政治家辛哈认为,在国际联盟代表这件事上,印度不应与自治领其他成员有所区别:

> 如果英国对印度关于代表权的要求持强硬态度,我不认为威尔逊总统和其他任何一位列强代表会强行做出令大英帝国内部出现严重困难的决定。他们不可能不了解印度在战争中的重要作用,而国际联盟的目的是建立永久性组织,它不会希望排除像印度这样一个有着悠久传统和光荣文明的国家……[140]

印度民族主义者对国联的期待明显破灭了。成立国联是要保护欧洲帝国的利益,而不是民族自决。诚然,印度在国联中拥有席位,但正如巴黎和会代表团一样,出席国联的印度代表由印度政府选出,通常支持英属印度统治者的官方立场,而非维护印度民族主义者的利益。[141] 印度民族主义者认为,按照人口比例和印度为赢得战争所做的贡献来看,印度在和会上完全应该得到至少三个代表名额。更有人建议他们的代表不应由政府提名,而应由国民大会党选出。国大党进而提名提拉克、甘地和赛义德·哈桑·伊玛姆(Syed Hasan Imam),其中提拉克曾以煽动叛乱罪先后两次获刑,后一次服刑时间是1908年到1914年,而伊玛姆则是伊斯兰教领袖。但蒙塔古拒绝接受让国大党选出的人代表印度的观点,他在写给切姆斯福德勋爵的信中说:"我们已经拒绝给他们发护照,此外什么都没做。"[142]

尽管有各个不同印度团体的敦促,殖民地政府也不任命任何新的民族主义领导人。最后印度终于被允许派两名代表,由印度事务大臣蒙塔古率领并负责管理整个代表团。被精心挑选的两名代表是忠于帝国的保皇派:著名法官萨特延德拉·辛哈(Satyendra P. Sinha)、比卡内尔(Bikaner)王公甘加·辛格(Ganga Singh),后者统管印度西北部的小土邦比卡内尔,代表了名义上自治的王公邦国。列强同意这个代表团可以参加涉及印度利益的审议。代表英属印度的辛哈是帝国行政老手,此后不久成为第一个获得爵位的印度人,也是英国内阁中第一位印度内政部次长。他是国大党的杰出成员,甚至在1915年度担任主席一职。然而到了1919年,随着自治联盟崛起、提拉克极端派回归,运动已经发生很大变化,辛哈因支持印度同英帝国保持密切联系而被边缘化。在巴黎,蒙塔古不断警告同僚疏远一大群明显忠于英国人的印度人会很危险,但他的警告和易怒的个性只会让人感到厌烦。劳合·乔治曾写信给他:"事实上,在整个会议中,你的态度常常令我吃惊,就好像你不是英国内阁成员,而是莫卧儿帝国皇帝奥朗则布的继承人!" [143]

蒙塔古在1919年3月13日给大英帝国巴黎和会代表团的备忘录中声称,像美索不达米亚议题的解决方式那样,"假如印度有权作为具备有限利益的强国参加和会,在美索不达米亚问题的解决中,它的利益则无处可见"。简单来说,英属印度政府认为美索不达米亚应该脱离土耳其,并入印度,换句话说,也就是由英国控制。印度事务部的英国官员曾尝试由印度提议取得美索不达米亚与德属东非的管理权,但未成功。构成英属印度人口四分之一的印度穆斯林希望战后奥斯曼帝国的苏丹能继续留在伊斯坦布尔,并对中东几处伊斯兰教圣地拥有一些管理权。这个想法与印度民族主义的理想完全风马牛不相及,反而把英国推向与其他想要掌控中东的列强竞争的局面。不过,由于法国不表支持,这个计划胎死腹中。

有趣的是,英属印度在日本对华政策的基本问题上也有意见:"从印度的角度出发,它很不希望允许日本在四川、云南这两个中国省份培植政治和商业势力,因为这两个省与中国西藏地区及印度帝国接壤。如果能用其他方式补偿,并促使日本正式承认上述两省及西藏地区不在其势力范围内,这将是一个很大的优势"。英国人自己也对另一个邻近地区,即日后所谓的东南亚的命运表示关心:

"有人建议,法国已经被战争拖得筋疲力尽,同时还要在其他方面担负新的严格责任,因此她已无法维持其在越南本已羸弱的地位,可能会寻求一些减轻自己负担的方法"。[144] 这些也远非印度政治阶层的利益。

著名的《殖民地民族主义研究》(Studies in Colonial Nationlism)的作者理查德·杰布(Richard Jebb),是帝国各地区宪法关系的公认权威,他在1919年3月为大英帝国及国际联盟准备的备忘录中写道:

> 抛开过去的感情不说,各自治领与美国结成盟友似乎是更自然的过程,因为他们有一个重要的共同政策,那就是不准亚洲人在它们的领土上定居。反过来,印度则似乎注定要跟中国及日本走到一起,支持他们为获得亚洲移民进入新世界高薪国家的许可而努力。由于这种政治组织的古代部落思想或"族群基础"在战争期间得到复苏,可以说,按照事物的自然规律,这个亚洲群体应当崛起,在国联里与美—澳集团及条顿、拉丁和斯拉夫等两三个欧洲群体和谐对抗。

但杰布也论证说,尽管最近有所发展,但是这种"种族主义"说法,不管是作为国家结构形式的基础,还是作为国际联盟的基础,都确实已经过时了。"在那个观点中,现今大英联邦的跨种族特色本身就是它要延续下去的最好理由。"[145]

有意思的是,4月28日的全体会议之前,大英帝国代表团举行会议,其记录显示在讨论日本的种族平等提案中,印度代表辛哈爵士表示,如果此案在全体会议上提出,"他将有义务在全体会议上表示支持日本的立场"。[146]

作为抗衡印度教徒控制的国大党而于1906年建立的穆斯林联

盟,也欢迎成立国际联盟来决定国际问题。它补充说,"非白人种族"的权利在国联应该得到"同白人种族"一样的考虑。穆斯林的种族平等要求,不但涉及印度在国际上的权益,也是印度穆斯林日渐增长的愤怒的反映,因为有传闻说,欧洲的战胜国打算解散奥斯曼帝国,并废黜在伊斯坦布尔的苏丹的王位,而很多穆斯林都将苏丹视为伊斯兰世界领袖的象征。

在和会上,印度人请求列强承认印度是一个国家。"我们在和平的黎明到来时已经这样做了,为什么不能在和平的庇护下这样做?"[147] 但这看起来是不可能的要求。与中国人一样,印度民族主义者及各个团体、组织的成员请求印度自治的电报雪片般地涌进巴黎与巴黎和会。例如,马德拉斯·沙贝沙(Madras Sabsa)在1919年2月16日写信给巴黎和会大会主席,主张在与自治领地相同的基础上,印度应该在国际联盟中出现。他要求和会承认印度有建立自己的全责政府的权利。很多电报要求、祈求或请求给予印度自决权,或至少印人治印。但英国政府只是将这些电报收集起来束之高阁,拒绝交给别的代表团传阅。尽管如此,印度民族主义者在大会中仍然积极推动印度的自决。贝赞特女士的神智学派组织在斯德哥尔摩开设分部,与在德国的印度委员会、列宁的印度执行委员会及其他在中亚、中国活动的委员会保持联系。她的团队大力开展工作,促使和会讨论印度自治问题。提拉克甚至直接向威尔逊提出请求,但收到的只是不屑一顾的答复,说印度的自决问题会在适当时间由适当的负责方提出讨论。

印度人注定会失望,因为英国不太可能放弃印度或任何不列颠殖民属地。如果它坚持要别人的殖民地自治,却对自己的殖民地不肯让步,那就使自己陷于虚伪,然而,它采取的就是这样的立场,并且固执不变。正如英国资深外交官艾尔·克罗爵士(Eyre Crowe)对另一位资深外交官哈罗德·尼科尔森(Harold Nicolson)

宣称的："你在胡说八道，亲爱的尼科尔森。"克罗说，不经过仔细考虑就牺牲整个英国的自由主义理想，"你的头脑不清楚。你自以为合乎逻辑和真诚，其实并不是。你会在印度、埃及、马耳他和直布罗陀实行自决吗？如果你还没有做好准备走这么远，那你就无权说自己合逻辑。如果你准备好了要走这么远，那你最好马上回伦敦"。[148] 在巴黎和会上，蒙塔古威胁要辞去印度事务大臣一职，并写了一封措辞尖锐的信给劳合·乔治，指责他对印度的态度。豪斯上校不建议他辞职，理由是他有机会"为印度做一番伟大的事业"。根据豪斯的观点，蒙塔古"是他认识的想要尽快为印度建立一个责任政府的少数几个英国人之一"。[149]

影响巴黎和会进程的因素纷繁复杂，亚洲人民甚至没有办法对会议动态做任何猜测。印度人、中国人、越南人和朝鲜人也许各自相信世界领袖如威尔逊、劳合·乔治、克列孟梭等人是他们的民族梦想的救星，但是他们不了解整个事情中的个人政治。举例来说，威尔逊认为劳合·乔治"像鳗鱼一样狡猾"，劳合·乔治认为威尔逊没有原则又偏执，而威尔逊则相信克列孟梭可以与历史上的"狂人"为伍。[150]

人们严重关切究竟美国对于未来英国统治印度会有多大影响。甚至在战争结束前，蒙塔古便留意到，由于威尔逊的优势地位，英国人很难在战争结束时不跟从美国人的计划。他写道，"我们支配世界已经太久，对这样的地位已习以为常……但现在却令人恼火地发现要在美国的独断统治下位居次位"。蒙塔古同样不喜欢国大党。他写信给总督说，在战前曾经有过的温和派与极端分子的分别已经不存在了。现在只有"极端派与超极端派"，因为两派都想走得更远、更快，远远超出英国愿意忍受的限度。切姆斯福德勋爵比蒙塔古更保守，甚至对温和改革也不热心。他对于德里的国大党会议是国大党极端分子的一次无条件胜利的观点立即表示赞同。

印度人对威尔逊的信心与信任同样被误导。根据美国代表团法律顾问戴维·米勒（David Miller）的说法，印度人使用"自治"这个名词是很不走运的事情，因为对于英国按照自己的殖民地策略处理印度这件事，威尔逊从来没想过提出挑战。[151] 甚至对于是否允许印度加入国际联盟，美国人也有复杂的想法。米勒说：

> 对我自己来说，我十分赞赏印度的表现。它表现出来的精神很好。然而，整个世界对她的印象是她不是自治的，她的很大一部分受西敏寺法律管理，一小部分则由英国政府承认并支持的、有权限的各地王公管理。因此，即便很难将印度（从国联中）排除，我们仍然应该承认所有政府都要经过被统治人民的同意才能行使正当权力。[152]

如何处理美国人自己的殖民地菲律宾这个重要议题，在形成美国式方法方面发挥了作用。米勒承认：

> 我认为难处在于，某种原则若用到印度身上，也就要延伸到菲律宾群岛。在我刚刚提出的定义下，菲律宾会被排除在外。对我而言这没有问题。美国的目的是尽早在可行的时候给他们政治自由，但我认为目前并不适宜，因为他们目前对已有的现实状态很满意。[153]

印度人对美国的菲律宾模式的幻想就是这样。威尔逊最后容许印度加入国际联盟是带着很多保留及复杂感情的。[154] 埃德温·蒙塔古和辛格代表印度签署了《凡尔赛和约》。在写给切姆斯福德勋爵的信里，蒙塔古思考大英帝国宪法的改变，并做出结论：

> 对我来说，我们好像同时骑着两匹不同宪法的马。第一匹马背后宣扬帝国的大一统……另一匹马的背后又宣称，在某些事情上，大英帝国应该由十四位代表来代替其他人的五位代表……关于印度，我只会做这个观察。以前的总督或其他人在任何实现自治的实际努力中都惊恐地举起双手，与此同时我们却做出一系列决定——我也许说得太重——就国际事务而言，把印度置于完全不符合其附庸国地位的立场上。[155]

作为一个殖民主义者，蒙塔古显然不会分享印度人的民族梦，但他的判断肯定反映出在短短的战争时期印度是怎样被改变的。英国政府对印度人的自治愿望开出的所有空头支票、印度人为了支持英国的战争投入做出的所有牺牲、为一战做出的所有贡献，还有他们对自治所怀抱的所有渴望，最终在和会上所得微乎其微。德里出版家昌德在重印的《剑桥印度史》里也许说得对，"虽然印度为胜利事业做出了那么大的牺牲，但战争的谢幕带来的不是和平，而是刀剑"。[156] 印度获准进入国际联盟，也有代表进入国际劳工组织的管理机构，但这远远无法满足他们的期望。[157] 民族主义者的要求完全落空。英国背弃了对自治的承诺，在战后恢复了高压政策。难怪人们普遍有一种失望情绪。中国共产党未来的领袖毛泽东在1919年看到：印度在巴黎和会上"已变成小丑，戴着鲜艳的红色头巾，作为代表"走进巴黎和会，但"印度人民的要求得不到允许"，虽然他们曾在战争期间"冒着自己的生命危险去帮助英国"。[158]

现在到了从共有历史的宽广视野思考一战与印度的时候了。无论从任何角度来看，一战及其后果都改变了印度人对自己、对不列颠帝国，以及对世界的看法。英国在上百万士兵及重要战时资源上依赖印度的事实，清楚地证明了其对帝国的重要性。当一战及印度人所做的贡献提高了他们对于更大的政治自主权的期望时，从战场上归来的印度士兵,则讲述了关于欧洲"文明"列强暴力的恐怖故事,这些故事损害了英国的威望及其文明使命的基础。1919年,英国军队在将军雷金纳德·戴尔（Reginald Dyer）的指挥下,在札连瓦拉园向手无寸铁的男女老幼开枪扫射。阿姆利则屠杀永远损害了殖民统治者的仁慈形象,开始了印度全域不满英国统治的新时代。第八章将会对此进行详细考察。

第四章

殖民地越南与一战

如果说中国与日本早在1895年就注定要卷入一战，那么越南人被拖入欧洲冲突的轨道甚至更早——从越南成为法国殖民地的1885年就开始了。越南为法国的战争投入贡献了人力及物力资源。和其他被卷入战争的亚洲国家的人民一样，越南人在第一次世界大战中的经历也标志着他们历史的转折点。对许多人来说，法国之旅不只是回应殖民地主人的召唤，同时也是大开眼界的学习经历，因为他们有机会亲眼观察欧洲人的老家，并直接与西方人互动。这使他们能将法国人与其他人比较，对比不同，并重新思考自身的国家认同以及越南在世界上的地位。未来的越南领袖胡志明在1919年前往巴黎，为祖国的独立游说，他在那里经历的一切对越南寻求国家认同，以及对越南未来的发展都产生了重大影响。

越南社会与一战

一战期间，越南被称为"印度支那"，越南人被称为印支人或安南人。正如这一名称所显示的，越南社会同时受到中国和印度的影响，成为亚洲两大文明的"竞争中心"。[1] 在两千多年里，印度与中国支配了这一地区的宗教、哲学、艺术和政治结构。追溯数百年的文化历史，越南人曾经有几个世纪受到中国控制，这也同样激发了他们的独立决心。在经历中国多年控制之后，19世纪后期越南成为法国殖民地，失去了其传统名称及领土统一。越南历史从此变成为民族独立而长期奋斗的叙事。根据一位学者的说法，越南人的主要特征就是"抵抗精神"。[2] 历史学者威廉·杜克（William Duiker）指出，在经历长达两千多年抵制左右越南的来自中国的政治及文化方面的巨大影响后，"已经在越南产生出独特的全民性的'民族'精神，它比在东南亚任何地方所看到的更自觉、更炽烈"。[3]

法国将越南变为殖民地，深刻改变了越南的政治、社会、经济。法语传入，越南文字罗马字化，取代了汉字。在1911—1914年及1916—1919年间担任越南总督的阿尔贝·萨罗承认，"直到1914年，对我们的大部分同胞来说，这块殖民地通常只不过是一个有利于弘扬我们的战功、有利于冒险家事业和给予我们的文明天才以丰富经历"的地方。越南本身的政治及经济价值基本上被忽略。人们普遍认为殖民地是一个大国的昂贵幻想。一战时期的法国首脑、"老虎"乔治·克列孟梭在还是左翼激进分子的时候，曾诅咒帝国主义政策养肥了资本家，浪费了应该用于国内社会规划上的经费。[4]

上述观点到一战前夕依然存在。有些法国人曾建议并且认真考虑过与德国做笔交易，用越南换取阿尔萨斯—洛林（Alsace-Lorraine）。[5] 一战爆发，法国与德国再度开战，这种言论就自然终结了。只有当众多越南人用当地资源来帮助法国的战争投入时，法国民众才突然意识到殖民地的价值。[6] 越南因此变成了资源。萨罗在战争期间观察到，"从所有方面来看，越南都是我们殖民地中最重要、发展最好和最繁荣的地方"。[7]

一战爆发后，法国的确反过来向殖民地求助。法国政府集中力量动员越南的人力和物力。虽然那里资源丰富，但殖民地政府一开始却难以将这些资源组织起来。萨罗注意到：

第四章 殖民地越南与一战

战争期间殖民地政府在回应宗主国急需的人力、物资以及财政需要时，我们肯定永远不会知道他们究竟遇到了什么样的困难。爱国热情弥补不了急急忙忙的敷衍了事，以及缺乏充分的战前准备。缺乏人手？我们到处都有人，但是没有办法清点、训练他们，最重要的是不能把他们集中起来送到集合点。在很多时候，需要对当地人实施强制行动，这浪费了很长时间，令人疲惫不堪，却又没有效用。路线和运输工具都不足。[8]

虽然开始时遇到很多困难，但越南对法国的战争投入的确做出了巨大贡献。根据萨罗的说法，法国1915年开始在越南招募士兵，当年只招到3000人，1916年就有36 000名越南人前去法国，1917年的数字则是9922人，加在一起总共有48 922名越南人加入法国军队。这些士兵分别在不同的作战部队服务，其中两支部队驻守法国，两支驻守马其顿，一支在吉布提。[9] 法国也在1915年开始招募越南劳工，起初招到4631人，1916年就有26 098名劳工奔赴法国，1917年有11 719名，1918年则有5806人；到1919年，仍然有727名越南人被带到法国从事战后重建工作。因此战争期间总共有48 981名越南劳工在法国服务。[10] 也有资料表明越南妇女曾去法国服务，其中少数人自愿在医疗服务领域或工厂"与我们的法国姐妹并肩"工作。甚至有报道说劳工营里也有越南妇女。[11]

战时到法国的越南人包括士兵和被召回军中服役的预备役人员，以及劳工。1915年12月17日，殖民地政府发起征募活动；1916年1月20日的王室诏令进一步对志愿者发出呼吁，宣布给予每个通过健康检查并已被征调参军的男子200法郎奖金，并承诺发放月薪及每月家庭津贴。1916年10月到1917年7月间，约有4万名士兵、工人和水手自愿应征。[12] 已经服役的士兵签订合约，服役期满后，在38岁以前仍要随时听从军队征调；志愿者合约规定在战争期间服役，外加战争结束后的 6 个月服务期。[13] 对绝大多数人来说，入伍到法国服务的主要原因是想摆脱贫穷，赚钱养家。大部分去法国的越南人都是来自东京（北圻）及安南北部的贫穷且目不识丁的农民。[14] 对志愿者而言，出发去欧洲之前便可领到奖金和预付薪水；加入战斗部队的志愿者领的薪水、退休金和每月津贴与正规士兵及后备军人一样，但奖金稍有不同。在全部 200 法郎奖金中，签约时付 50 法郎，其余 150 法郎则在出发前往法国后支付。在招募中心、训练营以及整个战争期间，战斗部队的志愿者每天可以拿到 0.4 法郎。技术工人和文职人员一律领取 40 法郎奖金，非技术志愿者则只能拿到 25 法郎奖金。所有工人的基本工资都一样，每天 0.75 法郎，但津贴方面则有很大的差别：非技术性工人每天 0.25—0.75 法郎，技术工人则每天 2.75—3.5 法郎。基本工资会随工龄增加而增加。[15]

虽然招募工作基本上是和平及自愿的，但刚开始时，北圻地区一些农村也有人对此表示怨恨，南圻的一些南方省份也发生了暴力抵抗。大部分反抗都是由宗教团体及秘密会社组织的。[16] 前往法国的绝大多数应征者都是自愿的。他们与中国劳工一样，在获准服役之前必须通过身体检查。"鼓舞他们向前的是政府提供的条件，是外出冒险的梦想，是越南的经济危机，是摆脱贫穷的愿望。"[17] 这些工人受雇于为国家服务的行业，后来逐步开始为铁路系统及光复地区工作。随着战争的拖延，法国对亚洲殖民地的依赖愈来愈深。[18]

除了提供人力支援，越南也为法国的战争投入做出其他牺牲。仅到 1916 年底，它对法国的贷款便超过 6 千万法郎，外加价值约 3 千万法郎的货物。根据另一个统计数字，1915 年到 1920 年间，法国政府来自殖民地的战争贷款超过了 1.67 亿法郎，在越南发行的战争债券达 13 816 117 法郎。法国从它在亚洲和非洲的殖民地共贷款 6 亿法郎，其中有超过 3.67 亿来自越南，这其中又有约 30% 来自越南本地人的资金。根据阿尔贝·萨罗的说法，1915 年到 1920 年，越南共提供现金 382 150 437 法郎，个人捐助 14 835 803 法郎；为了帮助战争受害者，越南人捐出 1 千万法郎，并为 1915 年的军队招募活动贡献了 11 477 346 法郎。[19] 战争援助还包括自然资源如煤、橡胶及矿产，日用品如大米、茶叶、烟草，还有纺织用料棉花和卡其布，以及服装。在整个战争期间，越南为法国提供了 335 882 吨大米、玉米、酒精、大豆、棉花、橡胶、椰肉、木材、食油和猪油。如同英属印度一样，越南要确保被招募者的薪水、退休金、家庭福利，支付越南人在军人医院的开支。1917 年和 1918 年向法国提供的后一项开支，总共达到 4 040 000 法郎。[20] 战争结束后，越南还要帮助重建五个被战火摧毁的城市，它们是卡朗西（Carency）、奥里尼－昂蒂耶拉什（Origny-en-Thierache）、绍维涅（Chauvigne）、查维农（Chauvignon）和拉福（Laffaux）。

当法国在越南的贡献中获益巨大时，公平地说，越南也因出口增长而受惠：在战争第一年，越南出口增加了 9 270 816 法郎，而法国对越南的出口则减少 5 090 092 法郎。[21] 正如金伦·胡希尔指出的，第一次世界大战改变了法国与其殖民地关系的本质。越南由债务国变成债权国。越南能借钱给法国，表明它能在战争期间维持经济发展和养活人民。[22]

然而，战争最重要的遗产是对殖民地社会的影响：它改变了越南人的思维模式，唤醒了他们的民族意识，越南人在欧洲的经历以及与来自其他文明的人的接触促进了他们的个人成长。欧洲的这场大战也损害了法国在越南的声望。阿尔贝·萨罗写道，"对欧洲人的可怕大屠杀、最富庶省份至今仍然满目疮痍的黑暗画面、在未来很长一段时间都要继续忍受的痛苦，当我们用意志努力克服令人喘不过气的苦痛时，通过对比，这些悲伤都向我们强调一个令人感到安慰的结果：一战向法国公众展现了我们的殖民地"。[23] 根据菲利普·皮坎（Philippe M. F. Peycam）的观点，"在 20 世纪之初，西方自以为其霸权无人能超越，结果遭到一系列明显打击：1905 年日本战胜俄国、一战欧洲国家之间自相残杀、1917 年俄国苏维埃革命，以及在亚洲的法国殖民地，平民和精英阶层都持续反对殖民统治"。法国人在过去几年的战争中表现不佳，几乎到了让步的边缘。"当在欧洲命悬一线，而殖民地又极不稳定时，为了维持局势，法国不得不同意给予越南人民有限、共享的权利，借此希望当地人民支持战争投入，并进一步支持法国共和殖民主义者提出的所谓互惠方案。"[24] 后一种现象出现在主要社会文化转型的背景之下，在西贡和河内主要城市中心表现得尤为突出。在一战期间，反对派进入了一个历史性的时刻："（反对意识）产生于受过西方教育的越南市民的愿望，他们的追求采用了行动主义的原始形式，以报纸作为一种独特的政治力量，在殖民地法律框架的限制下蓬勃发展。"[25] 当法国及整个帝国开始被战争席卷，殖民地的港口城市西贡却变为"机会的空间"。"这个城市中，强加的文化适应和社会互动的复杂过程，带来个人和集体层面上的越南意识的新表达。"[26]

法国殖民政府本身对殖民政策的调整，也促进了越南社会的剧烈变革。萨罗在 1917 年回来出任第二任总督时，推行了一个被大肆宣传的"法越合作"计划，希望动员越南人支持正在进行的欧洲战争。这是一个颇为微妙的计划，目的是与越南精英建立起牢固的伙伴关系。萨罗总督决定，允许被视为忠于法国的越南人进入他认为最重要的政治行动领域：在报刊及出版物上公开发表意见。1916 年到 1919 年，一系列由越南人经营的、面向越南读者的报纸在殖民地越南的公共场合涌现。大量由越南人经营的公开出版物的蓬勃兴起，是萨罗对现有越南精英的政治战略最切实的表达。[27] 只要欧洲的战争仍在进行，政府对政治活动的管控，以及新兴的越南知识分子活动家采取自我约束的态度依然是基本规则，"剥夺殖民地新

第四章 殖民地越南与一战

闻界和殖民地管理部门要求暂停尝试的任何借口"。[28]

1921年，法国总理阿里斯蒂德·白里安（Aristide Briand）委任萨罗为海外殖民部部长，胡志明认识到萨罗提出的殖民机构改革方案既流于表面又限制太多，对越南人民生活条件的改善没有任何影响，他们仍继续生活在受鄙视和屈辱中。只要殖民政权和在越南的所有法国人继续统治当地人民，这种情况便不会改变。1919年战争结束不久，萨罗离开了总督的位置。他答应允许越南人参与本国的部分事务，但没有政治自由。这使胡志明不但抨击殖民地制度，也对萨罗进行谴责。[29] 战后萨罗回顾他在越南的所谓合作政策，承认它并没有产生正面结果。他写道："在宪法允许的口头上的自由主义方面，我们可能也没有别的国家慷慨，不过我们以真挚的感情补偿了在殖民特权上的小气。"在这里他的意思是，越南人享受的权利比不上其他殖民地人民的事实，倒证明了法国人对越南人的真挚感情。[30] 1919年2月，当得知萨罗将在5月调回法国的消息后，越南记者开始大胆行动，用报纸作为民族主义者表达看法的主要工具，创造一个自治的越南公共政治。[31] 因此第一次世界大战为越南人提供了"一个意外的机遇，考验法国人是否有能力配得上它所吹嘘的"，也是萨罗所鼓吹的"天下无敌的自我标榜"。[32] 越南记者的活动及报刊的鼓动一定程度上帮助培育了民族梦想。尽管殖民地的严密控制可能使越南人在政治改革方面所做努力的影响有限，但"第一次世界大战期间与紧接着战争结束后所发生的事件，带来了越南政治精英和教育制度的真正转变，而这一转变反过来又在改革运动中引发了进一步的公开分裂"。[33] 在本章稍后篇幅，我会就此展开更详细地讨论。

因此，一战的爆发为越南的改变和真正转变提供了动力。战争甫一爆发，当时还是默默无闻的胡志明就写信给一位朋友和导师："枪声划破长空，尸横遍野；五大强国正拼个你死我活，九国陷入战火……我想亚洲命运在未来三四个月内会急遽改变。对那些正在战斗和拼命的人来说这很不幸,而我们所要做的只是必须保持冷静。"认识到战争带来的机会后,他认为自己应该马上去法国感受更广大世界的时代脉搏,去更好地认识祖国将发挥的作用。[34] 他也许已经预见到这场冲突将最终导致法国殖民地体系的崩溃。[35] 虽然当时胡志明做着并不起眼的工作,但他很为自己国家的命运担心。在1914年所作的诗中,胡志明写道:

在与天空和大海的对抗中
在磨砺英雄的意志力的冲击下
每个人都要为他的同胞而战 [36]

1911年的辛亥革命和中国的社会变革进一步促进了越南人的政治觉醒。在欧洲战事和亚洲社会状况不断变化的背景下,很多越南人转而投入政治活动。这些发展综合到一起,应该被视为"构成越南新的历史时刻,以及新的历史轨迹的开始"。[37] 越南近代民族意识的第一次表达是20世纪头二十年中由潘佩珠领导的运动,反映出对强加的现代化的不满。潘佩珠和追随者看到一个新时代即将来临,并从日本的例子中得到启发。日本通过明治维新走向西化,转变成独立而强大的国家。但潘佩珠的运动失败了,他先是被迫流亡日本,然后又流亡中国。[38] 值得注意的是,潘氏的组织支持胡志明到日本学习,并邀请他加入民族主义运动,但被胡志明拒绝了,因为他不相信与日本人的合作,认为这是"前门拒虎,后门进狼"。[39] 相反,他与当时的中国精英一样,决意前往法国,亲自考察西方文明。

虽然潘佩珠领导的运动失败,但是这并没有阻止其他人在一战期间起来反抗法国人的统治,当时法国在越南的兵力并不多。第一件,也是最令人震惊的事件发生在1916年2月14日,数百名反政府分子进攻西贡一所监狱，企图救出他们的战友。两个月之后，一场精心策划的推翻法国人的行动在皇都顺化发动，但最后告以失败。1917年8月，一场由军人领导的反政府暴动爆发，直到1918年1月才被法国人镇压下去。[40]

在追求民族独立的过程中，一些越南人甚至转向中国人寻求帮助。畿外侯强㭽积极地寻求中国的支持，并培养与中国人的友谊。有一次他得到消息，称中国的陆军总长段祺瑞可能支持在华越南人的抗法行动。1914年夏天，强㭽与段祺瑞见面，他被引导相信段有意打击法国人，因为法国是在中国力量最弱的帝国主义者。甚至连总统袁世凯也做出了模糊的承诺，说会提供大量资助支援强㭽的民族独立活动。一战在欧洲爆发后，法国人忙于欧洲战事，段祺瑞也谈及要打击在中国的法国人。但由于日本的威胁日渐加剧，中国人愈来愈关注与日本的对抗，越南人意识到中国无法履行其承诺。[41]尽管如此，很多反抗殖民统治的越南斗士住在中国，并且在中文报纸上公开发表文章，团结他们的民族同胞。有意思的是，法国政府怀疑日本人是在中国领土或其他地区反法活动的幕后黑手，并寻求与他们的外交交涉。最终，两国达成一个双方都能接受的安排，即如果日本能够继续监视强㭽，阻止他到别的国家去，并定期提交其活动报告，法国就为日本提供朝鲜民族主义者在上海法租界的活动情报。[42]一战时期越南人、中国人和日本人之间的这种相互联系，取决于民族主义问题，以及与欧洲殖民者的不同距离——是彻底远离他们，还是与他们保持一定的距离。

武装推翻殖民统治的失败、殖民政府随后的一系列镇压，以及法国在欧洲获胜前景的不断明朗，都让越来越多的越南知识分子得出结论，应该制定新的原则来指导他们在殖民地政治中如何发挥作用。现在需要一种能利用欧洲战争的新行动方案。这正是胡志明使用的策略。在认真思考最有效的政治行动方案时，一些越南民族主义者将他们的事业与朝鲜人做了比较。胡志明和同人很快得出结论，认为越南无法仿照朝鲜三一运动的模式。他们相信，与朝鲜人相比，越南人面对的是不同的困难与挑战，因为法国在越南的统治更深、更稳固，看上去不可能从内部推翻。越南民众的政治态度消极，很难动员他们起来支持全国性抗议。民族主义者一致同意，为了启发越南大众，作为解放的第一步，他们的目标应该是争取同接受教育和言论自由有关的所有权利。[43] 胡志明后来这样解释这一计划：法国当局的目的与日本在朝鲜的目的永远不一样。日本人要彻底同化朝鲜人，但对胡志明而言：

> 相反，法国希望延续安南人和法国人之间的不平等；它从安南人身上获利，因此想无限期地榨取越南富有的各种产出，阻止安南人为自己创造独立的经济。税收、严格的防范措施和公共教育制度，无一不是从这个考量出发。为了给安南人的文明和进步制造障碍，法国人确信自己有能力无限期地将他们置于世界文明的边缘，并强制他们屈从于法国人永久性的需求。在过去几年里，越南的生存条件比以往任何时候都更加可悲。[44]

因此，胡志明要在巴黎通过寻求国际支持，发起他的独立运动。

在法国的越南人

一战中，法国剥削其帝国殖民地的人力资源，把他们当作胡志明所称的"人肉饲料"来使用。法国政府声称它已经把文明带到殖民地，作为回报，殖民地现在欠了"血税"。[45] 胡志明对这种利用越南人的方式非常不满，他在1925年的著名论述中写道：

1914年以前,他们只是一群肮脏的黑人和安南人,不过是用来拉人力车、接受管理者的棒打而已。当一场新鲜而充满快乐的战争开始后,他们又成了慈父般关心我们的管理者的"亲爱的孩子"和"勇敢的朋友"……他们("阿丁们")突然被提升到"自由和法律的保卫者"的最高地位。不过,这一荣誉使他们付出了沉重的代价,因为这群没有自由和权利的人,为了保卫被剥夺的自由和权利,不得不突然离开自己的稻田或羊群,抛妻别子,远渡重洋,腐烂在欧洲的战场上……

他们在巴尔干史诗般的荒原里消亡,弄不清这个母国是否有意把自己安置在奥斯曼土耳其的后宫中:不然为什么要让他们来这里送死?在马恩河畔或香槟省的泥泞中,另一些人英勇地战死,好让指挥官的桂冠溅上他们的鲜血,而陆军元帅的指挥棒则由他们的白骨制成。[46]

战争结束后,"一旦黑色和黄色的血肉喂饱了大炮",时钟又倒转回来,"我们领袖们的爱的声明,在他们的魔法下变得悄然无声,而黑人和安南人又自动变回'肮脏的种族'"。[47]

在法国前线或前线附近服务的越南人中,有四五千人担任司机,驾驶运送人员及军用物资的车辆。[48]在索姆河战役中,越南司机连续驾驶36个小时,并没有比法国队友表现出更多的疲倦。理查德·福格蒂认为,越南司机比他们的法国同事更善于使用机器,前者所驾驶的货车的保养费用,要比法国士兵的低1/4。他们的车也开得非常安全,成功避免了重大事故。越南文职人员被誉为"聪明、冷静、灵巧,对于要求细致的任务有天分"。[49]有些士兵也得到高度评价。在回忆越南连队在一场战斗中的表现时,他们的营长写道:"这些士兵表现出他们是优秀的战士,具备非凡的勇气,能够在前线代替法国士兵。"越南士兵也同样为自己在战场上的表现而骄傲。一位士兵宣称:"在战场上我们与法国人不相上下,我们有很多人战死,很多人受伤。"[50] 大部分越南人要到1919年年中才返家。1920年仍有4000名劳工和士兵留在法国,其中大部分都有了工作。[51] 战争结束时,有1548名越南劳工,1797名越南士兵在欧洲献出了生命。

越南人前往法国的旅途很痛苦,与中国人和印度人在赴欧途中经历的一样。他们抱怨最多的是晕船、疾病、环境差和食物恶劣,有些劳工在旅途中要与牲口睡在一起。到达法国后,他们要面对新的挑战以及各种困难。很多亚洲劳工的待遇很差,只有破旧的衣服。越南劳工工作时间长、食物分配不足是常有的事。有人曾抱怨说:"没有休息,甚至连星期日也不休息。如果太累了,我们就自己偷偷休息一下。但如果未经批准旷工一天,就要被关十五天,(越南殖民地政府)也会中断每个月给家里的津贴。"[52] 因为劳动繁重,这名劳工说:"我是个年轻人,但是已经感觉很老了。希望我能活着回家。"另一名劳工则报告说,他有两个星期都只吃一种食物,即"一条面包"。[53] 一名姓杨的下士称:"战壕里的生活不堪忍受。"一名冯姓士官抱怨说,他在战壕中连续站岗"八天,没有脱鞋,也没有换衣服"。冬天的生活更加悲惨,因为大家都不习惯寒冷气候。[54] 越南人与印度人一样,在法国寒冷的冬天遭受了极大的痛苦。一个越南人写道:"太冷了,唾沫吐到地上立刻就结成了冰块。"另一个越南写道:"冬天的寒冷刺穿了我的心。"[55] 就是因为这种煎熬难以忍受,一部分越南士兵被送到了较暖的地方作战。

除了工作艰辛、食物匮乏及寒冬之外,翻译不足也给越南人带来了额外的困难。大部分劳工不会说法语,而他们的雇主也不会越南语。每一支两三百人的队伍,只有一名越南翻译。结果,劳工与雇主之间的沟通不良或文化上的误解相当普遍。越南人常因某种习惯或风俗被指责,比如把牙齿涂黑,因为他们认为黑牙齿更有魅力。"狗会把牙弄白,所以(越南人)要把他们的涂黑。"这种习俗果然引起了人们的好奇,并使他们成为法国人取笑的对象,有时甚至导致冲突。法国人对越南人的文化习俗和信仰的无知,也同样引发了越南人的抗议。在图卢兹,长头发成为越南人和上司之间让人头疼的问题。越南人无论男女都喜欢留长头发,"越南人爱他们的头发,有如爱他们的头一样",因此,"剪去他们的头发并非压抑性欲或阉割的标志,而是对自我的牺牲"。所以,"当他们的头发被剪掉拿走的时候,他们痛苦万分"。根据习俗,在某个特别阶段剪头发会带来好运(或者不幸),例如农历新年(不应理发)。但对法国当地的卫生部门而言,长头发却是卫生问题,因为有报告说它会传播头虱。1917年2月7日,一名法国中尉命令下属替两百多名越南劳工理发。当劳工们意识到头发要被剪去后,他们在地上打滚抗议,高声哭喊,悲叹他们的损失。之后,他们全部聚集到院子里,决定当天下午罢工。[56]

尽管越南人是来帮助英国或法国作战的,但他们在欧洲也遭受到了种族歧视。19世纪的英国人普遍认为,"亚洲人和非洲人都是小孩子,严格对待是为了他们好"。[57] 官方法规"禁止对殖民地人或臣民有任何同情的暗示。严厉对待异教徒是一种永不妥协的美德;他们是要被纠正、管理及指导的孩子。在这种对种族统治的傲慢信仰中,我们常常发现一些令人难以置信的,如对东方或非洲的文化和习俗的无知"。[58] 由于种族偏见,法国人认为越南人体格不够强壮,不能像白人一样整天工作。霞飞将军(General Joffre)坚持认为,"越南人不具备必须在欧洲战事中用到的、有活力和耐力的身体素质"。[59] 越南人明显对所受到的虐待和种族歧视不满。一个越南人表示:"我们愤怒地昂起头;我们的舌头吐出一连串词句,全都是报复的字眼。"[60] 越南人从法国工人那里学会了用罢工和抗议争取权利。

至于打发无聊时间,部分越南人依靠赌博。在法国的越南人中,玩扑克牌是特别受欢迎的消遣。但赌博也会导致争执及暴力,因为有些人输得很多。举例来说，梁姓中士输掉了所有的钱，为了生存被迫向越南的家人要钱。[61] 不过，大部分越南人行事都很有责任心，会把钱存到储蓄银行，寄一部分回家，投资一部分到战时债券上。到1918年初，36 715名劳工在银行共存入271 887法郎，往家里汇款5 261 026法郎，购买了价值411 030法郎的债券。遗憾的是，对这些被招募来法国的人及其家属来说，通货膨胀和货币贬值使他们的储蓄损失了很大一部分。根据合约，法郎与法属印度支那元（piaster）的兑换率是2.5法郎换一元法属印支元。但战争期间，法郎持续贬值，比率降至4法郎换一元法属印支元。1916年他们汇款回家，每汇50法郎，在越南的家人能拿到60铜元（sapeques），到1917年则贬至只能拿到37.5铜元。[62] 虽然如此，他们赚到和储蓄的钱仍然在经济上帮助在越南的家庭改善了生活，并且，也在很小的方面为越南的经济发展做出了贡献。

为了劝阻越南人免于赌博和犯罪，法国当局制订了一些娱乐及教育计划。在马赛，每天晚上6点以后，劳工们穿上卡其制服和英式长衫，蜂拥来到越南人俱乐部，在那里休息、写信或和其他同伴聊天。俱乐部免费为劳工提供杂志、报纸和茶水。这个俱乐部是1916年1月由一个为越南劳工提供协助的委员会创立的，法国陆军部、越南总督及其他一些组织也提供了赞助。1915年，由阿尔贝·萨罗建立的法兰西联盟（Alliance Francaise）也为法国的越南劳工和士兵提供社会服务以及举办各种文化活动。联盟的人还免费教授法语课程。[63] 越南人似乎对在欧洲有这样学习法语的机会十分珍惜，一位名叫黎文业（Le Van Nghiep，音译）的骑兵下士参加法语初级文凭考试，在六十名考生中考了第二名。他十分骄傲，以至于写信给河内的一位朋友，请他在当地报纸上发表文章讲述他的成功故事，同时把他的照片与文章一起发表。遗憾的是，这封信落到了法国书信审查员的手上。他觉得这位越南人把他的语言学习吹得"过

分"、"毫不谦虚"。⁶⁴ 不过,到战争结束时,约有 25 000 人通过这个免费课程学会了用法语阅读和书写。⁶⁵

尽管遇到各种困难、挑战和种族歧视,在欧洲与法国人以及其他人并肩生活、工作,为越南人提供了独一无二的机会去观察、学习及认识不同的文化与文明。战役间隙,当需要互相协助的时候,一些人还有了同美国士兵接触的机会。越南士兵的家信透露出他们的印象。有人写道:美国军队是"协约国里面最强大和最厉害的";另一位则写道:美国人是"勇猛的战士";第三位的看法更令人吃惊,他认为法国人并没那么强,相反,"美国人在战场的出现恢复了越南人的信心"。⁶⁶ 很多中国人和越南人每天都有接触,虽然言语沟通上有障碍,但彼此相处得很融洽,有时候还能建立起亲密关系。中国人与非洲人似乎摩擦不断,只要争执起来,越南人便会过来对付非洲人。法国政府不愿越南人受到中国人爱国主义和民族主义感染,因此尽量不让他们在一起。⁶⁷

在越南,法国人是统治阶级,他们与当地人之间的社会差距巨大。但在法国,越南劳工、士兵则有机会同法国女性约会,与她们发生性关系,甚至结婚。一个士兵写道:"在星期天,我们和(法国)女人去散步,正如在越南和我们自己的女人散步一样。"⁶⁸ 法国人与越南人的关系在法国与在殖民地的情况正好相反。在越南,是法国男人与越南女性发生关系。有趣的是,法国人虽然有种族歧视观念,但越南人和中国人似乎颇受法国妇女的欢迎。她们经常去找他们,因为他们有钱,并且很和善。爱情和亲密关系自然导致结婚。尽管法国政府竭力阻止法国妇女与越南男性发生关系或结婚,但到 1918 年,有 250 对法越夫妇在法国合法结婚,另外有 1363 对没有得到政府承认或父母的同意而同居。⁶⁹ 翻译范文康(Pham Van Khuong,音译)收到了好几封在图卢兹的未婚妻妮浓(Ninon)给他的情书,后者表示愿意战后与他一起回到越南。不过他也收到另一位年轻法国女子的信,对他起先答应结婚,后来承认家里已经有了妻子这件事表示极度失望。他们中的一些人则努力建立起了受人尊敬的体面家庭。另一位翻译员丁文家(Dinh Van Giah,音译)渴望与一位同在一所医院工作的护士结婚,但他在北圻已经有了妻儿。这位法国新对象还是一位陆军军官的女儿。有些人则利用和法国妇女结婚来获得法国公民身份和经济保障,一位姓仲(Trong)的下士在1917年8月写信给父母:"我计划通过娶法国女人取得法国国籍,这样以后我就可以(在这里)给自己安排工作了。"[70] 战争结束后,留在法国的2900名越南士兵和劳工绝大部分都有法国妻子。[71]

除了与法国女性约会外,越南人常把她们的照片寄回家,有些甚至是裸照。一位叫胡(Ho)的军士长把法国女子写给他的信寄给在越南的兄弟,要他把照片当作"神圣物件"珍藏起来,以备回去后那些欧洲殖民主人不相信他的故事,或者以为他和白种女人的关系是编造的瞎话而讥笑他的时候,好拿出来给他们看。[72] 有些越南人夸耀自己的法国小妾或情人,为了让家乡的兄弟伙伴们羡慕,有人寄回一张自己躺在床上,法国"小妾"正在爱抚他的照片。[73] 很多法国人开始对此愤怒,因为越南劳工不用去打仗,还胆敢与法国女人厮混。[74] 法国当局也对那些寄回越南的照片感到担心。他们认为这些跨种族交往的证据会损害自己"在远东的名誉",因此审查员会没收所有能找到的这类照片。1917年8月,一名越南写信人观察到,官方已禁止邮寄法国女性裸照回家,因为"法国人害怕遭到耻笑"。审查员对于这些照片给公众秩序和法国殖民地统治带来的后果态度很明确:不少越南人在法国学会的这种"恶劣的行为",会让越南人误以为法国人的生活"可耻放荡"。[75] 法国人深为这种可能出现的后果担心,有时会采取激烈的手段阻止越南人与法国女性约会。有人因为"胆敢爱上法国女孩"而被监禁了15天。[76]

第四章 殖民地越南与一战

法国当局的担心是对的,因为对越南人来说,打破旧有的社会界限,象征着他们的成长以及民族觉醒。他们可以挑战法国人在越南建立的殖民秩序和政治禁忌。[77] 一位学者说:"这种跨种族关系,对殖民地法国妇女的地位所产生的影响是显而易见的……这些妇女本来应该是当地社区的支柱,体现了法国人关于文明和家庭生活的观念,同时界定殖民者与被殖民者的界限。"对于某些越南人而言,除了是以殖民地属民的身份居住在法国之外,在其他方面与居住在越南的法国人并无两样:和当地妇女结婚,经常光顾当地的妓院和歌舞表演。很多人将自己与法国妇女的性关系形容为政治活动,他们在家信上说:法国现在正为它的子孙所犯的罪恶付出代价,那些人建立了法兰西殖民帝国、经常将殖民地妇女纳为小妾。与法国女人的性事"像是在报复欧洲人,正如那里的法国人曾令昔日越南难堪、嫉妒"。一名士兵写道:"在我们国家,法国女子高不可攀,但在这里,花两个法郎就可以和她们玩在一起。"另一位写信给同在法国的朋友:"和许多人一样,你可以说你不只是在服务法国;你在保卫她,也在帮助她繁衍后代。"[78] 越南人在法国的经历使其感到不再比法国人低劣;他们开始质疑和怨恨法国人在越南的统治。[79] 很多持上述态度的男人将最终回到祖国,"对殖民地秩序构成严重的潜在威胁"。[80]

综上所述,招募大量越南人前往法国的决定,可能给越南社会带来了最大的影响和冲击。金伦·胡希尔认为,"一战为越南殖民地史翻开了新的一页。它消除了禁止越南劳工大批进入法国的障碍",因此"标志着法属越南历史的新阶段,在这一时期法国人和殖民地人民走到一起,为了一个共同的事业而奋斗"。经过法国之旅的洗礼,这些贫穷的农民从无知、目不识丁转变成拥有更广阔世界的经历和新技术、新知识及新思想。"这种改变不单对他们的个人生活,而且对越南及法国都产生了重大影响,尽管这种影响不一定是他们自己,或者越南和法国的政府所希望的。"[81] 有些学者注意到,在欧洲的这场战争给了越南人"对法国政治及劳工抗争的亲身体验。他们也看到法国和法国人并非在战争中所向无敌,也无法摆脱政治及社会问题"。对这些人而言,"法国人超人一等的神话已经被打破,他们再也不能心安理得地接受法国人对自己家乡的统治了"。[82]

前往法国的越南人"因着各自的经历,在不同程度上被改变,很多人都变得很激进"。他们由法兰西殖民帝国贫穷而又无知的臣民,变为职业军人和技术工人,有了更多的自信与政治觉悟。面对法国人或越南上司,他们不再自卑。法国当局害怕这些人会将新思想带回越南,会对"他们的传统规矩"不再那么"顺从"。1918年6月,他们指示殖民地政府对回国士兵进行审查并保持密切监视。[83] 一战提升了士兵和劳工的经济及社会地位,在这个意义上,他们回去之后将变成改造越南社会和政治的一股重要力量。事实上,一些从法国回来的劳工,直接组织、带领和推动了1920年代的劳工运动。一战时孙德胜曾在法国舰队中担任水手,之后成为越南民主共和国的主席。他懂得组织劳工的学问,以此成立了第一个西贡军火工人协会。阮仲宜(Nguyen Trong Nghi,音译)是法国工厂的一名劳工,在1920年代末成为南定地区工人示威运动的鼓吹者和领袖。

但他们的战争经历本身往往是惨烈的。一名士兵说,战争"令人恐惧,只会带来毁灭",他警告其他人要拒绝应征,"我的朋友!你们最好不要来这里。我劝你们和平时期再来这里,但现在是战争时期,留在那边吧"。[84] 不仅如此,很多退伍军人认为受到双重背叛:一方面来自自己的社会,一方面来自没有照顾他们的法国。这些幻想破灭又充满痛苦的退伍军人形成了一个庞大群体,"他们完全接受那些改变现状的人——共产党员——的论点,并带着愤怒走上街头……法国在越南招募人员,无意中引发了最终导致其失去越南殖民地的一系列事件"。⁸⁵ 战争期间，越南人亲身了解到法国人的军事组织、战略和战斗力，他们觉得法国人并不怎么样。他们的经历无疑改变了他们对世界的看法："有件事可以肯定：他们再也不是当初乘大轮船前往欧洲的那群人了。而且，他们再也不认为法国人超人一等。"⁸⁶

胡志明在一战期间成为非常受越南同胞欢迎的人，以他的名义所写的倡导越南独立的政治传单和文章在同胞中间广为流传。⁸⁷

胡志明和巴黎和会

在改造越南方面，一战期间在法国的所有越南人中，没有人比胡志明更重要。一战结束时，胡志明已经认定：

> 在对越南的统治中，法国从来没有推行自己所珍视的自由和人权。她（法国）在政治上实行独裁；在公共教育上推行愚昧主义；在经济及财务上，她只会耗尽越南以自肥；最后，她钳制思想和言论自由，使独立的渴望在安南人中间难以产生。

胡志明相信现在正是越南追求明确的自治和可能的最终独立的时候。到战争结束时，约有五万越南人留在法国。其中大部分都在工厂工作，少数几百人则是为了学习。由于在法国的知识分子群体中高度政治化的气氛，这群学生已经成熟，为政治动员做好了准备。⁸⁸

历史学家仍无法确定胡志明抵达法国的准确日期。根据不同的外国和越南学者的考察，他大概是1917年年底抵达巴黎的。⁸⁹ 问题是胡氏在船上工作，有可能进出法国好几次了。目前已知他曾随工作的船只到过美国和英国。根据一个普遍被接受的资料来源，胡志明在1911年21岁时离开越南，在一艘前往法国的船上给厨师当助手。1911年9月到马赛后,他向殖民地部申请进入一所专门培养法国海外殖民地官僚的公立学校。胡志明写道:"我渴望学习,希望在我的同胞中为法国服务。"[90] 他有一段时间在伦敦,在1917年底(也有人说在1919年)渡过英伦海峡,到巴黎定居。胡志明从一开始便参加了政治辩论和政治活动。他一度努力想加入法国军队,但没有成功。胡志明显然要在法国的越南人中成为有影响力的人。[91]

他在巴黎靠卖越南食品或中国书法作品为生,有时甚至以假中国古董赚钱。一份法国警察局档案显示他也做过放大及修饰照片的工作——胡氏的名片上写着"您的亲朋好友的珍藏"。他曾在《工作生活》(La Vie Ouvriere)杂志上刊登广告:"您若渴望给至亲的人一份生活纪念品,让阮爱国修饰您的照片,美丽的肖像和框架共45法郎。"在胡志明的政治活动引起法国秘密警察的注意后,他们汇集的报告中详细描述了胡志明的活动。胡氏是个手艺高超的人,举例来说,他有办法把蜡烛塞进灯杯,只花一分钱就可以照明,又没有难闻的汽油味。他肯定会汉语,而且教他的越南同胞汉语。当时绝大部分越南人认为,有文化的越南人应该能用汉语阅读和书写,其次才是用越南语。胡氏也可能会说一些英语,但他的法语水平值得怀疑,至少是在他刚到法国的时候。

虽然胡志明在法国社会里属于底层的穷人,但他是一名积极主动的政治活动家。法国警察在为外国人建立的档案中,对胡志明的描述略微带一点文学色彩:"总体有点驼背而不自然,嘴巴经常半张半闭,带着相当天真的微笑。"[92] 1917年胡志明到达法国后不久,便与两名著名的越南民族主义老将潘文祥,特别是潘周桢建立了密切的关系。两位潘氏都受到法国当局的严密监视。潘文祥是律师,住在法国已超过十年,能说流利的法语,法语文章也写得很好;潘周桢是胡志明父亲的朋友——两人在1901年属同科士人,因此与同僚的儿子建立亲切又深入的关系很合逻辑。两位资深的民族主义者都帮助和支持年轻的胡志明，介绍他进入他们的圈子。通过他们，胡氏很快认识了许多人，包括未来的法共党员夏尔·龙格（Charles Longuet）、马赛尔·加香（Marcel Cachin）、保罗·瓦兰特−库图里埃（Paul Vaillant-Couturier）和雅克·杜克洛（Jacques Duclos）。

胡志明在法国的时候，恰逢大批越南人来到法国支持法国的战争投入。他很快便建立了一个越南人关系网——安南爱国者协会。作为一名越南民族主义者，胡志明（又名阮爱国）在和平会议开始之初便积极为越南的民族理想展开游说。他也以记者的身份工作，替《人道日报》（L'Humanite）写报道，创办反殖民主义的《贱民报》（Le Paria），并筹集经费，组织会议期间在法国和非洲殖民地的旅行。他出席了所有共产国际会议。根据秘密警察的档案，胡氏每次发言都痛斥第三国际的代表，指责他们漠视不公正的殖民地制度压迫下的人民的命运。当时的国际无产阶级仍在初始阶段，法国左派的领袖们还是民族主义者及宗派主义者。胡氏有时会对他们感到愤怒。有一次他与共产党海外事务部部长雅克·多里奥（Jacques Doriot）见面，多里奥命令他"降低声调"，胡氏愤然离去。他广泛接触不同的政治人物，成功吸引了许多对他事业感兴趣的代表。

早年从事的活动并没有使胡志明出名。作为阮爱国，他的政治思想并没有突出的影响，也没有引起人们对他的民族主义运动或对他本人的关注。除了警察，没有多少人理会他。阿诺克斯（Arnoux）问殖民地部长萨罗："你一定认识这个人吧？"结果萨罗回应道："我可以告诉你，没有阮爱国这个人，它只是潘周桢的假名。"[93] 实际上，1919年9月，刚从越南回来的萨罗曾接见过胡志明。[94]

作为一种自我保护，胡氏在他的成年岁月中使用过不同的名字。在1911年离开越南时，他似乎叫阮必成（Nguyen Tat Thanh）。在法国时，其中一个假名是阮恶法（Nguyen O Phap）。不过在巴黎和会期间，阮爱国这个名字终于为世人所知。我们不知道他什么时候开始用这个名字,或者,他是否是为了在法国尚未成型的越南民族团体而取这个名字的,因为它的字面意义就是"姓阮的爱国者"。但在1919年他肯定已经用了这个名字,如果不是更早的话,因为在越南对巴黎和会的声明上他就以此署名。这个名字第一次在印刷物上公开出现,是在1919年6月18日的《人道日报》上一篇对"安南人民"提出的八点要求所作的评论中。

胡志明在巴黎和平会议的故事是这样的:他在巴黎与其他越南人合作,为越南自治准备了一份请愿书,并以"旅法安南爱国者小组"的名义提交给大会,尽管并没有证据证明该组织的存在。[95] 请愿书明显受到威尔逊的观点的影响及鼓舞,但在政治上并非十分激进。它没有要求独立,而只是要求自治、平等权利和政治自由。它呼吁:

1. 赦免安南所有政治犯;
2. 改革安南司法,给予越南人与欧洲人相同的司法保障;
3. 新闻自由和思想自由;
4. 集会结社自由;
5. 移民与赴国外旅行自由;
6. 在所有省份为越南人设立的技术和专门学校里教学和创造的自由;
7. 以法律代替饬令;
8. 选举一个越南代表团常驻法国议会,使其保持对越南人的愿望的了解。

不过有一点很重要,虽然阮爱国这个名字同日后的胡志明有联系,但认为请愿书由胡志明单独拟定,或认为阮爱国这个名字就是指胡志明一个人,则仍然值得怀疑。有迹象表明,这份请愿书主要是受到潘文祥和潘周桢两名越南民族主义者的影响，或是由他们两人准备的。翻译者肯定是潘文祥，因为他具备必需的法语方面的法律词汇来准备这个文件，而胡志明的法语水平完全不足以胜任这份工作。另外，选择"阮爱国"这个名字来代表所有人，包括未来的胡志明，以保护在法国警察的监视下的他们也似乎可信。我们也可以说，由于胡志明当时还名不见经传，由他公开出面也比较容易。[96]

不过，没过多久，阮爱国这个名称就特别明确地与胡志明联系起来。在1919年为了国家而做出的大胆行动，替他赢得了越南爱国者的名声。幕后、神秘的署名者，"阮爱国"，吸引了一大批关注者，同时，也给他带来大胆又有智慧的声誉。这既引起了人们对他的兴趣，也带来了人们对他的怀疑。无论原名是什么，阮爱国这一名称的出现，反映出第一次世界大战期间越南社会及越南人民的共同改变。它清楚指向了越南人的民族梦想，这是他们要求独立的呼喊。这个名称最后与胡志明联系在一起，帮助造就了这位未来越南共产党领袖神话般的地位，但它不能证明胡志明就是请愿书的原作者。

对印度、朝鲜、越南以及所有殖民地而言，威尔逊的民族自决观点非常有吸引力。因此，它们都为战后的和平前景而激动就可以理解了。然而，和印度及中国的要求一样，越南人向和会首脑们提交的请愿书没有获得成功，并且事实上无人理睬。它被威尔逊和克列孟梭认为"微不足道"，不需要回应，只有美国代表团成员、威尔逊的密友爱德华·豪斯（Edward House）上校在6月19日给胡志明发了一封礼貌性的收到便条。[97] 英国代表团对越南人的要求的评论是，"这完全是法国政府的事，甚至连回复收到也没必要"。[98]

这场欧洲战争扩大了很多越南人的政治视野，尽管政府严格控制信息，但他们还是认识到自己的处境很多时候依赖于世界上所发生的一切。"这种认识为他们带来了希望，那就是，法国当局若承认他们战时的忠诚，就将答应他们的要求，给他们一个制度框架，为他们提供所寻求的新的政治途径。"[99] 但法国人却认为胡志明的要求是一种"丑化",拒绝就越南的任何政治改变进行讨论。[100] 越南人对威尔逊的信任也注定会失败。鉴于自己的显著地位和声望,在1919年的巴黎和会中,威尔逊对承认新国家,尤其是承认欧洲以外的国家犹豫不决。正如稍早在菲律宾所做的那样,他对于民族自决原则的实行非常谨慎。威尔逊不会削弱英国对爱尔兰、埃及和印度的统治,或法国对越南的统治。他只承认俄罗斯帝国、德国、奥匈帝国和奥斯曼-土耳其帝国崩溃后从中崛起的新国家,只将民族自决应用到这些战败的帝国身上。即便如此,他仍迟迟不肯承认新政府,直到按照美国经验能确定这些国家具有其民族的历史特质为止。正如保罗·伯德桑尔(Paul Birdsall)指出的,"欧洲和美国的反动民族主义联盟,从一开始便削弱了威尔逊的立场"。[101]

虽然如此,越南人的请愿书还是明显受到威尔逊理念的影响。有意思的是,这并不是胡志明最后一次跟随美国人的倡导。1945年第二次世界大战结束后公布的《越南独立宣言》,是对《美国独立宣言》"最显著的模仿"。[102] 在1921年到1926年间,胡志明发表了一篇题为《反法抗争》的文章,描述了1919年的失败。他写道:前安南帝国、今法属越南的人民"希望获允人民自决的神圣权利,期待民族自决原则的实现,我们向各个协约国政府,特别是法国政府提出若干要求……当一战结束,越南人民与各地人民一样,被威尔逊关于人民有权自治的'慷慨'宣言欺骗。包括我在内的一群越南人便向法国国会和参加凡尔赛会议的所有代表送出以下要求"。胡志明也指出,作为对威尔逊国际主义的响应,他和民族主义同伴都向人民及人道情感致敬。然而经过一段时间的等待与研究,"我们意识到'威尔逊主义'只不过是一场大骗局"。[103]

如果说胡志明在巴黎的民族诉求告以失败,那么他的政治生涯则向前迈出了一大步,由寂寂无闻变得广为人知。虽然请愿书不被理睬，但他本人却在巴黎官方圈子中引起了惊慌。1919年6月23日，法国总统写信给萨罗，表示他收到了请愿书的副本，要求萨罗了解此事，并确认作者身份。[104] 当《安南人民八点要求请愿书》一出现，阮爱国便成为法国警察紧张侦查的对象。前面曾提及，越南民族运动具有明显的国际色彩，胡志明的政治活动与欧洲共产主义者、反对日本殖民政权的中国人和朝鲜人有密切联系。[105] 虽然他得不到克列孟梭、劳合·乔治、威尔逊的关注，但他的亚洲伙伴十分重视他。胡志明似乎与中国的学生活动家、当时也在法国的周恩来、邓小平等建立了友谊，这些友谊在他后来回国发动革命时发挥了作用。也有人说胡氏曾介绍一些法语不错的中国人加入法国共产党，包括陈独秀的两个儿子。[106] 由于熟悉中国历史和文化，胡志明经常引用中国圣人的话来鼓吹亚洲人与西方人平等的理念也就不令人意外了。[107]

胡志明也密切关注朝鲜局势，订阅《朝鲜评论》这本致力于"朝鲜政治和宗教自由理想"的月刊杂志。它由美国费城的朝鲜学生主办，重点主要在于朝鲜历史与日本的残酷统治，并提出朝鲜共和国独立宣言。胡志明1919年的许多政治思想都来自在美国及巴黎的朝鲜民族主义者的交流。法国警察让（Jean）与胡志明装作朋友，整天跟着他在巴黎厮混。根据他的报告，胡志明大量借鉴朝鲜独立运动的经验。他与朝鲜的巴黎和会代表金奎植保持密切联系（第五章会详细讨论朝鲜与巴黎和会）。事实上金奎植曾向中国报界推荐过胡志明，而胡氏第一次主要的报界采访就来自中国天津的《益世报》。《益世报》也曾刊登过民族主义者强柢所写的好几篇文章，这些文章的语气和内容，都与1919年的请愿书极其相似。更有意思的是，1919年6月在马赛华工营地的墙上就贴着这些文章的复印件。胡志明显然懂得中国报纸的价值，他有一次告诉卧底警察让，自己和朝鲜代表有协议，会将他写的文章发送到天津报纸刊登。苏菲·奎恩－贾吉（Sophie Quinn-Judge）说，"在巴黎所发生一切和在中国的潘佩珠一强柢圈子之间，好像有一定的呼应"。[108] 1919 年 3 月，强柢与少数学生单独致电巴黎和会秘书处、威尔逊总统、法国政府，要求越南自治。[109]

在中国记者对胡志明的采访中，有几点值得注意。它提及"阮爱国"在美国旅行时，曾与朝鲜民族主义者交换过意见，那大概是在 1913 年的某个时间。中国报纸报道胡志明的中文很不错，能够进行书面通信。当问及"你来法国的目的是什么？"胡氏的回应是"恢复必须有益于我们的自由"。关于越南人需要采取哪些步骤才能实现独立，胡志明回答，他的目标是"重新获得我们必须从中受益的自由"。关于要取得独立，越南人需要采取什么步骤的问题，胡志明回答，"除了与（法国）议会成员采取的一些步骤之外，我到处争取同情。事实证明社会党不满政府的措施，已经主动表示支持我们。在法国这是我们唯一的希望。至于在其他国家的活动，我们（在美国）取得了最大的成功。在其他地方我们遇到的都是困难"。所谓"在美国的成功"，大概是指威尔逊总统关于民族自决的声明。关于越南独立的问题，采访中显示它"对远东各国的和平""十分重要"。胡志明谈到他对朝鲜民族主义者的运动有足够的了解，因此认为越南的情况很不同，应避免大规模的反法运动。[110] 除了对胡志明的长篇访问外，《益世报》也大幅刊登有关越南独立问题的文章。

虽然在巴黎和会期间及之后，世人开始注意胡志明，但他对越南在政治上何去何从感到沮丧。他的一位法国熟人日后回忆说，在 1920 年代初期的巴黎，"他似乎在嘲笑世界，也嘲笑自己"。[111] 1920 年 1 月初，他抱怨别的国家都不知道越南。胡志明对便衣警察让说："我们需要制造大的响动才能让别人知道我们。现在所有国家都知道朝鲜，因为朝鲜人提高了他们的呼声。"[112] 他转而为《人民》及同类杂志写有关越南的文章，"吸引法国社会党某些领袖的注意，进入政治"。[113] 1920 年 12 月，社会党人在法国图尔召开会议，胡

第四章 殖民地越南与一战

志明发表了"图尔会议演说",告诉听众他想"抗议(法国)在我的祖国犯下的令人深恶痛绝的罪行"。他充满激情地恳求:"以全人类之名,以所有社会主义者之名,不分左翼或右翼,我们向你们恳求,同志们,救救我们吧!"[114] 他在1921年的一篇名为《越南》的文章中写道:"从劳动者的俄国、从革命的中国以及从好战的印度吹来的风",帮助越南人头脑清醒,"为他们解毒"。"越南人正在取得重大进步,只要条件允许,将会证明自己配得上当家做主。"[115] 胡志明试图在一个亚洲和平解决方案的重要会议上提出越南自由的理想,会上讲话的有社会党副主席马里乌斯·穆泰(Marius Moutet)、菲力西安·沙莱(Felicien Challaye)教授以及朝鲜和中国的团体代表。一大群中国人参加了集会。[116] 但他很快便对法国社会党感到失望,因为社会党对殖民地问题没有什么兴趣。

在对反殖民地斗争的不断追求中,胡志明愈来愈激进,最后选择了俄国布尔什维克所提出的共产主义革命立场。法国历史学者皮埃尔·布鲁梭(Pierre Brocheux)认为,"演变的转折点出现在1920年左右"。[117] 哈佛大学历史学者胡泰慧心(Hue-Tam Ho Tai)称,1920年末,胡志明成为法国共产党的创始成员,并将共产主义看作将越南从殖民统治者手中拯救出来的手段。[118] 对威尔逊的理想及其对战后更平等的世界秩序的承诺感到极度失望之后,胡志明宣称他已经得出结论:"无产阶级解放是民族解放的必要条件,而这两种解放只能来自共产主义和世界革命。"[119] 胡氏在列宁的意识形态和共产国际里找到了"解放我们的道路"。[120] 在《越南》这篇文章中他写道:"资本主义的专制已经准备好了土壤,社会主义要做的只是播下解放的种子。"[121] 胡志明在1921年正式加入共产党。他之所以转向共产主义在很大程度上是为了民族独立和民族主义,而非共产主义目标。正如胡志明后来做的解释:"最初鼓舞我的是爱国主义而非共产主义。"[122] 1923年,胡氏到访他称之为"革命的故乡"

的莫斯科，成为布尔什维克主义信徒。[123] 一年后，他以共产国际代表身份前往中国，在那里全力组织越南人反对法国殖民统治。[124] 越南历史再次与中国的历史纠缠在一起。胡志明向共产主义的转变与中国人的道路平行。中国的案例将在第六章有详细的讨论。

正当胡志明成为共产主义者，并在国际环境中寻求解决越南民族主义问题时，曾在战争中服务的一大批越南士兵和劳工也在规划自己的道路。那些返家的人开始组织、领导和发动 1920 年代的劳工运动。前文所述的孙德胜、阮仲宜便是例证。"1921 年东京（北圻）的农村政治体系改革、1920 年代末有组织的现代劳工运动的出现，都是一战给越南的法国殖民主义统治造成的直接影响。"那些留在法国的越南人成立了最早的"越南在法殖民地"。[125] 1920 年代，法国各大城市纷纷出现了越南人社区，散居在那里的越南人成为一股重要的政治力量。在两次大战之间的十年间，他们有很多人参加了解放越南的政治斗争。金伦·胡希尔的看法是正确的，"没有第一次世界大战，通往革命和民族独立的道路将采取不同的方向"。[126] 第一次世界大战的确标志着法属越南历史与越南民族发展史上的一个转折点。

第五章

朝鲜人:从三一运动到巴黎和会

与印度、日本、越南或中国不同,一战对朝鲜半岛上的人们并没有太大影响。朝鲜人既没有参加战争,对它也没有太大兴趣。[1]虽然如此,一战还是标志着朝鲜历史的重要转折点,因为它带来了威尔逊理想及在战后和平会议上制定新世界秩序的承诺。根据全心投入朝鲜独立运动的郑翰景(Chung Han Gyong Henry)的说法,"一战对朝鲜日益增长的民族主义产生了不小的影响。协约国首脑明确表明战争目的在于'人民若不希望生活在某个主权下时,没有人能强迫他们',这增强了朝鲜人民的斗志"。[2]听到威尔逊的"十四点原则"演讲及他稍后在1918年1月的宣言时,朝鲜民族主义者和中国人、印度人一样激动,对新世界秩序以及它对朝鲜未来的意义兴奋不已。很多朝鲜民族主义者意识到"威尔逊时刻"是朝鲜前所未有的机遇,决定尽快采取行动以充分利用这个机会。

朝鲜归属的日本帝国在一战期间处于相对繁荣的时期。然而正当日本计划利用一战在亚洲扩张其势力,并提高在世界事务中的地位时,朝鲜民族主义者却希望战争能帮助他们摆脱日本统治,建立一个独立的朝鲜,并在不断扩大的国际社会中成为平等一员。朝鲜人当然主要是通过美国人、中国人和日本人与一战及战后和平会议紧密联系。当许多朝鲜民族主义者致力于推翻日本殖民统治活动时,他们为了自保而住在中国,并在那里发动独立运动,1919年3月1日的《独立宣言书》便以近似古汉语的文体写成。朝鲜人走向战后和平会议并为独立振臂高呼的旅程,是最清晰意义上的共有历史,因为终结日本在朝鲜的殖民统治的计划不仅涉及朝鲜人,也包括了美国人和中国人。

日本控制下的朝鲜和朝鲜民族主义的兴起

正如中国和日本一样,朝鲜半岛数百年来都与世界隔绝。朝鲜向来是中国的朝贡国,然而19世纪末,日本决意把这个"隐士王国"拉进自己的势力范围。日本在1895年甲午战争中打败中国、在1905年日俄战争中打败俄国之后,终于在1910年成功将朝鲜变为它的保护国。1895年日本在甲午一战中的决定性胜利终止了中国数百年来在朝鲜的宗主权,中国不再有举足轻重的地位。其后的十年,日俄对朝鲜的争夺成为日本政治的核心特征。1905年,日本出乎意料地战胜俄国,巩固了它在朝鲜的势力,亦加大了日本在中国的影响力。朴次茅斯是美国缅因州海军船厂所在地,1905年9月,在老罗斯福总统的斡旋下,日俄两国于此签订《朴次茅斯条约》,俄国人在事实上承认了朝鲜是日本的保护国。条约的主要条款包括俄国承认日本在朝鲜拥有政治、军事、经济利益的优先权,俄国保证不妨碍日本为"指导、保护、掌握"朝鲜政府而采取的任何必要行动。很多人认为日本打败俄国挑战了欧洲自以为文明更优越的想法,即在国际事务中支配帝国秩序的主张。因日本的胜利而产生的"东方觉醒"的意识"帮助激发了对帝国合法性,以及对深入人们信念之中的西方优势这一假设的挑战"。印度的抵制英货运动和中国的立宪运动都先后在1905年前后出现。但日本的胜利虽然削弱了西方帝国主义合法化的主张,却没有提供任何"新的杠杆"可以帮助殖

第五章　朝鲜人：从三一运动到巴黎和会　　　　　　　　　　　　　137

民地民族主义者在实践中挑战帝国主义。马雪松有力地论证说："为了建设更强大、更富庶、更'现代化'的社会，努力引进日本模式虽然可能有吸引力，但却是一项长期计划。作为一个国家而非一个模式的日本，本身并没有什么兴趣利用其日渐增长的国际影响力去挑战现有秩序；相反，它拼命想要作为一个强大的帝国加入其中。"³

中国在1895年甲午战争中的失败，使政治精英对民族主义有了更为清晰地认识，而朝鲜人也同样越来越意识到新意识形态对于他们共同的未来的重要性。1896年，一群受西方教育的朝鲜知识分子及专业人士组成的独立协会（the Independence Club），成为朝鲜第一个积极采纳和拥护明确的现代民族主义的组织。中国的变法运动，以及对朝鲜的国际地位和民族前途的深切关注，激励着独立协会成员，他们提倡按照西方自由主义路线实行政治及经济改革以增强朝鲜国力，对抗日本对朝鲜的进一步侵占，推动朝鲜走向现代化道路。独立协会对政府提出强烈批评，甚至把自己变成了一种公民集会。为推广其政治理念，他们发行杂志，组织政治活动。这些刊物"成为表达他们的观点，特别是新式知识分子的想法和西方自由思想的载体，在提高公众意识及理解力方面发挥了重要作用"。⁴

独立协会的活动针对三个主要目标：首先，在面临外来侵略时保卫国家独立，呼吁朝鲜应该采取独立和中立的外交政策。其次，发动民权运动，在政治进程中吸引更多人的广泛参与。协会向人们阐述其意识形态的思想依据，包括人人享有人身安全和保护私有财产的权利、言论及集会自由的权利、人人平等的权利和主权在民思想，被治理者有参与其治理的权利。"因此，独立协会在朝鲜历史上第一次发起了政治民主运动。"第三，独立协会鼓吹自强运动。其计划的要点是在每个乡村办学校，提供新式教育；建立纺织厂、造纸厂和铁厂，推动全国的商业化和工业化，通过发展近代国防力量以确保国家安全。⁵

独立协会的创始人徐载弼（Philip Jaisohn）吸取西方，特别是美国的政治思想，比如人民主权，将其融入独立协会的政治运动之中。另一位著名的协会成员是李承晚，在1948年到1960年任大韩民国第一任总统。李承晚1875年出生于士族家庭，在1894进入美国教会学校以前曾学习儒家经典。为了宣传独立协会的纲领，徐载弼创立了一份韩英双语报纸《独立新闻》(The Independent)。1896—1898年间，独立协会及其报纸宣扬现代化，以日本和美国为朝鲜发展的典范。朝廷中的保守派害怕改革会削弱其权力，坚决反对独立协会及其政治纲领，不久便取缔独立协会及其报纸。徐载弼流亡美国并入籍。李承晚被捕，获刑六年，其间受洗为基督徒。独立协会事件在许多方面都类似于中国同时代的"百日维新"。那场运动以光绪皇帝的名义进行，实际上由康有为及梁启超领导和推动。它也鼓吹近代化，但在1898年被朝廷中的保守派镇压。朝鲜政府在1898年末解散了独立协会并拘捕多名成员。此后，知识分子又组成了许多政治、社会团体，极大地帮助了朝鲜知识阶层，特别是城市的知识阶层提高政治及社会觉悟。当朝鲜统治者准备依靠外国力量的支持来保护王国的领土完整时，这个新的知识阶层则致力于确保他们国家的独立与自由。[6]

朝鲜沦为保护国后，日本日益加深的高压统治激发了朝鲜人民更强烈的民族意识，他们发起了更多的活动。在美国的朝鲜团体尝试通过外交行动阻止朝鲜变为保护国，而以夏威夷为基地的海外朝鲜人团体一同合作，派使者向美国的老罗斯福总统请愿，希望设法在朝鲜维持一个"自治政府"。罗斯福在纽约市接见了两名请愿代表——刚刚出狱的李承晚和基督教新教牧师尹炳求（Yun Byeonggu），但告诉他们自己帮不上什么忙。事实上，美国政府已经与日本签署了秘密协定并达成共识。1905年7月29日，日本首相桂太郎和美国陆军部长威廉·霍华德·塔夫脱（William Howard

第五章　朝鲜人：从三一运动到巴黎和会

Taft）签署了《桂太郎-塔夫脱备忘录》，约定美国将不会干涉日本占领朝鲜，而日本则不会干涉美国占领菲律宾。这直接违反了美国1882年与朝鲜签订的条约，因为美国在其中承认了朝鲜主权，而更重要的是，它为1919年和平会议的决定模式开了先例。朝鲜人不可能知道这个交易，因为备忘录的内容直到1922年才公开。[7]

1905年之后的几年中，民族主义意识和相关活动在朝鲜迅速蔓延。武装团体在农村以游击战方式对抗日本军队，在城市，爱国团体纷纷成立，然后很快又被日本人解散。这一时期，朝鲜基督教新教传教士的活动急速上升，也十分成功，其中绝大多数的传教士都来自美国。虽然他们十分小心，不公开表示支持朝鲜民族主义，以免惹怒日本当局，但随着关于进步、近代化和国家的新思想在不断增长的知识分子和专业人士中的传播，愈来愈多的朝鲜基督徒在民族主义活动中表现突出。朝鲜佛教徒和昔日称为"东学"的天道教信徒在民族主义者的组织及活动上也十分活跃。一个模仿西方模式的近代朝鲜国家认同舆论在1890年代开始形成，并不断扩大和发展。在探索国家性质和意义的过程中，朝鲜知识分子对朝鲜语言、朝鲜神话以及世界史进行研究。如同欧洲和其他地区民族运动兴起时所表现的典型特征一样，他们最常下的结论就是，朝鲜民族在古代出现，具有明确、同质的民族性格。

1904年，朝鲜保护社（The Korea Preservation Society）成立。朝鲜成为日本殖民地后，人们已经不可能开展公开的独立运动。很多民族运动活动家逃到中国和美国这样安全的海外庇护所。朝鲜在上海的流亡者与中国政府保持着隐蔽的关系。朝鲜民族主义者在抵制日本统治时继续呼吁国际舆论的支持。1907年，第二次国际和平会议在海牙召开（第一次在1899年），大韩帝国高宗皇帝秘密派遣使者前往，要求恢复朝鲜独立。在俄国代表的好意帮助下，密使被允许参加会议。俄国当然非常乐意利用他们让日本在国际场合难堪。

密使宣称1905年的《日韩保护条约》无效,因为朝鲜是在威胁下被迫签署的。他们要求列强干预,恢复朝鲜主权,但朝鲜代表未能说服那些外交官。由于日本施压,他们很快被驱逐出那次会议。受到失败的打击,朝鲜首席代表行仪式性自杀。整个事件令日本的朝鲜统监府十分难堪,高宗在这一事件中的作用被发现后,日本人借此逼他退位。海牙密使事件不但对朝鲜独立没有任何推动,反而导致日本进一步加强对朝鲜的控制,为1910年8月全面吞并朝鲜半岛打下了基础。

韩国史学界常把1910年到1919年的直接军事统治时期称为"黑暗时期",这大致与第一次世界大战的年代相吻合。在日本的高压政策下,"只有宗教组织场所继续成为有组织的活动的唯一空间,新教教会的影响力持续增长"。[8] 日本当局采取了彻底同化朝鲜人的政策,并取缔所有政治及文化活动。朝鲜人没有言论自由,代表朝鲜人声音与利益的报纸一份也不许出版。日本人决心消除朝鲜人的反抗活动。1910年到1919年间,日本人颁布规定,"除总督府的朝鲜语报纸《每日新闻》外,其他朝鲜语报纸一律不准出版",以此杜绝朝鲜语出版物。[9] 当局也不允许任何政治集会,没有设立自治机构或鼓励朝鲜人相信他们有权管理自己事务的任何打算。[10] 朝鲜民族主义者把他们的命运与印度人相比较,常常抱怨说:"在印度,人们至少可以通过自己的报刊宣泄不满;在朝鲜,连批评统治者的基本权利也被剥夺了。"[11] 朝鲜的报刊一直以来都相对自由,但现在却遭到严厉审查,所有民族主义者的组织亦属非法。日本报纸在一篇采访中说,朝鲜的日本民政官员也承认在朝鲜存在种族歧视。"或多或少有一些情理之中的不满使朝鲜人恼火,但他否认这些情绪与当前出现的许多骚乱有关,认为骚乱源于自决或独立等字眼带来的情感因素。"[12] 在日本的控制之下,朝鲜民族主义者极为不满:

第五章 朝鲜人：从三一运动到巴黎和会

甚至我们在宗教信仰与商业企业方面的权利亦全都被那无情的严刑峻法管得死死的……由于日本人的种族优越论，在公共事务上，朝鲜人深受歧视，不允许获得与日本人同等的教育。这种政策将使朝鲜人永远变成奴隶，朝鲜民族亦将毁灭。日本人企图消除朝鲜人的历史，代之以日本人写的假历史。除了少数下级官员外，日本人占据或完全控制了所有政府、交通与运输部门。日本不会让朝鲜人取得自治所需要的知识或经验。[13]

1911年，一个行刺朝鲜总督寺内正毅的密谋被发现，多人被捕，其中包括留在朝鲜的大部分民族主义运动领袖。

由于禁止一切民族主义活动，很多活动分子离开朝鲜，刺激了海外朝鲜人的爱国团体在俄国、中国、日本及美国的增长。具有讽刺意义的是，日本在这一时期成为朝鲜民族情绪滋长的主要温床。作为同化政策的一部分，日本鼓励朝鲜学生去日本大学留学，结果使他们能接触到在朝鲜本土被军事当局禁止的、培养自由思想与批评日本统治的书籍。1909年，在安昌浩的领导下，两个已有的组织合并，成立大韩人国民会（Korean National Association）这个最重要的海外朝鲜人团体之一。安昌浩曾接受传教士教育，1902年移民美国，在加州定居，但他到夏威夷、墨西哥及中国长途旅行时，与被迫流落在那里的朝鲜团体接触。在海外的朝鲜活动家中，他是不知疲倦的组织者和主要领袖。李承晚游说罗斯福的使命失败后便留在美国，先后进入哈佛大学及普林斯顿大学攻读硕士和博士课程。1912年后，他也开始在大韩人国民会发挥主导作用。当李承晚等人于1909年在夏威夷创立大韩人国民会，以美国为基地继续进行国际活动的时候，金奎植则于1912年在上海创立了同济社（Mutual Assistance Society），与中国革命家建立起联系。1919年，国际社会主义大会在瑞典斯德哥尔摩召开，为独立事业而流亡中国的朝鲜活动家被派去提出朝鲜独立的要求。朝鲜代表也出席了同一年在纽约举行的世界小国会议,呼吁世界舆论支持朝鲜独立。[14] 韩国史学家李基白(Ki Baik Lee)认为,朝鲜之外的独立派的武装斗争、在国外避难的爱国者的外交行动,以及秘密组织和教育机构在朝鲜的积极有力的动员,

> (这些)都表明韩国国民同仇敌忾誓死抗日的精神。这时,全国各地人民暴动此起彼伏。在日本帝国主义的残酷的殖民统治下,民族抵抗精神不断高涨,并渗透到韩国社会的各个角落,以致达到了一触即发的地步。在这个时刻,适逢国际风云突变,为蓄势待发的韩国人民带来了机会。[15]

除了其他因素外,如此多的朝鲜爱国志士住在国外,这一点十分重要。因为在大战期间,他们能够轻易地取得日本审查官拼命阻止传入朝鲜的信息。大韩人国民会远在一战爆发以前便开始在美国民众中宣扬朝鲜独立事业,在美国的朝鲜活动家们则很早便认识到威尔逊的言论有利于他们的目标。他们带头做好准备,向世界舆论宣告朝鲜的自决要求。李承晚在1904年,即29岁时在狱中(1899—1904年被监禁)完成了一本书稿,1910年在洛杉矶出版。[16] 这本书立即成为朝鲜人为争取恢复主权和独立而斗争的圣经。[17] 李承晚在书中呼吁所有朝鲜人为实现这些目标而奋斗。他认为随着一战爆发,帝国秩序出现动摇,朝鲜人有了得天独厚的机会。他和许多人都断言威尔逊理想完全适用于朝鲜独立问题。就个人而言,李承晚从普林斯顿大学取得博士学位,认识威尔逊,毕业时就是从他手中接过毕业证书。正如弗兰克·鲍德温(Frank Baldwin)所说,"因此,李承晚会期待威尔逊对朝鲜事业有特殊的偏向和同情心"。[18]

与其他反对殖民主义统治的活动家一样,朝鲜人对获得威尔逊

支持的希望建立在对美国的长期观察之上，他们将美国看作现代文明的榜样，认为美国是列强之中最同情殖民地独立愿望的国家。另一方面，由于新教传教士在朝鲜传教的影响，以及那些著名的流亡海外的活动家都在美国学习和生活，对美国的这种看法在朝鲜就比在其他殖民地更常见、更根深蒂固。如同很多埃及、印度和中国的知识分子一样，他们认为美国有充足的财富与实力，无须依赖对殖民地的剥削，而威尔逊的华丽言词又使他们这一印象更为确定。甚至当日本在美国的默许下吞并朝鲜之后，受到常驻美国外交官和传教士鼓励的朝鲜民族主义者仍然继续相信美国会支持他们的独立。他们认为，威尔逊关于建立新的国际关系普遍原则的宣言，同样适用于朝鲜。朝鲜人渴望抓住这个机会，开始用新的威尔逊式措辞包装他们的独立要求，并意图在巴黎把这些要求直接提交给总统本人。

一战停战后不久，一群朝鲜活动家便写信给威尔逊，劝说他把战时发表的讲话应用在朝鲜身上。在1918年11月25日给威尔逊的一封信中，李承晚等人写道：

> 我们是一群致力于自治和政治独立的朝鲜普通人，深知阁下扶持正义，支持各民族不论强弱一律平等。当个别国家的特定目的即将让位于人类的共同意志时，我们呼吁阁下帮助朝鲜在巴黎和会上得到公平待遇。

这封信继续指出，虽然朝鲜人并未直接卷入一战，在战争中没有正式与协约国发生关系，但"我们数以千计的同胞在战争开始的两年，在俄国战线上自愿为协约国的目标工作，而我们在美国的人民，在人力和财务上亦相应地为民主理想做出了贡献"。信中还表示，美国人有道义责任支持朝鲜的民族自治诉求，帮助朝鲜人摆脱日本的殖民枷锁，因为"为了自身利益的安全，美国不能承受"日本在远东的侵略。只要两千万"热爱自由的朝鲜人仍被迫生活在外国人的枷锁之下",世界就不可能有"安全的民主"。[19] 朝鲜民族主义者在多次写给美国政府的信中一再重复上述说法,他们相信威尔逊"已经切切实实地说过,所有拥有自为一体的独特语言、文明及文化的单一民族都应该被允许独立"。当威尔逊在1918年1月发表以民族自决理念为基础的"十四点原则"时,很多身居海外的朝鲜人受此鼓舞,相信日本统治他们国家的时代即将结束,因此开始积极争取独立。[20] 当然,威尔逊在战时宣言里从未详细界定关于民族国家的先决条件。但朝鲜请愿书的作者从威尔逊对民族自决的倡导中,读到了他们和其他民族主义者通常认为的界定国家身份的特征:种族、语言、文化传统及历史,并试图证明朝鲜符合这一标准。但这种方式意味着如果不符合标准,并非所有申诉人都应该得到满足,而一些请愿者不承认这种细微的区别。例如,一群住在纽约市的朝鲜人认为朝鲜的民族独立性不言而喻,只是请求在战后解决方案中把答应给小国的权利直接给朝鲜。美国及其盟友"已经赞同弱小国家自决这一伟大原则,所以威尔逊总统提倡,任何人都有权力",包括朝鲜与其他小国,"根据自己的标准和想法规范自己的国民生活"。因此美国应努力确保朝鲜的自决权利。当具汰烈(Ku Dae-Yeol)指出朝鲜民族主义者对威尔逊的战时演讲充满希望时,[21] 鲍德温亦认为朝鲜人期待威尔逊会在巴黎支持他们的理想。[22] 对日本殖民主义广泛而强烈的憎恶,随着威尔逊声明带来的鼓舞,让朝鲜人提高了期待。当威尔逊宣布他会出席战后和平会议时,朝鲜人对威尔逊的请求在数量和强度上都有所增加。威尔逊的秘书雷·贝克(Ray Baker)写道:

> 这是(1918年)11月20日来自朝鲜代表团的灼热话语,根据他们的愿望解释威尔逊的话:刚刚结束的战争最后一次决

定了民主与专制之间的胜负,威尔逊总统亦明确地说,所有拥有单独成立的语言、文明及文化的国家都应独立……在日本统治下,朝鲜作为一个国家注定要灭亡。因此,我们,在以下签名的朝鲜公民们,在这里恳请文明世界的人民和政府,接受朝鲜对抗日本的理由。[23]

在中国及日本的朝鲜人经常讨论一战、自决及朝鲜独立的前景等问题,密切注意战时国际形势的发展。一个重要的分水岭出现在1918年夏天,那时传来了威尔逊的独立日演讲的消息。在演讲中,威尔逊第一次明确表示,他的原则不只适用于实际参与战争的人民,还适用于"许多其他人,他们为人掌控,无法行动。他们是许多不同的种族,分布在世界各地"。在日本的朝鲜学生将这一说法理解为对日本在朝鲜半岛统治的直接攻击,认为当时就是他们采取行动的时候了。学生领袖张德秀在这一年的夏天西渡上海,与朝鲜人学校的校长吕运亨共同创立了"新韩青年会"(New Korea Youth Association),并开始策划行动。

威尔逊的朋友、亲信及顾问查尔斯·克拉恩(Charles R. Crane)在1918年11月到上海时,吕运亨出席了欢迎克拉恩的宴会,并"受到克拉恩有关自决原则演讲的鼓舞"。他在克拉恩演讲后主动接近这个美国人,日后也回忆说曾与克拉恩交谈,很受鼓舞,交谈使他相信自决原则将在和平会议中运用到朝鲜人身上。吕运亨与同伴十分兴奋,马上起草了一份呼吁朝鲜独立的请愿书,并将一份副本交给克拉恩,请他亲自带给威尔逊;第二份副本则交给了托马斯·密勒(Thomas Millard),他是上海颇受欢迎的英语刊物《密勒氏评论报》(*Millard's Review*)的出版人,当时正准备出发前往华盛顿及巴黎。吕运亨请他把请愿书亲自交给美国代表团。[24]为了确保请愿书有一定的分量,这些朝鲜人决定用"新韩青年党"的名

义——这是他们专门为此目的创建的名称。请愿书包括以下恳求:

> 朝鲜人一心一意、全力以赴地为独立、公正与和平而奋斗着。我们呼唤全世界的良知,特别向坚守威尔逊总统伟大原则的美国人呼求,因为这个原则是政府的统治需要得到被统治者的同意。只要日本实行残酷的政策,我们热切希望的世界和平便永远不可能实现。总之,我们声明我们并没有被征服,只是被日本的谎言欺骗并受到摧残。同样的谎言和他们的帝国主义将摧毁整个亚洲,不会让威尔逊总统令人钦佩的和平与民主的理想有立足之地……一定要拯救朝鲜,民主一定要在亚洲存在。三十多年前,美国人在朝美之间的第一个通商条约中曾经保证朝鲜的独立,因此我们现在恳求你们,帮助我们确立同样的独立。[25]

当在中国的朝鲜人正忙着利用"威尔逊时刻"时,在美国的包括夏威夷的朝鲜社团亦迅速行动起来。团体也许不大,人数只有约六千人,但成员都受过教育,政治上非常活跃,组织良好。因此在朝鲜人对威尔逊声明的回应中,他们发挥的作用异常重要,与规模并不成比例。在上海及日本东京有很多受过教育的朝鲜人组成的小团体,情况也同样如此,每一个团体都不过七八百人,但我们将会看到,这些团体在民族主义运动中扮演了重要角色。1918年12月,大韩人国民会向在美国和墨西哥的朝鲜人发表了一封公开信,号召人们团结一致,为民族独立而奋斗。他们在旧金山召开了"团结会议",根据威尔逊的战后方案,决定由流亡西方的朝鲜人向巴黎和会提交请愿书,并恳请美国及威尔逊本人承认朝鲜独立。会议选出李承晚、闵赞镐(一位被正式任命的循道会牧师)及29岁的郑翰景承担这项任务。

郑翰景的故事尤其引人注目。和李承晚一样,他出身书香门第,接受了古典汉文及儒家经典教育。他从当地一位自美国回来的老师那里听到西方各种有趣的故事，在这些故事的影响下，14岁便剪下传统发髻，并决定移民到新世界。他来到美国西岸，得到内布拉斯加一个小城里的一对美国夫妇同情，受邀同他们住在一起。虽然那里朝鲜人很少，但郑翰景的学习成绩很好，还作为毕业演讲代表从内布拉斯加的高中毕业。后来他进入西北大学学习，并在首都华盛顿的美国大学获得博士学位。甚至早在内布拉斯加的时候，他就已经参与了朝鲜的民族独立事业；与当时很多朝鲜人及其他殖民地的民族主义者一样，郑翰景对殖民主义的反对根植于一种自由主义和世界主义的世界观，正如他所看到的那样，这是将进步和近代化带回他的祖国，并融入渐进的国际秩序的更广阔前景的一部分。

三一运动

根据具汶烈的说法，威尔逊的理想的消息"一般被认为是三一运动的起点"。[26]当海外民族主义者努力推动朝鲜独立时，很多在国内的朝鲜人通过流亡海外的同胞收到外界的信息，也开始考虑同样的可能性。上海的朝鲜流亡者为躲避日本警察而在法租界设立总部。他们"通过从中国边境步行进入朝鲜传递信息的组织"将威尔逊演讲的文稿及新闻传给朝鲜的民族主义者。当收到从上海来的消息时，一位在民族主义地下活动中非常活跃的年轻老师还记得当时的激动心情："美国的威尔逊总统已经公布了建立世界和平的'十四点原则'，其中一点就是各民族的自决。你必须充分利用这个局面，你一定要让人们听到你的声音，威尔逊总统一定会帮助你。"[27]虽然"十四点原则"中从未出现"自决"这个字眼，但正如马雪松所指出的，这一技术性问题在当时并不重要，因为"十四点原则"一词很快就成了威尔逊愿景的全部总和，朝鲜人和其他人都是这样认为的。到了年底,关于国际形势的消息通过上述秘密网络以及住在朝鲜的西方人不断渗入,"人们对于自治原则会将朝鲜解救出来的期待越来越普遍,在年轻及受过教育的人中尤其如此"。[28] 驻首尔的美国总领事在1919年1月报告朝鲜人新的情绪状态:

> 毫无疑问,当前全世界的广泛运动都在寻求各个民族的自决,尤其是受外来统治的民族;它对这个国家的人民的思想已经产生了影响。在战争开始时,朝鲜人对协约国暗中有很强的敌意。它源于对日本的天然敌意,而日本是协约国的一员。然而随着战争的推进,协约国的最终目标得到了认真和充分阐述,那些习惯于超越眼前的状况,并根据世界形势来看待祖国事务的朝鲜人,开始看到协约国的胜利可能并不会给他们造成不利的影响。[29]

重要的是要记住,朝鲜独立的想法最早是由一群朝鲜学生在1919年3月1日之前宣布的。当各国代表在巴黎聚集,和平会议在冬天召开时,在东京的朝鲜学生成立了"朝鲜青年独立团",决定必须采取一些有声有色的行动,引起世界对朝鲜人诉求的注意。他们决定在各地用朝鲜人的名义发表《独立宣言书》。后来被称为朝鲜现代文学先锋、当时还很年轻的小说家李光洙受命起草宣言。李光洙本人相信朝鲜国民性格的逐步改善是独立的先决条件,曾私下承认自己并不肯定朝鲜社会是否已经为独立做好了准备,但他认为朝鲜人不能错过威尔逊出席和会的机会。宣言书分别用朝鲜语、日语及英语写成,学生们将抄件寄送给在巴黎的威尔逊、克列孟梭和劳合·乔治,在日本的政治家、学者以及日本报馆,甚至还寄送一份给朝鲜的日本总督。2月8日,在日本东京基督教青年会,一大群人聚集在那里大声宣读独立宣言。它以"两千万朝鲜人民"的名义,宣告"在那些赢得自由和正义的世界各国面前，实现我们的独立"。日本警察很快驱散了集会，拘捕了出席者中的 27 人。

由于殖民当局已经取缔了所有朝鲜政治组织，宗教团体在民族主义活动中便发挥了重要作用。宗教领袖在民众中有广泛的追随者，能够帮助动员朝鲜人起来反抗殖民统治；因此活动家努力说服他们跟随东京学生的领导，在半岛内部发起一场独立运动。基督教和佛教领袖在独立运动中都起到了举足轻重的作用，天道教的领袖也是如此。当得知在东京的学生发布宣言书的消息，有报告称，天道教最高领袖孙秉熙说："当年轻的学生正在进行这种正义行动的时候，我们不能袖手旁观。"同一时间，在上海的组织派遣新教徒鲜于赫（Sonu Hyok，音译）到朝鲜，说服基督教领袖在巴黎组织和平示威，支持朝鲜的独立事业。他们说，虽然日本大肆进行反面宣传，但这些示威会向世界表明朝鲜人不满日本统治，并且为独立事业团结在了一起。由于只有宗教团体才能为有组织的公开活动提供保护伞，因此，随着新教教会影响力的不断增长，宗教领袖在国内独立运动中承担了领导者的角色。这就难怪在以全体朝鲜人民的名义发表的《朝鲜独立宣言书》上签署的 33 位重要人物，是由天道教信徒领袖孙秉熙、基督教组织领袖李承薰和佛教徒领袖韩龙云所带领的。

这些朝鲜人都在等待机会，把他们的民族梦想带向整个社会及更宽广的世界。在朝鲜外部，人们普遍为自决原则感到兴奋，使朝鲜人相信世界终于能结束"武力时代"，进入"正义时代"了。[30]而在国内，朝鲜高宗皇帝在 1919 年 1 月 22 日突然去世。他曾秘密派遣朝鲜使者出席海牙和会，失败后在 1907 年被日本人强迫退位，他的死给朝鲜人发动自决运动提供了完美的借口。因为悼念活动属于宗教活动范畴，各宗教领袖和朝鲜活动家立即决定利用高宗葬礼仪式进行政治活动，这一事件最终演变成朝鲜历史上最大规模的群众抗议，也成为日本殖民统治下朝鲜独立运动的转折点。在朝鲜当时的形势下,抗议在很大程度是一场真正的群众运动,并没有突出的领袖人物带领。1919年2月19日,一篇题为《朝鲜的紧张情绪》的重要文章发表在《日本纪事报》(Japan Chronicle)上,文章中说:"前朝鲜皇帝的死亡让朝鲜人民痛惜他们丧失的独立感并不奇怪。"[31]

高宗去世的消息传出后,很快谣言四起,说这位昔日皇帝是因为反对日本人的统治而被他们毒死的。由于日本人的新闻审查阻止了可靠消息的传播,朝鲜社会上流传的谣言成了消息的主要来源,更逐渐助长了人们的反叛。日本在朝鲜的审查极为严苛,以至于在第一次世界大战期间,日本审查官试图禁止任何一种语言谈及自决,同时禁止放映任何有威尔逊总统形象出现的外国影片。但朝鲜人通过地下渠道及小道消息了解威尔逊及其观点。有谣言说美国政府和威尔逊总统本人支持朝鲜人的要求,将要乘飞机来朝鲜相助;也有谣言说数十艘美国军舰已经向朝鲜开来,美军已经在仁川登陆。另一则谣言说巴黎和会已经承认了朝鲜独立,还有一个广为流传的说法,说在威尔逊赴巴黎前夕,一位朝鲜人与他接触并询问他会不会在和会上讨论朝鲜问题。总统回答说,朝鲜人若继续保持沉默,他们的声音就不会被听见,但如果他们抗议则可能会有一个听证会。平壤的一位美国传教士报告说,由于朝鲜知识阶层都知道威尔逊支持自决,他们认为必须马上采取行动。和平会议将揭开全世界"每一个政治'疮疤'和困难",对之补救。在和会结束后,便不会有进一步的调整了。

在为皇室葬礼做准备期间,日本军事当局感到有必要放宽管制。高宗的去世给了朝鲜人聚会和旅行的最佳借口,约有二十万朝鲜人从地方各省流向首尔,向这位离世的君主告别。当人们聚集在一起时,民族主义领袖争论他们是应该向日本人请愿独立,还是干脆自行宣布独立要求?他们最后决定采取后者,将拟定一份独立宣言书,在全国举行和平示威,向全世界表明他们的自决愿望。他们也将向在东京的外国列强代表递交请愿书,并致信威尔逊总统,请求他的支持。为了避开日本人的审查,给威尔逊及和会代表的请愿书先要偷运至中国东北,再经过中国的邮政系统邮寄到上海,然后转寄巴黎。公告的发布日期定为3月1日,是为了利用当天群众为了皇室葬礼而聚集在首尔的机会。那天早上,33名杰出公民及基督教、天道教及佛教的重要领袖聚集在首尔一间餐厅里,签署并发布了朝鲜《独立宣言书》。

1919年3月1日的这份独立宣言书由29岁的学者、出版家崔南善(1890—1957)起草,并在首尔塔洞公园(Pagoda Park)公开宣读。宣言书使用威尔逊的语句,宣称朝鲜在世界民族中的自由及平等权利,发动了反抗日本统治的广泛性民众运动。宣言书清楚地表达了朝鲜人对殖民地统治的看法及对未来的期望:

> 吾等兹宣言我朝鲜之为独立国与我朝鲜人之为自主民!以此告世界万邦,而克明人类平等之大义;以此诰子孙万代,而使永有民族自存之正权。……噫!新天地展开于眼前:威力时代已逝,道义时代斯届!往日磨练长养于全世界之人道精神,方行投射新文明曙光与人类历史。……(公约三章)一、今日吾人此举,乃系维护正义、人道、生存、繁荣之民族要求;唯有发挥自由精神,绝毋逸走于排他感情!二、直至最后一人、最后一刻,畅胆发表民族正当意志!三、一切行动,尊重秩序,以使吾人之主张与态度光明正大。[32]

为强调这场运动的和平性质,他们也送了一份宣言书给日本总督,并通知殖民地警察他们的目的是非暴力抗议。当《独立宣言书》宣读完毕,33名签署人主动将他们的活动通知日本当局,也因此立即被逮捕。他们的计划是将所发动的运动由学生、继而由全体人民继续向前推动下去。根据一份目击者的报告，当天下午两点，"首尔出现了朝鲜人的暴力示威，数千人参加，其中包括了学生、男性、女性、劳工及其他各阶层的人。有军队及大批警察出动平息暴乱，一直到半夜人群才散去"。[33]

如同五四运动时的中国学生一样，朝鲜学生很快便在三一运动中发挥起主导作用。事实上，人们在塔洞公园宣读《独立宣言书》当天早上，一群学生也准备了自己的声明，呼吁朝鲜独立。他们把它张贴在首都的主要街道上。这份声明的作者不详，不过明显不是出自签署《独立宣言书》的宗教领袖，更像是学生自己准备的，并在他们之间传阅。他们了解发表宣言书的计划，希望能以此对计划表示支持。这份声明的风格与正式的宣言书非常不同，更尖锐，更有对抗性。不过他们传达的讯息是类似的：世界事务中的自决新时代已经到来，朝鲜人必须独立。出于对坊间流传的关于高宗死因的谣言的反应，学生的宣言指责日本人毒死高宗是为了要消除朝鲜民族主义者在国际场合申诉的努力。声明宣称："当我们向巴黎和会提出民族独立的要求时，狡猾的日本人则制造假证，说'朝鲜人对日本人的统治很满意，不希望与日本分开'就是要掩人耳目。"学生在声明中推测，当日本人将虚假的证明交给高宗，要求加盖皇室印玺时遭到高宗拒绝，因此日本人决定将他杀死。声明以激动人心的号召结束，呼吁人们行动起来，将朝鲜的愿望置于最新的国际发展之中：

> 自从美国总统宣布"十四点原则"，民族自决的声音就横扫全世界，波兰、爱尔兰和捷克斯洛伐克等十二个国家已经取得了独立，我们伟大的朝鲜族人民怎可错失良机？我们的海外同胞正利用这个机会请求恢复国家主权……现在是改变世界及恢复我们被毁坏的国家的大好时机。如果整个民族团结起来，我

们就有可能恢复失去的民族权利，挽救几乎被毁灭的国家。[34]

随着学生的声明贴满街头，正式的《独立宣言书》在首尔市中心被高声宣读，周围的大批人群高呼"朝鲜独立万岁！"1919年3月1日标志着朝鲜漫长的独立道路的开始。一位当时还很年轻的参与者回忆说，3月1日早上，他在学校听说了这个运动，立即赶到学生集会的地方。他听见一位学生代表向同伴们发表下面的演讲："今天我们朝鲜人要宣布独立。我们的代表已经去了巴黎和会。我们必须为朝鲜独立高呼'万岁'来向全世界表达独立的愿望。"接下来的几个月里，有超过一百万人（有些资料甚至说超过二百万人）在朝鲜半岛各地参与了运动。所有省份都有人参加独立示威，示威者有不同的宗教信仰、不同的教育程度、不同的年纪及各种不同职业。商店老板关门，工人罢工以支持运动。

3月1日发起的持续性抗议活动，在朝鲜历史上成为著名的三一运动。在朝鲜国内，运动由当地宗教团体及教育机构持续开展；相比之下，海外的独立运动则由不同的朝鲜流亡活动家推动。紧接着三一运动，朝鲜内外成立了若干临时政府。利用这个时刻，朝鲜各道代表在4月16日至23日这周秘密在首尔聚会，成立临时政府。他们起草了一部宪法，选举李承晚为大韩民国总统。差不多同时，流亡西伯利亚和上海的朝鲜人亦举行同样的会议，分别成立了临时政府。在上海的临时政府后来得到了中华民国政府的认可，一支韩国光复军（Korean Liberation Army）稍后亦在中国创办，目标即为朝鲜独立而战。

上海临时政府及其自行任命的官员，包括那些在海外已经非常活跃的活动分子，以及三一运动之后才流亡海外的人。各个临时政府的建立均以《独立宣言书》和朝鲜人民在三一运动中所展现的力量为合法依据。独立运动的广泛开展和大韩民国政府的成立显示出朝鲜人民的政治意识已经到达了一个新阶段。[35] 该运动动摇了日本的残酷殖民统治,极大地推动了朝鲜人民的独立斗争,让世界更进一步了解到他们对自由的渴望。

追求朝鲜独立的活动家认为他们最重要的诉求对象不是日本当局,而是集中在巴黎和会上的各国领导者。朝鲜民族主义者在回顾日本在朝统治的不公正历史时,"大量使用威尔逊式的形象化描述",因为他们把自己"同整个世界的改革运动"联系在一起,认为"那是我们时代的中心力量,是为所有民族争取决定自己生存权利的正义运动"。这一运动为朝鲜人复国提供了机会,并且"随着世界新思潮前进","人类的良知"站在他们一边。近代朝鲜以1919年抗议日本的行动作为民族觉醒的开始。它为争取自由的斗争提供了原动力,这是全朝鲜人民的斗争,并且最初的打算是一场和平运动。今天回想起来,三一运动一直被视为"朝鲜整个历史上最大规模的群众运动",在它所属的时代也是最大规模的。"朝鲜独立万岁"这个口号与中国五四运动中所喊出的口号也相类似。[36]

马雪松认为,三一运动是朝鲜民族主义作为一种大众现象的前所未有的表现,再也不限于知识精英阶层。[37] 它标志着朝鲜现代民族主义的开始。如同五四运动一样,三一运动也许不算成功,因为它没有达到让国际社会承认朝鲜独立的目标,甚至连在战后和会谈判中正式提出朝鲜问题这一更温和的目标也没有达到。然而马雪松指出,"虽然它没有达到所宣告的目标,但这场运动在朝鲜民族主义历史上发挥了举足轻重的作用。在短期内,它促使日本当局在1920年代以更加宽容的'文化政策'取代了1910年到1919年间的严酷军事统治。在广义上,它改变了朝鲜民族主义运动的性质及范畴,动员朝鲜人起来反抗日本统治"。换言之,和中国的情况一样,"三一运动彻底改变了朝鲜的民族运动,帮助塑造了后来朝鲜的国家认同和发展";的确,它是朝鲜民族发展的关键一步。[38]

第五章　朝鲜人：从三一运动到巴黎和会

对李承晚和其他朝鲜民族主义者来说，在朝鲜开展的三一运动是场及时雨。1919年，第一次朝鲜人代表大会在费城举行，李承晚准备并提交了名为《对美国的呼吁》的决议草案，4月14日该草案获得代表们通过。其中呼吁：

> 我们，1919年4月14日到16日聚集在费城召开（第一次朝鲜人）代表大会的朝鲜人，在此代表本民族一千八百万人民向伟大而仁慈的美国人民呼吁，朝鲜人民正遭受无尽的苦难，忍受着日本军事当局的野蛮对待……我们恳求你们的支持及同情，因为我们知道你们热爱正义，你们曾为自由及民主而战，你们站在基督及人道的一边。在上帝和人类的法则之前，我们的事业是正义的。我们的目标是脱离军国主义专制；我们的目的是建立亚洲的民主；我们的希望是普世传扬基督教义。因此，我们认为这一呼吁值得你们考虑……我们再次请求你们，伟大的美国公众，给予道义上和物质上的帮助，使我们在朝鲜的弟兄知道，你们的同情将与他们同在，你们是自由和国际正义的真正表率。[39]

4月16日下午，大会以代表们游行至费城的独立厅和李承晚宣读《独立宣言书》结束。代表们在那里三次高呼"大韩民国万岁！"与"美国万岁"。[40]

日本人为三一运动的巨大规模所震惊，运动中100多万朝鲜人直接参与了1500多个不同集会。这些集会遍及朝鲜218个行政府郡中的211个，只有7个府郡没有。[41] 日本国会议员想知道为什么朝鲜人如此严重的抗议没有被殖民地政府"扼杀在萌芽状态"，为什么统治当局不知道这些示威将要发生，以及为什么他们似乎对朝鲜人民的感情毫无所知。[42] 当然，在日本有些人指出，"由于朝鲜的报纸不许涉及任何政治问题，因此很难判断该国的现状，也不了解为什么那里会有这么多骚乱"。[43] 由于猝不及防，日本殖民政府对抗议行动做出了迅速而残暴的反应。日本派出军队镇压示威，拘捕 46 968 名示威者，杀死 7509 人，15 961 人受伤，有超过 700 间房屋被毁或被焚烧，同时被毁的还有 47 座教堂和两间学校。在最残酷的镇压中，出现了在水原郡附近的堤岩里村的屠杀事件，日本人将 29 个村民赶至一个教堂内，对他们扫射并焚烧教堂，有人被活活烧死。[44] 但残暴的镇压只会加深朝鲜人对日本人共同的仇恨，让他们更加下定决心摆脱日本人的统治。下一章节将会更详细地谈及，三一运动使日本在全世界面前十分难堪。它大大羞辱了日本人，因为日本人吹嘘自己的统治如何仁慈，如何得到了朝鲜人的支持。日本的宣传经常说朝鲜人民自愿服从日本的殖民统治，但现在朝鲜人用示威向全世界表明事实恰恰相反。在大规模的抗议下，日本被迫改变其朝鲜政策，至少在名义上由残酷统治改为所谓的"文化政治"。但李基白指出，"这一切不过是以不同的方式来达到与以往完全相同的目标罢了。因此，新政策大部分是欺骗性和蛊惑性的"。[45]

具汝烈正确地论证"三一运动是朝鲜在整个殖民地时期最大规模的全国性反抗运动。它在同一时期朝鲜半岛国际关系中亦极端重要"。[46] 三一运动显然属于亚洲人的共有历史，因为它不仅打击了日本在朝鲜的统治，同样重要的是，它也对越南民族主义者及中国的五四运动产生了决定性的影响。这在第六章会详细谈及。与三一运动一样，五四运动是近代中国形成的一个转折点。北京大学的学生成立国民社，发行杂志《国民》月刊。其 1919 年 4 月号便是朝鲜独立运动特辑，刊登了《独立宣言书》正文及五篇关于朝鲜独立运动的评论文章。《国民》报道说，一名朝鲜农民高举国旗，日本人砍了他一只手，他便用另一只手举旗，继续高呼"独立万岁"。中国知识分子当时公开承认五四运动受到三一运动的影响，著名领袖陈独秀、傅斯年、未来中共领袖毛泽东等都盛赞朝鲜争取独立的斗争。陈独秀尤其钦佩三一运动，他写道："这回朝鲜的独立运动，伟大，诚恳，悲壮……我们希望朝鲜人的自由思想，从此继续发展。我们相信朝鲜民族独立自治的光荣，不久就可以发现。"[47] 据说有些在华朝鲜人呈送纪念石刻给中国总统徐世昌，感谢他对朝鲜人事业的支持。制作者自称代表两千万朝鲜人，强调中国与朝鲜自古以来的亲密关系。由于朝鲜在巴黎没有自己的代表，他请求徐世昌利用其地位代表朝鲜人斡旋，推动朝鲜人民的独立事业。[48]

　　三一运动对印度国大党于1919年4月5日发动的非暴力抵抗运动（Satyagraha）也有很大影响。印度的这场独立运动包含了朝鲜宗教领袖提出的非暴力原则。诗人泰戈尔在三一运动十周年时写的诗歌《东方的持灯者》，以及尼赫鲁在狱中为女儿写的《世界史一瞥》（Glimpses of World History）中对三一运动的赞扬，都显示出朝鲜独立运动对印度人的深刻影响。

　　甚至在美国的殖民地菲律宾，马尼拉的大学生们在1919年6月也以三一运动为榜样发起了一场独立运动。菲律宾援引国际联盟的精神来推动本国的自决和一个更广泛的后殖民地秩序。艾米莉·卢森堡（Emily S. Rosenberg）在《一战、威尔逊主义及对美帝国的挑战》一文中称，当时的《菲律宾评论》（Revista Filipina）杂志不但拥护菲律宾独立，也同样支持朝鲜独立。杂志刊登的文章表示，赋予菲律宾独立将会给日本施加压力，使它在朝鲜也做同样的事。"我们希望协约国会议不会忽视朝鲜的纷争以及其他类似的论争，认真看待他们的贡献，扫除道路上的各种障碍，从而迈向名副其实又发挥效用的国际联盟。自决使一个民族走向伟大，没有什么比自治所带来的机会更充足、更巨大。为了充分享受和扩大这样的自治，协约国甘愿并且仗义地为此尽最大努力。"[49] 一位朝鲜学者指出，"如果有一天，世界史能以尼赫鲁《世界史一瞥》一书中的方式诚实地书写,三一运动将会被重新评价为照亮四分之三人类自由希望的第一座灯塔"。[50]

当然,三一运动本身也受到外部力量的影响,例如威尔逊的理想、中国和其他地区的价值观等。著名的《独立宣言书》有强烈的中国特征,不单是因为它是用古汉语写成,更重要的是因为它反映了中国本身的现状,以及更为广阔的亚洲的现实。最明显的一点是,朝鲜人把他们的民族梦同中国人的民族命运联系在一起,指出日本人"武力拘束二千万含愤蓄怨之民,非谨不为保障东洋永久之和平之所以然",而且会加深"四亿中华民族之对日"日益增长的猜疑——亚洲的和平正依赖于他们。《独立宣言书》进一步阐明,"今日吾人独立,将使朝鲜独遂正当生荣,将使日本得出于邪路以全其东洋支柱之重责,将使中华得免梦寐不离之疑忌恐怖,目将成为以东洋和平为其重要部分之世界和平。"[51] 很明显,朝鲜人与中国人有着对日本侵略和殖民统治的共同怨恨。

巴黎和会与朝鲜

并非每个朝鲜人都对一战的后果抱有如此高的期望。例如尹致昊就相信朝鲜民族主义者把希望寄托在威尔逊的理想上愚不可及。[52] 朴容万(Pak Yong Man)也反对李承晚所采取的方式,虽然他与李氏同是民族独立的忠诚斗士。三一运动爆发后,4月,朴容万被上海和首尔的韩国临时政府任命为外务总长,但他拒绝在李承晚大统领/主席手下任职,另行前往北京进行自己的独立运动。1919年5月末,朴容万抵达北京,组织了"军事统一促进会"。他也在1919年3月3日组织活动,反对李承晚向威尔逊提出的、把朝鲜纳入国联授权体系的请求。朴容万后来作为所谓创造派(Creation Faction)的领导者,在1923年1月上海的全国代表会议上表现积极。

创造派以推翻上海临时政府,另立全新的临时政府为目标。1928年,朴容万在北京寓所遇刺。[53]

绝大多数朝鲜民族主义者和他们的亚洲同伴一样,对巴黎和会的前景感到兴奋,对战后新世界秩序深信不疑。他们也没有忘记美国与朝鲜在1882年所签的《朝美修好通商条约》,美国在条约中承认朝鲜主权,并答应"若他国有何不公轻藐之色,一经照知,必须相助,从中善为调处,以示友谊关切"。朝鲜民族主义者郑翰景在1918年12月10日致信美国参议院,呼吁其支持朝鲜独立。信中表示,日本占领朝鲜带来了文化、宗教及政治上的一系列灾难:"我们朝鲜普通民众,带着对自治及政治独立的热诚,来到美利坚合众国参议院面前,知道这个威严的机构代表着正义,能'公平处理'不论强弱的各民族事务。于此各属地民族命运正待和会决定之际,我们希望美国参议院能施加好意,帮助确保我们应有的公义。"[54] 到1919年,朝鲜民族主义者认为美国实践承诺的时机已经到了。他们意识到历史站在他们一边,迫切希望能够把握这个时刻。毫无疑问,美国的民族自决原则是朝鲜人独立示威活动的根本依据,至少对海外朝鲜人是这样。"在美国、上海及日本的朝鲜民族主义者如此活跃是威尔逊总统战时演说的结果;甚至连北京、青岛和俄国西伯利亚的朝鲜人也发起同样的运动,尽管他们的活动没有被很好地报道。"[55] 停战协议签订不久,总部在旧金山的大韩人国民会中央部及其旧金山支部召开联席会议,选出李承晚、闵赞镐、郑翰景为出席巴黎和会的非正式代表。在1919年4月的一次采访中,郑翰景解释说:

> 日本彻头彻尾地掌控朝鲜,当地人民事实上不可能靠自身力量强行推翻他们的统治。我相信唯一的希望就在巴黎和会上,尤其是在威尔逊总统和英国代表手中。如果朝鲜能被国际社会

关注,她将为此感到满意,因为像美国和英国这些国家承认民主政府原则,并且会为现在被日本踩在脚下的受压迫国家伸张正义。[56]

其他地区的朝鲜社群亦参与独立运动,许多机构及团体都准备派自己的代表去巴黎。在上海的朝鲜人于1919年1月开会,成立了新韩青年会,并决定派金奎植出席和会。金奎植是位年轻的基督徒,精通英语。他是美国著名传教士霍勒斯·安德伍德(Horace G. Underwood)在朝鲜收养的孤儿,后来前往美国弗吉尼亚州罗阿诺克学院(Roanoke College)及普林斯顿大学学习,回朝鲜后在一些基督教学校任教,1913年为躲避日本统治前往中国。除了派代表出席和会外,新韩青年会亦派出代表到朝鲜、日本、中国东北、俄国西伯利亚等地区,探索发展独立活动的具体方法。

李承晚、闵赞镐、郑翰景及新韩青年会的代表于1918年12月出发去华盛顿,为去巴黎的旅程申请护照。他们在给威尔逊总统的信中说,分布于美国、夏威夷、墨西哥、中国与俄国的150万海外朝鲜人委派他们为代表参加和平会议,并附上一份抵达巴黎后准备递交给和会的备忘录。备忘录中说明了日本征服朝鲜的过程,以及随后对当地经济、文化及宗教,特别包括基督教在内的压制。他们期待威尔逊以"同意"备忘录和请愿书里"提出的各项要求来表示他对朝鲜人民的友好感情"。[57] 在1919年2月16日的请愿书中,李承晚请求美国总统在和平会议中采取步骤,要求朝鲜独立。

除了派代表到巴黎外,朝鲜人也忙于给威尔逊及其他国家的政治家递交请愿书和备忘录。当时很多请愿书中引用了威尔逊的话,向他保证朝鲜独立运动合乎他在1918年2月11日演说中所列出的"有明确的民族意愿"的标准。朝鲜人在种族与语言上有自己的特征,又有悠久的历史文明,应有机会"选择自己愿意的政府形式"。请愿书的签名者常常声明称他们代表了国内外的同胞。[58]

在纽约的朝鲜人也自行组织了一个纽约协会,并在1918年11月30日的集会中通过决议案,要向威尔逊总统、众议院及参议院的外交委员会成员,以及出席和会的美国代表成员表达他们的痛苦和不满。议案中表示:"通过美国总统和国会,朝鲜人民斗胆请求世界所有文明国家考虑我们的愿望,确保我们有相同的自决权和自由的政治存在,这些都是美国政府与协约国根据其公布的战争目的对其他小国所做的承诺。"[59] 一个以上海为基地的朝鲜独立委员会也向驻北京美国公使提出了诉求。[60]

虽然李承晚在普林斯顿时就认识威尔逊,常常参加在威尔逊家中举办的非正式社交聚会,但他无法把这种关系转化成对他事业的帮助。威尔逊似乎很喜欢他,也欣赏他,并且在很多场合向陌生人介绍他时都称其为"未来朝鲜独立的救世主"。[61] 在第一次世界大战期间,李承晚忙于主持檀香山的朝鲜基督学院,不过仍密切注意战争形势的变化,尤其关注他称之为"亲密朋友"的威尔逊及其新世界秩序。[62] 但美国政府却成了一个障碍。李承晚多次尝试仍见不到威尔逊。1919年2月25日,白宫通知李承晚"无法为你与总统见面安排时间"。1919年3月3日,白宫再一次通知他,他不可能见到威尔逊。[63] 3月4日,李氏留下字条给总统秘书约瑟夫·图默尔蒂(Joseph Tumulty),写道:"我们真的很失望,为了对整个朝鲜民族非常重要的事业,总统连几分钟都腾不出来。"[64] 此外,李承晚与同行数人为了去巴黎的"离境许可"而前往国务院,但他们的申请被拒,理由是朝鲜被兼并并非因一战而起,因此在巴黎和会上提出朝鲜议案不会获得成功,只会制造困难。[65] 据报,国务卿罗伯特·蓝辛(Robert Lansing)曾说朝鲜代表如果在巴黎和会上出现,"时间将是不恰当的",因此命令国务院拒绝给朝鲜人发放参加许可。

朝鲜人认为这一拒绝"令人极度失望"。[66]

李承晚最后设法争取到了在1919年2月26日与助理国务卿弗兰克·波尔克（Frank Polk）见面，向他提出旅行许可的请求。1919年2月28日，李承晚再度分别写信给波尔克及约瑟夫·图默尔蒂，请求旅行许可。[67]波尔克答应询问国务卿蓝辛后回复，在上司告诉他否定意见后拒绝了李的请求，"朝鲜人在这个时候去巴黎将被认为是不合适的"。[68]

由于美国拒发李承晚及其他朝鲜人的旅行许可，巴黎唯一的朝鲜人代表便是来自上海的金奎植，但金奎植来巴黎也面临困难。日本当局自然不会发给他旅行证件，并且所有在1919年3月之前去往法国的舱位客票全部售罄。最后还是中国人提供了关键性的帮助。他们不但发给金奎植一本中国护照，更重要的是还邀请他和中国代表团一同前去巴黎。因此，金奎植得以在1919年1月用中国旅行证件、以中国人的名字为掩护避开日本警察前往巴黎。[69]到法国后，金奎植与五名中国人一同居住在巴黎附近的一间小房子里。

作为唯一的朝鲜人代表，金奎植尽全力活动。他曾多次尝试取得美国代表团的同情，但没有明显的结果。1919年4月，他向和会提交了一份长篇备忘录，其中写道："朝鲜是远东问题的关键，除非这个被残酷镇压的民族能伸张正义、为他们绝望的呼声开听证会，否则亚洲永远不可能有长久的和平。"备忘录中提出以下请求："如有必要，朝鲜人民恳求和会成立一个特别委员会听取我们的提案，最后容许我们在您尊贵的会议上表达意见。"[70]其后，金奎植向劳合·乔治、威尔逊等人分别递交了自己的申诉，请求他们支持朝鲜民族主义者的意愿。[71]

5月10日，他送给威尔逊、劳合·乔治及克列孟梭朝鲜请愿书，也给大会送去了一份声明。其中罗列"一连串事实与意见，支持重组朝鲜为独立国家的要求"。它论证日本兼并朝鲜是非法的，违背

第五章　朝鲜人：从三一运动到巴黎和会

了威尔逊的"十四点原则"，应该被宣布无效。朝鲜应该被承认为独立国家。请愿书及声明代表大韩民国临时政府，以1870万生活在朝鲜及世界各地的朝鲜人的名义提出。[72] 5月24日，金奎植送给大会一份临时政府新选总统李承晚的声明，请求和会承认临时政府，准许金奎植代表朝鲜发言。[73] 直到6月，他仍试图提出朝鲜议案。1919年6月11日，金奎植在向克列孟梭的请愿书中写道：

> 我们迫切恳求尊贵的大会不要漠视朝鲜人及整个国家求得解放的呼吁。我们恳请大会承认我们要求自决权利的公正主张，为解决远东这个非常严重的问题进行斡旋，并帮助我们和日本及日本人民建立起实质性的正常关系。进而，东方能够和西方一道追求和平进步及自由发展，建立真正和谐的国际关系。如有必要，我们请求大会委任一个特别委员会听取我们的议案。[74]

1919年6月14日，金奎植在给亨培克（S. K. Hornbeck）的信中说："如有必要，我们非常愿意与威尔逊总统、豪斯上校及蓝辛国务卿会晤，甚至非正式的也可以，使我们有机会亲自说明有关朝鲜的严峻形势。"[75]

虽然李承晚本人不能去巴黎，但在1919年4月30日到6月28日，他以朝鲜临时政府总统身份给在巴黎的威尔逊总统至少写了五封信、给国务院写了两封信。在同一时间，他也写信给法国、英国、意大利、中国、日本各国的元首及和会主席克列孟梭。在给中国代表王正廷的信中，李承晚写道："我一直以极大的兴趣关注您，以及和您一起的代表们在和会上为中国所做的一切。"这封信很少被人们提到，但是值得在这里详细引述，因为它清楚地揭示出朝鲜人与中国人之间共有的期待、希望、经历，以及对日本人的憎恨。在信中，李承晚衷心地祝贺王正廷及其同伴"在对远东的正义及福祉上所采取的坚定而爱国的立场",也真挚地希望"纵然有许多困难与阻碍横亘在你们面前,你们仍将保持迄今为止所表现出的坚定立场、坚持原则"。他告诉王正廷:"这个观点和希望并不只是我个人的,也是在美国及其他地区的所有朝鲜人的。"李承晚明确告诉王正廷,"侵略性的帝国主义的日本是我们共同的敌人,对它的反抗是我们共同的事业。它已经摧毁了我们国家的独立,现在在对你们国家做同样的事。现在,当你们坐在会议的同一张和平桌上,神圣地对抗狡猾又掠夺成性的岛国人的时候,我们朝鲜人以卑微的方式表达我们的同情,并给予道义上的支持"。由于朝鲜人不能在和会上正式提出他们的议案,李承晚希望中国人会"同情我们"。[76]

除了诉诸中国人共同的感受及同情外,李承晚对威尔逊寄予了更大的期望。他在6月14日写给威尔逊的信中说:"总统先生阁下,我十分荣幸地向您报告,大韩民国在1919年4月23日诞生,与世界上其他共和国一道,成为一个组织完整、自治和民主的国家。"[77]李承晚的所有通信都是临时政府成立的通知,以及寻求对朝鲜独立的支持,但令他极度失望的是,和会没有对朝鲜问题进行讨论,也没有任何国家承认他的政府。1919年6月11日,金奎植在巴黎最后一次向威尔逊、劳合·乔治和克列孟梭提出请求,希望和会听取朝鲜情况的报告,但又一次没有得到回应。[78]

在1919年3月朝鲜人民利用巴黎和会发动大规模示威时,威尔逊自己在和会的运气正开始走向下坡。朝鲜人还不知道包括美国在内的列强事先已经决定搁置朝鲜问题,不在巴黎会见任何朝鲜人。1919年3月25日,亨培克递交了一份备忘录,同时一起递交了上海朝鲜团体交给会议委员会秘书约瑟夫·格鲁(Joseph Grew)的请愿书,请愿书恳求和会接受朝鲜代表。备忘录说一位朝鲜代表已经抵达巴黎,并在结尾处建议"会议委员会考虑是否接见朝鲜代表,或是接受他的声明书"。格鲁把备忘录转交给威廉姆斯(E. T.

Williams），威廉姆斯将备忘录退了回来并且写着这样的评语："因为你把这件事交给我，我只能说，美国在事实上已经承认兼并朝鲜一事，因此朝鲜代表不能被接受。"[79] 英国也采取了同样的政策，一位在巴黎的英国高级官员写道，"据我了解，还没有任何朝鲜代表团成员被叫到这里，我相信和会不承认朝鲜代表团存在。为了不伤害日本人的感情，如果金奎植先生来访，最好不要见他"。他的意见得到了另一位英国官员的支持。[80]

当金奎植拼命寻求在和会上发言的机会时，日本残酷镇压朝鲜各地示威的消息亦传到巴黎，加上中国人的指控，日本的声誉及形象进一步受到损害。有关朝鲜的报告通过新闻报道及外交人员传到巴黎，英国驻日大使向伦敦发出许多秘密报告，例如下面的这份：

> 关于日本宪兵及军人在朝鲜暴行的报告不断传来。我也多次将报告交给日本外务次官，提醒他注意。数日前，他告诉我对所发生的事情感到"憎恶"，并说总督已经请辞。日本公众对这些暴行并不怎么了解，因为大众刊物显然被要求尽量不要刊登相关消息，它们对此也不感兴趣，或没觉得受到任何影响。恕我直言，现在即将获得国际联盟授权的管理北太平洋岛屿政府的军事组织，其行为与上述正在韩国所发生的是一样的。

格林咨询伦敦方面："关于日本在其治下的朝鲜的这些行为，这些报告所产生的负面形象，有没有可能提请日本在巴黎的代表团注意？"[81] 但英国外交大臣贝尔福回答说："我的看法是，向这里的日本代表团提出朝鲜问题不可取。有关日本宪兵和士兵在朝鲜暴行的指控，任何不满和抗议，都应直接向日本驻伦敦使馆及东京的日本政府提出。"[82]

一位到访朝鲜的美国外交官报告说，日本的镇压很野蛮残暴，在一个有四十六间房屋的村子里，只有六间完好无损。当地居民说，日本士兵为了报复在别处地区的独立"示威"行动，杀害了他们村里的男人。活下来的村民十分可怜，穷困潦倒。当问及发生的经过，村民说在前一天士兵突然出现，把教堂里所有的男基督徒集中起来，开始毒打，最后用长剑和刺刀杀害了他们。约有三十人被杀，后来教堂及村子被放火烧毁。美国外交官亲眼看到两具烧焦的尸体。他断定上述罪行无疑是日本军事当局为恐吓人民而犯下的，他们还故意下令焚烧教堂。

与此同时，英国大使也数次同日本官员谈话，警告他们这种对朝鲜人的野蛮罪行会遭到文明世界的谴责。它将有损于日本的声誉，将在和平会议上对日本外交造成负面影响。日本外务次官抵赖说，报纸上及其他地方的报道言过其实。他试图以西方列强对日本在和会上提出的种族平等方案的敌意来为日本在朝鲜的行动辩护。格林趁机发问：当日本在朝鲜犯下上述暴行，它如何能期待全世界承认其提出的这类种族平等方案？格林也强调美国、英国与法国政府都有独立可靠的报告确认这些暴行，不变的事实是，在朝鲜的日本军队似乎比一战时的德国军队还野蛮。格林指出，"鉴于（日本人在朝鲜的）此种暴行，日本的种族平等议案不可能被接受"。[83]

1919年7月，寇松勋爵用"非常直接而清楚"的言辞告知日本驻伦敦大使：

> 以我个人在朝鲜旅行的经历，我知道他们是落后且相当愚蠢的民族，但我也知道他们是简朴而爱国的民族。在我看来，他们没有做任何事使其应该得到如此不合理的待遇，任何人只要知道事实梗概，都不能不对日本进行谴责。因为战争而产生的新的观念不断发酵，朝鲜人为了自身的独立举行集会与示威。但没有证据显示这些行动带有煽动的性质或带有暴力行为，恰

恰相反，朝鲜人是最想要和平的民族。另一方面，我看到大量证据证明日本宪兵及军队用极其残暴的手段对待这些运动。我们在首尔的总领事馆已经正式报告，日本士兵为了恐吓朝鲜人民而做出的残酷而野蛮的行为，只有德国人在比利时的所作所为能与之相比。

寇松说，他面前有"无数证据描述了那些最野蛮、最残忍的暴行，假如公之于众，日本人的失信将会在文明世界引起轰动。对朝鲜人的迫害采取了反基督教的形式，所有居住在朝鲜或对朝鲜有兴趣的外国公民都会受到影响。所有我呈献给大使阁下的事件都是不可否认的事实，加藤子爵也曾在日本的一次公开演讲中对此表示承认；事实上我也不能想象阁下会对我所说的一切提出任何异议"。寇松进一步说道：

> 在我看来，日本在朝鲜政府的人完全无视自己正在努力统治的这个国家的当地人民，这是一个很大的错误。在政府中的朝鲜人不断减少，而日本官员却迅速增加；日本武装人员总是站在人们前面，随时准备对任何细微的风吹草动显示威力。朝鲜总督府所辖的十三个道，只有四个道的统领是朝鲜人，下一级的郡级长官也同样如此。我知道的一个例子是，为了给日本人腾出位置，一位能力强而又受民众欢迎的郡守被调走，而接替他的日本人据说之前不过是在东京担任水务工作的二等职员。现在甚至连村镇的朝鲜头领也被日本人取代。他们被强制随时随地使用日语，但日本官员则不做丝毫努力去学说朝鲜语。日本想把自己的语言强加到朝鲜人身上，朝鲜所有大学都不许教授其他外语。更有甚者，日本人以开发朝鲜荒地或未开垦的土地为借口招募日本农民，而朝鲜南部数以千计的农民被赶出他

们的农场，把地方让给新来的日本人。在汉城火车站，每天都可以见到大批流离失所的人迁往中国东北。我冒昧地放在大使阁下面前的这些报道都是事实，都有可靠的权威性依据。[84]

伦敦方面本来可以利用上述有关残酷镇压、骇人听闻的暴行的报告，以及朝鲜各地的地下抗议活动来羞辱日本人，让他们感到耻辱。但英国人和美国人不愿意给朝鲜人陈述的机会。确实，至少在1919年2月初，豪斯上校曾通过助理过问朝鲜问题。助理兼翻译斯蒂芬·邦斯尔（Stepen Bonsal）上校曾亲自与金奎植见面，显然对朝鲜表示同情，不愿意见到"远东法律及条约的极大破坏者日本连最近的行为都没有受到质问就列席列强理事会"。然而，尽管豪斯上校也许真的理解朝鲜人的独立愿望，但他仍然让邦斯尔告诉金奎植，和平会议上根本不会考虑朝鲜议案。正如邦斯尔在日记上所写的，"就议事规程而言，无论是金先生，还是他多灾多难的国家，在这场大审判中都没有位置"。他们连去大会看一看的机会也没有。[85]由于在巴黎无法取得任何进展，金奎植终于在1919年8月9日前往美国，与李承晚一起推动宣传运动。[86] 必须指出的是，金奎植的努力并没有白费。他在巴黎成立了韩国情报局，传递朝鲜的起义消息，宣传朝鲜人的要求。情报局发送各项新闻给法国的报刊，并出版小册子向外散发。李庭植（Lee Chong Sik）写道："虽然金奎植试图影响各国官方代表的努力遇到阻碍，但他在和会外围找到了相当多的外国同情者。"[87] 李承晚在1920年代末访问上海，至1921年5月才回夏威夷。自然，朝鲜民族主义者对威尔逊违背他曾经大肆宣扬的理想以及对战后世界秩序的不平衡形态非常失望。正如中国一样，大战之后，特别是意识到自决原则不会沿用到亚洲之后，朝鲜的人们也对西方愈来愈失望。不过朝鲜民族主义者仍继续为理想奋斗，国联的成立也为他们的未来留下一些希望。留日朝鲜学生写道:"现在国联已经成立,任何国家都不敢再用武力手段进行领土扩张了。"这些朝鲜学生威胁说,如果他们的要求不被允许,"我们会宣布对日本的永久战争,并拒绝为保证会发生的悲剧负任何责任"。[88] 虽然李承晚和许多追随者很失望,但他们仍试图用国际手段寻求朝鲜独立。他们不错过任何机会为自己的事业发出呼吁。朝鲜向1921年12月1日的限制海军军备会议提交了由李承晚、郑翰景等人签署的请愿书。请愿书写道:"美国应该如它现在所做的那样帮助中国。它正在倾听中国对正义的呼唤……因为同样的原因,它也应该帮助朝鲜。"这份请愿书说,朝鲜"今天与中国不同的地方,仅在于外国对朝鲜的全面入侵已经完成,而对中国的入侵仍在进行中。面对他们的威胁,朝鲜徒劳地援引国际盟约作为保护。它对'民族荣誉'的诉求是徒劳的,因为无人理睬"。朝鲜人把他们的处境进一步与中国联系起来,认为"如果现在遵守这一承诺对于保护中国至关重要,那么光复朝鲜就更为必要,因为威胁中国经济或政治完整的所有政策的结果,都在朝鲜以具体形式呈现了出来。吞灭朝鲜的过程正在中国重演。他们在起源、目的和结果上完全相同。如果它们在朝鲜被忽视,在中国也无法被制止"。[89]

朝鲜人与中国人在这个历史时刻还有其他共有之处。巴黎和会之后,山东问题仍是中日争议的焦点,朝鲜人在美国发起了一场公关活动,突出日本人在山东问题上——中日两国争论的主要问题上——不值得信赖的问题。朴阳(Young L. Park,音译)在1919年10月1日一封给金奎植的信中写道,"中国在今天是最弱的国家,但却是我们最亲近的朋友"。[90] 在第六章,我们会就美国国会利用山东问题否决了《凡尔赛和约》并拒绝加入国联展开详细讨论。正如有学者指出的,这也许是朝鲜人一次代价高昂的胜利,它争取独立的最大机会是依赖国联,因为国联"也许会响应美国要求改变朝鲜的举动"。[91] 中国人不但帮助金奎植前往巴黎,而且普遍同情朝鲜人的独立愿望。他们当然希望通过帮助朝鲜人令日本人难堪。此外,当时很多中国领袖人物代表朝鲜人向世界舆论公开发出呼吁,孙中山就是其中之一。他曾告诉美国外交官,巴黎和会应当讨论朝鲜独立问题。毛泽东为印度和朝鲜在巴黎的失败感到悲哀,"朝鲜呼号独立,死了多少人民,乱了多少地方,和会只是不理"。他的结论是,"好个民族自决!我以为直是不要脸!"[92] 遗憾的是,由于中国自身也陷入与日本人的殊死对抗,因此在和会上能为朝鲜做的微乎其微。1919 年 5 月,金奎植告诉媒体:"毫无疑问,中国代表们一直很同情我们,但中国本身的处境也相当困难,因此影响不大。"[93] 与朝鲜人一样,中国人的诉求也会在巴黎遭遇失败。

中国人与日本人的处境：
高度期望与极度失望

第六章

中国、日本在巴黎：新世界中的老对手

整个亚洲新生的民族主义精英看见了希望。骄傲的欧洲已经自我毁灭，伍德罗·威尔逊已呼吁建立一个由公开和约、民族自决和自由贸易构成的民主新世界。但巴黎和会让日本、中国和亚洲殖民地人民感到被轻视，理想破灭，他们公开倡导采取极端行动。日本外交官和民众也同样期待和谈能使日本在亚洲的霸权合法化，并正式承认它最近在中国攫取的利益。更重要的是，日本人希望最终能得到西方列强的尊重，接受它为强国中的一员。中国外交官聚集微弱的力量，竭力要收复被著名学者梁启超称为"强盗邻国"的日本所掠夺的东西，但他们的努力却遭到漠视。[1] 越南、朝鲜和东南亚的民族自决要求甚至不在考虑之列，日本的种族平等议案则被草率地否决。

巴黎和会上日本的野心、中国的抵制、西方的冥顽不灵，分别在中国及日本国内引起了公众的义愤，使这两个国家深深陷入自行解决双方冲突的命运之中。巴黎和会为未来世界体系制造了无法解决的难题，并为希特勒的德国、军国主义的日本，以及毛泽东的中国铺平了道路。尚未决定的是日本是引领亚洲还是主宰亚洲。

日本的目标

日本代表团成员的组成反映了这个国家半个世纪以来由孤立贫穷到富庶、体面和强大的上升过程。代表团由西园寺公望侯爵率领，当时他已经七十岁，健康不佳；另一位带队者是资深政治家牧野伸显男爵，他曾在1913年的山本权兵卫内阁任外务大臣。英国驻日大使与他相知甚久，说他"不够敏锐"。[2] 大正天皇在孩童时代脑部受过伤，但仍成为机敏的明治天皇丰功伟业的继承人。他委任驻英大使珍田舍己、驻法大使松井庆四郎、驻意大使伊集院彦吉为代表团的全权代表。除了这些贵族精英的重要代表外，代表团也包括了来自商界、教育界、军队及有其他背景的人。也有人批评代表团的成员组成。德高望重的政治家、前法务大臣尾崎行雄很鄙视西园寺侯爵，说他"也许是个有权威的厨子，但似乎对国家的福祉没有明确的想法"。尾崎怀疑代表团没有能力应付即将到来的挑战。这个人员杂陈的使团如何能推动反对全世界种族歧视、对南洋岛屿主张主权这类议题呢？这就是日本的挑战，他说："这等于一个人手里拿着一把剑敲别人的门，谁会给他开门？"[3]

日本报纸也积极参与进来。日本政治过渡到政党制度后，政府会因为公众利益议题而倒台，因此舆论的力量愈来愈重要。政党支持的报纸及杂志将其支持者团结在一起，并且定下辩论的基调。《朝日新闻》宣称：公众期待日本接管德国在华及太平洋岛屿的权益。首先，代表团必须说服大会讨论种族歧视问题，如果不制止种族歧视，它将危害未来的世界和平。报纸的报道经常以西方新的反日情绪浪潮，以及美国日益增强的对移民的种族限制为头条。他们措辞尖锐地重提1905年旧金山教育局隔离亚洲儿童的决定，编辑自信地宣称："必须确保占全人类62%的有色人种的公平与平等。"[4] 不过，日本关心的问题集中在一点。东京颇受欢迎的月刊《日本及日本人》谈道:"日本只对同亚洲有关的问题感兴趣。"[5]《亚细亚时论》1918年12月号列出日本的目标:列强承认日本对远东和平及整个战争做出的贡献、承认日本在中国和西伯利亚的特殊地位;德国承认日本在青岛的特殊权益以及有关胶济铁路的专属利益;列强放弃种族歧视,保证给予中日两国和白人同等的权利;改变列强对亚洲国家的压迫,消除造成当地人民不满的因素。[6]

并非所有日本人都把种族歧视问题当作首要问题之一。加藤高明子爵便指出:"在和会议席上要讨论并解决的问题极其复杂。"日本最重要的目标是正式获得山东。[7]英国驻日大使观察到:"成立国际联盟在原则上得到普遍赞同。然而,将废除种族歧视作为日本加入国联的条件,则超前性地将政府外围人士的意见当作日本在和会上的主要政纲。"[8]《每日新闻》一篇文章认为,和会已经明确表示"日本是远东的领袖"。它接着提出具体的领土问题:"西伯利亚问题与中国问题密切相关",因为"在战争结束后,列强再也无法控制西伯利亚"。庆应大学教授林毅陆曾出版关于欧洲外交及俄罗斯帝国的专著,他在《太阳》1918年11月号的一篇文章里建议:关于诸如建立和平、结束影响欧洲阵线的停战等一般性问题,"日本原则上必须让他国发言,但关于远东问题,日本则有主要发言权,并且必须是做此决定的主要权威"。

英国大使馆综合各方信息,在1918年11月2日向外交大臣贝尔福报告说,"在过去几周里,日本报刊一直非常关注在即将举行的和平会议上日本提出的主张"。大使馆将日本报刊的态度总结出如下几个方面:

  1. 欧洲问题不是日本关心的;
  2. 青岛一定不能退还德国,对它未来的处置必须要在中日两国之间解决;

3. 如果英国保留赤道以南的岛屿，则日本一定要保留赤道以北的岛屿；

4. 有关东西伯利亚的居民点，日本会有自己的意见；

5. 美国、加拿大及澳大利亚对日本人的歧视问题，看起来很可能在大会上与国际联盟提案一并提出。[9]

很显然，日本人在和会的重点是获取山东，以及使日本在中国攫取的权益合法化。[10] 为达到上述目的，日本转向同英、法等国家之间签订的战时密约；为了坚持对山东的控制，日本人找到了很多办法对中国和其他政府施压。中国不单在政治上分裂，而且当时的北京政府最迟还在1918年和日本签订了合约，接受日本贷款。英国驻华公使朱尔典在1919年2月5日向其政府报告说，中国的铁腕人物段祺瑞正与日本协商一个能给他提供价值两千万美元军事装备的合约。[11] 通过干预中国内政，日本决心让中国保持弱势，以维持其在华利益。日本军部甚至企图控制中国军队及武器供应，停止欧洲或美国资本参与修建的所有连接欧洲的铁路干线的建设。英国外交部官员评论说：

> 实际上，日本军部的目标和野心是无止境的。军部也许会宣称害怕欧洲称霸中国，最后控制日本，并将此作为他们侵略中国的政策的借口，但自从1905年打败俄国，尤其是一战中帝国崩溃以后，这个借口已经站不住脚了。一般而言，我相信在好战分子的支持下，日本参谋本部的目标是确保日本在远东的霸权，并将中国变成日本的保护国。[12]

由于日本的重点在于山东及日本在亚洲的其他利益，其代表团"通常很沉默，不露声色，但是很警惕，只有影响到他们利益时才会强有力地站出来",这是豪斯上校对日本代表团在整个会议期间表现的描述。[13] 他们虽然安静,但却积极与豪斯上校接触,因为后者是威尔逊的亲信和深受其信任的顾问。日本人分析过美国代表团,将豪斯当作朋友。豪斯认为自己的功能是"排除故障者"。[14]

劳合·乔治、威尔逊,尤其是克列孟梭,都对日本人有成见,很少礼貌地对待他们。在巴黎和会上,威尔逊向美国代表团法律顾问戴维·米勒透露他"不信任日本人"。[15] 牧野和珍田参加了十人会,但一些观察者说,他们过于客气,使别人搞不清他们是否了解"正在讨论的议题"。[16] 在一次投票中,两边的票数相等,主席转向日本代表团那决定性的一票,问道:"你们要投法国与美国,还是英国与意大利?"根据一个目击者的说法:"那个令人难以捉摸的矮小黄种人吞了一口气,简单地回答:'是的。'"[17] 在另外一次四人会中,日本代表发言。克列孟梭懂英语,但却听不懂日式英语,他转过来,用谁都可以听得到的"悄声"问:"那个小个子在说什么?"[18] 当会议决定加快进度,因此解散十人会而成立四人会之后,日本代表便没有被包括进来。日本代表团的确曾向克列孟梭抱怨被排除在四强会议之外,对没有像他们希望那样有经常参加会议的机会表示不满。[19]

但日本人能有力地捍卫他们的利益和地位。美国史学家托马斯·贝利(Thomas Bailey)指出,"如果没有涉及亚洲利益,日本人像棕色的佛像那样凝坐不动,但当涉及自身利益时,他们毫不怀疑自己的立场"。他进一步补充道,日本代表一般很安静,"但当他们终于打破沉默的时候,会带着更大的权威说话,而且直接、清晰、有针对性"。[20] 日本人带着三个要求来到巴黎:第一,正式承认种族平等原则;第二,获得北太平洋德国岛屿的所有权;第三,在经济和其他方面取得德国在中国山东的权益。他们决心要得到所有要求,若非如此,山东则是绝对必要的。牧野伸显在1919年1月27

日的声明中列举了这些要求,声称日本政府"感到"从列强手中得到这一切"完全合理"。[21]

但日本能否成功取得山东呢?它必然要在会议上面对很多具体的指责。日本毕竟并没有派任何军队到欧洲与德国作战。克列孟梭明显认为日本做得不够,在1919年1月告诉和他在一起的和谈者:"谁敢说它在战争中发挥的作用能与,比如法国相比?日本保护它在远东的利益,当要求它介入欧洲时,谁都知道日本的答案是什么。"[22] 英国显然同意这个看法。寇松伯爵曾经有一次向在伦敦的日本大使指出,战争期间,"日本施行的政策,目的是在中国确保商业及政治上的优势,为此它利用各种手段向中国施加压力,特别是用一系列贷款换取中国宝贵的让步"。很明显,"日本多年来,尤其是在一战期间的目标,一直是不惜代价攫取中国的资源,将日本变成她未来事实上的主人,如果不是要把中国贬为彻底的附庸的话"。寇松告知日本,他注意到中日间已经缔结的协约,日本据此为它在巴黎的行动辩护,认为自己的作为也已取得协约国的同意。但是,

> 鉴于这些条约缔结的环境,以及中国无力保卫自己,我无法认为它们具有很大的效力。其他协约国成员也受到战争初期所订条约的约束,那时的情况与现在的大势完全不同……在山东问题上,若日本执着于她与中国的协约中所确定的权益并不明智。我注意到日本已经向在巴黎的其他协约国宣布了关于自己意图的声明……但这个声明在很大程度上是列强采取行动的辩解,从未正式向世界公布。[23]

日本人也面临美国人的不信任。当他们了解到威尔逊的"十四点原则"是和平协议订立的基础时,担心自决原则会对德国殖民地,特别是对德国在华权益的处置构成严重问题。[24] 日本领导人也确实

第六章　中国、日本在巴黎：新世界中的老对手　　　　　　　　　　179

担心西方列强的种族偏见会危及日本在国际联盟中的地位；他们决心防止这种可能性的发生。[25] 日本人警觉到美国人的敌意。尤其是战争加强了日本在世界上的地位以后，美国对中国人的同情与对日本人的不信任形成了强烈对比。美国第三助理国务卿布雷肯里奇·朗（Breckinridge Long）在巴黎和会前后专门负责远东事务，他告诉一位采访者，1917年以来，美国人的思想中便一直有对日本的怀疑。美国在巴黎的代表团成员、国务卿蓝辛开始相信必须遏制日本对中国的企图。他拿日本与德国做比较，认为日本问题尤其代表了对威尔逊的新世界秩序的一种挑战。[26]

会议初期，威尔逊直接表示不会承认列强与日本之间达成的秘密谅解。尽管如此，事实证明日本与英、法等国订立的秘密协定是有力的武器。最早在1917年签订的这些条约，以日本为地中海水域提供反潜艇援助为交换条件，保证日本永久拥有山东及德属北太平洋岛屿，而英国则拥有赤道以南的德属岛屿。1919年4月22日的会议上讨论到山东问题时，克列孟梭措辞尖锐地告诉威尔逊："今天早上我又读了一遍与日本的协约：它制约着我们要和日本站在一起，英国也是一样。我想提醒你这一点。"[27] 日本忠实地履行了它的有交换条件的义务，而英国和法国在道义上就要遵守自己的承诺。并且这涉及的不仅仅是荣誉，英国若真的在后期赖账，就有可能失去对那些太平洋岛屿的所有权，而新西兰和澳大利亚正强烈要求拥有这些岛屿。面对日本、英国和法国的一致立场，威尔逊孤掌难鸣。况且对威尔逊来说，更糟的还有日本与中国在1915年及1918年就山东问题签订的秘密协定。

由于做好了所有准备，日本人有理由相信他们的要求最终能够得到满足。[28] 然而为了万无一失，1919年4月24日他们威胁除非能得到山东，否则拒绝在和约上签字，并且退出谈判。根据豪斯上校在巴黎的助手及翻译斯蒂芬·邦斯尔所说，日本人对时间的把握非常精准。意大利因为没有得到阜姆港已经退出了和会，因此，"如果旭日帝国也退出，我们的这个世界大会，或不管它叫什么，可能会缩小成为另一种形式的英国残缺议会"。[29] 为了确保警告的作用，日本在1919年4月30日再次威胁说，如果有关中国的要求不被满足，便会从会议及国际联盟中退出。

日本人的威胁非常清楚地传达给了威尔逊等人。[30] 了解到他们并不是在虚张声势后，威尔逊选择了妥协。他希望这能提供一个"出路，容许日本挽回面子，日后再由国联解决此事"。当向劳合·乔治及克列孟梭提出这一点时，他相信"有必要尽一切力量确保日本加入国联"。他害怕如果日本抵制这个新的国际组织，"她就会在远东为所欲为"。根据河村典子（Kawamura Noriko）的看法，"在山东问题上妥协，是在远东保持威尔逊主义理想影响力的一种手段"。威尔逊说："我最关心的是不要在东西方之间制造裂痕。"[31] 因此，除了将会在第七章详细讨论的种族平等议案之外，日本看来如愿以偿了。当世界各国代表聚集在一起，正式签署和平条约、成立国际联盟时，日本被赋予了强国地位，与美国、英国、法国、意大利并列，每个国家两名代表。日本成了列强中的一员。

威尔逊陷于这样的两难困境：如果他把山东让给日本，中国就可能不支持国联；如果他把山东还给中国，日本将不会支持国联。正如美国国务卿蓝辛观察到的，威尔逊认为"按照盟约的规定成立国际联盟优先于其他考虑。为实现这一目标，任何牺牲均属合理"。[32] 英国资深外交家哈罗德·尼科尔森认为威尔逊在山东问题上"露骨地"向日本"投降"的行为"很可怜"。威尔逊自己也承认，"我违反了自己的原则，理应受到谴责"。[33] 尽管如此，美国、英国和法国在4月30日还是决定允许日本拥有昔日德国在华利益，包括山东在内。虽然中国代表团十分努力并且有精彩表现——本章稍后会对此做出描述，但日本的声音更强大。后来威尔逊在为记者招待会

第六章　中国、日本在巴黎：新世界中的老对手　　　181

准备的发言稿中，形容解决方案"是从中国本身牵扯进去的条约纠结中可以得出的、尽可能令人满意的结果"。³⁴

威尔逊显然并不满意自己的决定。1919年4月30日晚上，山东问题的决定已经做出，威尔逊告诉私人秘书雷·贝克，这是"从肮脏的过去所能得出的"最好的结果。"唯一的希望就是将世界维系在一起，建立有日本在内的国际联盟，然后确保中国得到公正对待。这不只涉及日本，也包括在中国享有利益的英国、法国及俄国。如果日本就这样回去，就会有日、俄、德联盟的危险，就会再次回到'势力均衡'的旧国际体系之中。"威尔逊相当坦白地告诉雷·贝克，意大利已经离开了和会，若日本再变卦，和会就会破裂，国际联盟也会毁掉。他请雷·贝克向中国解释，他非常抱歉无法为中国做得更多，但为了挽救国联，他只能满足日本的愿望。³⁵ 根据河村的观点，威尔逊对自己理想的普世性持有绝对信念，对把他的新世界秩序从想法变为现实的决心异常坚定。这使他无法理解究竟是什么驱使着一个非西方的新兴国家以牺牲贫弱的邻国为代价进行扩张。日本领袖利用欧战的机会扩大在东亚的立足点，认为威尔逊对日本要求的反对，只不过是西方列强阻挡亚洲地区强大力量增长的又一次尝试。它忘记了自己在中国和朝鲜的恶行，认为威尔逊总统对中日之间关于山东问题的协议的干涉是日本人的屈辱，认为威尔逊未能支持种族平等议案是对日本的不公。日本人认为威尔逊的国际主义"只不过是阻碍日本国家发展的虚伪言辞"。³⁶

威尔逊不想牺牲中国，但为了他所珍视的个人计划最终还是这样做了。他稍后宣称是在确信若得不到山东"日本会退出和会，拒绝签署和约"之后才同意在和约中把山东让给日本的。³⁷ 不过美国和会代表团成员在山东问题上并不同意威尔逊的做法。根据蓝辛的判断，日本如此公然违背国际法、公平正义、自决原则和常识，应该同意其代表离开巴黎。不过他认为日本人不会离开，因为他们需要参加和会所带来的国际认可。威尔逊同意把中国的一部分交予日本看上去也不可思议。蓝辛和亨利·怀特都支持塔斯克·布利斯（Tasker Bliss）——他们都是出席巴黎和会的美国代表团成员——批评威尔逊牺牲中国是错误的，"哪怕为了和平而做错事也不可能是对的。和平固然宝贵，但是有比和平更宝贵的东西——正义与自由……如果支持日本的要求，我们就是背弃中国的民主，让位给日本普鲁士式军国主义强权"。[38] 美国驻华公使保罗·芮恩施（Paul Reinsch）甚至以辞职抗议威尔逊对日本的妥协。[39] 威尔逊对山东的出卖无疑佐证了克列孟梭刺耳的批评，他说威尔逊"说话像耶稣，行动却像劳合·乔治"。重要的外交家和政治家如哈罗德·尼科尔森，都指责山东解决方案"是最糟糕的投降"。[40]

　　日本在巴黎的成功与中国的失败也对威尔逊在美国国内最终被对手打败起了推动作用。在参议院，正如威尔逊最主要的政敌亨利·洛奇（Henry Lodge）所预料的，杀伤力最大的批评来自亲华参议员们。对山东的出卖不仅使威尔逊备受指摘，也带出有关美国代表团成员在这个问题上是否看法一致的问题，其背后则隐含着总统是否独断专行、无视知情顾问意见的问题。蓝辛表达了自己的意见，认为威尔逊"即使没有所谓的将山东让与日本，本来也可以确保中国得到公平正义"。[41] 洛奇在对《凡尔赛和约》一系列问题的谴责当中，特别将第六条保留意见命名为"山东丑闻"。意见中宣布，美国拒绝批准有上述安排的和约条款以抵制这种安排，并在由此产生的任何争议中保留充分的行动自由。[42] 据内部人士透露，美国参议院在对和约进行辩论时，山东问题是"主要议题，特别是听到日本在朝鲜暴行的报告，人们对日本的敌对情绪更加强烈"。[43] 因此，对山东的出卖成为中国、日本、美国，以及某种程度上也包括朝鲜在内的共有历史。

第六章　中国、日本在巴黎：新世界中的老对手

中国的目标

自从1915年接到日本提出的"二十一条"后，中国人就开始为参加战后和平会议做准备。在力争参加一战的过程中，中国人遭遇了种种的不幸和意外，当战斗以协约国的胜利而告终，人们或许对中国人如此兴高采烈感到不解。战争胜利的消息传至中国，北京政府马上宣布从停战之日起全国放假三天。当得知伍德罗·威尔逊将带着他的新世界秩序的蓝图亲自参加战后会议时，人们更是欢呼雀跃。尽管不是每一个中国人都相信威尔逊，但人们为战争的戏剧性结局而情绪高涨。北京学生聚集在美国公使馆门前高喊"威尔逊大总统万岁！"有些学生甚至已经记住了他的"十四点原则"宣言，可以一字不差地背出来。北京大学文科学长陈独秀是新文化运动的领军人物，也是日后中国共产党的创始人之一，他当时非常相信威尔逊诚实及其崇高的目标，称威尔逊是"当今世界第一大好人"。[44]陈独秀相信第一次世界大战的结束是人类历史的转折点，他写道："强权是靠不住的，公理是万万不能不讲的了。"[45]

许多中国的领袖人物相信，威尔逊已成为中国最大的希望，是"民主精神"的世界领袖。[46]甚至另一位中国共产党创始人李大钊也写道，威尔逊"固夙以酷爱平和著闻者也"，"和解之役，必担于威尔逊君之双肩也"。[47]北京大学校长蔡元培宣称，协约国的胜利象征世界"黑暗"时代的结束与光明开放时代的到来。[48]梁启超也盛赞协约国的胜利代表着"新时代的进步"，因为第一次世界大战就是"为了确保世界的永久和平"而战。[49]蒋廷黻也宣称他在第一次世界大战时"相信威尔逊总统所说的每一句话"。[50]中国基督教青年会的一名美国官员在1919年12月31日致信美国的办事处，称"威尔逊对小国明显表现出的同情和友好，以这样的方式如此深刻地打动了中国人的心，以至于几乎让人感到有点可怜"。[51]尤金·巴

奈特（Eugene Barnett）是中国基督教青年会会员，他写道：

> 看到当前中国人几乎膜拜威尔逊总统，真是太了不起了。商业出版社发行的他的一本中英文演讲集，一直是今年的"畅销书"。通常偶然碰见一位陌生人，第一个问题多半是问其姓名，第二个问题是问其从哪里来。如今有人回答"鄙国是美国"时，几乎毫无例外地标志着会随后听到一连串称赞："威尔逊——当今世界的政治家、人道主义者、杰出的领袖。"在学校里，学童的演讲和在类似布道一样的演说中，处处引用威尔逊的话，就好像他是现代的孔子。威尔逊的原则以及他对这些原则的勇敢倡导，已经紧紧抓住了中国人的想象，真是太伟大了。[52]

在战争结束时所宣布的三天假期中，六万人参加了北京的胜利大游行，其中有许多人是推崇民族主义的学生及其老师。在大众的欢乐情绪中，北京的克林德纪念碑被拆毁。它由德国政府建造，以纪念二十年前义和团运动时被杀的德国外交官。对中国人来说，它是国耻的象征。拆下来的纪念碑被迁至首都的一个公园，重新命名为"公理战胜坊"。[53] 威尔逊本人似乎很愿意与中国人交朋友，1918年11月26日，他告诉中国驻华盛顿公使顾维钧，"中国的理想与美国是一脉相承的，并说他很乐意在和会中尽全力支持中国"。[54]

对威尔逊及和会寄予的极高期望，使中国很多最有教养、最有头脑的人来到巴黎。他们或者是参加和会的官方代表团成员，或者是以私人或半官方身份前来的公民。由六十人组成的中国代表团包括了从清末到某些在外交部门甚至服务到1950年代的几代人。陆征祥、王正廷、顾维钧、施肇基和魏宸组是代表团的全权代表。陆征祥当时任外交总长，王正廷代表广州的南方民国政府，在被委派参加代表团时正驻美国，其他人都是中国驻欧洲国家或驻美的高级外交官。⁵⁵ 中国驻日公使没有出任代表团成员，表明中国决定在和会上将重点放在西方国家这边，不想和日本打交道。代表团团长陆征祥看起来具备中国要生存所需要的新知识。一战之前，他曾多年居住在欧洲不同国家的首都，并与一名比利时女子结婚。除了陆征祥，其他四名成员都在西方受过教育，熟悉中国和世界事务。顾维钧的参与尤其重要，因为他对和会做了充分准备，而且很有外交技巧。顾氏出身富商家庭，曾接受私塾教育学习中国古代经典，也在上海圣约翰大学接受西方教育，之后前往美国哥伦比亚大学学习，获得国际法法学博士。⁵⁶ 1912 年，顾氏刚完成博士课程，便立即被召回国，担任袁世凯总统的英文秘书。他很快转入外交部，开始了辉煌的职业外交家生涯。⁵⁷ 1915 年，他是华盛顿外交界同级别中年纪最轻的外交官，以二十七岁的年纪出任国家外交代表。威尔逊总统对他印象极为深刻，称顾维钧所说的英文仿佛英国著名作家托马斯·麦考莱（Thomas Macaulay）笔下的语言。⁵⁸ 除了正式代表团以外，有影响力的社会精英也以私人或半官方身份前往巴黎。其中包括梁启超及其同人。他们来巴黎"因为正在做正义人道的外交梦，以为这次和会真是要把全世界不合理的国际关系根本改造，立个永久和平的基础"。⁵⁹ 前往巴黎见证历史事件和推动中国理想的还有汪精卫与李石曾。他们在 20 世纪初便来到巴黎，在此成为无政府主义者，然后成为文化大使，最后返回中国参加孙中山的革命。此外还有叶恭绰和陈友仁。前者是梁士诒的亲信，曾先后在北京政府和国民政府中担任高官，后者是出生于特立尼达岛的律师，是孙中山的亲密追随者。⁶⁰

因为对德正式宣战，以及遣送大量劳工去欧洲，中国在战后和平会议中取得了一个席位。1917 年 8 月 14 日，当中国最后正式被允许参战时，协约国及有关国家曾在北京承诺"会尽一切努力确保中国在国际关系中享有一个伟大国家应有的地位及尊重"。基于上述承诺和威尔逊的高调理想,中国希望能与主要列强国家一样,在战后和平会议上得到五个代表席位。但是这样的事没有发生。中国被视为三流国家,只得到两个代表席位,而日本却有五个。陆征祥在1919年1月14日写信,寻求"最大考虑"给予中国五个席位,"因为她是一个伟大的国家"。但列强并不买账,中国人尝到了他们的第一道苦果。[61]

中国代表团中最乐观的人认为,战争结束后,每个国家都将获得自由存在的权利和自由发展的机会,"在和会召开前夕,我们觉得有理由把中国人民的愿望告诉文明世界的人们"。[62] 领土完整肯定是愿望的一部分。为了回应国内同胞广泛的期望,中国外交官们采取一切可能的措施,力争恢复失去的主权和领土,尤其是要求立即归还山东。到巴黎的中国人带着一系列要求和一套调整过的方案,其中既包括长期目标,也包括短期目标:

1. 恢复领土完整,收回治外法权和外国租借地。
2. 恢复国家主权,废除《辛丑条约》中强加给中国的各种限制,特别是要撤走外国军队,废除外国领事裁判权。
3. 经济自由,实现关税完全自主。[63]

上述要求代表了中国的长期目标,即希望修订在最惠国待遇条款下给予列强特权的所有条约,同时废除庚子赔款。近期目标包括废除与德国及奥匈帝国签订的旧条约,收回山东,因为这是中国参战理应得到的结果。但列强完全拒绝了中国的长期目标,认为它们与这场战争没有直接关系。

但是山东确实与这场战争有直接关系。一开始中国代表团对此寄予厚望。1919年1月28日,顾维钧代表中国提出山东问题。他指出中国完全有权要求直接归还山东,即使在德国占领该地区后中

第六章　中国、日本在巴黎：新世界中的老对手

国仍然保留对山东的主权；山东人是炎黄子孙，完全符合民族自决原则；山东是中国领土不可分割的一部分；它的居民"在种族、语言和宗教上完全是中国人；这块德国租借地是中国文明的摇篮，是孔夫子及孟夫子的出生地，是中国人的一块圣地"。至于战争期间中日所签条约，顾维钧指出它们都是在日本的威胁下被迫签订的，只是权宜之计。这些条约只不过是"'二十一条'的衍生品"，中国人认为它们均为临时性质，因为它主要处理的是因战争而引起的临时问题，因而这些问题只有在和平会议上才能最终得到圆满解决。此外，中国在对德国宣战时，"明确表示要废除租赁协议，收回租借地；无论怎样，租约也明确规定不容许德国把权利转移给中国之外的第三国"。因为中国站在协约国一边宣战，中德间一切约章，皆因开战而失效。[64] 换言之，随着中国参战，中德租借章程中止，胶州湾租借地与其他德国在山东享有的权利与特权，于法律上都早已归还中国，没有任何权利可以转让给其他国家。因此，中国认为对德宣战自动取消了中日之间在1915年签订的有关山东的"二十一条"。

中国代表团继续强调，根据现有国际法有关条约及协议终止的原则，即在武力威胁下缔结的条约和协议无效，日本在道义上也无权占有山东。因此中国根据三个理由要求废除中日1915年签订的"二十一条"：它是在武力威胁和胁迫下被迫签订的；它损害了中国的独立；它对未来的世界和平构成威胁。中国代表团指出，这些条约的签订直接违反了"条约公开"的原则。如果国际联盟不是徒具虚名，那么一切秘密条约，不管其性质如何，都应予以废除。为了表明对公开外交的决心，中国代表团在和会上公开散发被迫与日本签订的秘密条约和协议的文件，在上面都写着要求德国直接归还山东的字样。[65] 从中国的角度来看，"若和会归还中国（山东），以及铁路等权利，不但纠正了德国犯下的弥天错误，也惠及远东所有国

家的共同利益"。"此外,如果中国在与协约国及其盟友一同取得光荣胜利后,能直接从德国收回青岛及山东的其他权利,不但符合她应有的国家尊严,而且有助于进一步阐明公理与正义的原则,协约国及其盟友正是为了这些原则与其共同的敌人作战。"顾维钧也告知和会,直接归还山东"更简单,也不易再生枝节造成麻烦","是远东永久和平的基础"。如果和会允许山东受外国控制,这样的决定会留下一把"指向中国心脏的匕首"。

顾维钧的论辩非常有力,足以令日本人十分紧张。由于他们在和会上的焦点是保留一战时从中国攫取的所有权益,因此日本代表团认为这些辩说是"用口舌和笔蛊惑世界的冒险"。[66] 英国驻华公使朱尔典从北京报告:"可以毫不夸张地说,中国人对山东问题的感受是以一种不被误解的方式唤起的。它渗透到了所有阶层。"[67] 顾维钧强劲有力的雄辩演讲为他赢得了赞赏和支持。美国代表团成员、国务卿蓝辛认为顾维钧完全压倒了日本人。克列孟梭通常不轻易称赞人,而且喜欢冷嘲热讽,却形容顾氏是"年轻的中国猫,言语和衣着似巴黎人,喜欢沉醉在猫抓老鼠的游戏,虽然只是和日本人玩"。[68]

不过,尽管中国人在和平会议上的外交目标受阻,但他们仍然为国际联盟的建立,为民族自决的事业做出了重要贡献。[69] 中国对国际联盟的基本愿景有最坚定的信念。无论在国内还是在海外,中国人成立了众多有关国际联盟的研究会,以便为国联的建立献计献策。1月25日,当大会讨论设立国际联盟委员会的决议案时,中国代表团团长陆征祥宣称中国"鼎力"支持国际联盟的建立。[70] 顾维钧也向大会宣称:"正如没有哪个国家的人比中国人更渴望见到国际联盟的成立,也没有人比我们更乐于见到国际联盟委员会踏出实质性进展的一步。"[71]

对国际联盟的坚定信心促使中国人积极参与它的创建,并使它有利于维护中国的国家利益。顾维钧是参与起草国联盟约的十五个成员之一,为国联盟约的起草做出很大贡献。例如,顾维钧曾对国联盟约中以威尔逊提出的草案为基础的第 15 条款*提出了一项建议,一位美国法律顾问称顾氏的建议"很有意思"。威尔逊拟定的条款原文是:"如代表团之间产生分歧,且该分歧按照国际法纯属该方国内管辖之事件,则应据情报告,而不作解决该争议之建议。"顾维钧提出增加下列文字:"除非一方希望建议,而问题又在其专属权力之内",起草委员会接受了这一增补。美国代表团法律顾问戴维·米勒了解顾维钧的用意,知道作为一个中国人,这是他鉴于过去外国干涉中国内政而引起的自然反应。[72] 美国代表对第 10 条提出修正意见:"国际协议如仲裁条约或区域谅解类似门罗主义者,皆属维持和平,不得视为与本盟约内任何规定有所抵触",但遭顾维钧抗议。他表示:"我不想被误解为反对提出本修订。我原则上同意,但更倾向门罗主义在本条中应单独具体列出,而非划归在所谓'区域谅解'的名目之下。"顾维钧当然不想让日本利用这一修订,开与此相类似的日本门罗主义的先例,因此希望删去"区域谅解"或者至少删去"区域"一词。[73]

顾维钧竭力说服美国人相信改变这个词语是必要的,但没有成功。[74] 虽然第 10 条最终采用了美国代表提出的修正案,但在讨论第 20 条时,顾维钧的建议仍然得到了善意的考虑,在这项条款中包括了"或谅解"三个字。当再度讨论门罗主义时,大家同意若要在这个主义加上一些限制时,就不可能不对日本的亚洲主义加上限制,虽然它尚未成形。最后,这一看法未获通过。[75] 显然,中国不仅积极关注国际联盟,而且为将国际联盟变成现实做出了贡献。早在 1919 年 3 月 24 日,威尔逊在巴黎会晤顾维钧、梁启超、张君劢时,

---

* 此处编号为草案的编号,而非最终章程的,以下两处亦是。——编注

就承认中国"正在参与(国际联盟的)创建"。[76]

除了顾维钧外,还有很多中国人与美国人交换意见,偶尔会在美国提案中插入建议。美国代表团对中国人很友好且伸出援手,双方在很多方面有非正式的合作。美国代表向中国代表团提供了很多宝贵的意见,特别是当几个大国把山东让予日本而中国代表投入修改和约的抗争中时。[77] 威尔逊的私人秘书雷·贝克说,中国代表魏宸组"每天像美国人一样随意进出我们的办公室,并且与大家的关系非常友好"。甚至在和会召开之前,顾维钧便告诉戴维·米勒说,他愿意在两国政府正式会谈前先保持经常性的双方私人联络。米勒告诉他,这样的安排"完全合适"。[78] 中国代表提出的很多方案在正式提交和会之前都曾与美国代表私下讨论过。例如,1919年1月22日,王正廷与美国人米勒以及詹姆斯·肖特韦尔(James T. Shotwell)共进午餐。肖特韦尔是哥伦比亚大学历史教授、卡耐基世界和平基金会研究主任。王正廷与他们讨论关于如何处理中国过去与德奥签署的旧条约的想法。肖特韦尔建议王正廷增加一项内容,即把1900年八国联军在北京抢掠的财宝归还给中国。这一建议最后作为《凡尔赛和约》第131条,规定将清代耶稣会士在宫廷里使用过的天文仪器归还给中国。[79] 米勒也建议中国"最好将有关德奥的议案一并提出,而不要将其分开,因为这些议案与她同日本以及和西方同盟国家的关系密切相关。"。[80]

中国的主要目标同日本人的愿望针锋相对。日本视山东为"大动脉",借此将势力输入亚洲大陆,决心成为一个强大的帝国,因此,归还山东是不可能的。这一失败的结果将很快在全中国掀起轩然大波,给20世纪中国的发展造成严重影响。

不过,中国在巴黎和会上没有达到目标并非意味着一场彻底的失败。中国人的声音第一次引起了全世界的关注,人们终于了解到中国遭受的一切。不错,中国未能收回山东,但由于中国拒绝接受和约，日本很快就在1921—1922年的华盛顿会议上被迫归还山东。更重要的是，由于拒绝在《凡尔赛和约》上签字，中国最终得以设法同一个西方大国签订了自鸦片战争以来第一个平等条约。1921年5月20日，中国与德国签署条约，同意两国关系"遵照国际法的基本准则，务必彻底遵循平等互利的原则"。德国"同意废除在华领事裁判权，并放弃德国政府在中国过去所拥有的一切特殊权益"。[81]根据这项条约，中国可以说取得了外交上的成功。中德两国都对《凡尔赛和约》和新世界秩序的状态深感失望，都决心在1921年以后在两国关系上掀开新的一页。这在很大程度上也解释了德国在1920和1930年代与中国维持良好关系的原因。中德条约并非孤立事件，它反映了中国在国际关系上的新立场。在和会之后，中国与其他国家广泛互动，坚持不懈地追求恢复国家主权，以及在国际大家庭中成为平等、积极的成员。中国利用一战作为民族复兴的跳板。列强为满足日本而做出的决定触发了中国的五四运动，我们将会看到，这是近代中国发展进程中的一个重要转折点。

中国对西方的失望及五四运动

中国代表团商讨是否签署和约。1919年5月14日，陆征祥请求徐世昌总统训示。陆在电报里表示："祥1915年签字在前（即与日本签订"二十一条"），若再甘心签字，稍有肺肠，当不至此……国人目前之清议可畏，将来之公论尤可畏。"[82]陆征祥清楚地说明了中国的参战目标和战后政策与日本之间的关系。顾维钧在1919年5月9日甚至告诉豪斯上校，他不会在和约上签字，因为它对中国实在太不公平了。顾维钧告诉美国人，"如果签字，将等于是宣判我的死刑"，因为他知道中国人绝不会接受这个和约。[83]鉴于代表们所遭遇的一切——他们要求直接归还山东没有得到回应；建议修改和约,也被拒绝;请求保留声明,不被允许;现在他们要求仅用声明(不带保留字样),也被粗暴地忽视——中国人觉得"和会已经剥夺了中国代表团提出任何建议的权利"。因此,他们无路可走,只能拒绝在这个被一些人视为中国的"死亡宣判书"的和约上签字。[84]

列强们从来没有想到赢弱的中国敢于站起来与他们分庭抗礼。例如贝尔福就没有想到中国是唯一拒绝签约的国家,他写信给朱尔典说:"我真心希望中国政府不要做任何傻事,例如拒绝签约,这会失去协约国的同情。"[85] 他不可能想到中国代表团已决定不签约,除非提出的某种保留声明被接受。根据顾维钧所说,"毫无疑问,中国代表团的代表们一致认为,没有保留条款,我们就不会签字"。6月28日,中国代表团全体成员决定不出席签字仪式。顾维钧对那一天的回忆绝不仅仅是悲伤:"这对我、对代表团全体、对中国都是一个难忘的日子。中国的缺席必将使和会,使法国外交界,甚至使整个世界为之愕然,即使不是为之震惊。"[86]

在给和会的正式备忘录中,顾维钧表示,"中国现在正处于十字路口。她来西方是为了寻求正义。如果得不到正义,那么中国人民也许不仅把这一失败归罪于日本的固执己见,更会将此归罪于西方的冷漠态度,因为西方之所以拒绝支持中国,仅仅是因为他们的个别大国私下里答应了支持日本"。[87] 中国通过拒绝在山东问题上妥协,以及拒绝在《凡尔赛和约》上签字,成功地迫使全世界注意到中国的情况,并且为山东问题在1921—1922年的华盛顿会议上顺利解决奠定了基础。从这个角度出发,顾维钧日后写道,中国拒绝签署《凡尔赛和约》,对于中国的国家建设及外交进步是极其重要的一步。[88] 甚至连威尔逊也了解中国人拒签和约的巨大影响。知道中国人没有在和约上签字时他感到非常不安。他告诉蓝辛,"此事十分严重,将导致复杂的严重后果"。[89] 这一预见显然是正确的,但对他而言已经太迟了。

第六章　中国、日本在巴黎：新世界中的老对手　　　193

在巴黎和会上没有收回山东主权，引起中国精英群体对美国及威尔逊的愤怒。痛苦的现实也迫使中国认识到强权仍然胜过公理。他们对威尔逊的新世界秩序不能行之于中国极为不满。[90]一本中文小册子的作者称，所谓新秩序"听起来很不错，但直到现在还是'只闻楼梯响，不见人下来'，中国看不到这些原则的实行"。[91]山东省省会济南的一份报纸刊载评论说，美国只是"假装爱好和平与公义，实际上包藏着的是狼子野心"。同一份报纸第二天还攻击威尔逊本人，称他为"伪君子"、既"无能"又"自私"。[92]毛泽东曾一度梦想中国与美国建立密切关系，对巴黎和会也充满期望。但经历凡尔赛的背叛后，他得出结论，"如外交上各种'同盟''协约'，为国际强权者的联合"，只有革命才能改变这个既不合理又不公正的国际体系。[93]在一篇有关《凡尔赛和约》的文章中，毛泽东形容威尔逊在巴黎的表现犹如"热锅上的蚂蚁"：

　　（他）不知怎样才好？四围包满了克勒满沙，路易乔治，牧野伸显，欧兰杜一类的强盗。所听的，不外得到若干土地，收赔若干金钱。所做的，不外不能伸出己见的种种会议……（我）为他气闷了大半天。可怜的威尔逊！[94]

至于陈独秀，则很快转向了马克思主义，他视威尔逊为一个"空头大炮"，他的"十四点原则"都成了"一文不值的空话"。[95]陈独秀写道："呵！现在还是强盗的世界！现在还是公理不敌强权的时代！"[96]全国的学生也公开对威尔逊主义的失败表示失望。在北京大学，有人冷嘲热讽地开玩笑说，威尔逊为他的"十四点原则"及理想世界秩序发明了一个新公式："14=0"。[97]甚至连当时正在中国访问的美国哲学家杜威（John Dewey）也支持拒绝签约的决定。[98]在7月2日的书信中，杜威写道："今天报道中国代表团拒绝在巴黎和约上签字；这消息真的太好了，令人难以置信，但是还没有人知道真正的事实。"[99] "你无法想象中国拒签和约在这里代表着什么。整个政府都支持签约——直到签约仪式之前十天，总统还说签约是必要的。这是社会舆论的胜利，是学校年轻的男女学生们一手策划和推动的。当中国能做到像这样的事，美国当然应该感到羞耻。"[100]

被杜威以赞赏的口吻且不乏高高在上的态度所称呼的"年轻的男女学生们"领导了众多的抗议活动，并且这些抗议活动将进一步发展成更大规模的政治和社会运动，最后导致自由主义的共和国倒台，为列宁主义政党的国家所取代。[101] 北京的学生组织原计划在5月7日举行游行，支持朝鲜学生要求独立的三一运动，但当收回山东遭到失败的消息传到中国时，他们决定不能再等。5月4日，全北京有超过3000名学生集会，试图同驻北京的协约国外交官员见面，为国家请愿。[102] 中国人对西方的信任很快被背叛和幻灭取代，他们决心自寻出路。[103] 因此，五四运动标志着中国全力想要加入西方自由体系的努力的终结，而这一努力是从中国寻求加入一战开始的。五四运动明确地把中国内政与国际事务联系起来，中国从此开始了对另一种世界秩序以及自身的国际地位地探索。[104] 五四运动本身是中国遭受双重背叛的产物，也是巨大认同真空的结果：首先，中国人抛弃了自己的传统和文明，但发现他们的抱负遭到了西方人的阻挠；中国成为一个既无内在根基又无外来支持的国家。根据张勇进所言，五四运动成功地将中国人的"不满转化为全民族对列强强加给中国的国际秩序的抵制"。[105] 这种双重背叛迫使中国人面对许多挑战性的问题：做一个中国人现在意味着什么？中国向何处去？中国政府应该接受什么样的价值观？简而言之，中国要寻求什么样的国家认同？正因为如此，五四运动的主题是"再造新文明"。[106] 伟大的现代作家鲁迅曾把他的中国同胞比喻为睡在铁屋里的人，熟睡的人不久都要闷死了，不过，他们若真的醒过来，是否就能够逃出

第六章 中国、日本在巴黎：新世界中的老对手

生天呢？是让他们在昏睡中不觉悲哀地死去，还是惊醒他们，"使这不幸的少数者来受无可挽救的临终的苦楚"后再死去？尽管充满疑虑，鲁迅与他那一代的激进知识分子确实试图唤醒中国。他们以加速改变中国为己任，清除过去的余毒，迫使中国人展望未来。他们出版《新青年》《新潮》等杂志；他们创作蔑视传统的讽刺剧及小说。他们给中国开的药方可以用一句口号概括："赛先生与德先生"——"赛先生"是代表理性及技术的科学，"德先生"是民主。他们认为唯有民主才能带来政府与人民之间的团结，从而使中国变得强大。

从第一次世界大战期间到在巴黎和会上遭到背叛之前，中国人对新世界秩序的更新和将在其中享有充分的尊严充满期待，因此全国上下兴奋不已。但五四运动促使他们寻找介于西方思想与中国传统文化之间的第三条道路。张东荪（1886—1973）宣称第一次世界大战表明了"第二文明"（西方文明）的崩溃，[107]因此他主张"第三文明"，即实行社会主义。李大钊对此表示赞同，认为俄国在地理及文化上都处于欧亚大陆的交界处，是唯一能"创造世界新文明，并且能继承东西方文明优点以及欧亚两大陆人民智慧"的国家。[108]对李大钊来说，十月革命预示着一个新世界，在那里弱小国家都将获得独立。[109]也就在同一时期，知识青年毛泽东断定俄国是"世界第一个文明国"。[110]

一系列事件带来的思想交汇或冲撞，可以说明为何许多中国人在对西方的幻想破灭后，热烈响应俄国的主动外交举措。俄国革命为中国人提供了一个榜样，即一个国家通过一场大胆而又光荣的革命行动，可以从一个传统社会——与中国并没有什么不同——直接跳跃到未来。鉴于中国人在1911年之后对西方式民主的痛楚体验、对儒家传统的排斥及对战后世界的失望，他们看到共产主义是解决中国问题的明确选择。

新的布尔什维克外交事务专员呈现的史无前例的姿态，更加强了上述看法。该专员在1919年夏天提出放弃自沙皇时代以来在中国得到的领土及租借地。[111] 年轻的中国人赞赏苏俄，不仅因为它已向中国宣布放弃在中国的不平等权利，更重要的是因为俄国人不同于西方的强权政治，它表现出人道主义及国际主义精神。[112] 俄国人对帝国主义及秘密外交的谴责，激起了中国人心中深深的共鸣。其主动外交举措被证明并不是西方列强那样的空洞承诺。不久，中国共产党便在俄国的指导下于1921年成立。很多五四运动时期示威行动的领袖都成为党员。那位曾派发传单的北大文科学长成为党的第一任书记。孙中山的国民党也在1920年代初与俄国结盟。[113] 本杰明·史华慈（Benjamin Schwartz）解释说，"讽刺的是，人们确实可以肯定马列主义对年轻中国人的主要号召力在于它对民族主义的愤怒情绪有吸引力。而列宁的民族主义理论又为中国没能在国际上获得应有地位提供了一个似是而非的解释"。[114]

纵使中国欣然接受寻求新的道路以重新确定其国际地位，它仍然紧跟世界潮流，向西方学习。毕竟社会主义也是一种西方理论，此外，社会主义的兴起在第一次世界大战后也是一种风靡全球的现象。就连美国人民也在1919年"热衷于了解什么是社会主义试验"。[115] 阿里夫·德里克（Arif Dirlik）指出中国与世界其他国家一样有这种共同的经历。他写道，对中国知识分子而言，社会主义似乎已经"成为第一次世界大战之后的一股世界新潮流，作为一种革命的社会运动，引起全世界的向往，而俄国革命就是其中最突出的一例"。[116] 德里克认为，共产主义运动在中国的产生，"是中国国内和国际形势发展互动的产物。在1918年到1919年，由于俄国十月革命胜利的推动、欧洲及北美洲的劳工运动和社会革命运动的影响，社会主义成为一种世界性的政治潮流。殖民地社会的民族解放运动都在社会主义思想中得到鼓舞"。[117] 换言之，尽管中国决定不再与西方资本主义保持一致，但中国人仍然受到西方国际化意识的推动。例如，虽然中国在巴黎和会收回山东的愿望落空，但它仍留在国际联盟，保持会员身份。继朱尔典之后出任英国驻华公使的贝尔必·艾斯敦（Beilby Alston）爵士在1920年写给寇松勋爵的年度报告中客观地说："中国虽然弱小，但当她不顾列强的压力毅然拒绝在《凡尔赛和约》上签字时，国际社会对中国的尊重也与日俱增。尽管当时日本赢得了暂时的政治上的胜利，但中国却在道义上占了上风，并最终成为国联理事会的非常任理事国成员。"[118]

五四运动之后，中国掀起了一连串反抗日本的抗议示威和抵制日货行动。曾作为日本外务大臣在1915年提出"二十一条"的加藤高明，这时已任日本在野党宪政会总裁，他要求日本政府迫使中国政府压制反日活动。加藤高明宣称，"如果中国政府太软弱，无法采取镇压措施，日本政府应该代表中国政府派出自己的军队"。反日的抗议抵制活动一直持续到1923年，到1924年后才逐渐停止。直接原因是1923年日本发生了关东大地震。1923年9月11日，满铁驻北京办事处所长伊藤武雄注意到："毫无疑问，北京各个团体对大地震给日本人民造成的苦难表现出了真诚的同情。"面对这场大灾难，中国人实在不忍心继续他们的抵制活动了。[119]

日本人的失望

日本可以说已经赢得它最想要的东西：大国地位和山东。然而，它仍然带着对巴黎和会以及对一战结果的失望离开。很多日本人批评参加巴黎和会的代表，而代表们也承认了自己的失败。西园寺侯爵在给天皇的正式报告中致歉："没有实现全部期望，我很难过。"[120]日本社会有一种普遍看法，认为日本同在1895年和1905年一样，被欧洲人和美国人打败了。当全世界质疑日本在中国和朝鲜的企图时,它的自尊心受到很深的伤害,因为这将他们置于道德审判席上。中国的五四运动与朝鲜的三一运动也让日本十分难堪。这种羞辱导致日本其后制定出单独行动的政策,直接在中国扩张势力范围。巴黎和会上发生的一切进一步加深日本人的印象,即日本不可能通过和平谈判从西方得到想要的东西——这也"为1930年代日本侵略东三省奠定了基础"。[121] 日本仍然处于白人权力俱乐部之外,与亚洲同伴共享二等地位。日本人理想的破灭扩展到国内及国际两方面:日本应该打造何种政体?如何处理与国际联盟的关系?如何面对英美在东亚及太平洋地区的力量日益巩固,而日本日渐孤立的局面?种族平等问题和美国《1924年移民法案》也给它带来极度失望,这一点将会在第七章中讨论。[122]

战后日本面临着国家认同危机。在19世纪,因为成功吸取了西方文明的表面内容,日本号称"东方进步的先锋"。德国与日本的正式外交关系可以追溯至1861年,当时普鲁士朝廷派出一队人员到日本考察,达成两国间第一个双边协定。1871年,以普鲁士王国为首的德意志帝国成立,德国人在日本的声望甚至更高。如果说中国曾是昔日日本的老师,德国则成为日本的新"先生"。日本在政治制度、宪法和军事训练体系上全都效仿新的德意志帝国。明治维新后不久,日本政府强烈希望"与德意志帝国建立密切关系,并恳求德皇威廉及其政府给予日本特殊关照,在目前的困难发展时期支持日本"。[123] 新的日本国家政权努力以德国为榜样,限制个人和团体的社会活动,在教育、医疗、科学以及政治和军事制度方面都效法德国。正如伯恩德·马丁(Bernd Martin)所指出的,"选择很清楚。在这个年轻而又令人振奋的德意志帝国身上,日本看到了一个秩序井然而又政治稳定的社会典范,人们充满爱国热情和对君主的忠诚"。[124] 1882年,日后四度担任首相的伊藤博文赴欧洲考察,在柏林停留了三个月,出席各种演讲,与政治家会谈。虽然德国在

第六章　中国、日本在巴黎：新世界中的老对手

1895年加入三国干涉集团，反对日本攫取中国辽东领土，给两国的友谊造成阻碍，"但明治时期的日本已经穿上了德制紧身衣，如果把它脱掉，会有崩溃的危险"。[125]

一战的结果以及强加给日本的新世界秩序，迫使它得出结论，认为自己跟错了榜样。德国战败并且随即爆发革命、德意志帝国和普鲁士王国灭亡，以及共和立宪制度的实施，从根本上动摇了日本的信念。虽然日本军队主要仿效德国模式，但德国军国主义的失败使他们不得不重新思考这一模式的政治含义。自1895年在甲午战争中打败中国以后，日本便被德国人看作是"东方普鲁士"。一战结束后，一位历史学家写道："接受盎格鲁—撒克逊胜利国家的政治制度，将意味着在国内政治上要给予子民更多的权利，在国外政治上承认新的世界秩序。这两点对日本人来说都是不可想象的。'凡尔赛'对德国的意义，相当于'华盛顿'对日本的意义：树立盎格鲁—撒克逊列强国家的政治及商业优势。"[126] 国内政治也同样如此。明治时期日本的国会制度，从头到尾都是按照德国的控制模式建立起来的。战后，政治势力从以天皇、朝廷及国会为中心转为选举制度。政党政治更加受欢迎，也更加不稳定、更腐败、更民族主义。政治家现在要向选民，而不是天皇及政界同侪为自己的观点做辩护了。

一战明显增加了日本人的外交孤立感。曾担任大隈内阁法务大臣的尾崎行雄以思想进步闻名。他说："哪里都找不到对日本友好的国家。"他认为这一局面的形成"经历了相当长的过程，但一战无疑加速了这一过程，尽管事实上日本加入了一战并派船到地中海帮助协约国"。根据尾崎行雄的看法，

> 日本孤立无助，是国内官僚及军国主义寡头统治的受害者，并且受到劳工问题、朝鲜骚乱及国内各种困难的困扰；她在军备上力量薄弱，在经济上缺乏实力，知识上没有成果，但她仍

能与世界上两个最强大的国家对抗。她的人民以日本跻身世界五强之一而骄傲。这使他们想起了鹿儿岛与下关的年代,那时他们的父辈们用弓箭与外国船只作战。[127]

二十七岁的贵族近卫文麿公爵也许最好地表达出日本一战后的极度失望感受。在战争快要结束时的1918年12月15日,他在最重要的民族主义杂志《日本及日本人》上发表了一篇著名文章,题目为《排除英美本位之和平主义》,他在文章中称,战后和平会议上提出的所谓"和平",只不过是维持为英美强权国家的利益服务的现状而已。他担心以英美为中心的国际联盟对日本并无好处,因为西方列强只会利用它,以人道之名为谋取自己的利益披上神圣的外衣。近卫文麿进一步提出,矛盾的真正本质是现有强权与正在兴起的强权之间的冲突——这是两类国家之间的冲突,一类国家要维持对其有利的现状,另一类国家则要摧毁现状才更有利。前者要求和平,后者呼吁战争。在这种情况下,和平主义并不一定合乎公义和人道,军国主义也不一定违反它们。近卫文麿争辩说,日本的情况一如一战前的德国,要求摧毁现状。他建议日本在即将召开的巴黎和会上,一定不能盲目服从以英美为中心的和平建议;它一定要为实现自己的、建立在公义和人道之上的要求而抗争。[128] 他的传记作者认为,这篇文章传递出的思想"很重要,因为它一直影响了近卫的整个政治生涯"。[129] 日本代表团团长西园寺公望为这篇文章训斥了近卫。西园寺是国际主义者,非常重视日本与英国及美国的关系。[130]

近卫文麿本人也出席了和会,其后写了文章《我对巴黎和会的印象》。在文章中,他表示会议只反映出了列强的专横。根据公义平等原则改造世界的愿望,在会议之初即成泡影。《国联盟约》拒绝接受种族平等原则,以"列强说了算"的规则明目张胆地为门罗主义提供方便。近卫指出,建立国际联盟表面上是基于公义维持世界和平,因此在道德上有义务把种族平等原则写入盟约之中。但是,这一动议却被否决了,因为提出议案的日本不够强大。在近卫看来,西方列强自行决定了整个会议的流程。举例来说,威尔逊的"十四点原则"就被只关心本国利益的欧洲政客踩在脚下而不予理睬。近卫认为和会的负面结果充分证明了他在《排除英美本位之和平主义》一文中阐述的观点。[131] 回到日本后,他发觉日本陷入悲伤。"我所看到和听到的一切都令人不愉快。"[132] 近卫显然对战后世界秩序非常失望。

虽然西园寺公望指出日本在一战后的世界地位比 1914 年时高,但也有日本人在巴黎写道:"我们现在又被列强厌恶了。我们的同胞有机会卧薪尝胆了……国际联盟的目标是所有国家的平等与和平,但它拒绝废除种族歧视……如果这个提议失败,无论如何我们都必须敦促巴黎代表退出,并且作为一个民族,立刻担负起准备复仇(即卧薪尝胆)的责任。"[133]

日本代表在离开巴黎时相信,美国会站出来阻止他们在中国的行为,而世界也不相信日本。也许在巴黎和会上日美之间分歧的根本原因是"威尔逊原则的普世主义与单边主义的对立……以及一种初期的特殊区域主义和多元主义的对立,这是日本领导阶层基于他们在东亚的特殊地位所得出的看法"。[134] 1918 年 11 月,外务大臣内田康哉针对威尔逊的"十四点原则"草拟了一个备忘录,作为日本代表在和会上的粗略计划。内田是在旧式外交和秘密外交中训练出来的外交官,也相信那些原则,因此他仍相信"有些情况适合秘密协商"。他不认为消除经济障碍是个好主意,并表示"无法简单地说好或不好,除非对具体的条款内容有详细地讨论"。他也不想裁军,认为限制武力"不明智"。不过他认识到随着美国及威尔逊主义的兴起,世界潮流已经转变了方向。在他看来,"国际联盟是最重要的问题之一,日本政府支持它的最终目的。不过,由于当今不同国家之间仍存在着种族偏见，因此，用于实现国际联盟目标的方法可能会给帝国带来不利"。[135] 如此他对威尔逊受到拥护的想法感到失望也就不奇怪了。当欧洲的这场大战结束时，美国与日本在这些方面对世界的看法相去甚远。威尔逊倾向于建立在新式外交基础上的新世界秩序，而日本则努力坚守旧式外交与帝国主义。美国代表团的远东技术专家威廉士（Edward T. Williams）评论说，"日本的目的是称霸亚洲，现在的原敬内阁也不例外"。他断定，"如果要在远东实现正义或让自由得到生存，日本必须受到限制"。[136]

哈佛大学历史学者入江昭认为，"一战以后，日本外交面临的首要挑战是如何最准确地界定其意识形态基础，因为旧的帝国主义外交正为美国、俄国、中国等国家所提倡的外交方针取代"。[137] 美国的战后政策是要重建东亚地区的秩序和稳定，这就要求日本将山东归还给中国。美国人还想摧毁东亚现存的帝国主义外交体系。这看上去尤其针对日本。[138] 1902年以来作为日本外交基石的日英同盟已经终止。入江昭认为，日本参与《四国公约》及《九国公约》，已经表明它被说服承认了帝国主义外交的消逝。[139] 杰出的日本历史学家荻原延寿认为，直至一战结束时，日本外交的"中心"一直是日英同盟，但一战后英国放弃了日英同盟，"日本外交因此无所适从，失去了方向，自己变成，或不得不变成'准中心'，继续把其帝国计划强加在朝鲜及中国身上"。[140] 日本明显对中断其旧外交中最宝贵的日英同盟关系感到失望。该同盟显然与国际联盟的理念不能兼容。英国正是以此为借口，在巴黎和会结束后拖延同盟条约续约，并确实有意终止日英同盟。日本外相内田康哉听说英国想终止日英同盟时很恼火。[141] 根据中谷直司的观点，日本在巴黎和会上竭力维持旧外交，"而采取这个立场，和平只意味着日本'千分之一的机会'的消失"。[142]

日本在山东问题上赢了，但是付出了很大代价。它对中国愈来

第六章　中国、日本在巴黎：新世界中的老对手

愈大的野心当然引起中国人及外国的愤怒与不信任。杜威夫妇观察到，"日本人遍布中国城镇，就好像准备收网捕鱼一样"。[143] 在家信中，杜威告诉孩子，"（中国）学生最常问的问题实际上是：'我们关于永久和平及国际主义的希望在巴黎落空了，这表明强权仍在公理之上，强国仍然以牺牲弱小国家为代价得到他们想要的。中国是不是应该把军国主义加入教育中？'"[144] 杜威在1919年5月12日从上海写道："这里的美国人都希望参议院拒绝通过和约，因为它实际上是把中国交给日本。"[145] "日本人在和会之前满口承诺要把德国租借地归还中国，但这分明是说谎。美国人不应该忘记这一点。所有这一切，以及中国的极端贫穷，都是我来这里以前不知道的。"[146] 他在另一封信中写道：

> 我从没有想要成为一个好战者，但是要么美国完全对东方问题撒手不管，说"这根本不关我的事，你们爱怎样就怎样"，要么就应该积极一点，让日本为它正在进行的每一个侵略行动负责。令人作呕是，我们纵容他们进攻而一味防守，解释什么是门户开放，而日本这时已经关上了中国几乎所有的门，把钥匙收到了自己的口袋。[147]

日本与英国的关系也已经受到损害。前首相大隈重信侯爵在战后便说，日本"应加强自身力量，维持与英国及美国的友好关系，因为与这两个重要国家的友谊是日本战后国际政策的基础"。

> 我认为最重要的是打消其他国家对日本的各种疑虑。日本在西伯利亚的行动已经引起了部分列强的疑心，她在中国的外交政策也受到外国人的质疑。对本国的未来来说，这种状况确实令人遗憾，我认为消除这些不必要疑虑的最快、最有效的方式，

就是维持同英国与美国的友好关系。[148]

但战争结束后,英国开始重新思考英日同盟的未来。日本是"黄色普鲁士"的观念在西方已经根深蒂固。1919年夏天,寇松便就日本在中国的行为训斥日本驻英大使珍田舍己。日本坚持不归还山东是不智之举;它导致中国对日本的敌意,引起了英国的疑虑。寇松敦促日本大使思考英日同盟的未来,以及远东的一般安全问题。[149] 1922年,日本被迫归还山东,并放弃一战时期在中国建立的巨大势力范围。它还被迫同意在中国的"门户开放"政策,而这一政策其实只对经济力量最强的国家——美国和英国有利。在来自西方的压力及日益高涨的中国民族主义运动影响下,日本没有太多选择。

甚至曾致力于支持日本的英国人,也开始担心他们察觉到的日本的傲慢与野心。他们特别关注日本入侵长江流域经济带。英国驻东京大使曾带着不祥的口吻警告道:"今天我们才了解日本,一个真正的日本。她是一个直言不讳的投机分子,这还没说她自私、粗鄙。与一战中的大国相比,它的重要性一般,不过世界夸大了它的作用。"英国战后不会续订《英日同盟条约》。[150] 日本官员带着焦虑断定,英美之间正在合谋对付日本,使日本孤立;或者用日本和会代表田中重中将语气更强烈的话来说:"两个英语国家英国和美国企图压迫非盎格鲁-撒克逊种族,尤其是有色人种。"[151] 寇松勋爵告诉日本大使:

> 鉴于巴黎和会已经通过了和约,如果要各国——不仅是中国,而且是英国、美国等国——的舆论对日本近来的对华政策,或对巴黎和会的结果表达他们的意见的话,我不认为答案全都会对日本有利。就个人而言,我对这种意见深表同情。恕我冒昧表达自己的看法,当然这不代表英国政府的官方立场,只是

向日本政府提出忠告，希望有一个从现有困境中解脱出来的最好方法，因为目前的状况对日本没有任何好处，还有可能最终造成更大的利益损害。[152]

英国媒体甚至质疑日本对一战的贡献，《泰晤士报》写道，"没有一艘日本船只被德国潜艇击沉"，但日本却接管了德国人的资产，用于自己的发展。而中国，"以她所做的一切……却被当作战败者似的来对待，这很不公平。"[153]

反日情绪在美国无疑也很强烈，美日关系迅速恶化。斯坦福大学美日关系专家佩森·特里特（Payson Treat）指责两国都对另一方有"非常危险的想法"及"不负责任的批评"。他指出，人们努力要从恐惧和怀疑里找出确定的事实，结果发现"没有什么值得大惊小怪的"，但是他警告说，"在舆论能影响大臣去留的时代，这种不健康的心态值得政治家们畏惧"。[154]

当美国议员在为是否接受《凡尔赛和约》与是否参加国际联盟展开辩论时，日本成为威尔逊的对手攻击其战后世界秩序的极为有力的武器。美国舆论对有关山东问题的决定持批评态度，报刊头条这样写道："赃物的拥有者日本"、"山东罪恶"、"远东的阿尔萨斯－洛林"，以及"卖光了——四千万人"。《波士顿记录报》(*The Boston Transcript*) 描写山东交易的特征是"粗鲁及匈奴式的野蛮抢劫"。《纽约召唤》(*The New York Call*) 认为它是"帝国主义外交记录上最无耻的行为之一"。《法兰克林（宾夕法尼亚）新闻导报》(*The Franklin [Pennsylvania] News-Herald*) 称它为"可诅咒的事件"，"不可原谅的不公义"。《匹兹堡电讯报》(*The Pittsburgh Dispatch*) 将山东问题的结果描述为"抢劫的密谋"。《底特律自由言论报》(*The Detroit Free Press*) 认为"将中国出卖给日本是后者加入国际联盟的代价"。《旧金山纪事报》(*The San Franciso*

Chironicle）称其"臭名昭彰"。[155] 如同蓝辛的评论,"美国人对《凡尔赛和约》的反对意见,主要是针对国联盟约的条款,以及针对处理山东问题的条款"。[156] 1921 年,沃伦·哈丁（Warren Harding）当选总统,带来的是一个更为反日的美国政府。美日两国间对中国问题的分歧,例如在两国均参与的四国银行团内的美日意见分歧,以及美国对留美日侨的歧视,使它们之间本已陷入困境的关系,在 1920 年代持续走下坡路。[157]

西伯利亚出兵的结果也给日本带来另一个很大的失望。对日本而言,它不只是外交政策方面的事务,也与明治宪法下的国内政治有关。[158] 由于有 1480 人战死,600 人因冻伤及疾病死亡,出兵行动只能说失败了。[159]《东京朝日新闻》的报道很沮丧："与甲午战争和日俄战争相比,我们（在西伯利亚）付出的惨痛代价毫无意义。如此长时间的驻兵,当然会引起列强猜疑,也使俄国人对我们产生敌意。"[160] 泉哲最后总结说,日本应该放弃出兵,因为"鉴于一战结束后所带来的今日全世界想法的巨大变化……我们必须牢记,我们将成为文明种族不信任的对象"。[161]

历史学家保罗·邓斯库姆（Paul Dunscomb）说,赴俄远征军普遍不得人心,有助于阐明日本人与其帝国之间的关系。公众的反应显示出他们希望不再强调帝国扩张来作为日本现代化的证明;相反,他们希望有能让日本与时代潮流及国际形势接轨的视野。[162] 邓斯库姆继续说,出兵西伯利亚是日本帝国主义的发展及其国内支持系统的重要"错位",而不是"一系列独特事件造成的脱节"。一战结束时的国际形势,对日本人关于究竟什么才能使日本成为强大而又现代化的国家的设想做出挑战。同盟国的失败、西方民主国家的胜利、俄国沙皇政体的垮台,似乎都象征一个历史时代的终结。自由民主显然战胜了军国主义、专制帝国主义,使帝国现实主义者甚至单边主义者停下来思考。时代潮流反对以武力征服来建立强大帝国，倡导与协约国的合作，限制军备及不干涉亚洲大陆。邓斯库姆引用吉野作造的话说，"世界的新潮流是，在国内完善民主，在外交政策上建立平等世界"。[163]

1921年，对选举有敏锐直觉的原敬首相对泉哲说，日本帝国主义已经到了一个关键阶段：

> 如果旧秩序真的走到了尽头，就像新的外交所承诺的那样，那么国家没有理由继续坚持积极扩张的政策。稍做一些调整，日本也许可以"体面地"放弃新近对中国的要求。总的来说，温和派认为适应新秩序的想法很可取，而军队影响力的下降也让这一策略在政治上可行。[164]

首相及其同僚因此施加压力，要从占据了日本一代领导者头脑的对扩张主义的信奉中后退一大步。1921年5月的东方会议正式批准日本从山东及西伯利亚撤军。这一新的政策姿态，很快就让日本人接受了1921年11月召开的华盛顿会议上所提出的条件。邓斯库姆认为，"反帝国主义者对日本外交政策的批评得到一定程度的尊重，新的国际主义精神也开始在知识分子圈子流行起来，同时，对'军国主义'的呼吁则骤然陷入前所未有的低潮"。[165]

外交领域的重大变化更凸显了日本对巴黎和会最深的失望：西方列强对日本种族平等议案的拒绝。第七章将对此做出描述。

第七章

日本的种族平等之梦

1899年，欧洲列强同意放弃在日本的治外法权；1911年，日本收回了关税自主权。换言之，随着"不平等条约"的完全废除，日本终于作为"文明"国家得到了认可。1905年击败俄国后，日本已经作为一个不可忽视的"文明"力量进入国际社会。日本有理由感到自豪，因为它是第一个获得"文明"地位的非西方国家。土耳其直到1923年，而中国更要等到1943年才废除治外法权。日本希望在巴黎和会上最终被接受进入列强的白人俱乐部，但列强却拒绝了它几次提出的、加入到国联盟约中的种族平等条款。日本被迫在徒然推动种族平等与攫取中国领土之间选择。根据日本著名外交家石井菊次郎子爵的看法，在被"一致赞许为世界文明强国"后，日本却被"单独挑出来歧视"。换言之，日本虽然已经达到了"文明"的标准，但其他"文明"国家"在对待日本时却无视这一标准"。[1]结果，日本在国内外都遇到了麻烦。日本在一战中的成功助长了西方尤其是美国的反日情绪。[2]当失去信用的日本代表团回国时，人们抗议他们没能成功地促成种族平等条款的通过，破坏了对未来与西方合作的支持。但即使是在提案失败的情况下，种族平等问题也凸显了一段复杂的历史。中国人、印度人、越南人都面临欧洲人的歧视，但日本人自己却视朝鲜人为劣等民族，对中国人也怀有种族偏见。日本人在巴黎和会上的遭遇，在很多方面都是欧美长期煽动反对日本人和中国人行为的延续。这在美国可以追溯到1850年代，而在大英帝国及其自治领则可以追溯到"白澳政策"等限制政策。[3]美国1924年的反日移民法案也为日后美日之间的大规模对立预设了道路。[4]

国内动因

有人也许会说，日本人受困于自卑的民族复杂心理，但所谓"自卑"主要来自外部压力。1868年发动明治维新以后，日本改革派精英开始把白种人和西方文明理想化，公开提倡日本抛弃其亚洲特性。有影响力的政治家井上馨宣称，"一定要把日本民族和日本人改造成为欧洲民族和欧洲人"。[5]不过，日本的进步分子也在争论是要发展出独特的自我认同以让亚洲其他国家学习，还是仿效主流白人文化的模式，以期有一天西方国家能平等接受日本。日本在1895年打败中国、1905年打败俄国，取得了军事上惊人的胜利。但日本人与其他亚洲人一样，也面临许多相同的障碍及各种形式的种族歧视。甚至它打败中国成为一个西方式帝国后，西方列强仍强迫这个新生帝国把辽东半岛交还中国。日本在1905年加入西方强国行列，但西方仍拒绝，甚至不准许日本公民平等地移民到他们的国家和殖民地，认为日本人不够资格与白种人交往、拥有土地或入籍。西方国家的种族主义孕育出双方极深的不信任，最终导致珍珠港事件的发生。

美国就是一个这样的国家。根据入江昭的观点，"日本人与美国人之间自觉萌生出的敌意在第一次世界大战期间达到顶峰"。[6]1913年，加州通过了《外国人土地法》，禁止不符合公民资格的外国人拥有农业土地。被归类到这个群体的只有中国人、印度人、日本人和朝鲜人。考虑到美国国会实际上早在1882年便通过了《排华法案》，并在其后发布了一系列限制性法律，这次针对的目标及受影响最大的明显是日本人。这项法律在一战前一年由国会通过，在巴黎和会一年之后的1920年延期，继续有效。日本驻美大使珍田舍己对此表达了"痛苦的失望"，抗议该法案"既不公平，又充满歧视"。珍田解释说，加州法律让日本政府及人民"极为难堪"，因为"从条文引申出来"的种族歧视，危害其"公正的民族感情"。日本外相牧野伸显男爵也宣布他不愿意"默许不公平和可恶的歧视"。[7]在日本的外国观察家注意到，加州立法极大地伤害了日本人的民族感情。《泰晤士报》驻东京记者报道说，这个问题"是每一个日本人都极为关心的重要问题"。连街上的普通人也会"直接触及问题的核心"，并且知道这种冲突会影响"其民族在世界的地位"。加州人公开驳斥了日本人"与西方人平等的主张"。因此，这一目标已经变成国家荣誉之一，使民众情绪高涨。1913年，种族平等是一个人们广泛讨论的话题。首相大隈重信告诉一群早稻田大学的听众，"白种人认为世界归他们所有，其他种族都比他们低级得多。他们认定白人在宇宙的角色就是随心所欲地统治世界。日本人受这一政策影响，深受其害。事实上他们是错误的，因为日本人并不比白种人逊色，而是与他们完全平等"。1915年大隈进一步声明，圆满解决西方对日本人的歧视，"将标志着东西方不同文明之间的和谐，创造出人类文明历史的新纪元"。[8]一战前夕，日本人提出与西方强国平起平坐的要求，在国际上造成了影响深远的不安和骚动。[9]

一战主要是白人国家之间的战争，甚至可以说是西方列强的内战。英国人寻求日本人、中国人及印度人的支持，法国寻求越南人和中国人的帮助。与此同时，日本则受到英国及其他国家的追捧，选择作为英国盟友加入战争。战争结束后，威尔逊宣布了他的公平新世界秩序的蓝图，日本人对最终赢得种族平等抱着极高期望。《日本时报》（The Japan Times）的一位作者希望一战打破种族固化的传统观念，或许这场战争"为这个极端困难的问题如何自行得到解决带来了一线新的希望"。日本政论家河上清是在美国接受教育的基督徒，其言论经常反映出日本的官方立场。他警告说，未来的世界和平有赖于种族和解。[10] 1918年11月，在德富苏峰的《国民》上有一篇文章写道，筹备中的国际联盟的主要目标是"世界各民族的平等"，但是"只要日本人及其他有色人种被白人国家区别对待"，它在世界上的作用就无法完全发挥出来。[11] 1918年11月30日的摘录写道："一个未能解决种族问题的正义与人道纯粹是虚假的。建立在虚假正义与人道上的世界和平联盟，只不过是盖在沙子上的房屋而已。"[12]

对日本人来说，最重要的是未来的国际联盟将如何解决种族歧视问题。一些人表达了对威尔逊理想的期望。《国民》写道："最令人欣慰的是人类保护者威尔逊先生和克列孟梭先生坚持世界和平的理想。如果这个（种族）问题能得到解决，青岛和南洋诸岛权益等问题就不值一提。我们渴望敦促西园寺侯爵与威尔逊、克列孟梭先生一起，共同为这个问题找出令人满意的解决方案。"[13] 11月3日的《国民》又说："威尔逊先生的联盟的主要目的是全世界不同种族的永续、自由与平等。"鉴于国际联盟的目的是建立世界和平，同时建立起所有民族自由、平等的原则，因此"在作为国际冲突之原因的经济障碍和作为国际对抗之原因的种族歧视之间没有什么可以选择的"。该文章提醒读者，威尔逊本人在为国际联盟订立的第一条款中便声明，所有人的"公平的正义"必须包括废除歧视；必须没有偏袒，不会只为少数几个民族设立平等权利标准。文章也希望，一旦日本加入国际联盟，美国与澳大利亚的种族歧视便会理所当然地被废除。在所有民族一律平等的原则之下，日本人应该与其他外国人享有相同的权利。"我们不会怀疑总统的诚意……如果总统的国际联盟设想能实现，我们期待美国国内对日本人的政策也会有所更改。"岛津直子认为，1918年11月的日本报纸已经开始把种族问题视为潜在的定时炸弹。到12月初，日本三大报纸——《东京每日新闻》《读卖新闻》《朝日新闻》——已经对种族平等问题发起了全面进攻，并要求政府在和会上提出解决方案。在日本公众的眼中，整个国际联盟的合法性都与种族平等提案的成败相关。日本作为非白人强国，为了更广大的国际正义，有道德责任要求种族平等。[14]

并不是每一个人都对此抱有希望。在第六章曾提及，仅在日本代表团出发前往巴黎五天后，近卫文麿公爵就发表了《排除英美本位之和平主义》一文，对英美控制的国际秩序是否会信守种族平等原则表示怀疑。虽然他相信种族间的"平等感"是"人类社群的基本道德信条"，但在他看来，拟订的和平条约似乎都是把外国人挡在"殖民地区"以外，以保持西方主要国家的优势和他们对全世界资源的控制权。近卫建议日本不要加入国际联盟，除非"白种人区别对待亚洲人民"以及西方列强的经济帝国主义被废除。近卫宣称，"我们一定要以正义及人道的名义在即将召开的和平会议上提出这一要求。事实上和会将是一次确定人类究竟能否用上述原则改造世界的机会"。[15]

不过，其他日本领导者则认为，如果日本在和会上做出强势努力，也许就会成功。京都帝国大学法学部教授户田海市在1919年1月1日至3日的《东京朝日》上写道，日本人要求废除种族歧视不是基于日本的经济利益，而是基于生存的平等权利原则。尤其是，

> 我们反对歧视有色人种的移民，并不是简单地指我们被白人区别对待，因为如果有色人种和白人一同都被禁止移民，或对两者的严格限制在程度上是相等的，我们仍然会维持我们的

反对意见……对有色人种的偏见是不公平的,这不仅仅是因为歧视本身这一事实,而且因为这与共同利用和发展财富的原则背道而驰。资源垄断是经济帝国主义,它与军国主义或军国帝国主义同样不公正。确实,我们看到现代经济帝国主义需要军国主义协助才能产生效用,完全不需要将二者区分开来。在从根本上摧毁军国主义之前,经济帝国主义亦必须被摧毁……如果种族歧视没有被国际联盟废除,那么它将只会沦为白人压迫有色人种的手段。[16]

其他舆论制造者也同样坚决。《大和》的编者大声疾呼对于种族歧视问题"一定要斗争到最后"。消除这种"不公正的做法"是"日本最大的使命"。歧视意味着"白种人对权力和利益的掠夺",如果日本不站起来阻止他们,还有谁会在那里"制止白种人肆无忌惮的自私自利和霸权呢"?[17]《每日新闻》的编辑则表达了对协约国会用"诚恳和公正"的态度处理种族平等问题的希望。[18]《万朝报》引用威尔逊四海之内皆兄弟的说法,认为他若放弃其歧视的理想,则"不可思议"。[19] 日本代表牧野男爵为日本的种族平等提案恳请澳大利亚总理威廉·休斯支持,尽管休斯是坚定不移的白澳支持者。牧野与他谈话时说出了一定的真实情况:"我国人民对这一条款有很强烈的感受,如果我回去告诉他们条款被拒绝,他们可能会杀了我。"[20]

1918年末到1919年初,日本的舆论被新成立的利益或压力组织动员起来。最大的组织是废除种族歧视联盟(the League to Abolish Racial Discrimination),由一群军人和官员发起,希望提高种族平等在日本和平政策中的重要性。另外,人民外交联盟(the League for People's Diplomacy)在1918年12月6日向政府递交了一份备忘录,要求废除英国及美国领土上的种族偏见政治。种族平等问题主导了日本主要报纸的社论。[21] 日美协会、和平问题宣传协会、人民外交联盟、太阳与星协会等组织都召开公开大会，要加强政府对种族平等的重视。废除种族歧视联盟聚集了来自各主要政党、官僚、武装部队及其他37个社会团体的代表。1919年2月在东京举行大型集会后，该联盟发电报给乔治·克列孟梭，表达对和会废除所有形式的种族歧视的期望。3月份的第二次民众大会决定，如果国际联盟不基于废除种族歧视的话，就反对其成立。[22] 夏威夷的日本社区在1919年3月将一份请愿书呈送给克列孟梭，请求他"不遗余力地在和约与国联盟约中加入条款，根据公平、正义及人道原则赋予日本国民移民至缔约国领土内的权利，并不受歧视地享有入籍的权利、公民权利和政治权利"。[23]

河上清对这股公众热潮进行了评论，认为是"日本群众"把种族平等问题强加到了政府身上。可以说它是"天皇帝国六千万人民的提案"。[24] 当日本代表团出发前往法国时，报纸评论合奏成一曲送别乐章。《国民》希望代表团不辜负国家的信任，废除种族歧视与国际联盟的成立同等重要。《朝日新闻》完全同意："对世界大多数人口的不公平与不公正的对待，与世界永久和平如此密切、实际地连在一起，没有任何问题可以与之相比。除了证明其他种族所遭受的不公，同白人相比，日本人无法以更正当、更公正的方式阐明自己的观点。"[25]

日本国内的意见可以分为支持国际联盟和反对国际联盟两派，而后者更能代表日本国民的感情。原敬首相支持日本加入国际联盟，其内阁为代表团制定了具有以下优先事项的指导原则：(1)"日本独自享有的与协约国及附从国无关的利益"，包括接管德国的青岛租界以及赤道以北的太平洋殖民岛屿；(2)日本"无直接利益"的地方，仍应保持警惕，并利用任何可能时机介入；(3)"与协约国及其附从国有共同利益"的地方，授权与会代表与其他协约国尽全力合作。换言之，政府主要关注的焦点是将它对德国在亚洲利益的

第七章　日本的种族平等之梦　　215

掌控合法化，特别是在华利益。[26] 加入国际联盟并未构成实现上述目标的障碍，还有可能在面对阻力时用作筹码。

但岛津直子认为，"可以合理地构想，日本以将种族平等提案加入国联盟约为条件接受国际联盟，使其起到安抚对手的作用"。[27] 与日本人在种族平等提案上保持一致立场的普遍看法相反，日本政府内部对国际联盟问题存在分歧。岛津认为，"可以合理地推断，种族平等提案可以被视为安抚那些不认同原敬观点的怀疑派的手段，即不认同日本需要在和会上讨好盎格鲁—撒克逊强权国家以避免在国际上陷于孤立"。[28] 当日本社会热衷讨论战后世界秩序中的种族平等时，外务省官员与受人尊敬的外交咨询委员会委员所关心的却是种族偏见可能会危及日本在未来国际联盟里的地位。外务省为巴黎代表团准备的草案指引说明，如果因为"种族偏见尚未完全从各个国家中消除"，这样的计划只会产生"严重损害日本"的结果，那么日本代表将把这个为国际联盟组织准备的计划搁置起来。不过，若国际联盟是既成事实，日本则无法承受置身其外，代表们应努力争取适当的保障，以避免因种族偏见带来的不利因素。只有这样，日本才有信心确保西方列强不会利用这个新组织"冻结现状"。[29] 内阁及咨询委员会的指令很清楚：日本是否加入新的国际组织要看是否在拟定的国联盟约正文或序言中纳入种族平等条款。

正如岛津直子所言，日本政府关注的是与西方列强平起平坐，但其焦点是日本国民在海外受到的歧视。他们的要求是"高度具体及民族主义"的表达，展现其防止国民乃至国家遭受"国际联盟中种族偏见的羞辱"的愿望。[30] 然而一旦困于瓶中的精灵被释放出来，公开出现在人们面前，日本代表便不得不在和平会议中提出种族平等议案，无论取得成功要面临多么大的困难。日本驻美大使石井菊次郎告诉美国人，种族平等问题"太贴近每一个日本人的心声"，因此他必须密切注意日本舆论动向。[31]

议　案

大部分学者坚持认为日本并无诚意推动种族平等议案，推出此案只不过是将其用作讨价还价的筹码。毋庸置疑，种族平等问题有此作用，在某种程度上也是日本有意为之。但这里提供的证据有力地证明，这项提案的背后有日本人的诚意，他们也将其视为最重要的事情。考虑到该提案可能面临的困难，牧野伸显与珍田舍己曾与美国人做初步接触，特别是与威尔逊总统信任的顾问爱德华·豪斯上校谈论此事。

日本人首次向豪斯上校提起种族平等问题是在1919年2月2日，告知他日本人关于废除种族歧视的一般性立场。豪斯受威尔逊所托商讨种族问题，日本人也相信他对日本很友好，如本书第六章所述。牧野和珍田在2月5日及12日之间向豪斯提交了四个不同的草案。[32] 豪斯上校花了很多时间与他们讨论，均表示支持。最初的草案包括以下文字："民族平等是国际联盟的基本原则，各缔约方承诺在给予其境内外国人的待遇和权利上，不会有法律或族裔上的歧视。"豪斯拒绝了这个方案，但接受了第二个，其文字如下："民族平等是国际联盟的基本原则，各缔约方同意，对于境内外国人的待遇问题，他们将在法律上和事实上给予他们在合法权利范围内的平等待遇和权利，不因其种族或国籍的不同而做任何区分。"戴维·米勒在2月9日的日记上写道：

> 豪斯上校找我谈话，谈到日本的提案。当我在讨论这个问题时，贝尔福走了进来。豪斯上校与贝尔福先生就此事进行了一般性讨论……豪斯上校说他看不到对待日本人的政策如何继续下去。世界告诉他们不能去非洲、不能去白人国家、不能去中国，也不能去西伯利亚。但他们是一个正在成长的国家，他

们国家的土地都已全部垦殖，不得不去某个地方找出路。³³

豪斯似乎颇为同情日本的处境。

受到豪斯友好回应的鼓舞，日本人决定把议案提交到国际联盟特别委员会，当时盟约草案差不多已经讨论完了。日本首先在2月13日特别委员会的第十次会议中提出种族平等议案，牧野伸显提议增加有关种族平等的声明作为对国联盟约第21条的修正，该条款是保证宗教自由。这一想法来自威尔逊，他呼吁平等对待所有宗教上的少数群体。威尔逊内心里特别关注的是让全世界的移民法平等对待犹太人移民。日本人希望有"宗教及种族平等"的文字表达。牧野建议："民族平等是国际联盟的基本原则，各缔约方同意国际联盟成员国尽快在各方面给予外国人平等及公正的待遇，无论在法律上还是事实上，都不会因种族或国籍的不同而区别对待。"³⁴ 在口头介绍提案时，牧野表示"无可否认，种族歧视仍在法律及事实中存在，在这里把存在的事实说出来便足够了"。他暗示在这份日本提案中，"并没有提出立刻实现各民族之间理想的平等对待"。³⁵ 牧野对战时共有经历的诉求并没有赢得特别委员会的通过。由于宗教歧视与种族歧视问题很有可能会放在一起处理，而无须专门接受日本提案，因此很自然的，威尔逊总统决定撤回原来提出的"宗教平等"条款。³⁶ 删除包括日本修正案在内的整个第21条全文的决定得到了支持。戴维·米勒的意思是，导致威尔逊放弃有关"宗教"条款的原因是牧野的"平等"修正议案。通过扼杀日本的修正案议案，威尔逊让人们无法以任何形式加入任何关于宗教自由的条款。³⁷ 就在第二天，盟约草案在没有日本提案的情况下提交给大会全体会议时，牧野提出保留意见，申明日本将再次提交另一项议案交和会审议。

在2月遭到拒绝后，来自东京的新训令，以及国内大众对种族歧视问题越来越愤怒的消息，使日本代表团鼓起勇气在3月下旬再次回到这个困难的任务上。3月30日，原敬要求外交顾问委员会拟订一个可行方案，应对万一出现议案遭到拒绝的情况。原敬个人相信"它不是一个足够让日本（合理地）退出国际联盟的正当理由"。外交事务顾问委员会一致认定，政府无论如何不应该在这个问题上丢面子。因此，新的训令简略地为日本代表提出了一个选项，即将特定段落作为国联盟约的附录。[38]

3月间，日本为国联盟约序言的修订继续寻求美国及英国代表支持。在四个星期的时间里，牧野和珍田与美国、英国及其自治领的领导多次会谈，其中包括同南非的扬·史末资（Jan Smuts）、加拿大的罗伯特·波顿（Robert Borden）爵士及新西兰的威廉·梅西（William F. Massey）会谈。[39] 1919年3月14日，当石井菊次郎大使在纽约的日本协会晚宴上发表演说时，甚至把日本提案直接介绍给美国人民。他强烈请求在国联盟约中加入反对种族歧视的条款，并且清楚地表明这是他的政府的政策。但他并没有说明或甚至暗示日本政府会坚持移民平等。[40] 不过，巴黎的日本代表告知豪斯上校："他们会在任何关于国联宪章的讨论中保留提出移民平等的权利。"[41]

4月11日，日本在国联盟约特别委员会会议上抓住了机会，由牧野提议在序言中加上"民族平等及公平对待其国民的原则"。在介绍性陈述中，牧野强调由"种族平等"到"民族平等"的转换，强调"我对序言的修正案，只是为至少在组成联盟的各民族之间的关系上提出一个普遍原则，正如它规定了各国政府之间要遵守的行为准则一样。修订案无意侵犯任何国家的内部事务，它只是阐述了未来国际交往的目标"。根据牧野的看法，新的修正议案并没有完全满足日本人的愿望，但"是试图调和不同国家观点的结果"。牧野解释说，日本的提案试图确保所有国家及其子民的平等："所有恰好生活在被认为足够先进、完全有资格成为联盟成员的国家的外国人"，均不因种族或国籍的不同而有所区别。

牧野也同样提请人们注意一个事实，即种族问题是一个长期存在的不满和矛盾，随时有可能变得尖锐而危险。因此，将处理这一问题的条款包括在国联盟约中十分重要。他说："我们并没有忽视阻碍充分实现这一原则的各种困难，但它们并非不可克服。"事实上，不同民族之间的严重误解可能会变得无法控制，当在过去看来似乎不可能完成的事情快要实现时，日本人希望现在就能够解决这个问题。日本的议案也提出，鉴于问题微妙而复杂，涉及人类的深刻感情，因此没有提出立即实现平等；代之提出的条款只是阐述了原则，并将其实际工作交由有关政府掌握。有关政府及人民应该更仔细地研究这个问题，为此设计一个公平的解决方案。日本人认为，既然国际联盟被设计成为制止战争的保证，在遇到侵略时，各国必须准备捍卫其他成员的领土完整及政治独立。这意味着成员国的国民必须准备为共同事业分担军事费用，包括牺牲自己。鉴于这些职责，每个国民都会自然地感受到，并且事实上要求，他与他所承诺要保卫的，甚至不惜牺牲自己的生命来保卫的人平起平坐。[42]

在随后的辩论中，日本人在会议上得到了一些最杰出人士的支持——如意大利总理奥兰多（Orlando）、法国的布儒瓦（Bourgeois）、希腊的韦尼泽洛斯（Venizelos）和中国的顾维钧。根据记录，17票中有11票支持修正案。法国代表布儒瓦说道，不可能投票反对"一个体现无可争辩的正义原则的修正案"。[43]但当时在贝尔福手下担任内政部副部长的罗伯特·塞西尔（Robert Cecil）拒绝接受修正案，说他这样做是听从政府指示。会议主席威尔逊在塞西尔的支持下也反对提案，说他害怕"在委员会以外必然发生的"争议。因此，日本的提案在必须一致通过的原则下被否决了。若要威尔逊接受方案，必须不只是多数通过。[44]威尔逊声称，没有一个出席者反对民族平等和平等对待国民的原则，但是有关讨论已经点燃了"偏见的熊熊火焰"，让它再引燃舆论是不明智的。在讨论当中，豪斯上校递给威尔逊一张字条,上面写道:"麻烦的是,如果特别委员会通过它,它肯定会引起全世界的种族问题。"[45] 威尔逊也许就是在对这张字条做出反应。因此,他利用规则终止了日本的提案。豪斯的秘书奥金克洛斯(Auchincloss)在4月13日致电美国副国务卿弗兰克·波尔克,报告投票结果:"由于在盟约草案中加入条款需要委员会成员的一致同意,日本的提案被否决了。罗伯特·塞西尔勋爵的反对意见使我们没有必要对这个问题进行投票。"[46] 戴维·米勒目睹了这个场景,认为塞西尔勋爵表现得好像正在执行一个困难而又令人不愉快的任务。在发表完意见之后,他坐在那里眼睛一直盯着桌子,没有再参与任何辩论。[47] 日本第二次正式尝试将种族平等引入国联盟约的努力又失败了。

但是,日本人并没有就此放弃。在牧野、豪斯、波顿、史末资与其他人展开进一步讨论但没有结果之后,日本人决定把议案提交到特别委员会最后一次会议上。4月28日,牧野决定回到2月13日最早提出的种族平等议案上去,他在向巴黎和会的全体会议提交议案时发表了下面的演说:

> 我们希望在未来的国家关系中所采取的行动原则,在我们的原始修正案中阐述如下:民族平等是国际联盟的基本原则,各缔约方同意,尽快在各方面给予境内来自国联成员国家的外国人平等与公正的待遇,在法律或事实上,不因其种族或国籍的不同而做任何区分。我们坚信,这个伟大共识的持续成功,不是依靠经常发生改变的各国政府的行为措施,而是更多地有赖于联盟内各国人民为这个高贵理想所付出的发自内心的热情、忠诚与坚定决心。在这个民主时代,人民必须感受到他们是这份工作的受托者。而要有这种感受,他们必须首先有一个亲密和谐、相互信任的可靠基础。如果某些国民的公正与平等待遇

第七章　日本的种族平等之梦　　221

的要求被拒绝，将会在某种程度上严重影响到对他们的素质与地位的看法。他们对于公平与正义的信心也会因此动摇，而公平与正义正是国际联盟成员在未来国际交往中的指导精神；我担心这种心态对于和谐与合作是最不利的，而国际联盟只能在和谐与合作的基础上才能被安全地建立起来。纯粹是出于愿望，我们希望看到联盟在善意、正义和理性的基础上建立，我们必须提出我们的建议。不过，我们不会在这一刻强行要求通过本议案。最后，在结束的时候，我感到有责任在这个场合明确宣布，日本政府和人民对特别委员会未能批准他们提出的、旨在调整这种长期不满的原则及基于根深蒂固的国家信念的要求深感遗憾。他们会在未来继续坚持让国际联盟接受这项原则。[48]

牧野为在国联盟约序言中加入种族平等条款所做的最后呼吁，既有说服力又令人感动。他指出创建国际联盟的理想主义"加快了"全世界人民的"共同感受"，使人们产生了希望与抱负，并增强了对那些尚未满足但却合情合理的要求的主张。被压迫民族的不平和"种族歧视的错误"是人们深层怨恨的主题，如果连日本提案中的合理和公正的要求都被拒绝，那将会给全世界人民的尊严留下持久的阴影。其后果必定会被记住，"因为自尊是人类行为中最有力、有时又是无法控制的因素之一"。[49] 戴维·米勒认为日本人的陈述是"精心准备的"并且"令人钦佩地圆满结束"，博得了几乎所有出席者的同情。[50] 塞西尔勋爵在数天后写信给劳合·乔治，注意到日本人的演讲十分温和，也认为实际上委员会的每一位成员都支持他们。[51] 西方列强这一次会不会接受日本的提案？它的亚洲伙伴会如何回应？

中国人虽然对日本在华行为有深深地怨恨，但对它的种族平等呼声有一致的共识。早在1899年，梁启超就呼吁中国和日本携手合作,保护黄种人的独立。[52] 在巴黎,每次日本提出种族平等议案时,中国代表都表示支持。[53] 日本第一次提出议案时,顾维钧表明他自然完全体会所提出的修正案的精神。但由于正等待政府的训示,他会保留未来讨论的权利,并要求把保留要求记录在案。[54] 3月26日,顾维钧问戴维·米勒日本是否打算再次提出议案,并告诉他说"如果提出,中国当然必须支持"。[55] 事实上,当日本重新提出方案时,顾维钧告知大会,"我真的很高兴看到这个原则本身得到了公约的认可,我希望委员会在接受过程中不会遇到严重的困难"。[56] 印度人在会议上也表示了支持。毕竟,在所有亚洲人中,印度人和中国人都是西方移民政策特别针对的目标。

西方仍然是绊脚石。在大会上,日本人被安排坐在长桌最远的一端,另一端是危地马拉和厄瓜多尔的代表。但不仅仅是同蜷缩在一起的大国代表之间的物理距离促使克列孟梭抱怨听不到牧野说话,他还说,在一个满街是漂亮金发女郎的城市,是可怕的命运使他同"丑陋"的日本人困在一起。克列孟梭并不是唯一一个这样想的人。澳大利亚总理休斯也讨厌见到牧野和珍田,称他们为"两个肥胖矮小的日本贵族,穿着长外套,头戴丝帽,身高不过五英尺"。[57] 他似乎已经不记得是日本舰队保护了澳大利亚和新西兰的运输舰,护送它们的军队前往中东。

回 响

日本人希望他们的提案能得到聆听及接受,结果遇到了置若罔闻与强烈反对。英国坚决反对日本议案。外交大臣贝尔福与豪斯讨论草案时便声称,他同情日本人,但不能接受种族平等原则。虽然草案有不少想法借自《美国独立宣言》,例如"人人生而自由平等",但贝尔福一概拒绝,并认为这个想法现在已经"过时"了。他认为,

第七章　日本的种族平等之梦

纵然某一国家的所有公民可以拥有与生俱来的自由与平等，但不相信非洲人"能够与欧洲人或美国人平起平坐"。[58]

意识到英国反对派的力量，日本代表不再依靠豪斯，转而直接与贝尔福和塞西尔协商。罗伯特·塞西尔在 2 月初已经代表英国政府对日本的种族平等议案表示了反对意见，珍田当时的回答是，日本无意就种族或移民问题进行展开，只是要求民族平等原则及公平对待日本国民。这些字眼也许具有广泛意义，"但它们是指国联的所有成员都应该被平等及公正地对待"。日本人表示，"如果日本的修正案被接受并写进序言，有关宗教自由的条款亦可以引入"。[59] 他们认为接受他们的修正案只意味着国际联盟要建立在公平原则之上。日本舆论强烈支持这一修正案，因此其代表要求委员会将之付诸表决。如果修正案被否决，"这将向日本表明，作为联盟成员，日本的平等地位得不到承认，因此，新组织将是最不受欢迎的"。[60]

种族平等提案及其推论从一开始就注定要失败。在和平会议之前，英国一位高级官员便写道：

> 我们甚至不知道日本人会不会在和会上提出日本人要移民到印度及其他英国自治领的问题。如果他们会，对我来说应该做出回答，但不是根据战争会议的第 21 号决议案，因为它日后可能会被各个自治领修改，而是发表一个简单的声明，说明在英帝国各组成部分之间，在英属亚洲的移民问题做出明确安排之前，国王陛下的政府无法与外国政府讨论外国移民问题。[61]

关于日本人进入英国自治领，米尔纳勋爵（Lord Milner）同意：

> 参加和平会议的英帝国代表或者应该提出 1917 年第 22 条和 1918 年第 21 条帝国战争会议的决议规定的一般政策，以防

止日本进一步提出任何移民权利的要求；或者可以由印度代表在英帝国代表团讨论日本议案的会议上，适当地提出日本可能拥有的现有权利的替代计划。理由是，如果日本接受这样的替代计划，将使印度更容易与帝国的其他地区相一致，共同抵制日本进一步的要求。帝国代表团在会议上应该保持以下立场：英帝国对特定类别的英国子民的待遇都是国内事务，外国政府都难以要求其子民享有与英国子民相同的优惠待遇。另一方面，某些类别的英国子民在入境权方面受到特别限制，这对于外国政府的提案并不一定是一个好的答案。[62]

澳大利亚总理休斯稍后写道，如果不在一开始就把日本种族平等议案压下去，"它将意味着我们所知道的澳大利亚的完蛋"。[63] 如果说美国人是躲在英国人的背后阻止日本议案的话，那塞西尔则是用各自治领的反对为借口，告诉日本人这是澳大利亚人的事情，对其整个帝国来说并不是一个至关重要的问题。实际上，各自治领可能认为自己是讨论移民问题的"权威"，英国官员也确实巧妙地利用这些自治领作为他们的"走狗"。[64] 因此，纵使日本2月13日的提案基调相当温和，英国代表也不会给予支持，许多西方国家也采取了相同的立场。面对各国，尤其是澳大利亚的坚决反对，日本人向澳大利亚检察官罗伯特·加兰（Robert Garran）提交了修改后的3月22日提案，里面只是简单地说"国际联盟成员国赞同所有国民平等原则"，[65] 但休斯仍然表示反对。

3月23日，牧野与珍田拜访塞西尔勋爵。塞西尔解释说，他个人虽然同意该提案，但不能给出明确的答复，因为这个问题"毕竟是澳洲人的问题"。[66] 在翌日的会议中，塞西尔指出，休斯和其他自治领领袖仍然态度强硬，需要与他们直接协商。3月25日，在自治领的总理和日本代表的会议上，日本人解释说，他们受到来自国

第七章 日本的种族平等之梦　　　　　　　　　　　　　　　　　　225

内公众的极大压力，但仍试图消除各自治领对移民到他们境内的恐惧。各自治领领导则解释道，如果该条款应用到中国和印度人身上，会导致很多麻烦的出现，他们表示除非删去"平等"一词，否则不会同意议案。对此日本拒绝让步，因为"平等"是他们提案的核心。加拿大的罗伯特·波顿爵士制订了一个折中方案，把字句修改成承认"国家间平等的原则以及公平对待各国国民"。只有休斯表示反对。新西兰总理威廉·梅西愿意接受妥协，但条件是得休斯同意。休斯宣称，作为澳大利亚舆论的代表，他别无选择，只能坚决反对。问题不在于提案的措辞，而是"背后的想法本身。100个澳大利亚人里有95个反对"。由于同僚要求休斯想出一个妥协的办法，休斯退出了会议。[67]

主要是由于休斯的缘故，大英帝国代表采取了一致反对日本方案的立场。4月11日，甚至已经同意了文字上的措辞，塞西尔还是以下面的理由拒绝接受修正案：

> 英国政府认识到种族问题的重要性，但是，如果不侵犯联盟成员国的主权，委员会就不能通过这种方式来解决它的问题。下面两件事中的一件必定是真的：要么日本代表希望在序言中添加的要点模糊而无效，要么它们有实际意义。在后一种情况下，它们打开了引起严重争议和干涉联盟成员国内政的大门。[68]

因此，日本提出的种族平等议案被英国人阻止，因为英国人不得不听从澳大利亚的强烈反对意见。休斯继续坚持日本的方案同英国政府的"白澳"政策相悖，他引用了美国太平洋沿岸的反日情绪作为支持。

种族主义态度在英帝国，包括澳大利亚、新西兰、加拿大、南非自治领在内普遍存在，在参加和会的英国代表团内产生了巨大影响。这些白人自治领派出了独立代表，但他们同时也是英国代表团的一部分。正如戴维·米勒观察到的,澳大利亚"对伦敦的影响力大于东京"。[69] 此外,休斯威胁,如果在序言中插入这个条款,他将公开抨击整个国际联盟。[70] 从1919年2月知道日本议案的那一刻起,一直到4月份议案的最后一次失败,休斯都坚定不移地高声反对。当豪斯上校要求他接受让步时,休斯潦草地写了一条回复说他宁愿一丝不挂地"跳入塞纳河,或走进女神游乐厅"。[71] 休斯最能干的手下之一皮耶斯(E. L. Piesse)少校在为和平会议准备的一份备忘录中提出,关于"大部分日本民族",几乎没有理由对"这个不太先进的欧洲国家"采取不必要的歧视。休斯把他的意见划掉,在旁边聊草地写上"废话"。[72] 豪斯在巴黎的助手、美国军官斯蒂芬·邦斯尔上校在3月16日的日记中,记下了休斯如何"在早上、中午、晚上对可怜的劳合·乔治破口大骂,说如果在国联盟约序言或任何条款中承认种族平等,他和他的人将统统离开和会"。连一向十分矜持的威尔逊也形容休斯是个"邪恶的流氓"。[73] 正如莱克(Lake)所指出的,代表团中的其他澳大利亚人也和休斯一样有同样的焦虑。约翰·莱瑟姆(John Latham)写信给妻子艾拉,告诉她日本人试图将有关种族平等的"某种东西"弄进国联盟约中。他注意到,休斯充分意识到"如果改动了白色澳洲,没有一个政府能活过一天"的事实。代表团在巴黎强烈反种族平等的态度反映了澳大利亚人的普遍民意。副总理瓦特(W. A. Watt)4月4日在墨尔本召开内阁会议后发电报给休斯,重申政府的看法:"澳大利亚人民和议会都不能同意种族平等原则。"[74]

豪斯上校警告牧野,如果休斯发言反对日本提案,威尔逊总统将被迫站在休斯一方,因为他十分担心美国西海岸的舆论。[75] 牧野回答说,日本不能容忍只因为休斯一个人的强烈反对便击败他们的提案。[76] 休斯在1950年出版的回忆录《政策与当权者》(Policies and Potentates)中称,在投票的前一晚,他遇见从西部来的美国记者，便力劝他们去"抗议这种邪恶，抗议这个缺德的条款"，它"会为太平洋沿岸的人民带来灾难，并严重危及邻国的人民"。[77] 随后在与巴黎的日本报界人士见面时，"休斯指出了美国在击败种族平等议案中的作用。澳大利亚在大会委员会中并没有投票权，日本人不应该只从表面上看威尔逊公开支持他们的立场。豪斯对日本日益增长的反美情绪的前景十分担忧，他对休斯的记者招待会做出的反应就是立即发了一封电报给美国驻日大使，要求他在日本新闻界做出适当回应"。[78]

美国人非常高兴让英国人，尤其是休斯承担种族平等议案失败的责任。不过，威尔逊不单支持休斯，自己也是个强硬的种族主义者。1917年1月，威尔逊认为美国人应该远离一战，以"保持白种人对黄种人——例如日本人的优势"。威尔逊告诉罗伯特·蓝辛，他相信"白人文明及其对地球的支配，很大程度上取决于我们保持这个国家完整而不受损害的能力"。[79] 事实上，威尔逊在1913年竞选入主白宫时，人们曾引述他说过的"在中国与日本苦力移民问题上……我支持国家的排除政策"。在同一封电报里，威尔逊说："我们不能从没有与白种人融合的人群中建立一个同质人口群体。"[80]

威尔逊乐意接受种族等级制度。他只承认欧洲的新国家，不包括其他地区。新的国际联盟的托管制度，为那些在他看来尚未进入发展阶段、还不能称为独立国家的人民，提供成为欧洲传统殖民地的另一种选择。人们看到威尔逊在巴黎与在国内的立场是一致的。根据历史学者劳埃德·安布罗修斯（Lloyd Ambrosius）的观点，威尔逊支持美国民族融合的大熔炉理论，但只限于有欧洲血统的人。印第安人与非裔也许住在这国家，但并不算平等的公民。同样，他希望日本能够进入新的国际联盟，认为日本在各民族中是一个有机的群体，但仍然反对有色人种的种族平等。威尔逊希望在战后世界将日本等非西方国家置于从属地位，这与他试图控制美国的少数民族是同样的方式。他拒绝为全世界人民提供真正的多元化或平等。在他看来,"威尔逊的国际主义源于他的美国主义"。[81] 赛斯·蒂尔曼(Seth P. Tillman)总结说,威尔逊因为害怕美国西部各州爆发敌对情绪,不得不屈从于休斯的威胁,而不是坚持他的原则。[82] 但威尔逊对英美之间的团结和白人至上主义的忠诚都很重要,并与其国家政治利益相互关联。他的私人医生卡里·格雷森(Cary T. Grayson)在日记中写下自己的观察,称日本简单明确的要求之下是,"一旦被采纳,将触及美国国内严重问题的核心",因为它将允许亚洲人要求在加利福尼亚和其他西部各州废除歧视性法律。[83] 加州政治家与报纸对日本提案的反对绝对明确。实际上,当日本提案的消息传到加州时,立刻引起强烈反对。美国参议员费伦(J. D. Phelan)发起了一场强有力的宣传运动,愤怒的电报包围了巴黎的美国代表团。他警告说,任何有关种族平等或"公平待遇"议题的声明,都可以解释为把移民、入籍、投票选举、土地所有权及婚姻自主权等全部交予国际团体管辖。西部各州参议员将反对任何会让"东方人"取得与白种人平等地位的措施。他声称,现在这已是众所周知的倾向,"涉及自我保护的生死问题"。[84] 纵然不谈威尔逊自身的种族主义想法,作为一个政治家,他也不可能支持日本的种族平等方案。他知道"任何一个美国参议员做梦也不会想到批准载有如此危险原则的契约"。[85]

威尔逊当然非常留意舆论与选民的动向。豪斯上校将一份日本的种族平等议案副本寄给参议员及前任总统老罗斯福的国务卿伊莱休·鲁特(Elihu Root),征求他的意见。鲁特是限制移民联盟的支持者,他断然回答,"别让它包括进来,它会带来麻烦"。威尔逊本来就很难获得对国际联盟的支持,若加上种族平等条款,更会"在参议院走投无路"。在太平洋沿岸地区,人们肯定认为隐藏在议案背后的是"无限制的黄种人移民计划"。[86] 还有人担心,美国对日本人提出的修正案的反对,可能导致日本放弃在 1907 年同鲁特达成的所谓"绅士协议"中对美国移民的自愿性限制。

日本人最初认为豪斯上校是他们的支持者且十分可靠,然而,豪斯对澳大利亚人立场的支持,将在日本追求种族平等的失败中起到至关重要的作用。豪斯常以外交技巧为骄傲,最能反映这一点的莫过于他与日本、英国就种族平等议案的协商。他在 2 月 9 日的日记中写道:"今天有很多来访者,包括珍田子爵和牧野男爵。他们来又是为了不可避免的种族问题。我推出英国人加以'利用',因为我和日本人提出的所有方案,英国代表团的休斯都会反对。"[87] 历史学家玛格丽特·麦克米伦(Margaret MacMillan)在她最近关于巴黎和会的研究中,质疑美国人支持日本立场的诚意。她认为牧野与珍田不断请求豪斯帮助是找错了人。威尔逊并没有准备好去为一个他不支持且在美国不受欢迎的政策而据理力争。他私下还对休斯迫使英国人反对种族平等条款一事暗暗高兴。威尔逊的得力助手写道:"将它从我们的肩上卸下放到英国人身上,要有相当大的气力,但幸运的是它已经完成了。"[88]

到 4 月下旬,日本人获取山东及通过种族平等议案这两大目标都处于可能实现不了的危险境地,他们不得不选择主攻其一而把另一个作为讨价还价的筹码。当日本政府决定放弃推动种族平等议案,支持对中国的要求时,官方立场便在 3 月中旬确立了。根据贝尔福就 4 月 26 日同牧野、珍田的会面情况向四人会所做的报告,牧野那天去拜访了贝尔福。他带着婉转但非常明确的态度指出,日本要求对其两个要求做出一个整体决定。对于种族平等问题,西方列强似乎想要日本加入国际联盟,但却拒绝给予它平等待遇。牧野告诉贝尔福,日本的舆论非常担心这个问题。不过,山东问题对日本在和平会议中的地位至关重要,因此它必须在当天下午的国际联盟全体会议之前解决。如果日本得到了它在山东问题上想要的结果,日本代表对于种族不平等也将感到满意，当种族平等提案被拒绝时，日本只会举行一个抗议活动。然而，倘若日本在山东问题上受到"恶劣对待"，他无法保证"日本代表会采取什么步骤"。[89] 换言之，日本也许会退出大会甚至退出国际联盟。

从最开始，有些西方人士便认为日本提出种族平等提案只是作为一个勒索手段。2月10日，在豪斯见过贝尔福之后，贝尔福写道：

> 豪斯上校让我看了厚厚一大叠纸，每一张上面都有一个试图找到满足日本人的移民问题的方式。日本人暗示说，如果没有解决之道，他们很难或者不可能加入国际联盟。我看这非常像是对我们盟国的敲诈勒索——对这一点豪斯上校也表示认同……就我自己而言，我不相信哪个说英语的社区会容忍一个日本移民大潮。[90]

颇具影响力的中国代表王正廷也说：

> 中国知道种族平等是国际联盟的基石。日本要求在盟约中把这样一句话包括进去纯粹是一种伪装。它是掩盖其真正目的的烟雾。他们打定主意，明知威尔逊总统会拒绝种族平等议案，却硬要推动这一提案；当前者表示拒绝后，日本人便会指着胶州湾说："好吧，好歹把这个给我们吧。"威尔逊总统就会说："好吧，我想我们不得不给这些日本人一些东西。"[91]

不出日本人所料，威尔逊正是这样做的。作为国际联盟特别委员会的主席，威尔逊最终阻止了在国联盟约中加入种族平等条款。而为了挽救他的国际联盟并让日本留在其中，威尔逊同意把山东让给日本。

第七章　日本的种族平等之梦　　231

因而在4月30日，日本在种族平等之争中"失败"，但却赢得了山东。休斯总理在对澳大利亚联邦议会的演说中很高兴地宣布："白色澳大利亚是你们的，你们想怎样就怎样；但无论如何，士兵们已经取得了胜利，我和我的同僚把伟大的原则从和平会议带回给你们。"[92] 与此相似，参议员费伦也向美国国会宣布，他"非常高兴"总统已经阻止了日本人要建立种族平等原则的"阴险行动"，"那样的话他们会淹没这块土地"。[93] 但日本人又是如何看待这次种族平等方案的失败呢？

日本最终的失败不只是因为西方列强的白人至上政策，也因为自己的双重标准。根据前任法务大臣、有影响的政治家尾崎行雄的观点，日本的种族平等提案注定要失败。他在1919年3月就声明："日本实行排华政策，并且恶劣地对待新合并进来的朝鲜人民，她又怎么能指望别人做连她自己都不肯做的事情呢？"[94] 还有人讨论日本是否只是利用种族平等问题为它对其他亚洲国家的侵略做掩护。托马斯·密勒在一份由巴黎发出的报告中解释说，日本选择种族平等立场只不过是一个挡箭牌，多年来被用于在亚洲国家中的泛亚细亚宣传活动中，而"种族平等"只是他们最新的表达方式而已。[95]

失　望

日本长期以来都对北美广泛的反日情绪感到愤恨，当战争结束后，移民问题不可避免地再次出现。种族平等提案的失败令人深感失望，其意义被认为是没有"在西方得到正确理解"。在某些日本人看来，种族平等应该是"国家联盟的基本原则"。在这个意义上，"威尔逊总统的高贵言辞显然被邪恶的行为变成了嘲弄"。[96] 德富苏峰在《国民》上写道，在巴黎的失败是"这个国家的耻辱"，反驳了日本人以为自己已经作为一个强国被世界接受的信心。[97] 种族平等方案的失败提醒日本人，无论在领土扩张或外交级别上取得多大成就，日本在西方主导的世界秩序中仍未达到平等地位。在这个意义上，日本依然身处白人权力俱乐部之外，与它的亚洲邻国经历着相同的命运。这更加深了日本的幻灭感。日本人不再对国际联盟有信心，他们怀疑英美在东亚和太平洋地区的团结一致，对1924年美国的《外国人移民法案》感到气愤。[98]

日本人显然对别人比对自己更失望。他们对威尔逊的高度期望和希望破灭了。威尔逊利用其国际联盟特别委员会主席的地位，阻止在最终的和约中加入种族平等条款。马雪松写道："对威尔逊战争时期关于自决的普世信息最明显的矛盾，或许是他在美国国内背景下的种族关系记录。"那充满了种族主义的假设和种族歧视的态度。[99] 有些日本人称威尔逊为"嘴巴上的天使，行动上的魔鬼"。[100]《大阪每日新闻》甚至指控威尔逊"内心有个女妖"。[101]《万朝报》的编辑表示，种族平等提案的失败使威尔逊总统的"人道主张"变成一种嘲弄。[102] 一篇社论总结当时日本人的普遍情绪："世界对威尔逊有极高的期待，但事实证明他自私自利，我们已经厌倦了这一切。"[103] 威尔逊政府支持"所有无视人道和国际正义的白人霸权主义"，那些依赖美国正义和人道精神的日本人"在美国建造了一座理想主义的城堡，但它崩塌了"。日本民族主义作家德富苏峰声明，很多日本人对美国的友善、同情心和正义感的呼吁都变得毫无意义。他发动了反对其称为"白人势利"的活动。他写道，其他种族"一定要让白人意识到还有别的种族和他们一样强大"。[104] 德富苏峰1921年所著的《日美关系》一书销量达三十万册，并且几个月内便加印了十二次。书中强调了日本对那时似乎遍及全美的种族敌视的失望和幻灭。日本本身尚未赢得人类一般的平等待遇。

岛津直子在其《日本，种族与平等》一书中注意到，从1918

年11月到1919年5月,种族平等问题主导了日本的国内辩论,因为它象征性地表达了日本对新国际秩序的恐惧和期望。[105] 由于未能实现对盟约的修正、除去白种人强加给亚洲人和非洲人的"耻辱徽章",日本的舆论怒不可遏。[106]《每日新闻》相信国际联盟的盟约精神已死,因"盎格鲁—撒克逊人无视种族平等而占主导地位"。日本评论员认为自己正在领导一场理想主义远征运动;《朝日新闻》的编辑把牧野及珍田的外交同英国在1815年的维也纳会议上谴责奴隶贸易相比。报纸宣称,种族歧视之于当代,恰如奴隶制度之于一百年前。作为领先的非白人强国,日本有责任为世界上三分之二的人口而战,没有比这"更高尚的事业"了。日本因此"必须努力使和平会议留下一个光辉的记录,就像一百年前的维也纳会议一样,结束不人道和反文明的做法"。[107]

更令日本人感到羞辱的是被战时盟友背叛。英国已经远离自己,并向美国靠拢。日本人也感到他们被自己努力学习和追随的西方模式背叛。《日本时报》写道,对那些认为可以控制世界财富并征服其他种族的盎格鲁—撒克逊人,它无法"抑制其愤怒"。[108]《日本时报》的一篇长篇社论认为,日本在寻求种族平等要求上的失败,导致了"最令人痛苦的失望……关于有代表性和主要思想家的感受,一个最仔细和全面的调查表明,当知道这件事后,他们都带着最深刻的遗憾。所有人在感情上都认同,拒绝一个国家正式提出的要求就等于怠慢和羞辱"。日本种族平等议案的失败,揭露并记录了白人对非白人态度的真相。[109] 巴黎和会结束后,日本媒体的评论员们仍然继续讨论种族平等问题。近卫文麿公爵在《我对巴黎和会的印象》一文中说,他完全有理由相信,唯有靠实力才能决定国际事务的走向。他认为种族平等提案的失败,在于提出者日本的力量不强。基于正义与平等原则来改革世界的希望已经破灭。[110] 关于日本对西方的失望,最权威的评论来自83岁的前任总理大隈重信侯爵。他在《亚细亚评论》(Asian Review)上发表《白种人的幻觉》一文说,如果要看到种族平等在全世界实现,日本全民一定要坚定不移地投入这一事业。他认为"白种人满脑子都是错误理论,以为他们比所有种族都优秀"。这种信念并非基于任何科学和实证根据,"只不过是历史偏见形成的迷信"而已,但它是实现种族平等道路上最严重的阻碍。大隈称,"有些白人把日本的发展当成不正当地蚕食他们的权益,要组织一个白人国家联盟,使世界永远保持白人至上"。绝大部分亚洲国家"都是完全与欧洲国家同样的国家,然而,他们由于皮肤的颜色而遭到歧视。其根源在于白人持有的那种变态的种族优越感。如果容许事情照目前情况发展,世界和平很有可能会受到威胁"。[111] 当种族平等提案遭到拒绝的消息传至日本,全国各地纷纷举行集会,抗议所谓"白色"人种强加在所谓"有色"人种身上的"耻辱徽章"。日本国会下议院成为反对日本人屈服于"西方虐待"的"重大示威现场"。[112]

自由派、具有国际视野的日本人和民族主义者一样沮丧。自由主义者认为他们已表明准备好按照其条款参与国际社会。他们担心国际社会对日本的粗暴拒绝可能成为使国家转向实施侵略性民族主义政策的重要因素。[113] 根据岛津直子的观点,种族平等方案的失败导致日本对西方,特别是对英美强权普遍的幻灭感。尽管1920年代初的战后政府在"币原外交"的旗帜下,采取了在国际上注重与英美之间合作的政策,然而,在这一政策的贯彻实施过程中,1921—1922年华盛顿会议的结果却是,英美在东亚和太平洋地区建立了霸权,日本则明显成为在他们之下的次等国家。并且,美国的《1924年移民法案》,通过挑战日本与美国人合作的智慧,破坏了"币原外交",体现了美国人对日本人毫不犹豫地羞辱。整体来说,围绕着国际合作,国内人们的共识明显已没有以前认为的那么强烈了。[114]

回想起来,具有讽刺意味的是,种族平等提案最初作为日本要求与西方平起平坐的手段,来自政府内部亲国际主义者的构想,但是它的间接作用,却是使日本的亲西方政策越来越无法持续下去。松冈洋右是1933年国联大会的日本代表,他在大会上进行了一场退出国际联盟的戏剧性表演,认为巴黎种族平等提案的失败,是西方欺凌日本的例证。岛津直子总结说,对日本提案的否决与不愿承认日本的平等地位,产生了比人们普遍理解的更深刻的心理影响,并在日本的外交政策上留下了不可磨灭的印记。[115] 日本在巴黎和会的失望,反映在昭和天皇将会议的主要遗产与被拒绝的条款联系起来。加上美国加州的反日本移民情绪,拒绝种族平等的言辞"足以激怒日本人民"。从昭和天皇在1946年发布的《大东亚战争的背景原因》中足以看出日本在巴黎和会的失望对此文件产生的深刻影响,天皇宣称:第二次世界大战的根源"在于第一次世界大战结束后签订的和平条约的内容"。[116]

种族平等方案一开始只作为海外日本国民争取平等待遇的手段,但它及时代表了具有全球意义的人权追求。整个亚洲世界都有和日本人共同的梦想。报道巴黎和会的一位美国记者写道:"联合起来的亚洲要求民族平等。"[117] 日本在一战结束时这个令人激动的、充满理想主义的时刻——所谓威尔逊时刻——提出的种族平等观念,直到经历了被称为"世界大战"的第二次战火之后,才成为一个普世观念。[118] 支持者和反对者都认为,结束种族歧视是实现普世愿望的行动。马雪松在有关中国人与印度人对威尔逊承诺的反应的突破性研究中,批评当前学术界仍然"只专注于欧洲"。[119] 其他非欧洲世界都密切关注着争取种族平等条款的斗争。中国代表顾维钧告诉美国《纽约前锋报》驻巴黎记者帕特里克·盖拉格(Patrick Gallagher),他收到了来自全世界各地,包括美国各大城市、爪哇、南非及澳大利亚的中国人寄来的信件和电报,敦促他支持日本的议案。在大会上,顾维钧支持日本提案,并希望国联盟约承认这个原则。[120] 他与接受过美国教育的世界主义者、同为和会代表的王正廷合写了一本英文小册子，提出"确保普遍和平的新秩序"的中国案例。对1945年聚集在旧金山为联合国起草宪章的代表们来说，关于种族平等条款失败的记忆非常沉重。这一次，大会不分种族、国籍、民族、宗教或性别，承认了所有人的人权。代表中有一个人就是顾维钧。[121]

1920年11月，新的俄国社会主义领袖列宁对资本主义长城的裂缝高度警觉，他问道，"在现代资本主义世界中，是否存在必须利用的激进对抗？"在他看来，种族问题可能会使美国和日本最终走向战争。[122] 如果列宁在这里考虑的是资本主义世界范围内的战争，我们则可以进一步把种族问题与文明冲突联系在一起。在很大程度上，西方衰落的普遍观念促成了西方日益增强的反日情绪。对很多反对日本的西方人来说，西方文明的未来取决于白人种族的纯洁性："今天的白人文明与白人种族紧密相连。"[123] 当日本去巴黎参与为新世界秩序做决定时，它作为一个新近被接受的"文明"国家，希望有与世界上任何国家一样的"文明"地位。然而，它在巴黎和会发现，即使得到"文明"地位，也不一定变成平等一员——"文明"还有一种变得更"文明"的方式。正如恭格（Gerrit W. Gong）所说的，获得"文明"地位的演进是必要的，也是可能的，但"完全又完美的平等却不是"。恭格写道："在一个受自助原则支配的世界里，日本以为实现公认的'文明'意味着实现平等，真是太天真了。尽管被否决的1919年的种族平等条款，可能象征着一个海市蜃楼，但只有在日本宣布国际法的喷泉干涸之后，它才开始自己的修正进程。"[124] 由于巴黎的种族平等梦想失败，日本"很难承认它已经进入了一个既无秩序又有等级的国际社会"。[125] 最终，在巴黎的种族平等倡议的失败，讽刺地促成了日本做出单独行动或以所谓的亚洲方式扩大其帝国的极端决定。第八章将会对此进行讨论。

走向新的亚洲与世界？

第八章
亚洲重新思考它与世界的关系

一战在道德和物质上造成的巨大破坏塑造了整个20世纪。英国哲学家及和平主义者罗素惊奇地发现，英国"普通男女都对战争的前景感到振奋"。[1] 很少有人理解未来会怎样，但是在世界各地，许多人都在思考它的意义和影响。正如英国外交大臣爱德华·格雷的名言所称，"整个欧洲的灯火正在熄灭。我们有生之年将不会再看到它们被重新点燃"。[2] 威尔斯（H. G. Wells）在1915年为《纽约时报》写了一篇文章，题为《文明处于突破点》——这里的"文明"当然指的是西方文明。美国人在很大程度上则是通过亨利·詹姆斯（Henry James）的视角看待欧洲人：

> 欧洲复杂、狡诈、因阴谋和两面派的欺骗做法而分崩离析，虽然文化丰富，但在道德上及政治上堕落；美国则乐观、有前瞻意识、单纯、抵制帮派，仍然充满希望。一般美国人很少知道外面的世界发生了什么，对此也不关心。大家都有一种心照不宣的共识，即认为外交政策是绝对不必要的，或者它只不过是卖弄言语，对就职典礼和独立日的演讲有用。[3]

一战与西方文明

早在1917年8月，美国教育家及哲学家杜威就对不可理喻的野蛮战争所带来的令人震惊的毁坏发出惊呼："世界已死。世界万岁！一个伟大的文明刚刚消逝。我们统统被闪电般地卷入一个新奇陌生的社会形态之中。它将与四年前的社会不同，正如四年前的与中世纪不同。"杜威承认，思考战争的真正意义很困难，但他仍然指出：

> 我们现在正在为民主而战。民主是大多数美国人心目中的事实，至少他们认为自己知道民主意味着什么。似乎可以肯定协约国将取得胜利，我相信他们会找到民主。但那个民主与他们概念中的民主的差别，如同新世界与哥伦布所寻求的东方的差别那样大……我们正在为铲除国王和皇帝的统治而战。当我们结束这一切时，也许会发现我们已经废除了货币和贸易原则。我们在为争取自由贸易而战，但这场战争可能很容易成为买卖结束的开始。

杜威甚至推断连家庭也很快会"不复存在"。[4] 这种新的内在疑惑助长了对崩溃的预言，德国学者斯宾格勒的《西方的没落》冲进了全世界的畅销书排行榜。[5]

西线战场上的杀戮，嘲弄了发现、发明必然为人类带来进步和利益的自负。一战已经变为"专门的人类屠杀产业"，技术可以等同于暴政。西方文明的未来受到了恰恰是它自己发明的机器的威胁。罗素与弗洛伊德都认为，在西方文明腹地多年的杀戮，表明欧洲人像任何殖民地人一样容易受到原始反应和原始驱动的影响。根据南亚历史学者麦克·阿达斯的观点，"欧洲人的优越感建立在他们的

第八章 亚洲重新思考它与世界的关系

意识形态上，即他们肩负着'文明的使命'，这种神话使他们带着前所未有的傲慢。然而，一战中这种机械化的杀戮，削弱了欧洲人绝大部分理想和假设的可信度"。[6]

然而，对那些带着使命感去殖民地发展文明的人来说，一战的破坏性效果"只有经过一定时间后才能感受到，而且相当不均衡"。[7] 另一位出色的亚洲史学者杜赞奇注意到，第一次世界大战作为一个时代，从根本上改变了民族与文明的关系："西方文明已经丧失了代表人类最高目标的权利"，而在亚洲，"新的民族运动试图转向他们自己的文明传统——这些文明传统经常在文明的形象中重建——来建立新的民族理想与独立主权"。[8]

在一战期间出现的东西方思想以一种文明精神的观念为前提。一战暴露出西方式文明的大量问题，而世界似乎开始寻求一个新的模板。亚洲和世界各地的作家接二连三地谴责西方的物质主义及破坏性。同时,《凡尔赛和约》及新的权力均衡刺激了去殖民化的开始，新的民族-国家崭露头角，反帝运动占据优势。这些新的政治力量对于文明没有什么用处。杜赞奇进一步指出，西方和非西方知识分子发起的对文明的批判，集中在"对'文明使命'的普遍承诺的背叛——这一使命代表着不仅仅是为了征服对方，而是为了对方希望这样"。[9]

一战第一次迫使来自不同种族、地区和持不同宗教信仰的人们思考他们的根，以及如何融入这个世界新观念。它推动了新的民族主义计划的兴起。曾就读于哈佛大学的杜波伊斯（W. E. B. DuBois）于和平会议期间刚好在巴黎为泛非洲主义进行游说活动。他谴责和会没有采纳日本的种族平等议案，而这证实了他关于白人狂傲自大的看法，成立世界大会的必要性变得更加突出，黑色、棕色和黄色人种都可以在这样的世界大会上遏制"自私的白人文明国家"。[10] 杜波伊斯在1920年出版的文集《黑水》(*Darkwater*)中阐述了他的观点。在题为《白人民族的灵魂》的经典文章中，杜波伊斯宣称，最近发生的"可耻"战争是一场欧洲的白人内战，完全无法与争取自由之战相比，"黑色、棕色和黄色人种必须而且将要为争取自由而战，除非白人世界停止对他们的压迫、羞辱和侮辱"。[11]杜波伊斯在巴黎最大的成就是召开了第一届泛非会议。他尝试取得威尔逊的支持，但只得到总统的"看门人"豪斯上校的接见。豪斯"同情但不置可否地听取了他的意见"——这已经比其他活动分子及民族主义者得到的要多多了。[12]

亚洲人与非洲人的看法一样，认为一战是一场白人之间的战争和欧洲人的战争，但这场战争却迫使他们思考自己究竟是谁、他们在世界的位置是什么。一战帮助他们重新思考许多人曾天真拥抱的西方文明的价值。[13]本章讨论的就是一战在文化和政治上带给亚洲的影响。[14]

日本的新思维

一战及其后果给日本提供了充足的思想资源。东京市长阪谷芳郎说，欧洲的这场全面战争是在"世界文明中心、金融中心以及运输中心"所发生的战争。犹如"心脏和肺部这两个最宝贵的器官的病患带来的病入膏肓"。浅田江村是颇受欢迎的月刊《太阳》的专栏作家，他在1914年9月写道："面对战争的血腥残暴，他们吹嘘了很久的高水平文明生活瞬间被毁，连一声道歉都没有。"[15]

当战争肆虐欧洲，日本人开始对更广大的世界进行思考。正如神户英文日报《日本纪事报》(*The Japan Chronicle*)的编辑摩根·杨（A. Morgan Young）所观察到的："到1914年7月末，也许是日本历史上第一次，世界另一端的事态发展引起了本地人更多的注意。"[16]日本与欧洲的观察家都对这场蔓延整个欧洲的战火的最根本后果做了预测：国际政治和文化的史诗性变革。至少，这种冲突将标志着欧洲在现代文明中心地位的终结。鉴于欧洲模式在建构现代世界上所具有的压倒一切的重要性，这场战争预示着深刻的负面后果。目前的问题是全球的文明标准问题。

如果说一战引发了关于欧洲"文明"思想的绝望问题，那么它也预示着另一种秩序。日本的决策者及舆论领袖很早便认为，美国的崛起是欧洲衰退的必然结果。毕竟，美国紧随欧洲列强的帝国政治之后，对日本蓬勃发展的大陆利益构成了最大挑战。正如吉野作造在1917年所言，威尔逊的想法将"对战后文明的进步产生重要影响"。对政友会总裁原敬来说，很明显，在新的美国好战的压力下，"世界事务将彻底改变"。

文明的新定义使超越简单物理转换的重组成为必要，并且这种重建大部分发生在远离被炸平的佛兰德斯地区之外。日本研究者一般形容两次世界大战之间的年代是一个休闲时代，但是如同19世纪史家写下的是伴随着日本急剧走向现代化的西方潮流、时尚、精品等文化现象一样，有些人可能会认为两次世界大战之间的日本也不过是各种随机改革或对外国技术开心的痴迷而已。正如明治维新时期现代日本的奠基者在西方"文明开化"的基础上建立近代化，"新日本"的建筑师则以共同努力拥抱新的和平文化来回应索姆河废墟。元老西园寺公望在1919年9月宣称，已经到了"日本全心全意投身于艺术、工业和商业，为新的全球和平事业做出积极贡献的时候"。[17]

很多日本人都同意，他们的国家应该抓住这个势头和时机。1919年后，日本再次拥抱变革精神。很多地方与明治时期的国家转型有明确的相似之处。原敬写道，自从明治维新五十多年以来，首次"出现了全国性的革新时刻"。吉野作造强烈感受到一战后的日本与19世纪末的改革有类似之处，因此他与几位东京大学同事开始了一个庞大的计划，对明治文献进行汇编，名为《明治文化全集》。记者和政治家田川大吉郎形容巴黎和会是明治维新的全球版：
"现在是日本本着第一次革新的精神崛起的时候了。"半月刊《日本及日本人》在1919年9月报道："今天的关键词是改革一切。"加藤高明说，日本应该发奋实现"在政治、工业、智慧与道德、科技、思想与习惯方面的最好的世界文明"。[18] 甚至连贵族近卫文麿也说，巴黎和会的一个教训就是我们"日本人现在必须更多地培养知识，掌握世界"。[19]

从明治维新时期开始，日本精英便试图让日本成为一个西化国家，以便加入西方国家行列。直到一战爆发，以及巴黎和会否决日本的种族平等方案时，他们都似乎非常成功。日本人被迫认识到，无论多么成功与强大都不会被平等对待，也永远得不到西方的信任。通过强调亚洲与西方的地理分离，他们试图争辩说，一个国家的行为可以基于西方大国制定的原则以外的原则。1919年种族平等争议最重要的影响之一，便是日本舆论的泛亚细亚感受加深了。

根据弗雷德里克·迪金森的观点，第一次世界大战对现代日本人生活方式的改变，在许多方面都超过了19世纪"黑船"的到来。"佩里上将只不过是登陆上岸，激起了日本内部的激烈辩论，而第一次世界大战毕竟通过大幅改变国民经济，从内部改变了日本，在历史上第一次将日本推上大国地位。"[20]

1919年以后，日本已经做好了变革准备。对于改变的热情体现在1920年1月建立和平的帝国诏书中："今世运一展，时局丕变，宜奋励自强，随时讲顺应之道。值此之秋，尔臣民深省此事，循万国之公是，仗世界之大经，以举联盟和平之实。"[21]

亚细亚主义的民族主义起源

"亚细亚主义"或"泛亚细亚主义"（或"亚洲主义"、"泛亚主义"）

是一个政治及文化论述,它将亚洲视为一个共同具有明显和独特特征的同质地区。它直接来自在西方道德衰落面前对西方及亚洲文明的重新思考。起初,亚细亚主义是文化精英间广泛分享的智力发展。但遗憾的是,它将因与日本侵略及帝国野心的关系而声名狼藉。

作为第一个被接纳为"文明"国家及世界主要大国的亚洲国家,日本是亚细亚主义思想的温床,体现了泛亚主义可能实现的目标。作家、政治思想家冈仓天心在阐明其基本思想方面发挥了重要作用。冈仓是《东洋的理想：以日本艺术为中心》(1903年出版)的作者,这是一本著名的鼓吹"亚洲一体"理念的书。[22] 冈仓非常了解中国及印度文化,并且深深痴迷于佛教这一亚洲共同的宗教。他与似乎跟他有共同想法的亚洲同胞有着密切的联系,例如泰戈尔和斯里兰卡的阿南达·考马拉斯瓦米(Anada Coomaraswamy)。泰戈尔与冈仓是好朋友,冈仓也在印度度过了相当长的时间。他向印度人介绍中国和日本文化,同时对印度的艺术和文化肃然起敬。[23] 冈仓的理想在印度和中国知识分子中具有极大的吸引力,在第一次世界大战之后有相当大的回响。[24] 根据杜赞奇的观点,世纪之交的日本泛亚主义包括帝国主义的张力,但也包括对遭受侵略文化剥削和破坏的亚洲同胞的平等和同情感情。日本泛亚细亚主义清楚地体现出将亚洲人从水深火热的衰败状态下解救出来的责任。冈仓不可避免地将日本置于这个新亚洲之首的位置,他的思想最终发展成为日本帝国主义的意识形态基础,赋予它带领该地区前进的使命。[25]

另一个亚细亚主义的重要鼓吹者,是政治家兼国际关系和国际法专家小寺谦吉(1877—1949)。他于1916年出版的《大亚细亚主义论》是塑造亚细亚主义意识形态的核心著作。小寺认为,亚洲国家需要团结起来共同对抗西方帝国主义。为了让更多的人了解他的观点,小寺的书被翻译成中文并于1918年在上海出版。该书以下面的段落作为起始：

这不奇怪吗？在随意控制并已完全征服了亚洲的欧洲，这些天我们听到了关于黄祸的警告。然而，在被白种人征服及恐吓的有色人种中间，几乎连一句白祸都听不到。毫无疑问，黄祸最多只不过是一个糟糕的梦，而白祸却是活生生的现实。[26]

小寺的主题是亚洲人需要团结起来反对西方的扩张主义野心和种族主义。他像许多同时代人一样，预计会出现"种族冲突"。在即将到来的冲突中，日本是唯一可能领导亚洲团结的领袖。斯文·萨勒（Sven Saaler）认为《大亚细亚主义论》是导致泛亚运动和组织兴起的一系列出版物的开始。小寺呼吁一个建立在密切中日合作基础之上的、"在日本领导和指导下的光荣的新亚洲文明"。日本将成为中国乃至整个亚洲的"教育者"，引入现代文明，实现"新亚洲文明"的诞生。正是小寺创造了"亚细亚主义"一词，也是他使亚洲主义的意识形态更接近日本政党政治和政府圈子。研究小寺思想的专家萨勒认为，在日本，知识分子关于"亚洲"和亚细亚主义的论述被政治家所吸收，经过调整以适应政治需要，并受到政客们的操纵和利用。在明治维新后的几年里，如何与亚洲邻国打交道一直是辩论的重要话题。日本政府采取了西方帝国主义的做法，但许多人则采取了相反的立场，认为帝国应该支持（并最终联合）其他亚洲国家驱逐西方列强。萨勒指出，到第一次世界大战结束时，一个严谨、系统的新意识形态已经同具体内容合二为一：泛亚细亚主义。

与早期的"脱亚"策略刚好相反，泛亚细亚煽动者要求"回归亚洲"。一战结束后，很多与小寺一样的日本政治家与作家都认为，一旦成为亚洲的领导者，日本便有能力挑战西方。继区域一体化概念之后，小寺认为实现这一目标的关键在于将浪漫的区域统一思想与政府的帝国主义现实政治实践相结合。萨勒坚持认为，虽然小寺对这两种方法的融合，为日本政治中更广泛地接受泛亚思想铺平了道路，但它必须被视为日本为了自己的帝国主义外交政策而盗用地区主义的开始。推动团结最终导致了对东亚领导权的竞争，从小寺的在日本领导下的"大亚洲"概念到帝国扩张的合法化只有一小步之隔，区域主义的概念起着纯粹的辅助作用。[27]

茅原华山（1880—1951）是亚细亚主义的另一个有影响力的推动者。根据杜赞奇的观点，茅原的哲学试图综合西方不同哲学家的各种思想，包括黑格尔、柏格森、爱默生，以及地理决定论的亨利·巴克尔和拉采尔诸人的思想。"茅原描绘了自己的文明阶段，将欧洲人动态的北方文明和静态的南方文明区分开来，并从地理和环境的角度解释。和其他大正知识分子一样，他也认识到融合两种文明的必要性。"[28]

由意识形态到政策的亚细亚主义

一战的结果引起了对泛亚主义思想和政策的紧迫感并非偶然。1933年日本退出国际联盟之际，大肆宣扬1919年种族平等提案的失败是摆脱这一不公正国际秩序的正当理由。同年2月，仅在日本退出国联的前一个月，近卫写道："现在回想起来，巴黎和会是纠正现存世界不合理之处，及建立一个真正的世界和平的最理想机会。这个会议在战争结束后立即召开，出席会议的政治家们全都经历过战争的痛苦与可怕的恐怖。然而，巴黎和会并没有认识到根据肤色对人进行歧视的公然不合理性。"[29]尽管日本代表、牧野男爵已经在和会上指出种族歧视的不公，如果不指出，问题可能会变得更严重。[30]

日本人与其他人一样读过威尔逊1918年的"十四点原则"。它很有说服力地强调"对所有人民及民族的公义原则，同时他们有权利在自由和安全条件下与其他人平等相处"。日本人认为这个开诚布公的目标能让他们享受到种族平等，但朝鲜与中国的民族主义者则视"十四点原则"为民族自决权利的宣言，在他们的处境中直接指向日本帝国主义。然而，日本人制止了中国人与朝鲜人的抗议活动，正如西方拒绝了日本人对种族平等的呼求一样。哈佛大学历史学家入江昭说，战后世界是一个美国化的世界。一些日本人敏锐地意识到自己与西方之间的种族、文化乃至心理差距"几乎没有什么变化"。日本的自我定义问题不会消失。美国《1924年移民法案》在给予欧洲国家年度配额的同时，特别排除日本移民，证实了"日本与西方间存在似乎无法跨越的鸿沟"。与此同时，日本人又视朝鲜人和中国人为二等公民，表明他们接受了种族不平等的普遍假设。入江昭指出，"只是他们自己不想被视为劣等而已"。[31]

直到第一次世界大战，使用泛亚言论的日本政客都处在边缘地位，政府在支持他们时亦犹豫不决。只有在战争结束后，亚洲主义成为政策制定者的实际选择时，它才渗透到政府圈子及官方外交当中。[32] 学者兼记者的长濑凤辅在1921年这样说道：

> 亚洲的前途必须由亚洲人决定——我国官员说这番话已有一段时日。但可悲的是，一直到一战前夕，这样的声明并不十分受欢迎，仍然只是一个理想境界而已。很幸运，今天实践（这一想法）的机会已经来到。我最近遇见巴什科尔及推崇儒学的鞑靼人的代表，和他们亲密对话，他们也声明，相信组织一个亚洲联盟并不困难。[33]

在一战的背景下，东京帝国大学社会学教授建部遯吾说，东亚的仁义概念及实践都优于西方概念中的正义。他认为仁义是基于博爱之上的人道公平，而正义只不过是一个法律名词。[34] 曾在辛亥革命中积极向孙中山提供极大帮助的哲学家宫崎滔天（1871—1922）

在1919年宣称：

> 有充分理由认为，在目前的世界和平会议上，日本已经陷入孤立，与西方国家疏远了。这是因为控制日本的原则遵循所谓剑的福音，模仿德国的军国主义，日本一直把这些原则应用在中国和朝鲜身上。但是，如果有的话，这是一个自然的结果。西方大国以自己的基督教为荣，鄙视我们是外人；他们假装是绵羊，但心中却有老虎和狼的贪婪，只要机会出现，他们就会扑上来……他们的目标可能是剥夺日本的行动自由……但如果是这样的话，日本民族该如何采取行动呢？[35]

虽然日本确实处于强势地位，但在国家未来走向的问题上仍存在焦虑。随着德国与奥地利战败、奥斯曼帝国及罗曼诺夫帝国崩溃，君主也不复存在，"日本长期以来对军国主义、专制政权可长久持续的假设很快就失去了人们的共鸣"。作为宪政会的财务主管，富田幸次郎在1919年1月宣称："德国的投降从根本上对军国主义及官僚主义提出质疑。作为一种自然结果，反映人民意志的民主政治，即民主，就像一场奔向天国的竞争，征服了整个世界的思想。"有些日本人甚至提出，"民主在文明发展过程中起着至关重要的作用"。宪政会的政策制定副总裁关和知在1918年9月公开宣布："我们为了帝国荣誉……在此宣布杜绝军国主义。"[36] 但日本不可能轻易放弃天皇制度，因为天皇宣称其绝对权力来自上天及血统，并且军国主义在日本文化中根深蒂固。

甚至在战争结束前，大众媒体就已经开始注意到了泛亚细亚主义。早在1914年8月，《中央公论》杂志便突出"亚细亚民族"一词，呼唤新的意识；亚洲人民迟早会觉醒，要向世界其他国家伸张正义。亚洲人在西方列强手下所遭受的虐待、歧视及剥削将激励亚洲人变得更强大。随着世界处于历史的转折点,亚洲人到了为更美好的未来而努力的时候了。[37]

在《中央公论》1917年4月号的一篇文章里,学者若宫卯之助表示,泛亚细亚主义是要把西方列强赶走,收回亚洲人的亚洲,而这源于对西方及其文明的不信任。[38] 到了1918年4月,政治家及学者永井柳太郎在《中央公论》上刊文称,日本掌握中国非常重要,这将日本对白人文明的挑战与自身的积极扩张联系起来。只有牺牲中国,让日本强大起来,亚洲文明才能打破西方的垄断,开启世界文明史上的新纪元。[39] 换言之,日本对泛亚主义的论证已经成为一种亚洲门罗主义,将整个地区变成了日本的后院。

回到1914年一战甫一爆发的时刻,日本爱国者大量呼吁、敦促在中国迅速采取行动。井上馨建议派一位高级别使者到北京,元老山县有朋宣称日本在华利益是基于两国"不可分割的精神",寺内正毅则设计"亚洲门罗主义"构想。[40] 一战期间,为了寻求对亚洲大陆更加独断专行的政策,日本领导人逐渐形成了多元化和地区主义的方法来为日本的霸权辩护。基于中国和日本因地理、经济、种族及文化共性而具有"特殊关系"的观点,日本领导者辩护其国家在中国的地位,并鼓吹日本对中国的"监护"。[41]

由于上述原因,当欧洲这场战争结束时,美国与日本在对世界的看法上相距甚远。威尔逊更喜欢基于新外交的世界秩序,而日本则努力维护以帝国主义为基础的旧外交。"当人们阅读1918年到1922年期间出版的日本期刊和报纸时,很快就会注意到许多作者都在批评英国和美国等西方大国。他们用'公义'、'仁慈'这样的词来表示道德制高点。"[42] 桥川文三的研究已经表明,日本的泛亚细亚主义包含了一个以团结为导向、非干导的日本在复兴亚洲中的作用的概念,也即我们可以简称为日本作为协调或综合领导者的概念。日本的泛亚主义既培植又反过来抵制了国内新生的帝国主义。[43]

紧接着战争的结束，一群日本亚细亚主义者与心怀不满的朝鲜精英联合，致力于在中国东北与朝鲜之间的边境地区，即高句丽的地区，建立一个称为高丽国的乌托邦反西方政府。在间岛地区，大约有一百万朝鲜劳工因为基本无国籍的状态而处在岌岌可危的境地。他们的领导者起草了一部基于中国儒家价值观的宪法，根据该宪法，朝鲜人、日本人、中国人及亚裔俄国人都是平等的公民。

由于与日本帝国主义的联系，中国历史学家在很大程度上忽视或驳斥了这种新的文明话语及其与泛亚细亚主义的联系。石川祯浩说，1910年到1919年间中国知识分子的东西方文明话语的发展，与日本的知识分子密切相关，尽管它在中国具有独特的形态。根据杜赞奇的观点，从1910年到1919年及1920年代初，中国仍然主要透过日本获取现代知识；日本书籍和杂志不断涌入，自日文翻译过来的西方著作不断增加。新的文明话语通过相同的路线进入中国，并带来了许多在日本构建或经过改造的假设，如文明差异的地理和环境基础，线性进步历史的作用，以及东方文明的二元结构、综合表述和救赎特征，等等。[44]

一言以蔽之，日本对泛亚主义思想的兴趣恰逢第一次世界大战，并代表了他们在明治维新期间首次对脱亚入欧做出的长期承诺的巨大变化。虽然日本人对待区域团结理念的严肃态度可能有问题，但他们对自己和世界事务的思考无疑是一个新的发展。

中国日渐加深的期望

在中国，就像在日本一样，这场战争迫使许多人重新思考西方文明与本国传统之间的关系。像《新青年》和《新潮》这样的杂志如雨后春笋般出现。新文化运动和五四运动都源于第一次世界大战的发展。有关"新"与"旧"的争论涉及所有议题——社会、政治、文化甚至文明，因此引起中国社会的广泛关注，并引发各种活动。事实上，一些中国思想家，就像他们的日本同行一样，在一战爆发前就争论过某种亚细亚主义。被广泛认为是清末民初最有影响的知识分子之一的章太炎（章炳麟），就曾参加了与印度自由战士的会晤，以纪念抵抗莫卧儿帝国的英雄、马拉塔（Maratha）战士希瓦吉（Shivaji）的诞生。据说章太炎也曾为在1907年间于东京创立的亚洲和亲会撰写宣言，支持亚洲自成一体、拥有共同价值观和传统的观点。章太炎对佛教的投入及反帝国主义的立场，意味着他"从好战的西方文化中看到了对和平的农业社会的威胁"。但在致力于和平的同时，章太炎和冈仓天心一样，承认有必要按照西方模式建立一个现代民族国家来对抗帝国主义列强。杜赞奇总结说，"民族主义是泛亚细亚主义概念中的必经阶段"。[45]

在第一次世界大战期间其他人则主张某种形式的亚洲唯心主义。出生于马来西亚，曾分别在英国及德国接受教育的学者辜鸿铭早在1915年便写道：

> 因此我认为，对于交战国中的人民来讲，战争的唯一出路在于彻底撕毁目前的《自由大宪章》，制定一种新的大宪章，不是自由的大宪章，而是像我们中国这儿的良民宗教所赋予中国人的"忠诚大宪章"。[46]

《东方杂志》的编辑杜亚泉在1917年4月写道，战争结束后，世界上的人民与社会将面临巨大变化，进入改革的时代。他相信战争揭示了西方明显而严重的问题，象征着旧文明已死，新文明就要诞生。[47]在人们意识到当前的文明需要改革后，杜亚泉对于可能出现什么样的新文明深感兴趣。[48]陈独秀在1916年称，中国若要在20世纪创造新文明，就不应该被东方或西方的过去束缚住。他认为一战会在军事、政治、思想及其他方面对中国新思想产生深刻冲击，强调战争会改变整个世界，鼓励中国同胞重新开始。[49]

日本对亚细亚主义的信奉对中国人的思想产生了吸引力。例如，茅原华山的影响便相当大，一名共产党员甚至写信给毛泽东，敦促他完成列宁和茅原的历史任务。杜赞奇指出，受茅原影响最大的可能是共产党的创办人之一、北京大学图书馆馆长李大钊。他收集了以刊登茅原的文章为特色的杂志。尽管茅原的思想包含固有的扩张主义野心，但他影响了李大钊的历史观及其融合东西方以创造一个新文明的思想。在李大钊看来，俄国革命在地理和文明方面都处于中间位置，有利于在东西方之间进行调和，因此才在全球产生了影响。[50]

中国人的思想也影响了日本人。例如，1924年孙中山（逸仙）在神户县立高等女子学校发表了有影响的，甚至是开创性的题为《大亚细亚主义》的演讲。[51] 孙中山告诉日本听众，中国与日本应团结一致，并呼吁以"王道"的仁义道德为中心的儒家泛亚细亚主义。[52] 他援引了日本战胜西方帝国主义的重大意义，首先是三十年以前，日本废除了和外国所立的一些不平等条约，最重要的是在1905年的日俄战争中战胜了俄国。孙中山借用美国学者洛斯罗普·斯托达德（Lothrop Stoddard）在1920年出版的《有色人种反抗白人世界至上的新兴潮流》（*The Rising Tide of Color against White World Supremacy*）一书，发挥针对白种人的种族或肤色战争这一主题。在被压迫的亚洲人中，共同肤色的主题将凝聚力量并最终产生另一种联合：共同的文化和文化抵抗。孙中山讨论了亚洲王道观念（以中国帝制为例）与西方霸道的差别："讲王道是主张仁义道德，讲霸道是主张功利强权。"在演讲结束时，孙中山把注意力转向了日本："你们日本民族既得到了欧美的霸道的文化，又有亚洲王道文化的本质，从今以后对于世界文化的前途，究竟是做西方霸道的鹰犬，或是做东方王道的干城，就在你们日本国民去详审慎择。"[53]

杜赞奇正确地指出，在中国，"文明的话语不仅仅是一种智识发展，而且与一种令人惊讶的广泛的社会运动联系在一起——这种运动的民众基础远远超过了五四事件引发出的任何现代运动"。也许更令人惊讶的是，这种现象大部分在历史学中仍然含糊不清，杜赞奇将这种现象称之为"再生社会"，亦即本土公民运动"决心拯救世界免于冲突，贪婪和战争，因为这一切在本世纪上半叶影响了数百万人的生活"。[54] 一战之后，中国出现了很多不同类型的公民社会。其中一例就是1918年成立的万国道德会，有影响力的公众知识分子康有为担任万国道德会会长直到1927年去世为止。该会"试图使世界的科学观与亚洲思想的宗教和道德观念同步"。其会员秉承"没有道德及精神的再生，人类进化就会停滞，甚至因为当前享乐主义物质主义的流行而变得更具破坏性"。[55]

对于中国知识分子生活中的思想巨人来说，中国文明与西方文明的问题显得尤为突出，他们包括李大钊、梁启超、梁漱溟、胡适、陈独秀及张东荪。中国文明有价值的观念通过"复杂的全球循环"进入中国。这条路径不仅揭示了一个新的知识分子世界，而且显示出"为了得到自我肯定而被对方认可的必要性"。中国的问题是，中国，更广泛地说，东方传统文明能否拯救西方。[56] 到1920年代中期，这种话语和围绕它的辩论也开始在文化、政治及社会实践中体现出来。[57] 汪晖正确地看到，一战给中国注入了新思想，塑造了中国人头脑中关于他们共同的未来、国家认同，甚至文明的想法；没有一战，他继续说，中国人就不会把他们的思想扎根在国际舞台上。[58] 丘为君也指出，欧战对中国的现代思想转型至关重要，因为它是中国民族意识的支点。[59]

第八章 亚洲重新思考它与世界的关系 255

梁启超的心路历程

如果说一战结束后中国人在认真思考国家的转型,那他们似乎也被"究竟中国在世界上的地位如何?""何为中国?"以及"何为中国人?"这样一些问题困扰。对西方和东方文明的相对优点的广泛关注,主要来自战后的巴黎和会。在会上,西方国家对热情、雄辩和获得广泛支持的中国立场的随意摒弃,使得西方的威望及吸引力消失。[60] 历史学者费子智(C. P. Fitzgerald)注意到,中国人终于"对西方的假菩萨彻底失望了。他们不安地转向其他一些解决方案"。[61]

著名的公共知识分子梁启超同孙中山在提出以东方"王道"反对西方"霸道"时所做的一样,得出的结论是:

> 国际关系中有一个"权力是权利"的原则,这个原则今天仍一如既往地有效。我们一直听到公义与人道原则,但那只不过是强者的口号。如果弱国接受这些口号的字面意义,希望能得到强者的保护,他们很快就会失望……让我们从无能中站起来,勇敢面对,依靠自己挽救自己。这才是我们的最大希望。[62]

梁启超与他的考察团一行在1918年末离开中国,一直到1920年3月才返回。他旅经法国、英国及欧洲其他地区。他在海外时——适值杜威访问中国期间——从巴黎发回的通讯对五四运动起到了促进作用。他认为一战"仍不算新世界史的全部。它只不过是关联过去与未来的一个中介通道"。

梁启超的欧洲之行使他从大梦中惊醒。他看见战后伦敦的一切都令人忧心忡忡:"我们才登岸,战后惨淡凄凉景况,已经触目皆是。"虽然天气十分寒冷,旅馆房间仍没有暖气;糖与食物都不容易找到。[63] 梁启超和他的团员带着利用外交实现公义与人道的美梦到欧洲,但离开时却十分失望。正如列文森(Joseph Levenson)所说,"自1919年以后,他把价值带回到中国历史,因为可以对西方重新开始评估"。当梁启超开始重新评价中国传统思想时,他认识到一战突出了国际合作与和平共处的重要性。他相信"世界主义从今以后是历史巨轮"。[64]

从一开始,梁启超就抱着将战后的欧洲之行作为一个学习过程的心态;他致信其兄,说自己"在这个旅途中决心做一名学生"。但是,他的学习却经历了怎样一个起伏啊!在《欧游心影录》一书中,梁启超一一记录下他的经历及对他的影响:

> 我无法预估我的思想会转向哪一方。在过去五个月,我会见了各式各样的人,听到了不同学派的想法,也看见了各种利益的矛盾。绘画及雕刻这些外在形态呈现的内在精神令我惊叹,千变万化、生机勃勃的社会现象,再加上宏伟壮丽、变化多端的自然景色亦使我动容。考虑到我的本性是感情丰富,渴求不断革新,你可以想象我所体验到的冲击!我的内心百感交集,激动不已,它会进行一次大革命,但我仍无法说出这革命的结果会是怎样。[65]

欧洲人开始谈论科学的道德失误,这一事实使他感到震惊,"这便是最近思潮变迁一个大关键了":

> 当时讴歌科学万能的人,满望着科学成功,黄金世界便指日出现。如今功总算成了,一百年物质的进步,比从前三千年所得还加几倍,我们人类不惟没有得着幸福,倒反带来许多灾难,好像沙漠中失路的旅人,远远望见个大黑影,拼命往前赶,以为可以靠他向导。那知赶上几程,影子却不见了,因此无限

凄惶失望。影子是谁？就是这位'科学先生'。[66]

梁启超开始对达尔文进化论及极端个人主义持轻蔑态度。达尔文理论不再被视为纯粹的科学："现在可以清楚看见随附它的罪恶，它是个文化性展览，拿来……让西方尴尬。"正如梁启超在当时看到的，法国大革命以后，"科学万能之梦"已经取代了封建传统、希腊哲学和基督教所带来的传统文化规范和联系。但达尔文的进化论及适者生存概念，或者至少是对其的普遍歪曲，已经引入人类社会，成为社会及政治思想的核心，产生诸多恶果。梁启超的结论是，"这个巨大的欧洲战争几乎铲除了人类文明；虽然它的原因非常多，但达尔文理论可说有很大影响"。

根据他的体验和思考，梁启超告诉读者，"中国所能依赖的只有自己以及她不败的精神及勇气"。在写到中国人在巴黎和会上遭受的屈辱时，梁启超观察到，"没有一个了解事实的人会怀疑，它会深刻改变亚洲大陆的历史，如果不是整个世界的话……中国唯一的罪是她的衰弱以及过于相信战后的国际正义。如果她尝试一些没有希望的东西，结果被迫绝望，那些帮助决定其命运的人亦难逃责任"。[67]

由于亲眼看见这场战争所造成的破坏，梁启超不得不将视线从西方移开。他认为东方有自己的文明道义及做法，特别是中国文化中的传统价值观，例如教导各种关系的和谐及妥协忍让的儒家理想"仁"，认为这优于西方的竞争理念。根据黄宗智的观点，"梁启超在五四时期自我期许的任务恰恰是发掘中国文明的'独特因素'，以期与西方'较善因素'相融合"。[68] 梁启超继续强调民主社会基础——觉醒的国民——的重要性。他认为：

> 物质生活只不过是维持精神生活的手段；它永远不能取代要服务的目标……我们的困难是在这史无前例的、进步的科学

环境下，如何发挥儒家的平衡理想，使大家都可以活在一个和谐的生活中。

在解决"精神饥荒"的方法中，梁启超认为东方的——中国人与印度人的——是最好的："东方学问以精神为出发点，西方以物质为出发点。"[69]

梁启超希望"拿西洋的文明，来扩充我的文明，又拿我的文明去补助西洋的文明，叫它化合起来成一种新文明"。经过整合和选择后，这个新的文化产物可以广泛扩展，造福人类。他用以下动人的话语呼唤他的同胞："我们可爱的青年啊！立正！开步走！大海对岸那边有好几万万人，愁着物质文明破产，哀哀欲绝地喊救命，等着你来超拔他哩。"[70]

梁启超相信民族主义和世界主义的发展是世界史的双重发展历程，它将带来新的世界秩序，其中将不会容忍帝国主义侵略。梁启超鼓励中国人发展成为一个"世界主义国家"。[71]但他必须解决一些矛盾。正如列文森指出的，"梁启超作为一个民族主义者，渴望富国强兵。他已准备好在看到中国人的错误时将其指出，并倡导在国外开发及展示的纠正措施。但也因为是民族主义者，梁启超必须相信并希望保留一种激发中国历史的民族精神，并可以从中推断扩展。中国传统是否神圣不可侵犯？梁启超显然站在问题的各个方面"。在他的思想中，与过去决裂不仅困难，而且将是灾难性的："一个民族必须按照其民族个性行事，这体现在语言、文学、宗教、风俗、礼仪及法律上；民族个性的消失，代表着它的死亡。"梁启超已经看到这样的事在安南与朝鲜发生："那么多中国元素进入他们的文化，其民族个性永远不会超出半发展状态，因此他们沦陷于外族之手。"[72]

其他人也分享了梁启超融合文明的热诚。英国哲学家罗素在1919年访问中国后便总结说，一战表明欧洲出了问题，他建议中国文明可以作为一种解药:"中国人已经发现了某种生活方式,而且身体力行了许多个世纪。如果这种方式能被全世界采用,那将会使全世界都变得快乐。我们欧洲人没有,我们的生活方式需要争吵、剥削、不安稳、不满足和破坏。"[73] 印度作家泰戈尔也同梁启超、罗素一样,呼吁把东方和西方的最优特征,与他对语境现代主义(Contextual Modernism)的倡导相结合。

在欧洲停留数月之后,梁启超认识到不论中国文明还是西方文明都有自己的问题。他相信最好的策略就是把两者之中好的部分结合起来,创造新的东西,并敦促中国人利用他们更高的精神文明,来挽救西方优越的物质文明中有益的东西。

1919年以前,中国人转向西方的自由民主制度,因为他们找不到其他模式。但他们中的许多人一直对西方强调个人主义和竞争感到不安。民主共和的失败和欧洲国家在战争中撕裂自己的场面,只会加深这种不安。梁启超写信回国说,欧洲人"好像沙漠中失路的旅人……欧洲人做了一场科学万能的大梦,到如今却叫起科学破产来"。[74]

梁启超的新思维影响了很多中国人,他对自立的呼吁得到了广泛的响应。一篇文章称,"《凡尔赛和约》绝非公平……中国现在必须努力拯救自己"。[75] 陪同梁启超前往欧洲的张君劢告诉朋友,通过多次反思,他认识到欧洲过于追求物质收益,他们的道德价值崩溃了。他要呼吁中国人不要重蹈西方的错误,而是要在自己的古老思想中找到力量。[76]

"凡尔赛的背叛"使中国精英在追求现代国家认同及国际化方面,对西方认同的价值甚至可能性产生了怀疑。西方思想的道德分量与实际吸引力已经缩小,一些中国人认为巴黎和约证明了"威尔逊主义的失败和帝国主义的胜利"。那种基于对德国和中国的剥削的世界体系不可能维持很久,[77] 国际联盟对中国并无好处。中国必须依靠自己。[78]

中国的"亚细亚主义"

日本人对泛亚主义的讨论自然引起了中国人紧张的关注,像《东方杂志》这样有影响力的杂志在这个问题上投入了大量篇幅。李大钊很快便看出日本的泛亚主义并非出于和平而是侵略,并非基于民族自决而是帝国主义。[79]作为回应,他提出一个建立在弱小亚洲民族的民族自决和抵抗日本侵略之上的新亚细亚主义。[80]

在亚细亚主义思想的启发下,一名中国代表在一次国际联盟早期会议中曾提出请求,要求国联理事会至少要有一名来自亚洲和非西方地区的代表。国际联盟在1922年接受了这一提议,通过了一项规则,即理事会非常任理事国成员的选出"须适当考虑到世界主要地理分界、各主要族群、不同宗教传统、各种文明及主要财富资源"。在这件事上,印度人显然与中国有相同的看法,他们曾在国际联盟初期的一次会议中呼吁"思想及环境条件的国际化"。[81]

这种新的自信在中国本身尤其明显。1919年夏,杜威夫妇正在中国旅行及生活,他们在写给子女的信中说:"要说中国的生活令人兴奋是恰当的。我们正在见证一个民族的诞生,而诞生的过程总是艰难的。"[82]杜威观察到:

> 我发觉……在过去十年中,中国的觉醒一词已经被外国旅行者用滥了,所以我很犹豫是不是要再多说一次。但我认为这是商家和行会第一次真正积极地尝试改善工业方法。如果这样,它就是真的觉醒了……况且还要加上学生。[83]

另一位相当有影响的学者、权威思想家严复的战争体验成为某种个人觉醒的经历。严复以翻译西方哲学及政治著作著称,也曾一度笃信社会达尔文主义。史华慈认为一战给了严复"真正的震撼"。

他的社会达尔文主义使他对19世纪较为有限的战争，如布尔战争持支持态度。但第一次世界大战的破坏程度及规模使他充满了"既敬畏又恐惧的情绪"。[84]

严复主张采取战略方针来应对中国面临的巨大困难。当日本在1914年秋攻击青岛、10月进军济南，透露出其侵略企图时，严复认为应对侵略的方法是"忍辱负痛"，等待未来的解决方案。他认为，如果选择与日本开战，中国肯定被打垮。等待并在战后和平会议上寻求正义更加合理。[85] 日本提出"二十一条"后，严复再度认为最好用外交手段解决以及"忍辱退让"。他认为战争结束后，国际事务将会有大变动，政治思潮与哲学、教育、财政及政治也都一样。[86]

1915年4月至6月间，也许是因为袁世凯大总统的个人邀请，严复专门为他翻译了很多关于一战的文章，每天至少花六个小时关注战况。[87] 他很明确地支持中国参战。[88] 1917年，严复写了一首关于欧战的诗，悲叹沉重的财政损失及人员伤亡。[89] 但同时，他又呼吁中国参战，认为这是"千年仅有之时机"，也是关系中国前途的决定性时刻。他号召所有中国人支持政府的参战计划。[90]

战争结束后，严复哀叹西方用它所有的科学进步及发展进行野蛮杀戮，几乎导致整个世界的毁灭。1918年，他写了另一首诗，称一战毕竟不是正义之战，[91] 认为只有古老的儒家哲学才能拯救中国和西方。[92] 史华慈曾表示，"直到第一次世界大战，严复似乎都没有准备放弃这样一种信念，即英美人所解释的'自由、平等和民主'，是导致英美财富和权力的综合因素中最不可或缺的组成部分"。但在战争期间，严复开始在对西方成就的钦佩和对中国价值观之优点的重新发现之间摇摆。实际上，他并没有放弃过去的观点。他坚信，协约国最终将获胜似乎与他们享有"德国无法获得的长期优势"有关。战争爆发之初，当德军长驱直入比利时及法国北部时，严复向他的门生熊纯如信誓旦旦地说，德国不会成功，虽然它"自1870

年以来，可谓放一异彩"：[93]

> 文明科学，终效其于人类如此，故不佞经历回观圣哲教化，未必不早见及此，乃所尚与彼族不同耳……回观孔孟之道，真量同天地，泽被寰区。[94]

严复写道："即泰西有思想人亦渐觉其为如此矣。"他也许意指罗素，因为罗素强调："应该这样说，我们的文明最突出的贡献是科学方法，而中国人最突出的贡献是一种公平的生活观念……那些重视智慧或美丽，甚至简单享受生活的人，会更多地在中国，而不是在疯狂和动荡的西方找到这些东西。"[95]

严复和许多中国人，例如梁启超、梁漱溟等对此有共同的感觉，他们现在似乎对自己的文明和道德价值有了更多的信心。[96]与梁启超一样，严复也认识到科学与技术无法解决中国的问题。他在1918年给朋友的一封信里说，"亲见脂那七年之民国与欧罗巴四年亘古未有之血战，觉彼族三百年之进化，只做到'利己杀人，寡廉鲜耻'八个字"。战争结束后，世界潮流也许会转向儒家思想及理想。[97]

曾领导1890年代维新运动的康有为也为当下的可能性兴奋。在战争初期，康有为相信德国会胜利，因此支持中国保持中立。[98]然而到停战之时，他对国际联盟的构想产生了浓厚兴趣，认为这种思想可以将所有人类统一在其盟约之下，从而促进儒家传统"大同"理想的实现。这是一种普遍和平的乌托邦愿景，康有为在早年所写的文章中曾详细阐述过它。当时撰写有关国联文章的其他中国人，也通常用中文的"大同"来代表国际联盟。康有为的"大同"愿景也许能在威尔逊的全球领导下实现，因为"今者美人大胜，主持公道和平大会"，在那里"扶弱济倾"。康有为在1919年初给女婿的信中写道："我从未想到自己能够有幸在有生之年看到国际联盟的

第八章 亚洲重新思考它与世界的关系

成立。原本不可能的事情现在就要变成现实。你无法想象我是多么高兴。"[99] 人们可以争辩说，古代中国的大同理想与中世纪欧洲的基督教统一有共同的因素。中国的"天下"和神圣罗马帝国虽然事实上更多的是一种愿望而不是事实，但它们的目标都是旨在实现一种我们如今称之为国际主义的区域性联合。因此，中国人倡导的地区性亚细亚主义，尤其是在日本帝国主义野心的阴影下，要比全球愿景的理想弱得多。在这种努力中，西方人——以及中国人——似乎正好到了认识儒家思想价值的时候。[100]

随着战事的发展，另一位哲学家梁漱溟也阐明了自己关于东方哲学和文化优势的论点。在他 1921 年影响甚大的著作《东西文化及其哲学》中，梁漱溟主张，西方通过成功地征服自然而实现了经济发展，但却割断了与更广大的人道概念的联系，而这却是儒家思想能提供的。他强调"中国文化的基本精神是和谐中庸的思想与期望"。[101] 但梁漱溟不同意梁启超的化合东西方文化的看法。他不能同意是因为两者都有缺点，通过选择两方好的部分便可以实现某些理想。结合两种文化的基本精神似乎是错误的。对中国和西方成为平等伙伴的渴望，是称颂文化价值观融合，实现中国"对等"的唯一理由。[102] 从这个意义上说，梁启超有他的道理。但梁漱溟的传记作者艾恺（Guy Alitto）辩说，梁漱溟反对梁启超的方案"并非因为他看到中国人既接受一种价值观，却又否认对秉持这种价值观的民族起源感兴趣，从而表现出一种虚伪。而恰恰是因为根据他的观点，如果不接受创造出这种价值观的民族意识，就不能真正借用任何价值观"。[103]

艾恺认为，在梁漱溟的思想中，中国的方向与西方的方向不同：科学、民主与工业在那里并非不可避免。[104] "梁漱溟 1921 年的著作主旨是，中国文化比西方文化更高明，并且与近代化相适应。"此外，他的作品清楚地暗示儒家思想构成了一套普遍的价值观。梁漱溟写道:"我看见西方人可怜的情况……(他们)希望精神维新,正上下求溯……我们不应该引导他们进孔子之道吗?我也看见中国的奴态,错误模仿西方的浅薄……(他们也)到处寻找……我们不应该引导他们到最好及最美的生命,即孔子之道吗?"[105]

但梁漱溟的思想受到了胡适及陈独秀等自由派学者的猛烈抨击,他们认为他的观点保守,且与新文化思想格格不入。梁漱溟对这些攻击感到伤心,写道:"(他们)讨论的意思是说我是他们思想改革运动的障碍,这使我十分伤痛。我不认为我反对他们的运动!我赞美及鼓励他们的努力!"[106]

哲学家、教育家胡适呼吁年轻的追随者改革文学,用白话文代替文言文书面语。胡适本人在前往美国学习之前曾接受传统古典教育。从康奈尔大学毕业后,他师从杜威,在哥伦比亚大学取得了博士学位。胡适支持传统士大夫的儒家理想,把道德原则和政治实践合而为一,他认为威尔逊可以在全球范围内实现这一理想。胡适认为这位美国总统能使"哲学观点成为政治基础,因此他虽然进入了政治领域,但仍能在所有事情上坚持正义,强调人道原则"。的确,胡适非常欣赏威尔逊,将他描绘成"西方文明的最高表现"。[107] 这一用语也无意中与泰戈尔的美国观相呼应。在一本关于战后世界的编著里,胡适写了一篇文章,主张西方模式仍应是人人都应该学习的模式。胡适终其一生都是中国西化的坚定拥护者。[108]

至于陈独秀,不久将与李大钊一同创建中国共产党,帮助中国变成社会主义国家,但即便是社会主义和共产主义,也都来自西方。

印度人接受亚细亚主义

1905年击败俄国后,日本突然取代西方世界,成为很多印度知识分子的近代化成功的参照物,即一个不一样的、实实在在的亚洲近代化典范。印度报刊推测未来会成立以日本为首的"亚洲联邦",印度著名的民族主义者,如拉杰帕特·雷则通过提倡"印度、中国及日本的基础性合作"来反击"西方影响",[109] 将亚洲主义者的论点向前推得更远。因此,1906年到1914年间,愈来愈多的印度年轻爱国者到东京而不是去欧洲或美国的著名大学留学。有些印度人尝试在日本报纸上发表文章,向日本公众以及其他亚洲国家来的学生群体宣扬印度民族主义信念。激进的印度民族主义者也前往东京,主要以呼吁泛亚团结来尝试获得日本对印度自由斗争的支持。

革命的印度侨民社区汲取的主要思想资源是泛亚主义。赫勒尔德·费希尔—提纳(Herald Fischer-Tiner)认为,"所谓背后有一个亚细亚特色,即'亚洲种族'有一个共同思维模式,其实是西方东方主义者不衰的比喻。在日本,这个想法在1880年代得到了一些共鸣。在印度,这种亚洲特殊性的观点稍后由不同的宗教改革者所采纳,其中最著名的例子就是斯瓦米·维韦卡南达(Swami Vivekananda)和泰戈尔"。[110] 但在印度版本中,亚细亚主义变成了一种矛盾的意识形态,因为其最初的想法很难同希耶姆吉·奎师那·瓦玛(Shyamji Krishna Varma)及其门徒所宣扬的革命暴力相结合。

以自决原则为基础的亚洲理念,是列宁在全球寻求对革命的支持时严格制定的,又被对亚洲知之甚少的威尔逊不负责任地表达出来。在第一次世界大战后,自决理念在印度次大陆受到来自不同背景的领袖们更大的支持。大英帝国的战争区域广阔,使得印度士兵得以跨越国界,而欧洲印军中的穆斯林士兵在一战时期体验到了泛印度团结及伊斯兰教的全球影响。在被招募的印军战斗人员中,约13%是非旁遮普省的穆斯林,在技术和后勤部队中则比例更大。[111] 早在1918年,伊斯玛仪派穆斯林具有政治影响力的伊玛目阿迦汗(Aga Khan)就提出成立南亚及西亚联盟的主张。卡罗琳·施托尔特（Carolien Stolte）与费希尔—提纳正确地认为,阿迦汗的案例"反映了亚细亚主义概念的通用性",因为他"强烈反对自己作为穆斯林、印度人和亚洲人的多重身份之间任何不融洽的建议"。[112] 另一位印度民族主义者穆赫塔尔·艾哈迈德·安萨里（Mukhtar Ahmed Ansari）坚决要把一战结束后立即出现的基拉法特运动放在泛亚洲主义的范围内看待,他说:"因为它不只是印度的荣誉和自由问题,而是为了解放所有受西方奴役的亚洲人的伟大斗争。"[113] 印度经济学家、民族主义者贝诺伊·库马·萨卡（Benoy Kumar Sarkar,1883—1949）强调亚细亚主义观念,以及一战时期印度与这一观念及其他亚洲国家的联系。他在1922年于柏林出版的《年轻亚洲的未来主义》(The Futurism of Young Asia)一书中,详细阐述了泛亚洲计划。正如施托尔特和费希尔—提纳两人所指出的,萨卡设想了一个亚洲人反抗西方政治及思想霸权的集体斗争:"亚洲合作的主题对他而言是'一场反对政治中的殖民主义和反对科学中的东方主义的战争'。"[114]

国大党的重要领袖也将亚细亚主义提上日程,包括希望将"印度、中国和日本的基本统一"变为反对西方文化霸权的成功斗争的基础。[115] 国大党很早就显出亚洲主义倾向,其在1921年的年度集会中便已讨论过建立亚洲联邦的可能基础。国大党主席达斯相信"印度与亚洲其他国家之间的这种友谊与爱、同情与合作的纽带关系……注定要给世界带来和平"。最终,亚细亚主义精神在两次大战之间风行亚洲,并在第二次世界大战之后的一系列部署亚细亚主义语言表达以及确定亚洲认同存在的泛亚会议中发表。现在,在整个亚洲共同打击帝国主义的需要已经有了一个重要的平台。[116] 不过其方式并不顺利。

金利赛德（T. A. Keenleyside）指出,鉴于20世纪穆斯林国家的民族主义运动发展以及其国家间的对立,西亚文化团结理念面临

第八章 亚洲重新思考它与世界的关系　　267

很多困难，尽管很多印度人以及其他国家的穆斯林继续将泛伊斯兰主义视为不仅仅是"感情的凝聚"。金利赛德继续说：

> 鉴于亚洲各国关系的真实状态，基于反帝国主义的共同联系——以及创立亚洲联邦的主张——建立政治团结的想法还为时过早。首先，作为泛亚政治联盟的原始代表日本，本身就成了帝国主义大国。尽管在激进的国会圈子内仍然有像苏巴斯·钱德拉·鲍斯（Subhas Chandra Bose）这样的人继续支持与日本合作，共同解放东方，但日本在中国台湾岛、朝鲜半岛及中国大陆的行动，逐渐挫败了印度民族主义者一度抱有的强烈的同情。[117]

印度的亚洲主义者面临严重阻碍。当看到帝国主义在日本出现时，他们也注意到同胞对中国的民族主义政府有某种矛盾心理，同时也不得不解决南亚人及东南亚人日益增长的反印度情绪。印度民族主义者和其他亚洲国家伙伴之间缺乏联系，使情况变得复杂化，甚至破坏了在印度民众中促进亚洲团结和亚洲主义的努力。不过泛亚理想一旦出现就很难去除，并且一直保持到印度独立时期。当它最终因失去信誉而被放弃时，徒增了支持者的失望。金利赛德断定，"一个令人遗憾的结果是，印度人随后忽视了更有限度但更实际的区域合作形式"。[118] 无论如何，印度的民族主义泛亚思想，主要是与一战后新的世界秩序联系在一起而发展起来的，它将继续成为印度独立运动和印度与其他亚洲国家未来关系的重要因素。

与中国人和日本人一样，在一战之后，印度知识分子和思想家发展出许多思考印度与世界的新方法。早些时候，拉杰帕特·雷就很向往美国，认为它有很多地方值得印度改革者学习。正如20世纪初的许多印度民族主义者一样，拉杰帕特·雷认为美国"是世界上最自由的国家"，相信它"充满平等、自由及博爱，同时该国人民对地球上的所有人，不分肤色、信仰和种姓，都怀有善意及友谊"。他想学习美国社会和政府的运作，以使印度能"消化美国的想法和理想，获得自由的灵感，努力成为有效率的国家"。他在一战期间游历美国，并在1916年于加尔各答出版了《美利坚合众国：一个印度人的印象和学习》(*The United States of American : A Hindu's Impressions and a Study*) 一书，向印度读者讲述他的印象。[119]

这本书在印度获得了好评。据说它将美国作为"正徘徊在帝国主义门槛的、正在成长的伟大国家"而进行了"安静、细致地研究"，"找到它独特而困难的问题，看到它现在的复杂及有趣，其未来充满奇异的承诺，将会变得强大，因此视为值得研究的事物来研究"，所做的远远超出了"预期的东西方之间的对比"。不过该书也建议印度文明应在未来一段时间保持东方身份。拉杰帕特·雷虽然是坚定的改革者，但也发现近代文明过于追求物质而忽略了精神因素，因此他的书以哀叹结束："'什么是真正的文明？'我仍然没有为这个问题找到答案。"他的书也涉及美国的种族歧视问题，并将其与印度社会中低级种姓的地位、英国统治下所有印度人的地位相提并论。他的结论是，尽管存在广泛的歧视，尤其在南部，但美国黑人所受的教育要比英国治下的印度人更好。拉杰帕特·雷特别感兴趣的另一个话题是美国治下的菲律宾。他相信普世原则的力量一旦得到建树和接受，就不可能长期被局限在某些特定地区：

> 思想——普世思想，具有克服所有地理限制的天然趋势。威尔逊总统在战时宣言中所说的高尚真理不可能被限制住。今后，他的演讲会成为世界上所有弱小、受奴役、受压迫民族的战争呐喊。他已经将民主自由的宪章赐给他们，亚洲人民即便不是更多，也尽可能像美国人和欧洲人一样多地使用这个宪章。

很多如拉杰帕特·雷一样的印度知识分子认为，美国对一战的参与已经"打破欧洲的皇权"，他们没有别的选择，只能赞同威尔逊的战后国际秩序设想。威尔逊声明的可信度因为一般人对美国的印象而得到增强，因为人们普遍认为，比起欧洲大国的侵略性帝国主义，美国是一个更好地反映西方现代化的进步社会。但是，当这些声明在战后的权力谈判中遭到背叛时，印度人也认识到他们将不得不另寻出路。尼赫鲁评论说，威尔逊时刻"已经过去了，对我们自身而言，这是一个必须再次激励我们的遥远的希望，而不是紧张之极的立即寻求拯救"。他看到，威尔逊的声名狼藉导致"共产主义的幽灵"蔓延至整个亚洲。[120]

甘地则坚持唯精神的印度文明优于唯物质的西方文明：

> 欧洲正在发生的疯狂混乱表明，近代文明代表着邪恶和黑暗的力量，而古老的印度文明在其本质上代表了神圣力量。近代文明……利用人类的聪明才智发明或发现生产资料和毁灭性武器，而我们则主要是在探索精神法则……我们很多人——我也是其中之一——相信，我们通过自己的文明，会将讯息传播到世界。[121]

虽然甘地的灵感扎根于印度强大深厚的底蕴，但他的政治思想则"跨越东西方"，也借鉴了西方思想中的人文主义及激进部分。当中国人和日本人正在就亚细亚主义展开辩论时，甘地则运用基督教教义和印度教义在印度人中间推动他的"非暴力不合作运动"。[122]

泰戈尔的亚细亚主义

甚至早在战争爆发之前,孟加拉族诗人、诺贝尔奖获得者泰戈尔就以倡导对印度及世界未来的新思维而广为人知。一战结束之后,泰戈尔承认尽管"被忽视了几个世纪的流沙"掩盖了亚洲古代统一的证据,但仍然相信在东方民族之间存在一种"内在的人际纽带"等待复兴——他相信正是同样的精神纽带使印度区别于西方物质文明。对东亚国家文化和精神一体的信仰主要基于他们共同的佛教传统。[123]一战爆发前,泰戈尔出版了英文诗集《吉檀迦利》,其中一首或许表述了他对印度的期待:

> 在那里,心灵是受你的指引,
> 走向那不断放宽的思想与行为
> 进入那自由的天国,我的父呵,
> 让我的国家觉醒起来吧。[124]

1917年,泰戈尔发表了下面的诗句:

> 日子已来到
> 但印度在哪里?
> 棒击它的犹疑不定和悲情
> 拯救它于阴影纠缠的恐惧,噢!上主
> 永远的提醒。[125]

泰戈尔赞同亚洲主义的观点,且当然受到了日本人的影响。泰戈尔一直与冈仓天心保持联系,直到后者于1913年去世为止,并使日本成为他建立亚洲集体认同的焦点。作为自觉代表印度思想及政治精英的代言人,他在首次访问东京帝国大学时发表了题为《印度给日本的讯息》的演讲。泰戈尔告诉日本人,亚洲有悠久、优越和光荣的历史与文明,而西方则痴迷于一种没有灵魂和物质至上的方式。亚洲有责任且有理由重新拯救肤浅和自我毁灭的西方文明之灵,而日本应该承担这一使命的领导角色。他呼吁日本精英明确自己与西方的区别,并拒绝接受那些可能产生可疑影响的"欧洲现代性":

> 在亚洲所有国家中,只有在日本这里可以根据自己的天分及需要,自由使用从西方收集的种种。因此你们的责任更大,你们要代表亚洲的声音,在那人类的会议上回答欧洲提出的问题。在你们的土地上将进行实验,看东方如何改变现代文明的各个方面。它会将生命注入机械之中,用人心取代冰冷的功利,关注和谐生活而不计较权力和成功。

但泰戈尔对日本十分失望。他第二次到日本是1924年,讽刺的是,这正是孙中山前往神户并呼吁日本采纳中国古代的"王道"的同一年。泰戈尔用有力的话谴责日本要成为霸权的想法:

> 我来日本是要警告你们,这是我第一次写下反对民族主义的演讲词并在当时受到大家取笑的国家……让日本找到自己真实的想法,不要只接受他人的教训,要创造属于自己的世界,这样才真的是慷慨地贡献于全人类。让亚洲其他人民为你们的伟大而感到骄傲——因为你们的伟大不是来自对受害者的奴役(及)物质财富的积累。

虽然泰戈尔对"印度与中国的文化融合"的希望看来也失败了,但他将亚洲文明作为一种"反欧洲"的精神力量和世界救赎者的观点，仍然极其重要且不容忽视。[126]

泰戈尔在1922年的《东方与西方》一文中批评欧洲过度民族主义化和帝国主义化，也表达了对印度去殖民化可能产生暴力民族主义派系的担忧。西方殖民主义正在对亚洲等殖民地人民，以及欧洲本身造成伤害。[127] 他在1919年初给法国和平主义小说家罗曼·罗兰的信中写道："在亚洲这个广阔的大地上，几乎没有任何角落能感受到来自欧洲的真爱。"[128]

不错，泰戈尔最初表达了对美国及威尔逊的信任。他在1913年写道，美国"足够富裕，不用贪婪地剥削弱小国家"，因此能自由地，可能也已经准备好了"在全世界面前举起自由的火炬"。美国是"西方人道理想的最佳代表"，有可能实现将东方与西方最好的部分"在更高层次上整合"，并撑起"文明的旗帜"。但到了1916年游历美国时，泰戈尔却将谴责他所谓的"新国家之神"。[129]

印度人与其他反殖民主义的领袖及知识分子，都愿意低调处理威尔逊公开宣称的原则与美国国内外做法之间甚至是最明显的矛盾。一战期间，泰戈尔在美国做了大范围的巡回演讲，他注意到无处不在的种族偏见，但相信最终这些问题都将逐步得到改善。泰戈尔写道，美国"是唯一一个致力于解决种族亲密关系问题的国家"，而且可能会最终解决"人类、国家、政治、宗教问题"。但战争结束后他却写道："文明的欧洲灌输给像中国这样伟大国家的毒药，已永远地严重伤害了它自己……欧洲文明的火炬已不再意味放射光明，而是放火。"[130] 他警告说，不要"用政治激情的尘埃遮蔽我们投向更广阔世界的视线……我们目前使心灵和思想同西方疏离的斗争，是一种精神自杀的企图"。[131] 1921年，泰戈尔写道："那些住在远离东方……的人，现在不得不承认欧洲已经完全失去了昔日她在亚洲的道德威望。她不再被视为公平交易世界的冠军和最高原则的代表，而是西方种族优越论的支持者和国土之外人民的剥削者。"¹³² 他承认中国的抗议学生也许不同意：

> 这是亚洲青年的一部分，否认古代亚洲文明的价值，并遵循西方文明的思想，尽力吸收它们。这大错特错了……西方文明仅仅注重物质，其精神生活有许多缺陷。当我们看看世界大战后欧洲文化的破产时，这一点显而易见。¹³³

罗曼·罗兰在日记中提到泰戈尔："虽然他亲切礼貌，但可以看出，他完全相信亚洲在道德及思想上高于欧洲，尤其以印度为然。"¹³⁴ 罗兰非常欣赏泰戈尔的《印度给日本的讯息》这一演讲，在1919年4月写信给泰戈尔请他帮助把"亚洲的智慧"更深入地介绍给欧洲思想家。"我的梦想是有一天能看到两个半球在精神上结合起来；我钦佩您在这方面的贡献比其他人都要多。"¹³⁵ 在接到泰戈尔表示同情的回复后，罗兰再次用同样语调写道："这场可耻的世界大战标志了欧洲的失败，在这场灾难之后，事实证明欧洲无法独自拯救自己。她的思想需要亚洲的思想，就像后者从与欧洲思想的接触中获益一样。这些是人类大脑的两个半球，如果其中一半麻痹了，整个身体就会退化。因此有必要重新建立它们的联结和它们的健康发展。"¹³⁶

当梁启超在1924年欢迎泰戈尔来中国时，他形容印度是中国"至亲至爱的兄弟……我们两个的脸上都布满悲哀的皱纹，因苍老而头发灰白，双眼空虚而无力，好像刚从梦中苏醒过来。当我们互相凝望，早先年轻美好的回忆在脑海中出现，那些日子我们曾一起分享快乐与忧愁"。¹³⁷ 泰戈尔后来写道，亚洲人像他自己一样，"对纯真的信仰深信不疑，甚至以为反抗外国人统治也应该得到西方的同情"，其实这只不过是培植妄想而已。泰戈尔在1916年访问日本时告诉首相大隈重信等达官贵人，"我诚挚地希望日本人民不会忘记旧日本。新日本只是一味模仿西方，会毁掉日本"。[138]

尽管如此，泰戈尔、甘地和尼赫鲁都被认为既是民族主义者，又是国际主义者。[139] 根据报道，甘地曾说过，一个非民族主义者不可能是国际主义者，并且他经常强调"我的民族主义就是强烈的国际主义"。甘地相信民族主义是通向国际主义的必要阶段，因为"印度争取自由的斗争是关注全人类的更大世界运动的一部分"。[140] 学者穆尔·昌德（Mool Chand）总结说，"尼赫鲁的国际主义是进步的和政治的，甘地的国际主义是人道主义的和宗教的，而泰戈尔的则是精神的和宇宙的"。[1441]

也许另一位诗人伊克巴勒在他的讽刺诗中把当时印度对西方的思考总结得最好：

> 西方发展了许多新技巧
> 这个领域也不例外。
> 它的潜艇像鳄鱼一样残忍；
> 它那毁灭一切的炸弹像雨一样来自天外；
> 爆炸形成的烟雾遮天蔽日
> 挡住了太阳看世界的眼睛。
> 把这个老糊涂送到西方去最好
> 让他学学这种又快又好的杀人技巧。[142]

印度的泛伊斯兰主义与泛亚主义

印度的亚洲新思维包括了一种广泛的泛伊斯兰主义。根据塞尔丘克·埃森贝尔（Selcuk Esenbel）的观点，1905年日俄战争时，日本的亚细亚主义者与穆斯林结成联盟，到一战结束后，这种联盟成为日本对亚洲主张的一部分。对西方的共同批评有助于建立反抗西方列强和反殖民立场的基础，但日本利用伊斯兰教实行"亚洲觉醒"，只推动了在日本控制下的泛亚细亚主义。[143] 一战爆发后，事实上是泛伊斯兰主义，而不是民族主义促使印度穆斯林向民族政治靠近。[144] 那么，这究竟是怎样发生的？

一些印度穆斯林像中国人和越南人一样，相信俄国布尔什维克与他们处于同一阵营，反对帝国主义；他们也相信社会主义可能会打败英国人。当发现伊斯兰教与布尔什维克在意识形态上的相似之处时，他们找到了一种缓解自己最终向社会主义过渡的方式。[145] 安萨里（K. H. Ansari）认为，印度穆哈吉林的立场在他们发现俄国的新政府似乎赞成穆斯林事业时发生了转变。他们向布尔什维克寻求帮助，引导一些人支持社会主义。这些伊斯兰教社会主义者认为，印度应该解放自己，但"我们祈祷俄国能伸出援手，帮助我们获得自由"。[146] 巴卡特—阿拉（Maulana Barkat-Allah）虽然是虔诚的穆斯林，但坚定地发展与共产党人的这种新关系。也许因为无法摆脱对伊斯兰教的依恋，他从未声称自己是布尔什维克，但对世俗事务的大多数看法，几乎都与布尔什维克的看法相同。他宣称"在印度，历史已经成熟到达成俄国1917年10月革命时的先决条件"。《布尔什维克主义和伊斯兰政体》一书已经被翻译成好几种文字印刷出版，在整个中亚及印度发行。他在书中向全世界的穆斯林发出呼吁，要他们"理解俄国社会主义的崇高原则，并认真热情地接受它"。他写道："啊！穆罕默德的信众，聆听这个神圣的呼唤，回答列宁同志和俄罗斯苏维埃政府向你们提出的自由、平等和博爱的呼声。"1919年3月，他作为阿曼诺拉汗（Amir Aman-Allah）的"特使"为同苏联建立永久性关系而前往莫斯科，想看看苏联领导者有多大决心支持反英斗争。这导致印度在争取自由的斗争中与苏联建立了长期的伙伴关系。[147]

因此，安萨里认为，热诚的伊斯兰教战士是第一批成为社会主义者的穆斯林之一,在几年内,他们这些离开印度、反对进步的西方以捍卫伊斯兰教的人,自相矛盾地接受了社会主义这种西方学说,因为他们认识到社会主义和伊斯兰教之间有许多基本相似之处。他们的主要目的是将英国人赶出印度,而社会主义似乎是动员民众的最有效的工具。[148]

得出结论之前

泛亚主义代表着集体寻求国家发展和价值观的新方向,可以取代曾经占主导地位但现在已被战争污染的西方文明叙事。然而,泛亚主义本身漏洞百出,注定走向失败。

其失败的根源也许能在日本的主导作用中找到。日本是亚细亚主义灵感的主要来源,也是帝国主义的热衷实践者。当中国与朝鲜遭受日本的侵略之苦,受西方帝国主义压迫的印度人与越南人自然会对日本的政策与其泛亚主义论点之间的自相矛盾产生疑问。最初被吸引到日本学习的印度学生经常受到日本公众的歧视,也对日本与英国的结盟感到失望。日本上升为亚洲内部的殖民大国,很快就打击了印度的泛亚主义愿望。日本吞并朝鲜、1915年强加"二十一条"给中国、在巴黎和会中坚持拥有德国在山东的租借地,都使它在亚洲伙伴的眼中成为坏角色。因此,日本的帝国主义政策削减了泛亚主义言论的说服力。

另一个问题是,亚洲的政治社会使泛亚主义不可能持久。正如杜赞奇指出的那样,泛亚主义中的种族、文化、反帝国主义及帝国主义的观念,都很容易导致民族主义抬头。在日本,泛亚主义很容易被日本帝国主义所吸取;在中国,优先考虑的是民族自决;在印度,泰戈尔的反民族主义的泛亚主义使他和他的思想在许多中国人和日本人那里失去了意义。[149]在写到日本的民族主义时,泰戈尔的看法是:

第八章 亚洲重新思考它与世界的关系

我在日本看到全体人民都自愿屈服于他们的政府，任由它禁锢他们的思想，拑制他们的自由……人们以愉快和自豪的态度接受这种无所不在的精神奴役，因为他们迫切希望将自己变成一个称为"国家"的权力机器，并在他们的世俗集体中模仿其他机器。

泰戈尔致力于一种来自亚洲传统的另类世界主义，但对家乡日益增长的民族主义感到极度失望。[150]

虽然一战后的自由国际主义并没有在中国、日本、朝鲜、印度和越南消失，泛亚主义的兴起却是对西方资本主义现代性和物质主义的直接回应。根据蒂莫西·切克（Timothy Cheek）的观点，"（在亚洲）所有有关泛亚主义的观点，恰恰是如何复制'西方'在过去半个世纪带给东亚的东西"。而西方带来的是"破坏帝国侵略的混合体……以及神奇的技术发展，所有这些都受到19世纪末欧美国家的民族主义，这些帝国政权在亚洲的白人经济，以及军事代表露骨的种族主义的影响"。[151] 这种新思维以复杂形式反映了一种共同的愿望，而这个共同的愿望则因各国实际情况的不同而变得复杂。

讽刺的是，虽然是日本人第一个推动泛亚思想，但由于他们利用它作为侵略中国和朝鲜的掩护，因而也毁了这个泛亚主义。作为西方列强殖民地的印度与越南，在解决维护自身独立的问题时，要面对自己的长期斗争。多年来一直为追随西方而论争的精英中国人，现在面临着一个历史性的问题，即在西方的理想与价值观失去信誉之后应该向何处去。新思维最终促使日本退出国际联盟，其所酿成的冲突，使中国和越南转变成社会主义国家。弗雷德里克·迪金森认为，一战表明了日本作为20世纪世界强国的崛起，而中国在其中的经历为20世纪和21世纪的中国奠定了基础。[152] 一战及其后果成为印度人、朝鲜人及越南人民族觉醒和独立运动的转折点，帮助他们对新的现代国家认同和地位做出清晰表达。因此，整个亚洲所拥抱的战后思想，并不是亚洲与西方文明之间的冲突，而是为在新的更平等的基础上寻求亚洲人及世界其他地区更美好的未来的驱动力。

结　语

　　亚洲的参与使"大战"（Great War）变成了第一次"世界大战"，第一次世界大战改变了世界。亚洲在一战中的作用以及一战在亚洲集体发展中所起的作用，代表了亚洲争取民族完全独立并获得国际承认的漫长旅程的第一步。作为一战的结果，中国和印度支那／越南最终走上社会主义道路；而在日本，它引起了一种新的民族自豪感，最终导致日本人直接挑战西方。一战对国家认同产生了巨大影响：对日本来说，一战确认了其世界强国地位；对中国而言，一战最终引发了一场根本性的文化和政治革命，以及对新的国家认同的强烈渴望。战争显然激发了印度、越南和朝鲜的独立愿景。这几个国家中，除了朝鲜之外都实际参与了战争。

　　当提出每个国家——中国、日本、印度和越南——直接参与欧洲战事的方式时，我通过比较的、国际史的视角来看待这些在很大程度上仍然未被世人认识的故事。我也注意到这些国家的人民和政治团体的战争经历如何塑造了他们的国家认同和在20世纪界定的国际秩序中的地位。我进一步考察了一战如何成为每个国家民族发展的转折点，并介绍了融合东西方文明的概念。我还谈到了一些通常不会与战争有关的问题，比如中国和日本为什么如此渴望抓住战争所带来的机会，以推动他们各自的民族复兴及提高国际威望的梦想；德国如何成为中国和日本进入这场欧洲战争的一个非常便利的催化剂；为什么中国最终宣战时选择与敌国日本站在同一阵营，尽管抵抗日本才是其真正的目标。此外，我也解释了战争何以在印度最终的独立和民主中发挥作用，而在其他地方却播下共产主义的种子。

一战影响了中国的毛泽东、越南的胡志明、朝鲜的李承晚、印度的甘地、日本的近卫文麿这五位未来国家领导者的思想和政治主张。在第二次"世界大战"中，所有这些领导者或者发挥了积极的政治作用，或者以某种方式卷入战争和战后世界秩序。毛泽东写过关于战争及巴黎和会的文章，甚至考虑过跟随赴欧华工的脚步，到法国支持协约国。胡志明战时已经在巴黎，为被法国占领而四分五裂的家乡游说。甘地作为印度民族独立领袖，在一战期间开始崛起，并在巴黎和会之后声名大噪。流亡到美国的李承晚，试图利用他与威尔逊的关系，以及对美国政治言论的了解来推动朝鲜独立，拼命想去巴黎直接投身于朝鲜人的独立事业。近卫文麿是巴黎和会日本代表团的成员，协约国拒绝在国联盟约中加入种族平等条款，改变了他关于日本在世界上的地位的思考。

西方与亚洲截然不同的历史书写清楚地表明，双方对一战存在着不同的、有时是互不相容的认知和理解。亚洲人民有着与战争相关的经历：有些经历非常相似，有些则互相联系，但无论他们的历史背景或历史轨迹如何不同，所有人都受到一战的深刻影响，并经历了标志性的战争悖论。

一战中的亚洲故事充满讽刺、悖论和矛盾。为了实现民族独立的梦想，印度人热情地支持其帝国统治者的战事。中立问题则以相反的方式发挥作用。例如，英国利用德国对比利时中立的侵犯，赋予自己参战的合法性，但却有意识地损害了中国的中立，对日本在中国的侵略行径起了助纣为虐的作用。一战是一场关系帝国命运的

第八章 结 语

战争。中国推翻了由来已久的帝国,努力建立一个共和国以及成为一个民族国家。一个汉人政治家(袁世凯)曾在短暂的时刻梦想升到那空置的皇帝宝座,但未成功,最后一位满族皇帝回到那个宝座,得到的更是瞬间梦灭。[1] 战争把日本提升到一流世界强国的地位,但战后的世界秩序却加深了日本人的受虐感和对自卑的恐惧。由于种族平等倡议的失败以及全世界对其帝国建设愿望的谴责,日本遭受了严重的挫折。最后的矛盾存在于失败与胜利之间:中国是协约国胜利者阵营忠实的一员,却被当作被征服者之一对待;日本作为胜利者所得到的,却是它在另一次世界大战最终覆灭的隐患。

这场战争影响了日本的国内政治和国际关系,在重塑现代日本方面起到了重要作用。这个观点可能也同样适用于中国。从表面上看,一战似乎并没有对中国人的生活产生太大影响,但从长远及比较的历史角度来看,我们可以看到一战是中国转型和国家发展的关键。或许没有任何外交倡议对中国国内政治的影响大于对一战政策的影响。但中国人民没有享受到国家第一个重大独立外交倡议的成就,而只是尝到了社会动荡、政治混乱和国家分裂的苦果。围绕是否参战的争执助长了派系间的对立,刺激了军阀割据的加剧,并推动中国走上内战的道路。

对于三个殖民地国家印度、朝鲜和越南来说,一战的政治影响有助于激发他们踏上独立和现代民族主义的崎岖旅程。三个国家都趁战争之际及它带来的对欧洲的不信任,试图逃脱宗主国的控制。印度人、越南人和朝鲜人都将一战及战后和平会议视为推动国家发展及提高其国际地位的时机,所有人都对战后世界寄予厚望。尽管最后他们全都彻底失望,但矢志寻找更有力的武器继续向前。

要了解今天的亚洲,我们必须回到一百年前爆发的战争。在过去的一百年里,中国、印度、朝鲜、越南乃至日本都已建立了不同体制,而国际体系的结构也已发生变化。当一战爆发时,中国贫穷、软弱、衰败、无序。由于金融腐败，加之所谓的盟友通过赔款、有害贷款以及限制增长和发展的不平等条约造成难以承受的沉重负担，原本就几乎无法运作的国民政府陷入重重困境。今天，一个强大的中央政府控制着拥有世界第二大经济体、最大贸易国地位和大量中产阶级的中国。在一战中成为世界强国的日本，由于中国声称在亚洲占主导地位并削弱其地位，如今面临重大困难，但它仍是一个富庶而且有影响力的国家。在一战期间的殖民地印度、朝鲜与越南全都赢得了独立，并且正在以自己的方式繁荣发展。

全世界都在纪念一战，现在到了深入思考其遗产及意义的时候了。亚洲各国从战争中得到的一个共同教训是，他们是弱者，除非创造权力并使用它，否则永远无法实现梦想。亚洲人再也不愿意低声下气地请求西方领导者给予平等待遇和人权了。实力才是关键。每个国家的领导者和社会团体都以残酷和破坏性的方式相互争斗，但他们的意见分歧只是在战略和战术上，而不是在建立有权实现独立、繁荣和社会正义的政治组织这一现代社会的根本目标上。日本曾试图使用外交手段，失败后便把军国主义和扩张作为实现理想化目标的有力手段。在中国、越南及朝鲜，传统儒家让位于采用列宁主义革命组织武器的领导人。而在印度，甘地发现没有暴力的力量仍具力量。一旦这些民族主义组织成功获得权力，世界将再次看到"权力腐败"，但这是另一个故事，并且也是从一战开始的。

在本书所考察的国家里，一战似乎已基本被遗忘。记忆的坐标已经失去，过去的时刻依然是待解的密码。在学术界，一战被认为是"迷失"、"被忽视"或"被遗忘"的战争。甚至还在一战结束之前，有些人已经承认他们对印度的参与知之甚少。曾在印度一直担任总督到1916年的哈丁觉勋爵后来写道，"对于印度而言，很难描述战争的进程以及印度在战争期间的努力"。[2] 一位法国画家在战争期间曾花时间访问了法国的印度人军营，并记下了自己的想法。在

第八章 结 语

日记里，她希望世界不会很快忘记这些士兵，他们"来自遥远的国度，来自世界的另一端，为了公理和正义的胜利而与我们的共同敌人斗争"。[3]一战结束时，在欧洲的印度军团总司令詹姆斯·威尔考克斯，特别请求不要忘记印度对这场战争的参与。他严肃地写道，印度士兵"将不会留下什么震惊后世的材料给任何作家；他们只会消逝在印度大众之中，为已经尽职尽责并忠于自己的良心而心满意足"。[4]

尽管威尔考克斯提出了担忧，但在近一百年后，我们仍然无法确定是否已经填补了这方面的知识空白。完整的故事和对所有参与者及其共同经验的认可，仍有待完成。难怪印度学者山塔努·达斯最近宣布："对一百多万印度人，包括士兵和劳工对一战的参与和贡献，有一种普遍的文化失忆。"然而他补充说，"在第一次世界大战的欧洲中心论表面，以及现代记忆中——在公共纪念场所、档案馆和文学场所——潜藏着冲突的全球性质。一旦认出它们，它们无处不在"。[5]著名的日本历史学家荻原延寿也同样指出，"日本并没有真正经历过第一次世界大战"，因此"日本人无法应对一战所释放的思想和力量"。他进一步提出，"如果说一战开启了20世纪，那么日本直到1945年都还身处局外"。[6]像印度和日本一样，中国、越南和朝鲜对一战的记忆也都相当薄弱，缺乏思考，研究太少。

我希望这本小书已经开始着手填补这方面的空白，把一战更充分地带入亚洲历史，同时也把亚洲人带入一战国际史。我也希望这本书能让亚洲人民更好地了解他们共同的历史，为健康、和平的未来之旅奠定基础——这个未来只能是共有的，而不是各自独有的。

缩语表

BA	英国国家档案馆(British National Archives),邱园(Kew Gardens)
Columbia Library	哥伦比亚大学善本及手稿图书馆，纽约
FRUS	与美国外交关系相关的美国国务院文件（United States Department of State Papers relating to the *Foreign Relations of the United States*）
ILC	印度劳工团（Indian Labour Corps）
INC	印度国大党 / 印度国民大会党（Indian National Congress）
IWM	帝国战争博物馆（Imperial War Museum），伦敦
KNA	大韩人国民会（Korean National Association）
LC, Leeds	利德尔档案（Liddle Collection），特藏，英国利兹大学图书馆
NA	国家档案馆（National Archives），大学园（College Park），美国马里兰州
NKYA	新韩青年会（New Korea Youth Association）
Quai d'Orsay	法国外交部档案馆（Archive of the French Foreign Ministry），巴黎
Vincennes	陆军历史服务处（Service Historique de l'Armée de Terre），法国文森城堡
YMCA	基督教青年会（Young Men's Christian Association）
YMCA Archives	科特兹家庭 YMCA 档案（Kautz Familly YMCA Archives），明尼苏达大学图书馆，明尼阿波利斯，明尼苏达州

注　释

绪言

1 Thomas Pinney, ed., *Cambridge Edition of the Poems of Rudyard Kipling* (Cambridge: Cambridge University Press, 2013), 2: 756–7.
2 Pinney, ed., *Cambridge Edition of the Poems of Rudyard Kipling*, 3: 2111.
3 Pinney, ed., *Cambridge Edition of the Poems of Rudyard Kipling*, 2: 1144.
4 No Author, "100 Years after 1914, Still in the Grip of the Great War," *The Economist*, March 29, 2015, 20.
5 有关战争意义的详细讨论，可参见 Jay Winter and Antoine Prost, *The Great War in History: Debates and Controversies, 1914 to the Present* (Cambridge: Cambridge University Press, 2005) and Jay Winter, ed., The Legacy of the Great War: Ninety Years On (Columbia, MO:University of Missouri Press, 2009)。
6 William Faulkner, *Requiem for a Nun* (New York: Random House, 1951), 92.
7 Edward Wong, "China's Hard Line: 'No Room for Compromise,'" *The New York Times*, March 8, 2014, A4.
8 Quoted from David Fromkin, *Europe's Last Summer: Who Started the Great War in 1914？* (New York: Vintage, 2005), 6.
9 有关奥斯曼帝国与第一次世界大战关系，可参见 Mustafa Aksakal, *The Ottoman Road to War in 1914: The Ottoman Empire and the First World War* (Cambridge: Cambridge University Press, 2008); Robin Prior, *Gallipoli: The End of the Myth* (New Haven: Yale University Press, 2009); Michael Reynolds, *Shattering Empires: The Clash and Collapse of the Ottoman and Russian Empires, 1908–1918* (Cambridge: Cambridge University Press, 2011); Donald Bloxham, *The Great Game of Genocide: Imperialism, Nationalism, and the Destruction of the Ottoman Armenians* (Oxford: Oxford University Press, 2005)。
10 A. E. Duchesne, *Asia and the War*. Oxford Pamphlets No. 59 (London: Oxford University Press, 1914), 3–4.
11 举例来说，在1915年2月15日，印度陆军第15轻步兵师（全部由穆斯林组成）在新加坡突然发动叛变。无论从新加坡还是从印度的观点看，它似乎都与亚洲及一战有关。在这场横跨狮城的混乱战斗中，五名华人及马来西亚人被杀，但主要被杀的是英国人。他们在高尔夫球场、汽车以及车厢里成为暴动印度士兵的目标。日本历史学家桑岛（Sho Kuwajima）认为，这场印度士兵的叛变也许与"泛伊斯兰主义"与反战情绪相关。他在《新加坡的叛乱：战争、反战及印度独立之战》一书中指出，日本深度介入这次反暴，与法国及俄国一起平定乱事。印度人在新加坡叛乱的历史说明了国际体系要镇压亚洲人追求自由的企图，桑岛因此总结说："在这种情况下，镇压叛乱行动可算作第一次世界大战的一部分。"这次叛乱给新加坡人民或亚洲人民"一个机会重新思考第一次世界大战与自由的关系"。详情可参见上书（New Dehli: Rainbow, 2006），43, 93, 173。有关这主题更详细情况,也可参见 Tim Harper, "Singapore, 1915, and the Birth of the Asian Underground," *Modern Asian Studies*, 47:6（2013），1782-811; R. W. E. Harris and Harry Miller, *Singapore Mutiny* (Singapore: Oxford University Press, 1984)；Gajendra Singh, *The Testimonies of Indian Soldiers and the Two World Wars: Between Self and Sepoy* (London: Bloomsbury, 2014)，129-56。

12 因为亚丁的马来州警团（Malay State Guides）及新加坡的叛乱，马来西亚的锡克人参与了一战，然而有关我们参战的严肃研究仍然付之阙如，有些机构目前正资助这个议题，诺丁汉大学的隐密历史研究中心便是其中之一。1918 年泰国国王拉玛四世（Rama IV）派遣一支 1300 人的暹罗部队到法国，有些士兵甚至在那里牺牲，虽然并非因于战斗。布伦丹（Brendan）与怀特（Suthida Whyte）共同指出，暹罗国内对本国人参战的看法，即认为它是别国承认暹罗平等的关键一步，对暹罗发展也十分重要。参看 Brendan and Suthida Whyte, "The Inscriptions on the First World War Volunteers Memorial, Bangkok," *Journal of the Siam Society*, 96 (2008), 175–91; Brenda Whyte, "The Role of Siam in World War One," *Strategy and Tactics*, 245 (2007), 34–6。

13 See Xu Guoqi, *Chinese and Americans: A Shared History* (Cambridge, MA: Harvard University Press, 2014), 1–22.

14 Joshua A. Fogel, *Articulating the Sinosphere: Sino-Japanese Relations in Space and Time* (Cambridge, MA: Harvard University Press, 2009), 1.

15 当然，我们应该记住吉卜林在很多议题上爱憎掺杂，表达的想法也并非一致。

16 Naoko Shimazu, *Japan, Race, and Equality: The Racial Equality Proposal of 1919* (London: Routledge, 2009), 171.

17 Sophie Quinn-Judge, *Ho Chi Minh: The Missing Years, 1919–1941* (Berkeley: University of California Press, 2003), 11–18.

18 由于篇幅及议题所限，本书只能简略叙述战时经济对日本及越南的冲击，不会讨论中国、印度及朝鲜的经济情况。现存资料足以显示战时经济对上述国家有重要冲击。由于欧洲主要国家聚焦战争，对殖民地经济发展的管制自然松懈下来，例如印度及越南，从而有利于两国经济成长。中国与日本在战时尤其得到黄金机会，不但整体经济成长，海运及贸易更是具体得益。同时，一战还削弱欧洲列强的经济基础，甚至把它们变成美国的负债国，而这进一步削弱其对亚洲的控制。

19 Christopher Clark, *The Sleepwalkers: How Europe went to War in 1914* (New York: HarperCollins, 2013), 562.

20 有关这一观点更详细的说明，可参见 Robert Gerwarth and Erez Manela, "Introduction," in Robert Gerwarth and Erez Manela, eds., *Empires at War: 1911–1923* (Oxford: Oxford University Press, 2014), 1–16。

21 James Joll, *The Origins of the First World War* (London: Longman, 1984), 1.

22 必须指出，战争期间，日本曾给予协约国至重要的海军援助。

23 有关一战对日本当时及长期的影响，可参见 Frederick Dickinson, "Toward a Global Perspective of the Great War: Japan and the Foundations of a Twentieth-Century World," *American Historical Review*, 119:4 (October 2014), 1154–83; Frederick Dickinson, *World War I and the Triumph of a New Japan, 1919–1930* (Cambridge: Cambridge University Press, 2013)。

24 Margaret MacMillan, *Paris 1919: Six Months that Changed the World* (New York: Random House, 2002), xxv.

25 有关战争的整体记忆，最好的研究可参见 Jay Winter, *Remembering War: The Great War between Memory and History in the Twentieth Century* (New Haven: Yale University Press, 2006)。

第一章　一战来到亚洲，1894—1914：从下关到青岛

1 Dickinson, "The Japanese Empire," in Gerwarth and Manela, eds., *Empires at War*, 200.

2 Akira Iriye, *China and Japan in the Global Setting* (Cambridge, Ma: Harvard University Press,

1992), 19.
3   S.C.M.Paine, *The Sino-Japanese War of 1894-1895: Perceptions, Power, and Primacy.* (Cambridge: Cambridge University Press, 2004), 290.
4   Samuel G. Blythe, "Banzai——and Then What?" *The Saturday Evening Post*, 187:47 (1915), 54.
5   H.C. O'Neill, *The War in Africa and in the Far East* (London: Longmans, Green and Co., 1919), 12.
6   O'Neil, *The War in Africa and in the Far East*, 16.
7   Edwin P.Hoyt, *The Fall of Tsingtao* (London: A. Barker, 1975), 7.
8   Japanese report on "Siege of Tsing-Tao," BA: WO 106/5517.
9   Japanese report on "Siege of Tsing-Tao," BA: WO 106/5517.
10 梁启超：《改革起源》，《饮冰室合集》(北京：中华书局，1989), 113。
11 王栻编：《严复集》，第 3 册 (北京：中华书局，1986), 521。
12 包天笑：《钏影楼回忆录》(香港：大华出版社，1971), 145。
13 Guanhua Wang, *In Search of Justice: The 1905–1906 Chinese Anti-American Boycott* (Cambridge, MA: Harvard University Asia Center, distributed by Harvard University Press, 2001).
14 Cited in Akira Iriye, *Across the Pacific: An Inner History of American-East Asian Relations* (Chicago: Imprint Publications, 2005), 77.
15 Frederick Dickinson, *War and National Reinvention: Japan in the Great War, 1914-1919* (Cambridge, MA: Harvard University Press, 1999), 35.
16 Ikuhiko Hata, "Continental Expansion, 1905-1941," in John W. Hall, ed., *The Cambridge History of Japan* (Cambridge: Cambridge University Press, 1988), 6:279.
17 Edward Grey to Sir C. Greene, August 3, 1914, in BA: China: General Operation Telegrams, 1914: July 21 to September 25, ADM 137/11.
18 Madeleine Chi, *China Diplomacy, 1914-1918* (Cambridge, MA: East Asian Research Center, distributed by Harvard University Press, 1970), 6.
19 China: General Operation Telegrams, 1914: July 21 to September 25, BA: ADM 137/11.
20 China: General Operation Telegrams, 1914: July 21 to September 25, BA: ADM 137/11.
21 China: General Operation Telegrams, 1914: July 21 to September 25, BA: ADM 137/11.
22 关于这一点更详细的说明，可参见 J. Charles Schencking, "The Imperial Japanese Navy and the First World War: Unprecedented Opportunities and Harsh Realities," in Toshiro Minohara, Tze-Ki Hon, and Evan Dawley, eds., *The Decade of the Great War: Japan and the Wider World in the 1910s* (Leiden; Boston: Brill, 2014), 83-106。
23 China: General Operation Telegrams, 1914: July 21 to September 25, BA: ADM 137/11.
24 有关这一议题最好的研究，可参考 Dickinson, *War and National Reinvention*; Dickinson, *World War I and the Triumph of a New Japan*。
25 Edward Grey to J. Jordan (Peking), Foreign Office, August 10, 1914, BA: ADM 137/11.
26 Greene to Edward Grey, August 6, 1914, BA: ADM 137/11.
27 Greene to Edward Grey, August 15, 1914, BA: ADM 137/11.
28 Edward Grey to Greene, August 16, 1914, BA: ADM 137/11.
29 Japanese report on "Siege of Tsing-Tao," BA: WO 106/5517.
30 Dickinson, "Toward a Global Perspective of the Great War," 1154-83.
31 John Morrow, *The Great War: An Imperial History* (London: Routledge, 2004), 36.
32 Japanese report on "Siege of Tsing-Tao," BA: WO 106/5517.
33 China: General Operation Telegrams, July 21 to September 25, 1914, BA: ADM 137/11.
34 FO to Sir C. Greene, August 22, 1914. China: General Operation Telegrams, July 21 to September 25, 1914, BA: ADM 137/11.
35 Green to Grey, August 6, 1914, BA: ADM 137/11.
36 Japanese report on "Siege of Tsing-Tao," BA: WO 106/5517.
37 Wilson Leon Godshall, *Tsingtau Under Three Flags* (Shanghai: The Commercial Press, 1929), 146.
38 Edmund Dane, *British Campaigns in Africa and the Pacific, 1914-1918* (London: Hodder and Stoughton, 1919), 206.

39 O'Neill, *The War in Africa and in the Far East*, 21.
40 Japanese Report on "Siege of Tsing-Tao," BA: WO 106/5517.
41 Columbia Library: Carnegie Endowment for International Peace, Correspondence 44, box 395: September 2 1914, letter to James Brown Scott of the Endowment.
42 George Morton-Jack, *The Indian Army on the Wester Front: India's Expeditionary Forces to France and Belgium in the First World War* (New York: Cambridge University Press, 2014), 130.
43 Morton-Jack, *The Indian Army on the Western Front*, 211-12.
44 Dickinson, *World War I and the Triumph of a New Japan*, 16.
45 Dickinson, "Japanese Empire," in Gerwarth and Manela, eds., *Empires at War*, 206.
46 由于日本与盟友在这一行动中的持续争议，历史学家自然一直认为这是日本在整个战争中最不光彩的单方面行为案例。
47 中国同样在军事上介入了西伯利亚行动，但由于篇幅及主题所限，本书只能搁下美国、中国及日本的西伯利亚联合行动，不做讨论。
48 "The claim of China for direct restitution to herself of the leased territory of Kiao-Chow, the Tsingtao-Chinan railway and other German rights in respect of Shantung Province," BA: FO 608/210.
49 Jeffrey W. Alexander, *Brewed in Japan: The Evolution of the Japanese Beer Industry* (Honolulu: University of Hawaii Press, 2013), 68.
50 MacMillan, *Paris 1919*, 329.
51 Noriko Kawamura, *Turbulence in the Pacific, Japanese-U.S. Relations During World War I* (Westport, CT: Praeger, 200), 22.

第二章　一战在中国与日本，1915—1918

1 Clark, *The Sleepwalker*.
2 梁启超：《欧战蠡测》，《梁启超合集》，《饮冰室文集》，4:11-26；也见丁文江编：《梁任公先生年谱》（台北：世界书局，1959），439。
3 凤冈及门弟子编：《民国梁燕孙先生士诒年谱》（台北：台湾商务印书馆，1978），1：194-6。
4 Michael Smmerskill, *China on the Western Front* (London: Michael Summerskill, 1982), 30.
5 凤冈及门弟子编：《民国梁燕孙先生士诒年谱》，1：281-2。
6 凤冈及门弟子编：《民国梁燕孙先生士诒年谱》，1：289。苏文擢编：《梁谭玉樱居士所藏书翰图照影存（香港：苏文擢，1986），208。
7 Stephen G. Craft, V.K. *Wellington Koo and the Emergence of Modern China* (Lexington: University Press of Kentucky, 2003).
8 原声明稿现存中国第二历史档案馆，南京，编号1039（2）-53。
9 Jordan, 1919 Annual Report to the British foreign Office, FO 405/229, 9. 也见顾维钧在1914年8月19日与朱尔典会谈，中研院近代史研究所编：《中日关系史料：欧战与山东问题》（台北：中研院近代史研究所，1974），1：58-64。
10 "China's Breach with Germany," *The Manchester Guardian*, May 23, 1917.
11 许田（张国淦）：《对德奥宣战》，《近代史资料》，第24号（1954），51。
12 Cyril Pearl, *Morrison of Peking* (Sydney: Angus and Robertson, 1967), 307.
13 中国媒体对"二十一条"的批评非常强烈，莫理循建议政府冷却事件，以免进一步损害中日关系，见莫理循致蔡廷干，1915年3月13日，《民国档案》（南京：1988年第3期），3。
14 Mao to Xiao Zisheng, July 25, 1916, in Stuart R. Schram, ed., *Mao's Road to Power: Revolutionary Writings, 1912-1949* (Armonk, NY: M.E.Sharp, 1992), 1:103.
15 Jordan to Langley, March 22, 1915, BA: FO 350/13/31.
16 Jordan Annual Report to Foreign Office, 1919, BA: FO 405/229, 9.
17 清理谈判时期各驻外使馆所提交的许多报告，可以发觉很多外交人员都关注外国舆论。详情可参见中研院近代史研究所编：《中日关系史料：廿一条交涉》，2册（台北：中研院近代史研究所，1985）。
18 有关此论点的精采论文，可参见 Stephen G. Craft, "Angling for an Invitation to Paris: China's

Entry into the First World War," *The International Historical Review*, 16:1 (1994), and "China and World War I," Ch. 2 in Craft, *V.K. Wellington Koo*。

19 梁启超:《再警告外交当局》,《饮冰室合集》,4:108-9。
20 有关协商一个完整声明及中国的态度,可参见外交部关于中日交涉事务宣言书,1915年5月13日;又见程道德编:《中华民国外交史资料选编1911—1919》(北京:北京大学出版社,1988),206-14。
21 Grey Dispatch to Tokyo, February 4, 1916, BA: WO 106/34.
22 Memorandum to the Japanese Ambassador, February 14, 1917, BA: FO 371/2950.
23 美国在1917年也与日本秘密签署一个《蓝辛—石井协定》。有关法国人对美国中国政策的态度,可参见 Quai d'Orsay, NS, *Chine*, 137: 122-4; see also Jordan to Langley, April, 16, 1916, BA: FO 350/15。
24 Jordan to Annual Report to Foreign Office, 1919, BA: FO 405/229/9.
25 Jordan to Langley, August 28, 1918, BA: FO 350/6.
26 外交部给在华所有公使馆,1915年1月18日,中研院近代史研究所编,《中日关系史料:欧战与山东问题》,2:678-9。
27 陆征祥在1915年1月27日替代孙宝琦担任外交总长。
28 陆征祥团队1915年1月22日会晤记录,中国第二档案馆,1039(2)—377。
29 外交部给在华所有公使馆,1915年1月18日,中研院近代史研究所编:《中日关系史料:欧战与山东问题》,2:678-9;外交部致刘公使,1915年1月21日,中研院近代史研究所编:《中日关系史料:欧战与山东问题》,2:682-4。
30 参见诏云:《记中日交涉》;渐生:《三记洲战争》;端六:《战争与财力》,皆发表在《甲寅杂志》第7号(1915年7月)。
31 *The Peking Gazette*, November 28, 1914.
32 章宗祥:《我所经手签订二十一条》,陈志奇编,《中华民国外交史料汇编》,第1册(台北:渤海堂,1996),420;罗光:《陆征祥传》(台北:台湾商务印书馆,1967),105。
33 曹汝霖:《一生之回忆》(香港:春秋出版社,1966),138。
34 郭廷以编:《中华民国史事日志》(台北:中研院近代史研究所,1979),206。
35 Jordan to Alston, February 1, 1916, BA: FO 350/15.
36 凤冈及门弟子编:《民国梁燕孙先生士诒年谱》,1:310。
37 For details on China's laborers in Europe, see Xu Guoqi, *Strangers on the Western Front: Chinese Workers in the Great War* (Cambridge, MA: Harvard University Press, 2011).
38 凤冈及门弟子编:《民国梁燕孙先生士诒年谱》,1:310。
39 Parliamentary Debates, *House of Commons* (84) (July 10-31), 1379.
40 "General Statement Regarding the YMCA Work for the Chinese in France," March 1919, YMCA Archives, box 204, folder: Chinese laborers in France reports, 1918-19.
41 YMCA, *Young Men's Christian Association with the Chinese Labour Corps in France*, YMCA Archives, box 204, folder: Chinese laborers in France, 14.
42 Controller of Labour War Diary, July 1918, BA: WO 95/83.
43 General Forch's secret report to the Prime Minister, August 11, 1917, Vincennes, 16N 2450/GQG/6498.
44 Captain A. McCormick files, IWM 02/6/1, 207-8.
45 有关一战华工详情,可参见 Xu, *Strangers on the Western Front*。
46 John Horne, *Labour at War: France and Britain, 1914-1918* (Oxford: Clarendon Press, 1991), 112.
47 John Horne, "Immigrant Workers in France during World War I," *French Historical Studies*, 14:1 (1985), 8585.
48 The Games Committee, *The Inter-Allied Games, Paris: 22nd June to 6th July, 1919* (n.p.: The Game Committee, n.d.), 11-14.
49 Committee, *The Inter-Allied Games*, 36, 48.
50 Committee, *The Inter-Allied Games*, 54.
51 Committee, *The Inter-Allied Games*, 187.
52 J.S. Tow, "China's Service to the Applied Cause," *The Economic World*, 17:6 (February 8,

1919), 184-5.
53   No Author, "Shipping and Shipbuilding in China," *The Economic World*, 17:2 (January 11, 1919), 46.
54   Dickinson, *World War I and the Triumph of a New Japan*, 6-7.
55   Iriye, *China and Japan in the Global Setting*, 23.
56   Dickinson, *World War I and the Triumph of a New Japan*, 17.
57   Kenneth D. Brown, "The Impact of the First World War on Japan," in Chris Wrigley, ed., *The First World War and the International Economy* (Cheltenham: Edward Elgar, 2000), 102-7.
58   Iriye, *Japan and China in the Global Settings*, 22-3.
59   MacMillan, *Paris 1919*, 312.
60   Dickinson, *World War I and the Triumph of a New Japan*, 6.
61   详情可参见 Dickinson, *World War I and the Triumph of a New Japan*; Dickinson, "Toward a Global Perspective of the Great War," 1168。
62   Dickinson, "Toward a Global Perspective of the Great War," 1168.
63   Dickinson, "Japanese Empire," in Gerwarth and Manela, eds., *Empires at War*, 203.
64   Dickinson, "Toward a Global Perspective of the Great War," 1169.
65   Dickinson, "Toward a Global Perspective of the Great War," 1181-2.
66   Dickinson, "Toward a Global Perspective of the Great War," 1181-3.
67   Michael Lewis, *Rioters and Citizen: Mass Protest in Imperial Japan* (Berkeley: University of California Press, 1990), 1, 11.
68   Lewis, *Rioters and Citizens*, 15.
69   Lewis, *Rioters and Citizens*, xvii.
70   Lewis, *Rioters and Citizens*, 16, 243, 246.
71   有关中国军阀详情,可参见 Arthur Waldron, "The Warlord: Twentieth-Century Chinese Understandings of Violence, Militarism, and Imperialism," *American Historical Review*, 96:4 (October, 1991), 1073-100。

第三章　印度的一战及民族觉醒

1   Dewitt Mackenzie, *The Awakening of India* (London: Hodder and Stoughton, 1918), 18-21.
2   Stanley Wolpert, *A New History of India* (New York: Oxford University Press, 2009), 310.
3   Lord Hardinge of Penshurst, *My Indian Years, 1910-1916: The Reminiscences of Lord Hardinge of Penshurst* (London: Jogn Murray, 1948), 98.
4   英国的确需要很多不同地方的援助,甚至西藏的达赖喇嘛也曾以"雪国所有人类的菩萨"的名义,为英国祈祷胜利,可参见 H. H. Dodwell, ed., *The Cambridge History of India* (Delhi: S. Chand & Co., 1964), 6:477。
5   Morton-Jack, *The Indian Army on the Western Front*, 4.
6   Shyam Narain Saxena, *Role of Indian Army in the First World War* (Delhi: Bhavan Prakashan, 1987), 5.
7   George Riddell, *Lord Riddell's Intimate Diary of the Peace Conference and After, 1918-1923* (London: V. Gollancz, 1933), 42.
8   Santanu Das, "Ardour and Anxiety: Politics and Literature on the Indian Home Front," in Heike Liebau, et al., *The World in World Wars: Experiences, Perceptions and Perspectives from Africa and Asia* (Leiden: Brill, 2010), 367.
9   Das, "Ardour and Anxiety," 351-2.
10 Bhupendranath Basu, *Why India is Heart and Soul with Great Britain* (London: Macmillan and Co., 1914).
11 S. P. Sinha, *The Future of India: Presidential Address to the Indian National Congress by Sir S. Sinha on the 27th December 1915* (London: Jas. Truscott & Son, 1916), 1, 2-3.
12 Sinha, *The Future of India*, 44.
13 Basu, *Why India is Heart and Soul with Great Britain*, 1.

注　释

14　有关 1880 年到 1915 年间印度国大党最好的研究，可参见 Gordon Johnson, *Provincial Politics and Indian Nationalism: Bombay and the Indian National Congress* (Cambridge: Cambridge University Press, 1973)。
15　Jim Masselos, *Indian Nationalism: An History* (New Delhi: Sterling Publishers, 1985), 137.
16　B. R. Nanda, *Gokhale: The Indian Moderates and the British Raj* (Princeton, NJ: Princeton University Press, 1977), 446.
17　Nanda, *Gokhale*, 446.
18　B. R. Nanda, *Gandhi: Pan-Islamism, Imperialism, and Nationalism in India* (New Delhi: Oxford University Press, 2002), 163.
19　Nanda, *Gandhi: Pan-Islamism, Imperialism, and Nationalism in India*, 163.
20　B. R. Nanda, *Mahatma Gandhi: A Biography* (Boston: Beacon Press, 1958), 87.
21　Nanda, *Mahatma Gandhi*, 105.
22　Nanda, *Mahatma Gandhi*, 99.
23　Wolpert, *A New History of India*, 302.
24　Nanda, *Gokhale*, 447.
25　U. N. Chakravorty, *Indian Nationalism and the First World War, 1914-18* (Calcutta: Progressive Publishers, 1997), 65-7.
26　Erez Manela, *The Wilsonian Moment: Self-Determination and the International Origins of Anticolonial Nationalism* (New York: Oxford University Press, 2007), 82.
27　Das, "Ardour and Anxiety," 353-5.
28　Manela, *The Wilsonian Moment*, 82.
29　Wolpert, *A New History of India*, 302.
30　Dewitt C. Ellinwood, *Between Two Worlds: A Rajput Officer in the Indian Army, 1905-21: Based on the Diary of Amar Singh of Jaipur* (Lanham, MD: Hamilton Books, 2005), 365.
31　Letter 628, in David Omissi, *Indian Voices of the Great War: Soldiers' Letters, 1914-18* (New York: St. Martin's Press, 1999), 342.
32　Morton-Jack, *The Indian Army on the Western Front*, 35.
33　Radhika Singha, "The Recruiter's Eye on the Primitive: To France-and Back-in the Indian Labour Corps, 1917-1918," in James Kitchen, Alisa Miller, and Laura Rowe, eds., *Other Combatants, Other Fronts: Competing Histories of the First World War* (Newcastle upon Tyne: Cambridge Scholars, 2011), 215-16.
34　Singh, *The Testimonies of Indian Soldiers and the Two World Wars*, 81, 85.
35　Singh, *The Testimonies of Indian Soldiers and the Two World Wars*, 83-4.
36　Morrow, *The Great War: An imperial History*, 107-8.
37　IWM: K. 75345: Saunders, K.J., with the Indians in France: being an account of the work of the army YMCA of Indian expeditionary force A.
38　Claude Markovits, "Indian Soldiers' Experiences in France during World War I," in Liebar et al., *The World in World Wars*, 36.
39　IWM: K. 75345: Saunders, K.J, with the Indians in France: being an account of the work of the army YMCA OF India with Indian expeditionary force A.
40　Susan Vankoski, "Letters Home, 1915-16: Punjabi Soldiers Reflect on War and Life in Europe and their Meanings for Home and Self," *International Journal of Punjab Studies*, 2:1 (1995), 43-63.
41　Claude Markovits, "Indian Soldiers' Experiences in France During World War I," 45.
42　Radhika Singha, "Front Lines and Status Lines: Sepoy and 'Menial' in the Great War 1916-1920," in Liebau et al., *The World in World Wars*, 55-106.
43　Singha, "The Recruiter's Eye on the Primitive," 202.
44　Walter Lawrence, *The India We Served* (Boston: Houghton Mifflin Company, 1929), 271.
45　Lawrence, *The India We Served*, 271-3.
46　Morton-Jack, *The Indian Army on the Western Front*, 293.
47　Lawrence, *The India We Served*, 372.
48　The London Correspondent of *The New York Times*, *Loyal India: An Interview with Lord Hardinge of Penshurst, Ex-Governor-General of India* (London: Sir Joseph Causton & Son,

1916），11.
49　The London Correspondent of *The New York Times, Loyal India*, 5.
50　Lord Sydenham of Combe, *India and the War* (London: Hodder and Stoughton, 1919)，39.
51　Lord Sydenham of Combe, *India and the War*, 41.
52　泰国的确派出志愿部队到法国，但他们来得太晚，无法参加战斗。中国也提出派遣军队，但协约国方面并不热心，最后没有成功。
53　Ellinwood, *Between Two Worlds*, 358.
54　Saxena, *Role of Indian Army in the First World War*, 116-17.
55　John Starling and Ivor Lee, *No Labour, No Battle: Military Labour during the First World War* (Stroud: Spellmount, 2009)，258.
56　Starling and Lee, *No Labour, No Battle*, 25.
57　Radhika Singha, "Finding Labor from India for the War in Iraq: The Jail Porter and Labor Corps, 1916-1920," *Comparative Studies in Society and History*, 49:2 (2007)，1-34.
58　Saxena, *Role of Indian Army in the First World War*, 122.
59　Dewitt C. Ellinwood and S.D. Pradhan, ed., *India and World War 1* (New Delhi: Manohar, 1978)，143.
60　For details on this, see No Author, *Our Indian Army: A Record of the Peace Contingent's Visit to England*, (London: Issued for the India Office by Adams bros. & Shardlow Ltd., 1920)；see also Morton-Jack, *The Indian Army on the Western Front*, 299.
61　Morton-Jack, *The Indian Army on the Western Front*, 299.
62　Morton-Jack, *The Indian Army on the Western Front*, 1.
63　Morton-Jack, *The Indian Army on the Western Front*, 17.
64　John Grigg, *The Young Lloyd George* (Berkley: University of California Press, 1974)，296-7.
65　Morton-Jack, *The Indian Army on the Western Front*, 17.
66　有关印度伤亡详细资料，可参见 Table 4: War Office, "Statistical Abstract of Information Regarding the Armies at Home and Aboard, 1914-1920" (London: War Office, 1920)，786。
67　J. M. Brown and W. M. Roger Louis, eds., *Oxford History of the British Empire* (Oxford: Oxford University Press, 1999)，4: 122.
68　David Omissi, *The Sepoy and the Raj: The Indian Army, 1860-1940* (London: Macmillan, 1994)，13-38.
69　Pradeep Barua, *Gentlemen of the Raj: The Indian Army Officer Corps, 1917-1949* (Westport, CT: Praeger, 2003)，14-16.
70　Cited in Morton-Jack, *The Indian Army on the Western Front*, 16.
71　Kaushik Roy, "The Army in India in Mesopotamia from 1916 to 1918: Tactics, Technology and Logistics Reconsidered," in Ian F. W. Beckett, ed., *1917: Beyond the Western Front* (Boston: Brill, 2009)，132.
72　Morton-Jack, *The Indian Army on the Western Front*, 18.
73　Morton-Jack, *The Indian Army on the Western Front*, 19-20.
74　Morton-Jack, *The Indian Army on the Western Front*, 12.
75　Morton-Jack, *The Indian Army on the Western Front*, 186.
76　Morton-Jack, *The Indian Army on the Western Front*, 170.
77　Morton-Jack, *The Indian Army on the Western Front*, 148.
78　Asghar Ali, *Our Heroes of the Great War* (Bombay: The Time Press, 1922)，18-34.
79　Ali, *Our Heroes of the Great War*, 47.
80　War diary of Capt. J. W. Barnett, IWM: 90/37/1.
81　IWM: An account of the operations of the 18th (Indian) division in Mesopotamia, December 1917 to December 1918, by major-general H.D. Fanshawe (London: St. Martin's Press)，n.p.
82　Roy, "The Army in India in Mesopotamia from 1916 to 1918," 158.
83　Ellinwood, *India and the World War 1*, 145.
84　No Author, *Our Indian Army*.
85　Morton-Jack, *The Indian Army on the Western Front*, 6.
86　Starling and Lee, *No Labour, No Battle*, 260.

87	Starling and Lee, *No Labour, No Battle*, 260-3.
88	Morton-Jack, *The Indian Army on the Western Front*, 148.
89	No Author, *Our Indian Army*.
90	No Author, *Our Indian Army*.
91	Morton-Jack, *The Indian Army on the Western Front*, 301.
92	Saxena, *Role of Indian Army in the First World War*, 133.
93	Santanu Das, "The Indian Sepoy in Europe, 1914-1918: Images, Letters, Literature," in Helmut Bley and Anorthe Kremers, eds., *The World During the First World War* (Essen: Klartext, 2014), 169-70.
94	Morton-Jack, *The Indian Army on the Western Front*, 305.
95	Dodwell, ed., *The Cambridge History of India*, 6:476. 约翰逊（Gordon Johnson）教授提醒我：《剑桥印度史》第6册是1932年出版。在1960年代初期，出版社同意昌德在德里影印旧《剑桥印度史》，重新出版。出版社决定增加塞迪（R. R. Sethi）的一篇文章，也即我现在所引用的。根据约翰逊教授的观点，塞迪文章并没有剑桥的版权。
96	*The Times*, The Times *History of the War*, 1914 (London: The Times, 1914), 153.
97	Machenzie, *The Awakening of India*, 159.
98	Manela, *The Wilsonian Moment*, 81.
99	Saxena, *Role of Indian Army in the First World War*, 6.
100	Sinha, *The Future of India*, 7.
101	Santanu Das "Indians at Home, Mesopotamia and France," in Santanu Das, ed., *Race, Empire and First World War Writing* (Cambridge: Cambridge University Press, 2011), 73.
102	Peter Hopkirk, *On Secret Service East of Constantinople: The Plot to Bring Down the British Empire* (London: John Murray, 1994), 67.
103	Vaman Govind Kale, *India's War Finance and Post-war Problems* (Poona: The Aryabhushan Press, 1919), 151.
104	Timothy C. Winegard, *Indigenous Peoples of the British Dominions and the First World War* (New York: Cambridge University Press, 2011), 11.
105	Ellinwood, *Between Two Worlds*, 356.
106	Ellinwood, *India and World War 1*, 22.
107	Das, "Indians at Home, Mesopotamia and France," in Das, *Race, Empire and First World War Writing*, 84.
108	Ellinwood, *Between Two Worlds*, 370.
109	Ellinwood, *Between Two Worlds*, 392.
110	Ellinwood, *Between Two Worlds*, 403.
111	Ellinwood, *Between Two Worlds*, 404.
112	For details on the mutiny, see R. W. E. Harris and Harry Miller, *Singapore Mutiny* (Singapore: Oxford University Press, 1984); see also Harumi Goto-Shibata, "Internationalism and Nationalism: Anti-Western Sentiments in Japanese Foreign Policy Debates, 1918-22," in Naoko Shimazu, ed., *Nationalisms in Japan* (London: Routledge, 2006), 70.
113	Kale, *Indian's War Finance and Post-war Problems*, 150.
114	Ellinwood, *India and World War 1*, 21-2.
115	Manela, *The Wilsonian Moment*, 91.
116	L. F. Rushbrook Williams, *India in 1919: A Report Prepared for Presentation to Parliament in Accordance with the Requirements of the 26th Section of the Government of India Act* (Calcutta: Superintendent Government Printing, India, 1920), iii.
117	Sir J. P. Hewett, *The Indian Reform Proposals* (London: Indo-British Association, 1918), 1.
118	Nanda, *Gandhi: Pan-Islamism, Imperialism, and Nationalism in India*, 186.
119	Wolpert, *A New History of India*, 314.
120	Wolpert, *A New History of India*, 314.
121	Wolpert, *A New History of India*, 315.
122	Saroj Sharma, *Indian Elite and Nationalism: A Study of Indo-English fiction* (Jaipur: Rawat Publications, 1997), 75.

123　Manela, *The Wilsonian Moment*, 175.
124　Masselos, *Indian Nationalism*, 163.
125　Morrow, *The Great War: An Imperial History*, 285.
126　Manela, *The Wilsonian Moment*, 9.
127　Masselos, *Indian Nationalism*, 151.
128　有关详细情况，可参见 Algernon Rumbold, *Watershed in India, 1914-1922*（London: Athlone Press, 1979）。
129　有关印度穆斯林与一战的详细，可参见 Yuvaraj Deva Prasad, *The Indian Muslims and World War I: A Phase of Disillusionment with British Rule, 1914-1918*（New Delhi: Janaki Prakashan, 1985）。
130　Morrow, *The Great War: An Imperial History*, 313.
131　Pankaj Mishra, *From the Ruins of Empire: The Intellectuals Who Remade Asia*（New York: Farrar, Straus and Giroux, 2012），202.
132　Manela, *The Wilsonian Moment*, 90.
133　Manela, *The Wilsonian Moment*, 92-3.
134　Manela, *The Wilsonian Moment*, 96.
135　Manela, *The Wilsonian Moment*, 78.
136　Manela, *The Wilsonian Moment*, 92.
137　Erez Manela, "Imaging Woodrow Wilson in Asia: Dreams of East-West Harmony and the Revolt against Empire in 1919," *American Historical Review*, 111:5（December 2006），1327.
138　Manela, *The Wilsonian Moment*, 93.
139　Hugh Purcell, *The Maharaja of Bikaner*（London: Haus, 2010）.
140　Memo from S. P. Sinha, January 22, 1919, BA: FO 608/241.
141　印度人参加国际联盟是有争议的，有人认为是英国之策略，用来攫取更多权力，可参见 D. N. Verma, *India and the League of Nations*（Patna: Bharati Bhawan, 1968），and Vangala Shiva Ram and Brij Mohan Sharma, *India and the League of Nations*（Lucknow: Upper India Publishing House, 1932）。
142　Purcell, *The Maharaja of Bikaner*, 86.
143　MacMillan, *Paris 1919*, 403.
144　Indian Desiderata for Peace Settlement, BA: FO 608/211.
145　Richard Jebb Memo, BA; FO 608/241.
146　Purcell, *The Maharaja of Bikaner*, 101.
147　Letter to Cecil, January 23, 1919, BA: FO 608/241.
148　MacMillan, *Paris 1919*, 49.
149　"The Diary of Colonel House, April 5, 1919," in Arthur Stanley Link, ed., *The Papers of Woodrow Wilson*（Princeton, NJ: Princeton University Press, 1981），57:35.
150　Morrow, *The Great War: An Imperial History*, 288.
151　David Miller, *My Diary at the Conference of Paris, with Documents*（New York: Printed for the author by the Appeal Printing Company, 1924），1:164-5.
152　Miller, *My Diary at the Conference of Paris*, 1:165.
153　Miller, *My Diary at the Conference of Paris*, 1:165-6.
154　Miller, *My Diary at the Conference of Paris*, 1:167.
155　Purcell, *The Maharaja of Bikaner*, x.
156　Dodwell, *The Cambridge History of India*（Please note that this quote was from India's version in 1964），6:488.
157　Saxena, *Role of Indian Army in the First World War*, 140-1.
158　Schram, *Mao's Road to Power*, 1:33.

第四章　殖民地越南与一战

1　Stanley Karnow, *Vietnam: A History*（New York: Penguin Books, 1997），110.

2   Gary R. Hess, *Vietnam and the United States: Origins and Legacy of War* (Boston: Twayne Publishers, 1990), 1.
3   William Duiker, *The Rise of Nationalism in Vietnam, 1900-1941* (Ithaca: Cornell University Press, 1976),16.K.
4   Karnow, *Vietnam: A History*, 95.
5   Philippe M. F. Peycam, *The Birth of Vietnamese Political Journalism: Saigon, 1916-1930* (New York: Columbia University Press, 2012), 38.
6   Albert Sarraut, *La Mise en valeur des Colonies Francaises* (Paris: Payot, 1923), 37-8.
7   Sarraut, *La Mise en valeur des Colonies Francaises*, 463.
8   Sarraut, *La Mise en valeur des Colonies Francaises*, 57-8.
9   Kimloan Vu-Hill, *Collies into Rebels: Impact of World War I on French Indochina* (Paris: Les Indes savants, 2011), 44.
10 Sarraut, *La Mise en valeur des Colonies Francaises*, 42.
11 Kimloan Vu-Hill, "Sacrifice, Sex, Race: Vietnamese Experiences in the First World War," in Das, *Race, Empire, and First World War Writing*, 55.
12 Vu-Hill, *Coolies into Rebels, 40*.
13 Vu-Hill, *Coolies into Rebels, 41*.
14 Vu-Hill, Coolies into Rebels, 32.
15 Vu-Hill, *Coolies into Rebels*, 42.
16 Hue-Tam Ho Tai, *Radicalism and the Origins of the Vietnamese Revolution* (Cambridge, MA: Harvard University Press, 1992), 30-1.
17 Vu-Hill, *Coolies into Rebels*, 10.
18 Peycam, *The Birth of Vietnamese Political Journalism*, 60.
19 Vu-Hill, *Coolies into Rebels*, 37-8.
20 Pierre Brocheux, *Ho Chi Minh: A Biography*, trans. Chaire Duiker (New York: Cambridge University Press, 2007), 19.
21 Vu-Hill, *Coolies into Rebels*, 38.
22 Vu-Hill, *Coolies into Rebels*, 50.
23 Sarraut, *La Mise en valeur des Colonies Francaises*, 37.
24 Peycam, *The Birth of Vietnamese Political Journalism*, 3-4.
25 Peycam, *The Birth of Vietnamese Political Journalism*, 6.
26 Peycam, *The Birth of Vietnamese Political Journalism*, 13.
27 Peycam, *The Birth of Vietnamese Political Journalism*, 62.
28 Peycam, *The Birth of Vietnamese Political Journalism*, 66.
29 Brocheux, *Ho Chi Minh*, 19.
30 Joseph Buttinger, *Vietnam: A Political History* (New York: Praeger, 1968), 143-4.
31 Peycam, *The Birth of Vietnamese Political Journalism*, 67.
32 Peycam, *The Birth of Vietnamese Political Journalism*, 59.
33 Tai, *Radicalism and the Origins of the Vietnamese Revolution*, 30-1.
34 TBrocheux, Ho Chi Minh, 12.
35 William Duiker, *Ho Chi Minh* (New Yrok: Hyperion, 2000), 51.
36 Duiker, *Ho Chi Minh*, 53.
37 Peycam, *The Birth of Vietnamese Political Journalism*, 60.
38 Hess, *Vietnam and the United States*, 10-11.
39 Hess, *Vietnam and the United States*, 14.
40 Peycam, *The Birth of Vietnamese Political Journalism*, 61.
41 David G. Marr, *Vietnamese Anticolonialism, 1885-1925* (Berkley: University of California Press, 1971), 237-7.
42 Marr, *Vietnamese Anticolonialism*, 237-8.
43 The Trang-Gaspard, *Ho Chi Minh a Paris* (1917-1923) (Paris: Editions L'Harmattan, 1992), 67-9.
44 Trang-Gaspard, *Ho Chi Minh a Paris*, 70.
45 Michael Goebel, "Fighting and Working in the Metropole: The Nationalizing Effects of the First

World War throughout the French Empire, 1916-1930," in Bley and Kremers, *The World During the First World War*, 101.
46 Mishra, *From the Ruins of Empire*, 193-4.
47 Goebel, "Fighting and Working in the Metropole," 109-10.
48 Sarraut, *La Mise en valeur des Colonies Francaises*, 43.
49 Richard Standish Fogarry, *Race and War in France: Colonial Subjects in the French Army, 1914-1918* (Baltimore: John Hopkins University Press, 2008), 65-6.
50 Vu-Hill, *Collies into Rebels*, 85.
51 Vu-Hill, *Coolies into Rebels*, 119.
52 Vu-Hill, *Coolies into Rebels*, 77.
53 Vu-Hill, "Sacrifice, Sex, Race," in Das, *Race, Empire and First World War Writing*, 58.
54 Vu-Hill, *Coolies into Rebels*, 73.
55 K. Hill, "Strangers in a Foreign Land: Vietnamese Soldiers and Workers in France during World War 1," in Nhung Tuyer Tran and Anthony Reid, eds., *Viet Nam: Borders Histories* (Madison, WI: University of Wisconsin Press, 2005), 261.
56 Vu-Hill, *Coolies into Rebels*, 105-6.
57 V. G. Kiernan, *The Lords of Human Kind: Black Man, Yellow Man, and White Man in an Age of Empire* (New York: Columbia University Press, 1986), 153.
58 Nicholas Griffin, *Use of Chinese Labour by the British Army, 1916-1920: The "Raw Importation," its Scope and problems* (PhD thesis, University of Oklahoma, 1973), 14.
59 Fogarty, *Race and War in France*, 45.
60 Vu-Hill, "Sacrifice, Sex, Race," in Das, *Race, Empire and First World War Writing*, 54.
61 Vu-Hill, *Coolies into Rebels*, 101.
62 Vu-Hill, *Coolies into Rebels*, 102.
63 Hill, "Strangers in a Foreign Land," in Tran and Reis, eds., *Viet Nam: Borderless Histories*, 270.
64 Fogarty, *Race and War in France*, 153.
64 Vu-Hill, *Coolies into Rebels*, 100.
66 Hill, "Strangers in a Foreign Land," in Tran and Reid, eds., *Viet Nam: Borderless Histories*, 263.
67 Chen Sanjing, Lu Fangshang, and Yang Chuihua, eds., *Ouzhan Huagong shiliao (Archival Sources about Chinese Laborers during the First World War)* (Taipei: Zhongyang yanjiuyuan jindai shi yanhiusuom 1997), 380-1.
68 Fogarty, *Race and War in France*, 202.
68 Vu-Hillm "Sacrifice, Sex Race," in Das, *Race Empire and First World War Writing*, 59.
70 Fogarty, *Race and War in France*, 208.
71 Hill, "Strangers in a Foreign Land," in Tran and Reid, eds., *Viet Nam: Borderless Histories*, 281.
72 Fogarty, *Race and War in France*, 222.
73 Vu-Hill, "Sacrifice, Sex Race," in Das, *Race Empire and First World War Writing*, 59.
74 Vu-Hill, *Coolies into Rebels*, 103.
75 Fogarty, *Race and War in France*, 220-2.
76 Fogarty, *Race and War in France*, 214.
77 Vu-Hills "Sacrifice, Sex, Race," in Das, *Race, Empire and First World War Writing*, 60.
78 Fogarty, *Race and War in France*, 202-12.
79 Hill, "Strangers in a Foreign Land," in Tran and Reid, eds., *Viet Nam: Borderless Histories*, 281.
80 Fogarty, *Race and War in France*, 209-10.
81 Vu-Hill, *Coolies into Rebels*, 50-1.
82 Vu-Hill, *Coolies into Rebels*, 10.
83 Forgarty, *Race and War in France*, 220-5.
84 Vu-Hill, *Coolies into Rebels*, 86.
85 Vu-Hill, "Sacrifice, Sex, Race," in Das, *Race, Empire and First Would War Writing*, 64-5.
86 Vu-Hill, *Coolies into Rebels*, 91.
87 Vu-Hill, "Sacrifice, Sex, Race," in Das, *Race, Empire and First World War Writing*, 62-5.
88 Duiker, *Ho Chi Minh*, 56.

注　释

89 For details, see Thu, ho Chi Minh a Paris.
90 Karnow, *Vietnam: A History*, 131.
91 Vu-Hills, *Coolies into Rebels*, 68.
92 Karnow, *Vietnam: A History*, 131.
93 For more information on the name, see Thu Trang, *Nhung hoat dong cua Phan Chu Trinh tai Phap* (Paris: Sudestasie, 1983).
94 Quinn-Judge, *Ho Chi Minh: The Missing Years*, 11.
95 Tai, *Radicalism and the Origins of the Vietnamese Revolution*, 69.
96 For more information on the name, see Thu Trang, *Nhung hoat dong cua Phan Chu Trinh tai Phap* (Paris: Sudestasie, 1983).
97 MacMillan, *Paris 1919*, 59.
98 "Claims of the Annamites," BA: FO 608/209.
99 Peycam, *The Birth of Vietnamese Political Journalism*, 61.
100 Quinn-Judge, *Ho Chi Minh: The Missing Years*, 13.
101 Paul Birdsall, *Versailles Twenty Years After* (New York: Reynal & Hitchcock, 1941), 11.
102 David Armitage, *The Declaration of Independence: A Global History* (History University Press, 2008), 134.
103 Ho Chi Minh and Walden F. Bello. *Down with Colonialism* (New York: Verso, 2007), 5-6.
104 Duiker, *Ho Chi Minh*, 60.
105 Brocheux, *Ho Chi Minh: A Biography*, 14.
106 Quinn-Judge, *Ho Chi Minh: The Missing Years*, 36.
107 Quinn-Judge, *Ho Chi Minh: The Missing Years*, 18.
108 Quinn-Judge, *Ho Chi Minh: The Missing Years*, 19.
109 Marr, *Vietnamese Anticolonialism*, 237-8.
110 Quinn-Judge, *Ho Chi Minh: The Missing Years*, 18-19.
111 Karnow, *Vietnam: A History*, 109.
112 Quinn-Judge, *Ho Chi Minh: The Missing Years*, 28-9.
113 Charles L. Mee, Jr, *The End of Order: Versailles, 1919* (New York: Dutton, 1980), 106.
114 Ho Chi Minh, *Down with Colonialism*, 1-2.
115 Ho Chi Minh, *Down With Colonialism*, 3-4.
116 Quinn-Judge, *Ho Chi Minh: The Missing Years*, 29.
117 Brocheux, *Ho Chi Minh: A Biography*, 13.
118 Tai, *Radicalism and the Origins of the Vietnamese Revolution*, 69.
119 Ho Chi Minh, *Down with Colonialism*, 5-6.
120 Hess, *Vietnam and the United States*, 15.
121 Ho Chi Minh, *Down with Colonialism*, 3-4.
122 Karnow, *Vietnam: A History*, 134.
123 Quinn-Judge, *Ho Chi Minh: The Missing Years*, 13.
124 Hess, *Vietnam and the United States*, 15.
125 Vu-Hill, *Coolies into Rebels*, 10-12.
126 Vu-Hill, *Coolies into Rebels*, 9.

第五章　朝鲜人：从三一运动到巴黎和会

1　有些朝鲜人——特别是知识分子会有自己的消息渠道，可以密切观察一战。他们在战争爆发后便一直预测未来的国际事务。正如李庭植指出，一些在中国的朝鲜民族主义者早在 1915 年便组织了朝鲜革命团。他们认为一战很快会以德国的胜利结束。由于日本曾帮助协约国，同时又以"二十一条"胁迫中国，朝鲜人推估中德会合作攻击日本。因此他们可以站在中德一边，在战争时提供援助，等日本战败时便能获取独立。一些留日的朝鲜学生在 1916 年也希望，"如果中国和日本互相开火，英俄两国因为介入欧洲将无暇处理远东事务。而美国非常同情中国，会给予助力，日本这样一个小岛国家会无法抗衡中国"。一名叫朴一圭（Pak I-gyu,

音译）的留日朝鲜民族主义学生甚至宣称"中日战争的结果不言而喻，我们一定要（趁此机会）通过教会取得美国的影响力。如果我们宣布朝鲜复兴，美国与中国一定会有回应，因此我们希望中日外交早些破裂"。

2 Henry Chung, *The Case of Korea: A Collection of Evidence on the Japanese Domination of Korea, and on the Development of the Korean Independence Movement* (New York: Fleming H. Revell Company, 1921), 191-2.
3 Manela, *The Wilsonian Moment*, 122-3.
4 Ki-Baik Lee, *A New History of Korea*, trans. Edward W. Wagner with Edward J. Shultz (Cambridge, MA: Published for the Harvard-Yenching Institute by Harvard University Press, 1984), 304.
5 Lee, *A New History of Korea*, 304.
6 Lee, *A New History of Korea*, 302; see also Lee, *The Politics of Korean Nationalism*, 125-6.
7 有关美国及其他国家与朝鲜签订条约和朝鲜请愿书，可参看"Appendix No. 2: Korea——What the Conferee Nations Have Said and Pledged" and "Appendix No. 3: Brief for Korea, " in No Author, *Korea's Appeal to the Conference on Limitation of Armament* (Washington, DC: Government Printing Office, 1922), 12-16, 17-44。
8 Carter J. Echert, Ki-Baik Lee, Young Ick Lew, Michael Robinson, and Edward W. Wagner, *Korea, Old and New: A History* (Cambridge, MA: Harvard University Press, 1990), 260.
9 Michael Robinson, "Colonial Publication Policy and the Korean Nationalist Movement, : in Hyung-Gu Lynn, ed., *Critical Readings on the Colonial Period of Korea 1910-1045* (Leiden: Brill, 2013), 1:50.
10 No Author, "The Nervousness about Korea," *The Japan Chronical*, February 19, 1919.
11 No Author, *The Independence Movement in Korea: A Record of Some of the Events of the Spring of 1919* (Kobe: Printed and published at the office of the Japan Chronicle,1919), 11.
12 No Author, *The Independence Movement in Korea*, 19–20.
13 Frank P. Baldwin, *The March First Movement: Korean Challenge and Japanese Response* (PhD thesis, Columbia University, 1969), 43.
14 Lee, *A New History of Korea*, 339.
15 Lee, *A New History of Korea*, 339.
16 2001年本书再版，Syngman Rhee, *The Spirit of Independence: A Primer of Korean Modernization and Reform*, trans., annot., and intro. Han-Kyo Kim (Honolulu: University of Hawaii Press, 2001)。
17 Rhee, *The Spirit of Independence*, xii.
18 Baldwin, *The March First Movement*, 16.
19 Syngman Rhee, *The Syngman Rhee Correspondence in English, 1904–1948*, ed. Young Ice Lew, Young Seob Oh, Steve G. Jenks, and Andrew D. Calhoun (Seoul: Institute for Modern Korean Studies, Yonsei University, 2009), 1: 57.
20 无作者，*Korea's Appeal to the Conference on Limitation of Armament*, 3–16.
21 Dae-yeol Ku, *Korea Under Colonialism: The March First Movement and Anglo-Japanese Relations* (Seoul: The Royal Asiatic Society Korea Branch, 1985), 37–45.
22 Baldwin, *The March First Movement*, 21–6.
23 Baldwin, *The March First Movement*, 23.
24 Baldwin, *The March First Movement*, 35.
25 Baldwin, *The March First Movement*, 36.
26 Ku, *Korea Under Colonialism*, 37.
27 Manela, *The Wilsonian Moment*, 130–1.
28 Manela, *The Wilsonian Moment*, 131.
29 Baldwin, *The March First Movement*, 252–3.
30 Lee, *A New History of Korea*, 340–1.
31 无作者，"The Nervousness about Korea," *The Japan Chronicle*, February 19, 1919.
32 独立宣言全文，可参看 Chung, *The Case of Korea*, 199–203。
33 无作者，*The Independence Movement in Korea*, 3.
34 Lee, *The Politics of Korean Nationalism*, 110–12.

35　Lee, *A New History of Korea*, 344–5.
36　Lee, *A New History of Korea*, 341–2.
37　Manela, *The Wilsonian Moment*, 119.
38　Manela, *The Wilsonian Moment*, 213.
39　无作者，*Korea's Appeal to the Conference on Limitation of Armament*, 3–16.
40　Young Ick Yu, *The Making of the First Korean President: Syngman Rhee's Quest for Independence, 1875–1948* (Honolulu: University of Hawaii Press, 2014), 97.
41　Lee, *A New History of Korea*, 344.
42　无作者，*The Independence Movement in Korea*, 6.
43　无作者，*The Independence Movement in Korea*, 11.
44　Lee, *A New History of Korea*, 344.
45　Lee, *A New History of Korea*, 346–7.
46　Ku Dae-yeol, "Korean International Relations in the Colonial Period," in Lynn, *Critical Readings on the Colonial Period of Korea*, 1: 197.
47　陈独秀：《朝鲜独立运动之感想》,《每周评论》, 1919 年 3 月 23 日。
48　无作者，*The Independence Movement in Korea*, 18.
49　Emily S. Rosenberg, "World War I, Wilsonianism, and Challenges to U.S. Empire," *Diplomatic History*, 38:4 (2014), 861.
50　Shin Yong-ha, "Why Did Mao, Nehru and Tagore Applaud the March First Movement？" *Chosun Ilbo*, February 27, 2009.
51　"Claims of Korea at the Peace Conference," BA: FO 608/211.
52　See his December 19, 1918 diary entry: Yun Chi-Ho,*Yun Chi-Ho Diary*, vol. 7 (n.p.: n.d.).
53　Yu, *The Making of the First Korean President*, 87–8.
54　Rhee, *The Syngman Rhee Correspondence in English*, 4: 129–30.
55　Ku, *Korea Under Colonialism*, 293.
56　Ku, *Korea Under Colonialism*, 39.
57　Baldwin, *The March First Movement*, 128–9.
58　Yu, *The Making of the First Korean President*, 313–15.
59　Baldwin, *The March First Movement*, 44–5.
60　Ku, *Korea Under Colonialism*, 40.
61　Yu, *The Making of the First Korean President*, 33.
62　Yu, *The Making of the First Korean President*, 89.
63　Rhee, *The Syngman Rhee Correspondence in English*, 2: 204, 2: 207.
64　Rhee, *The Syngman Rhee Correspondence in English*, 1: 75.
65　Ku, *Korea Under Colonialism*, 38–9.
66　Rhee, *The Syngman Rhee Correspondence in English*, 4: 149–50.
67　Rhee, *The Syngman Rhee Correspondence in English*, 1: 71, 1: 72–3.
68　Yu, *The Making of the First Korean President*, 91.
69　Baldwin, *The March First Movement*, 36.
70　Rhee, *The Syngman Rhee Correspondence in English*, 4: 159–60.
71　Rhee, *The Syngman Rhee Correspondence in English*, 4: 176–7, 190–1.
72　"The claim of the Korean people and nation for liberation from Japan and for the reconstitution of Korea as an independent state, petition, Paris, April, 1919," BA: FO 608/211.
73　Link, ed., *The Papers of Woodrow Wilson*, 59: 473–5.
74　Rhee, *The Syngman Rhee Correspondence in English*, 4: 222.
75　Rhee, The Syngman Rhee Correspondence in English, 4: 226.
76　Rhee to Wang, March 11, 1919. Rhee, *The Syngman Rhee Correspondence in English*, 1: 77–8.
77　Yu, *The Making of the First Korean President*, 104.
78　Rhee, *The Syngman Rhee Correspondence in English*, 4: 221–2.
79　Baldwin, *The March First Movement*, 144–5.
80　"Claims of Korea at the Peace Conference," BA: FO 608/211.
81　Greene to London, May 30, 1919, BA: FO 608/211.

82 Balfour to Curzon, June 17, 1919, BA: FO 608/211.
83 "Japanese Atrocities in Corea [Korea]," BA: FO 608/211.
84 Earl Curzon to Mr. Alston, Foreign Office, July 22, 1919, BA: FO 608/211.
85 Stephen Bonsal, *Suitors and Suppliants: The Little Nations at Versailles* (New York: Prentice-Hall, 1946), 220–5.
86 Baldwin, *The March First Movement*, 148; Ku, *Korea Under Colonialism*, 93–4.
87 Lee, *The Politics of Korean Nationalism*, 141.
88 Baldwin, *The March First Movement*, 43.
89 无作者, *Korea's Appeal to the Conference on Limitation of Armament*, 3–11.
90 Rhee, *The Syngman Rhee Correspondence in English*, 4: 435.
91 Baldwin, *The March First Movement*, 154.
92 Schram, *Mao's Road to Power*, 1: 337.
93 石源华：《韩国独立运动与中国关系论集》(北京：民族出版社，2009)，1：6。

第六章 中国、日本在巴黎：新世界中的老对手

1 Joseph Richmond Levenson, *Liang Qichao and the Mind of Modern China* (Berkeley: University of California Press, 1970), 189.
2 British Embassy, Tokyo to London, December 2, 1918, BA: FO 608/211.
3 British Embassy, Tokyo to London, March 21, 1919, BA: FO 608/211.
4 Cited in *The Japan Times*, January 15, 1919.
5 "Japanese Views about Peace," *The Japan Chronicle*, October 27, 1918.
6 British Embassy, Tokyo to London, December 28, 1918, BA: FO 608/211.
7 British Embassy, Tokyo, January 13, 1919, BA: FO 608/211.
8 British Embassy, Tokyo, December 2, 1918, BA: FO 608/211.
9 British Embassy, Tokyo to Balfour, November 12, 1918, BA: FO 608/211.
10 For details on Japan's basic objectives at Paris, see Morinosuke Kajimaand Kajima Heiwa Kenkyujo, *The Diplomacy of Japan, 1894–1922* (Tokyo: Kajima Institute of International Peace,1980), 3: 343–53; K. K. Kawakami, *Japan and World Peace* (New York: Macmillan, 1919).
11 Jordan to London, February 5, 1919, BA: FO 608/211.
12 R. Macleay, handwritten memo, June 17, 1919, BA: FO 608/211.
13 Birdsall, *Versailles Twenty Years After*, 83.
14 Birdsall, *Versailles Twenty Years After*, 91.
15 Link, ed., *The Papers of Woodrow Wilson*, 54: 370.
16 Charles L. Mee, *The End of Order: Versailles 1919* (New York: Dutton, 1980), 50.
17 Thomas Andrew Bailey, *Woodrow Wilson and the Lost Peace* (New York: Macmillan, 1944), 272.
18 Bailey, *Woodrow Wilson and the Lost Peace*, 173.
19 Link, ed., *The Papers of Woodrow Wilson*, 59: 528.
20 Bailey, *Woodrow Wilson and the Lost Peace*, 272.
21 Department of State, *FRUS: The Paris Peace Conference, 1919*, 3:738–757.
22 MacMillan, *Paris 1919*, 315.
23 Earl Curzon to Mr. Alston (No. 125), Foreign Office, July 18, 1919, BA: FO 608/211.
24 Kawamura, *Turbulence in the Pacific*, 139–40.
25 Kawamura, *Turbulence in the Pacific*, 141.
26 MacMillan, *Paris 1919*, 330.
27 Link, ed., *The Papers of Woodrow Wilson*, 57: 599.
28 For recent studies on Japan and the First World War, see Dickinson, *War and National Reinvention*; Kawamura, *Turbulence in The Pacific*.
29 Bonsal, *Suitors and Suppliants*, 237.

30　MacMillan, *Paris 1919*, 337–8.
31　Kawamura, *Turbulence in the Pacific*, 147–8.
32　Robert Lansing, *The Peace Negotiations: A Personal Narrative* (Boston: Houghton Mifflin Company, 1921), 245. For a recent study on Lansing and the Shandong issue, see Stephen G. Graft, "John Bassett Moore, Robert Lansing and the Shandong Question," *Pacific Historical Review*, 66:2 (May 1997).
33　Harold Nicolson, *Peacemaking, 1919* (Boston: Houghton Mifflin Company, 1933), 146–7.
34　MacMillan, *Paris 1919*, 338.
35　Birdsall, *Versailles Twenty Years After*, 114.
36　Kawamura, *Turbulence in the Pacific*, 148.
37　Link, ed., *The Papers of Woodrow Wilson*, 61: 593.
38　T. H. Bliss to Wilson, April 29, 1919, *The Papers of Bliss*, Folder 247/W. Wilson/April 1919, Library of Congress, Manuscript Division; see also Wensi Jin, *China at the Paris Peace Conference in 1919* (Jamaica, NY: St. John's University Press, 1961), 26.
39　See Link, ed., *The Papers of Woodrow Wilson*, 61: 631–4; Paul S. Reinsch, *An American Diplomat in China* (Garden City: Doubleday, Page & Company, 1922), 364–82.
40　Bailey, *Woodrow Wilson and the Lost Peace*, 282.
41　Thomas A. Bailey, *Woodrow Wilson and the Great Betrayal* (New York: The Macmillan Company, 1945), 83.
42　Bailey, *Woodrow Wilson and the Great Betrayal*, 161–2.
43　Link, ed., *The Papers of Woodrow Wilson*, 61: 618.
44　陈独秀:《独秀文存》(合肥：安徽人民出版社，1987)，388。
45　陈独秀:《发刊辞》,《每周评论》, 1:1 (1918)。
46　傅斯年与罗家伦合编:《新潮》, 1:5 (1919)。
47　李大钊:《威尔逊与平和》,《李大钊文集》(北京：人民出版社，1984), 1: 285。
48　唐振常:《蔡元培传》(上海：上海人民出版社，1985), 159。
49　《东方杂志》, 16:2 (1919年2月)。
50　Min-Chien T. Z. Tyau, *China Awakened* (New York: Macmillan, 1922), 268.
51　China correspondence and reports, November–December 1918, YMCA Archives, box 153, folder: China correspondence and reports, November 1918–October 1919.
52　From Eugene Barnett from Hankow, April 30, 1919, YMCA Archives, box 153, folder: China correspondence and reports, April–May 1919.
53　克德林 (Von Ketteler) 是德国驻华公使，义和团运动时被杀。为了补偿，中国政府被迫竖立一座三间四柱的牌坊，并在上面用中文、德文及拉丁文铭刻正式道歉的文书。牌坊位在北京市中心的西总布拉胡同，横跨东单北大街，在1901年夏天完成。它成为地标，每天提醒中国人在面对强权的屈辱与无助。
54　Link, ed., *The Papers of Woodrow Wilson*, 57: 633.
55　魏宸组是驻比利时公使，施肇基是驻英公使，在康奈尔大学毕业；王正廷则毕业于耶鲁大学。
56　顾维钧的论文题目是《外国人在华地位》，指导老师是国际法及外交知名专家摩尔 (John Bassett Moore)。
57　顾维钧在回国时仍未完成论文，他的论文委员会为他补完结论，并在哥伦比亚大学的《历史、经济及公法研究系列》出版，编号为第126种。
58　Bonsal, *Suitors and Suppliants*, 288.
59　梁启超:《欧游心影录》,《梁启超合集》,《饮冰室专集》, 23: 38。
60　有关叶恭绰欧洲之旅，可参看遐庵年谱汇稿编印会编:《叶遐庵先生年谱》(上海：遐庵年谱汇稿编印会，1946), 63–9。
61　Lu Zhengxiang memo, January 14, 1919, BA: FO 608/211.
62　Chinese Manifesto Relating to the Chinese Aspirations at the Final Settlement of the War, BA: FO 608/211.
63　Department of State, *Papers Relating to the Foreign Relations of the United States: The Paris Peace Conference, 1919* (Washington, DC: US Government Printing Office, 1942), 2: 492, 509–11.
64　有关该会议之正式报告，可参看 Secretary's Notes of a Conversation held in M. Pichon's room at

the Quai d'Orsay, Paris, January 28, 1919, Department of State, FRUS: The Paris Peace Conference, 1919, 3: 749–57。

65　见陆征祥致外交部, 1919 年 1 月 27 日、30 日及 2 月 5 日, 中国社会科学院近代史研究所《近代史资料》编辑室及天津市历史博物馆编:《秘籍录存》(北京: 中国社会科学出版社, 1984), 72–8; see also Chinese Delegation to the Peace Conference, "The Claim of China for Direct Restitution to Herself of the Leased Territory of Kiaochow, the Tsingtao-Chinan Railway and Other German Rights in Respect of Shantung Province," Paris, February 1919, in Manuscript Division, Library of Congress: Woodrow Wilson Papers (hereafter cited as Wilson Papers), Ser. 6: Peace Conference Documents, 6F/ China/reel 461.

66　*The New York Times*, February 2, 1919.

67　Jordan to Curzon, May 10, 1919, in Kenneth Bourne, ed., *British Documents on Foreign Affairs: Reports and Papers from the Foreign Office Confidential Print, vol. 23: China, January 1919-December 1920* (Frederick, MD: University Publications of America, 1994), 63.

68　MacMillan, *Paris 1919*, 331.

69　有关中国与国际联盟的最近研究, 可参见唐启华:《北京政府与国际联盟, 1919—1928》(台北: 东大图书公司, 1998); 张力:《国际合作在中国: 国际联盟角色的考察, 1919—1946》(台北: 中研院近代史研究所专刊, 1999)。

70　Department of State, *FRUS: The Paris Peace Conference, 1919*, 1: 186.

71　Wellington Koo et al., *China and the League of Nations* (London: G. Allen & Unwin Ltd., 1919), 3–5.

72　David Hunter Miller, *The Drafting of the Covenant* (New York: G. P. Putnam's Sons, 1928), 1: 331–2.

73　Miller, *The Drafting of the Covenant*, 1: 442–50.

74　Miller, *The Drafting of the Covenant*, 1: 453.

75　Miller, *My Diary at the Conference of Paris*, 1: 187–8.

76　Link, ed., *The Papers of Woodrow Wilson*, 57: 635.

77　有关此点, 可参看顾维钧:《顾维钧回忆录》, 第一册, (北京: 中华书局, 1983), 200。

78　Miller, *My Diary at the Conference of Paris*, 1: 60.

79　James T. Shotwell, *At the Paris Peace Conference* (New York: Macmillan, 1937), 136–9.

80　Miller, *My Diary at the Conference of Paris*, diary entry of January 22, 1919, 1:88.

81　The Carnegie Endowment for International Peace, ed., *Shantung: Treaties and Agreements* (Washington, DC: The Carnegie Endowment for International Peace, 1921), 116–17.

82　罗光:《陆征祥传》(香港: 香港真理学会, 1949), 113。

83　Bonsal, *Suitors and Suppliants*, 244.

84　The Diplomatic Association, "China at the Peace Conference," in *Far Eastern Political Science Review* (August 1919), 141.

85　FO to Jordan, May 21, 1919, BA: FO 371/3683/16.

86　Koo Memoir (Columbia University Oral History Project), reel 2/vol. 2.

87　Chinese memorandum, April 23, 1919, in Wilson Papers, Ser. 6: Peace Conference documents, 6A/minutes; see also Jin, *China at the Paris Peace Conference*, 22; and Chinese Delegation's Memorandum to the Conference, Paris, April 23, 1919, in Quai d'Orsay, A-Paix, vol. 198, microfilm no. 1515, 116–18.

88　顾维钧:《巴黎和会的回忆》,《传记文学》, 7:6 (1965)。

89　Link, ed., *The Papers of Woodrow Wilson*, 61: 326.

90　威尔逊本人的确了解达成他理想的挑战, 早在 1918 年 11 月 26 日, 威尔逊私下告诉顾维钧, "要计划一个和平原则是相对容易, 但要实行它却是难度颇高", 请参看 Link, ed., *The Papers of Woodrow Wilson*, 57: 632。

91　Chinese Patriotic Committee, New York City, "Might or Right? The Fourteen Points and the Disposition of Kiao-Chau," May 1918, National Archive, State Department Records Relating to the Political Relations between China and Other States, 7-18-5/m341/roll 27/743.94/875.

92　《济南日报》1919 年 5 月 16、17 日, Clips in National Archive, State Department, Records Relating to the Political Relations between China and Other States, 7-18-5/m341/roll 28.

93 Mao Zedong, "The Great Union of the Popular Masses (1), July 21, 1919," in Schram, *Mao's Road to Power*, 1: 378–81.
94 Mao, "Poor Wilson, July 14, 1919," in Schram, *Mao's Road to Power*, 1: 338.
95 《每周评论》, 20 (1919.5.4)。
96 陈独秀:《为山东问题敬告各方面》,《独秀文存》(香港:香港远东图书公司, 1965), 2: 629.
97 中国社会科学院近代史研究所编:《五四运动回忆录》(北京:中国社会科学出版社, 1979), 1: 222。
98 有关杜威在华详细情况, 可参看 Xu, Chinese and Americans。
99 John Dewey, Alice Dewey, and Evelyn Dewey, *Letters from China and Japan* (New York: E. P. Dutton Company, 1920), 258–9.
100 Dewey, Letters from Japan and China, 266.
101 John Fitzgerald, *Big White Lie: Chinese Australians in White Australia* (Sydney: University of New South Wales Press, 2007), 230.
102 梁敬锌:《我所知道的五四运动》,《传记文学》, 8:5 (1966)。
103 有关五四运动在中国历史上的更广泛影响, 可参看 Rana Mitter, *A Bitter Revolution: China's Struggle with the Modern World* (Oxford: Oxford University Press, 2004)。
104 研究五四运动最好作品包括下面书籍: Chow Tse-Tsung, *The May Fourth Movement: Intellectual Revolution in Modern China* (Cambridge, MA: Harvard University Press, 1960); Benjamin I. Schwartz and Charlotte Furth, eds., *Reflections on the May Fourth Movement: A Symposium* (Cambridge, MA: Harvard University Press, 1972); Lin Yu-sheng, *The Crisis of Chinese Consciousness: Radical Anti-traditionalism in the May Fourth Era* (Madison, WI: University of Wisconsin Press, 1979); Vera Schwarcz, *The Chinese Enlightenment: Intellectuals and the Legacy of the May Fourth Movement of 1919* (Berkeley: University of California Press, 1986); Yeh Wen-Hsin, *Provincial Passages: Culture, Space, and the Origins of Chinese Communism* (Berkeley: University of California Press, 1996); Chen Mao, *Between Tradition and Change: The Hermeneutics of May Fourth Literature* (Lanham, MD: University Press of America, 1997); and Milena Doleželová-Velingerová, Oldrich Král, and Graham Martin Sanders, *The Appropriation of Cultural Capital: China's May Fourth Movement* (Cambridge, MA: Harvard University Asia Center, 2001)。
105 Zhang Yongjin, *China in the International System, 1918–20: The Middle Kingdom at the Periphery*, 76.
106 陈启天:《什么是新文化的真精神》,《少年中国》, 2:2 (1920.8), 2。毕仰高 (Lucian Bianco) 也辩说道: "五四运动的重要性现在应该清楚了。在思想上, 中国革命起源于西方文明挑战中国的文化传统。五四运动对中国文化及中国历史的象征儒家挑战的结果, 要粗暴而且全盘地抛弃儒家思想。"Lucian Bianco, *Origins of the Chinese Revolution, 1915–1949* (Stanford, CA: Stanford University Press, 1971), 28。
107 《宣言》,《第三种文明》,《中国之前途:德国乎? 俄国乎? 》,《解放与改造》, 1 (1919); 2:14 (1920.7.15)。
108 Quote from Maurice Meisner, *Li Ta-Chao and the Origins of Chinese Marxism* (Cambridge, MA: Harvard University Press, 1967), 46–7, 64.
109 Hans J. Van de Ven, *From Friend to Comrade: The Founding of Chinese Communist Party, 1920–1927* (Berkeley: University of California press, 1991). 27–8.
110 John King Fairbank and Albert Feuerwerker, ed., *The Cambridge History of China: 1912–1949* (Cambridge: Cambridge University Press, 1986), 13, 802.
111 For the record, the Bolshevik government never actually delivered on that promise, but the Chinese at the time were deeply impressed by a generosity that no other power showed to them.
112 《少年中国》, 2:2, 2。
113 有关 1920 年代中苏关系, 可参看 Akira Iriye, *After Imperialism: The Search for a New Order in the Far East, 1921–1931* (Chicago: Imprint Publications, 1990)。
114 Benjamin I. Schwartz, "Chinese Perception of World Order," in John K. Fairbank, ed., *The Chinese World Order: Traditional China's Foreign Relations* (Cambridge, MA: Harvard University Press, 1968), 286.

115 Albert W. Atwood, "Our Forgotten Socialism," *The Saturday Evening Post*, 192:4 (1919), 16.
116 Arif Dirlik, *The Origins of Chinese Communism* (New York: Oxford University Press, 1989), 142.
117 Dirlik, *The Origins of Chinese Communism*, 253.
118 Alston to Lord Curzon: 1920 Annual Report, BA: FO 405/229/2.
119 Banno Junji, "Japanese Industrialists and Merchants and the Anti-Japanese Boycotts in China, 1919–1928," in Peter Duus, Ramon Hawley Myers, and Mark R. Peattie, eds., *The Japanese Informal Empire in China, 1895–1937* (Princeton, NJ: Princeton University Press, 1989), 316–21.
120 Klaus Schlichtmann, *Japan in the World: Shidehara Kijuro, Pacifism, and the Abolition of War* (Lanham, MD: Lexington Books, 2009), 124.
121 Mee, *The End of Order*, 191.
122 Shimazu, *Japan, Race, and Equality*, 171.
123 Bernd Martin, *Japan and Germany in the Modern World* (Providence: Berghahn Books, 1995), 32.
124 Martin, *Japan and Germany in the Modern World*, 35.
125 Martin, *Japan and Germany in the Modern World,* 52.
126 Martin, *Japan and Germany in the Modern World*, 53.
127 British Embassy, Tokyo, March 21, 1919, BA: FO 608/211.
128 Yoshitake Oka, *Konoe Fumimaro: A Political Biography*, trans. by Shumpei Okamoto and Patricia Murray (Tokyo: University of Tokyo Press, 1983), 10–13.
129 Oka, *Konoe Fumimaro*, 13.
130 Oka, *Konoe Fumimaro*, 14.
131 Oka, *Konoe Fumimaro*, 14–15.
132 Oka, *Konoe Fumimaro*, 17.
133 Ku, *Korea Under Colonialism*, 101.
134 Kawamura, *Turbulence in the Pacific*, 133.
135 Rustin Gates, "Out with the New and In with the Old: Uchida Yasuya and the Great War as a Turning Point in Japanese Foreign Affairs," in Toshiro Minohara, Tze-Ki Hon, and Evan N. Dawley, eds., *The Decade of the Great War: Japan and the Wider World in the 1910s* (Leiden: Brill, 2014), 71.
136 Kawamura, *Turbulence in the Pacific*, 137.
137 Akira Iriye, *Japan and the Wider World: From the Mid-Nineteenth Century to the Present* (London: Longman, 1997), 50.
138 Iriye, *After Imperialism*, 13–14.
139 Iriye, *After Imperialism*, 19.
140 Nobutoshi Hagihara, "What Japan Means to the Twentieth Century," in Nobutoshi Hagihara, Akira Iriye, Georges Nivat, and Philip Windsor, eds., *Experiencing the Twentieth Century* (Tokyo: University of Tokyo Press, 1985), 21.
141 Rustin Gates, "Out with the New and In with the Old," in Minohara, Hon, and Dawley, eds., *The Decade of the Great War*, 75.
142 Tadashi Nakatani, "What Peace meant to Japan: The Changeover at Paris in 1919," in Minohara, Hon, and Dawley, eds., *The Decade of the Great War*, 171–2.
143 Dewey, *Letters from China and Japan*, 171.
144 Dewey, *Letters from China and Japan*, 180–1.
145 Dewey, *Letters from China and Japan*, 166–7.
146 Dewey, *Letters from China and Japan*, 176.
147 Dewey, *Letters from China and Japan*, 179.
148 "Japanese Views about Peace: Marquis Okuma on Status of Powers after the War," *The Japan Chronicle*, October 31, 1918.
149 MacMillan, *Paris 1919*, 342.
150 Miller, *My Diary at the Conference of Paris*, 1: 198–9.
151 Beasley, *Japanese Imperialism*, 167.

152 Earl Curzon to Mr. Alston, Foreign Office, July 22, 1919.
153 *The Times*, May 27, 1919.
154 Shoichi Saeki, "Images of the United States as a Hypothetical Enemy," in Priscilla Clapp and Akira Iriye, eds., *Mutual Images: Essays in American–Japanese Relations* (Harvard University Press, 1975), 105.
155 "The Uproar over Shantung," *The Literary Digest*, 62:5 (1919).
156 Robert Lansing, *The Big Four and Others of the Peace Conference* (London: Hutchinson & Co., 1922), 75.
157 MacMillan, *Paris 1919*, 342.
158 Paul E. Dunscomb, *Japan's Siberian Intervention: 1918–1922: A Great Disobedience Against the People* (Lanham, MD: Rowman & Littlefield, 2011), 2.
159 Dunscomb, *Japan's Siberian Intervention*, 192.
160 Dunscomb, *Japan's Siberian Intervention*, 215.
161 Dunscomb, *Japan's Siberian Intervention*, 215.
162 Dunscomb, *Japan's Siberian Intervention*, 214.
163 Dunscomb, *Japan's Siberian Intervention*, 214–15.
164 Dunscomb, *Japan's Siberian Intervention*, 145.
165 Dunscomb, *Japan's Siberian Intervention*, 2.

第七章　日本的种族平等之梦

1 Gerrit W. Gong, *The Standard of "Civilization" in International Society* (Oxford: Clarendon Press, 1984), 198-9.
2 Roger Daniels, *The Politics of Prejudice: The Anti-Japanese Movement in California, and the Struggle for Japanese Exclusion* (Berkeley: University of California Press, 1962), 65–78.
3 Daniels, *The Politics of Prejudice*, 16.
4 有关本议题最新研究，可参看 Izumi Hirobe, *Japanese Pride, American Prejudice: Modifying the Exclusion Clause of the 1924 Immigration Act* (Stanford, CA: Stanford University Press, 2001)。
5 Iriye, *Japan and the Wider World*, 5.
6 Iriye, *Across the Pacific*, 131.
7 Marilyn Lake and Henry Reynolds, *Drawing the Global Colour Line: White Men's Countries and the International Challenge of Racial Equality* (Cambridge: Cambridge University Press, 2008), 271–2.
8 Paul Gordon Lauren, "Human Rights in History: Diplomacy and Racial Equality at the Paris Peace Conference," *Diplomatic History*, 2 (1978), 259–60.
9 Lake and Reynolds, *Drawing the Global Colour Line*, 273–5.
10 Lake and Reynolds, *Drawing the Global Colour Line*, 282–3.
11 引自 Naoko Shimazu, *Japan, Race, and Equality*, 55.
12 *Kokumin*, November 30, 1918.
13 British Embassy, Tokyo, December 2, 1918. BA: FO 608/211.
14 Shimazu, *Japan, Race, and Equality*, 55–6.
15 Oka, *Konoe Fumimaro*, 11–13.
16 "Prejudice Against the Immigration of the Coloured Races, by Dr. Kaiichi Toda," Conyngham Greene to London, January 10, 1919, BA: FO 608/211.
17 Greene to London, March 27, 1919, BA: FO 608/211.
18 Greene to London, December 3, 1918, BA: FO 608/211.
19 Greene to London, December 3, 1918, BA: FO 608/211.
20 William Morris Hughes, *Policies and Potentates* (Sydney: Angus and Robertson, 1950), 247.
21 Shimazu, *Japan, Race, and Equality*, 51–4.
22 Ian Hill Nish, *Alliance in Decline: A Study in Anglo-Japanese Relations, 1908–1923* (London: Athlone Press, 1972), 269; Shimazu, Japan, Race, and Equality, 51–3.

23　"Japanese Rights of Immigration," BA: FO 608/211.
24　K. K. Kawakami, *Japan and World Peace*, 46.
25　Lake and Reynolds, *Drawing the Global Colour Line*, 285–6.
26　Shimazu, *Japan, Race, and Equality*, 45.
27　Shimazu, *Japan, Race, and Equality*, 39.
28　Shimazu, *Japan, Race, and Equality*, 50.
29　Noriko Kawamura, "Wilsonian Idealism and Japanese Claims at the Paris Peace Conference," *Pacific Historical Review*, 66:4（1997）, 515; Lesley Connors, *The Emperor's Adviser: Saionji Kinmochi and Pre-war Japanese Politics*（London: Croom Helm, 1987）, 70, 233.
30　Shimazu, Japan, Race, and Equality, 113–15.
31　Link, ed., *The Papers of Woodrow Wilson*, 56: 188.
32　"From the Diary of Colonel House," February 4 and 5, 1919, in Link, ed., *The Papers of Woodrow Wilson*, 485, 500; see also Shimazu, *Japan, Race, and Equality*, 17.
33　Miller, *The Drafting of the Covenant*, 1: 183–4.
34　"Minutes of the Commission of the League of Nations," in Miller, *The Drafting of the Covenant*, 2: 324.
35　Link, ed., *The Papers of Woodrow Wilson*, 55: 138–40.
36　Miller, *The Drafting of the Covenant*, 1: 269; 2: 273, 323–5.
37　Miller, *The Drafting of the Covenant*, 1: 269.
38　Shimazu, *Japan, Race, and Equality*, 26–7.
39　Kajima, *The Diplomacy of Japan*, 3: 395–418.
40　Link, ed., *The Papers of Woodrow Wilson*, 56: 62.
41　Link, ed., *The Papers of Woodrow Wilson*, 56: 60.
42　Link, ed., *The Papers of Woodrow Wilson*, 57: 259–61; Kajima, *The Diplomacy of Japan*, 3: 395–418.
43　Miller, *The Drafting of the Covenant*, 2: 390.
44　Link, ed., *The Papers of Woodrow Wilson*, 57: 261.
45　Miller, *The Drafting of the Covenant*, 1: 461–3.
46　Lake and Reynolds, *Drawing the Global Colour Line*, 300.
47　Miller, *The Drafting of the Covenant*, 1: 461.
48　Miller, *The Drafting of the Covenant*, 2: 702–4.
49　Miller, *The Drafting of the Covenant*, 2: 702–4.
50　Miller, *The Drafting of the Covenant*, 1: 461.
51　Lake and Reynolds, *Drawing the Global Colour Line*, 300.
52　梁启超：《饮冰室合集》，29: 19b。
53　Miller, *My Diary at the Conference of Paris*, 1: 205; see also Miller, *The Drafting of the Covenant*, 1: 336.
54　Miller, *The Drafting of the Covenant*, 2: 325.
55　Miller, *The Drafting of the Covenant*, 1: 336.
56　关于顾维钧的支持，可参看《陆征祥致外交部》，1919年2月13日、4月12日，中国社会科学院近代史研究所《近代史资料》编辑室及天津市历史博物馆编：《秘籍录存》（北京：中国社会科学出版社，1984），82—83、129。
57　Lake and Reynolds, *Drawing the Global Colour Line*, 296.
58　Bonsal, *Unfinished Business*, 38.
59　Miller, *The Drafting of the Covenant*, 2: 389–91.
60　Miller, *The Drafting of the Covenant*, 2: 390.
61　Letter to R. Macleay, Foreign Office, February 10, 1919, BA: FO 208/211.
62　A. E. Collins confidential letter to foreign office, January 25, 1919, BA: FO208/211.
63　Hughes, *Policies and Potentates*, 244.
64　Lake and Reynolds, *Drawing the Global Colour Line*, 301.
65　Shimazu, *Japan, Race, and Equality*, 24.
66　Lake and Reynolds, *Drawing the Global Colour Line*, 297.

注　释

67　Henry Borden, ed., *Robert Laird Borden: His Memoirs* (Toronto: MacMillan, 1938), 927–8.
68　Link, *The Papers of Woodrow Wilson*, 57 : 261–2.
69　Godfrey Hodgson, *Woodrow Wilson's Right Hand: the life of Colonel Edward M. House* (New Haven: Yale University Press, 2006), 210.
70　Lake and Reynolds, *Drawing the Global Colour Line*, 299.
71　MacMillan, *Paris 1919*, 319.
72　Lake and Reynolds, *Drawing the Global Colour Line*, 295.
73　Bonsal, *Suitors and Suppliants*, 229.
74　Lake and Reynolds, *Drawing the Global Colour Line*, 294.
75　Kajima, *The Diplomacy of Japan, 1894–1922*, 3 : 407–8.
75　Lake and Reynolds, *Drawing the Global Colour Line*, 299.
77　Hughes, *Policies and Potentates*, 247.
78　Lake and Reynolds, *Drawing the Global Colour Line*, 302.
79　Mishra, *From the Ruins of Empire*, 197–8.
80　Daniels, *The Politics of Prejudice*, 55.
81　Lloyd Ambrosius, *Wilsonianism: Woodrow Wilson and His Legacy in American Foreign Relations* (New York: Palgrave Macmillan, 2002), 28–9.
82　Seth P. Tillman, *Anglo-American Relations at the Paris Peace Conference of 1919* (Princeton, NJ: Princeton University Press, 1961), 304.
83　"From the Diary of Dr. Grayson, April 11, 1919," in Link, *The Papers of Woodrow Wilson*, 57 : 239–40.
84　Shimazu, *Japan, Race, and Equality*, 138.
85　Nicolson, *Peacemaking 1919*, 145.
86　Bonsal, *Unfinished Business* (Garden City: Doubleday, Doran and Company, Inc., 1944), 142.
87　Charles Seymour, ed., *The Intimate Papers of Colonel House* (London: Ernest Benn, 1928), 4 : 324.
88　"From the Diary of Dr. Grayson, March 22, 1919," in Link, ed., *The Papers of Woodrow Wilson*, 56: 164; see also MacMillan, *Paris 1919*, 319.
89　"Notes of a Meeting held at Wilson's Residence in Paris with Lloyd George, Clemenceau and Wilson," April 28, 1919 at 11.00 a.m., in Wilson Papers, Ser. 6: Peace Conference Documents/6A/Minutes.
90　Shimazu, *Japan, Race, and Equality*, 19.
91　Shimazu, *Japan, Race, and Equality*, 146.
92　Commonwealth Parliamentary Debates, House of Representatives, vol. LXXXIX (1919), 12175.
93　Rubin Francis Weston, *Racism in US Imperialism: The Influence of Racial Assumptions on American Foreign Policy, 1893–1946* (Columbia: University of South Carolina Press, 1972), 33.
94　British Embassy, Tokyo, March 21, 1919, BA: FO 608/211.
95　Thomas F. Millard, "Japan, 'Race Equality' and the League of Nations," April 6, 1919, in Houghton Library, Harvard University: Immigration Restriction League Papers, MS AM 2245 (1069).
96　Payson J. Treat, *Japan and the United States, 1853–1921* (Boston: Houghton Mifflin Company, 1921), 234, 242.
97　*The Japan Times*, 16 April 1919.
98　Shimazu, *Japan, Race, and Equality*, 171.
99　Manela, *The Wilsonian Moment*, 26.
100　Manela, *The Wilsonian Moment*, 197.
101　Bailey, *Woodrow Wilson and the Lost Peace*, 276.
102　Lake and Reynolds, *Drawing the Global Colour Line*, 303.
103　Shimazu, *Japan, Race, and Equality*, 58.
104　Lake and Reynolds, *Drawing the Global Colour Line*, 272–4.
105　Shimazu, *Japan, Race, and Equality*, 51.
106　Lauren, "Human Rights in History," 265.

107　Lauren, "Human Rights in History," 266.
108　*The Japan Times*, 26 April 1919.
109　*The Japan Times*, 19 April 1919.
110　Oka, *Konoe Fumimaro*, 14–15.
111　K. K. Kawakami, ed., *What Japan Thinks* (New York: Macmillan, 1921), 6–7, 161, 170.
112　Patrick Gallagher, *America's Aims and Asia's Aspirations* (New York: The Century Co., 1920), 323.
113　MacMillan, *Paris, 1919*, 319–21.
114　Shimazu, *Japan, Race, and Equality*, 175–6.
115　Shimazu, Japan, Race, and Equality, 179–81.
116　Kenneth Pyle, *Japan Rising: The Resurgence of Japanese Power and Purpose* (New York: Public Affairs, 2007), 158.
117　Gallagher, *America's Aims and Asia's Aspirations*, 317-23.
118　有关"威尔逊时刻"所带出的乐观，其最新研究可以参看 Erez Manela, "Imagining Woodrow Wilson in Asia: Dreams of East-West Harmony and the Revolt against Empire in 1919," *American Historical Review*, 111:5 (December 2006), 1327–51。
119　Manela, "Imagining Woodrow Wilson in Asia," 1328–9.
120　Gallagher, *America's Aims and Asia's Aspirations*, 321–2.
121　Manela, "Imagining Woodrow Wilson in Asia," 1348.
122　Daniels, *The Politics of Prejudice*, 65.
123　Daniels, *The Politics of Prejudice*, 67.
124　Gong, *The Standard of "Civilization" in International Society*, 63.
125　Gong, *The Standard of "Civilization" in International Society*, 199.

第八章　亚洲重新思考它与世界的关系

1　Bertrand Russell, *Autobiography* (London: Routledge, 1998), 239.
2　Edward Grey, *Twenty-five Years, 1892–1916* (London: Hodder and Stoughton, 1925), 2: 223.
3　引自 Brian Morton, *Woodrow Wilson, USA* (London: Haus, 2008), 69。
4　John Dewey, "Sunday World, August 5, 1917," typed manuscript, in Rare Book and Manuscript Library, Columbia University: central file, box 321, folder 13: John Dewey.
5　两册德文版分别由慕尼黑的伯克公司（C. H. Beck'sche Verlagsbuchhandlung）出版于 1918 年和 1922 年，它很快便被翻译成多种文字。
6　Michael Adas, "The Great War and the Decline of the Civilizing Mission," in Laurie J. Sears, ed., *Autonomous Histories, Particular Truths: Essays in Honor of John R. Smail* (Madison, WI: University of Wisconsin Center for Southeast Asian Studies, 1993), 109.
7　Adas, "The Great War and the Decline of the Civilizing Mission," in Sears, ed., *Autonomous Histories, Particular Truths*, 117–18.
8　Prasenjit Duara, "The Imperialism of 'Free Nations': Japan, Manchukuo, and the History of the Present," in Ann Laura Stoler, Carole McGranahan, and Peter C. Perdue, eds., *Imperial Formations* (Santa Fe: School for Advanced Research Press, 2007), 214.
9　Prasenjit Duara, "The Discourse of Civilization and Pan-Asianism," *Journal of World History*, 12:1 (Spring 2001), 104–6.
10　详情可参看 W. E. B. DuBois, "The League of Nations," *Crisis*, May 1919。
11　W. E. B. DuBois, *Darkwater: Voices from Within the Veil* (New York: Harcourt, Brace and Howe, 1920), 35, 49.
12　For DuBois'recollections, see DuBois, "The Pan-African Congresses: The Story of a Growing Movement," in David Levering Lewis, W. E. B. *DuBois: A Reader* (New York: Henry Holt and Company, 1995), 670–5; Lake and Reynolds, *Drawing the Global Colour Line*, 306.
13　南亚学者的作品发表于 "The Internationalist Moment: South Asia, Worlds, and World Views, 1919–1939" at the Annual Conference on South Asia, Madison, WI, October 2009. 亦可参看

Michele L. Louro, *At Home in the World: Jawaharlal Nehru and Global Anti-Imperialism* (PhD thesis, Temple University, 2011), 15。

14 很遗憾的是，没有足够材料可以充分讨论朝鲜人和越南人对战争的反省。胡志明提及战后亚洲人的思想，比如1921年5月15日在《共产党杂志》(*La Revue Communiste*)上发表了一篇文章，里面说道："亚洲人虽然常被西方人视作落后，但其实他们更能了解今天社会需要的整体改革。这就是为何……伟大的孔夫子（公元前551年）支持国际主义及宣扬平均财富。他认为只有实现全人类共和国，世界和平才有可能。人不患寡而患不均。"Brocheux, *Ho Chi Minh: A Biography*, 20.

15 Dickinson, *World War I and the Triumph of a New Japan*, 19–20.

16 Dickinson, *World War I and the Triumph of a New Japan*, 20.

17 Dickinson, "Toward a Global Perspective of the Great War," 1154–83.

18 Dickinson, *World War I and the Triumph of a New Japan*, 27–31.

19 Dickinson, *World War I and the Triumph of a New Japan*, 31.

20 Dickinson, *World War I and the Triumph of a New Japan*, 12.

21 Dickinson, *World War I and the Triumph of a New Japan*, 14.

22 详细情况可参看 Rustom Bharucha, *Another Asia: Rabindranath Tagore and Okakura Tenshin* (New Delhi: Oxford University Press, 2006)。

23 Prasenjit Duara, "Asia Redux: Conceptualizing a Region for Our Times," *The Journal of Asian Studies*, 69:4 (November 2010), 969.

24 有关这一点的详细情况，可参看 Harald Fischer-Tine, "Indian Nationalism and the 'World Forces': Transnational and Diasporic Dimensions of the Indian Freedom Movement on the Eve of the First World War," *Journal of Global History*, 2 (2007), 325–44。

25 Duara, "Asia Redux," 970.

26 引自 Sven Saaler, "The Construction of Regionalism in Modern Japan: Kodera Kenkichi and His Treatise on Greater Asianism (1916)," *Modern Asian Studies*, 41:6 (November 2007), 1271。

27 Saaler, "The Construction of Regionalism in Modern Japan," 1261–94.

28 Duara, "The Discourse of Civilization and Pan-Asianism," 113.

29 Shimazu, *Japan, Race, and Equality*, 179.

30 S. M. Molema, *The Bantu, Past and Present* (Edinburgh: W. Green, 1920), 352.

31 Akira Iriye, "Japanese Culture and Foreign Relations," The Richard Story Memorial Lecture, No. 5 (Oxford: St. Antony's College, 1992), 10.

32 Sven Saaler, "Pan-Asianism in Modern Japanese History," in Sven Saaler and J. Victor Koschmann, eds., *Pan-Asianism in Modern Japanese History: Colonialism, Regionalism and Borders* (London: Routledge, 2007), 6.

33 Saaler, "Pan-Asianism in Modern Japanese History," in Saaler and Koschmann, eds., *Pan-Asianism in Modern Japanese History*, 7.

34 Miwa Kimitada, "Pan-Asianism in Modern Japan," in Saaler and Koschmann, eds., *Pan-Asianism in Modern Japanese History*, 27.

35 Sven Saaler and Christopher W. A. Szpilman, eds., *Pan-Asianism: A Documentary History* (Lanham, MD: Rowman & Littlefield, 2011), 138–9.

36 Dickinson, *World War I and the Triumph of a New Japan*, 86–8.

37 无作者，《アジア民族の国語を促す》，《中央公论》,（1914年8月）。

38 若宫卯之助，《大アジア主義とは何ぞや》,《中央公论》,（1917年4月）。

39 永井柳太郎，《我が世界的大使命を果たす全体としての支那提携》,《中央公论》,（1918年4月）。

40 Dickinson, "Japanese Empire," in Gerwarth and Manela, eds., *Empires at War*, 197–213.

41 Kawamura, *Turbulence in the Pacific*, 134.

42 Harumi Goto-Shibata, "Internationalism and Nationalism: Anti-Western Sentiments in Japanese Foreign Policy Debates, 1918-22," in Naoko Shimazu, ed., *Nationalisms in Japan* (London: Routledge, 2006), 66.

43 Bunzo Hashikawa, "Japanese Perspectives on Asia: From Dissociation to Co-prosperity," in Akira Iriye, ed., *The Chinese and the Japanese: Essays in Political and Cultural Interactions* (Princeton,

NJ: Princeton University Press, 1980), 331–41.
44 Duara, "The Discourse of Civilization and Pan-Asianism," 111–13.
45 Duara, "Asia Redux," 970–1.
46 Ku Hung-Ming, *The Spirit of the Chinese People* (Peking: The Peking Daily News, 1915), 168.
47 沧父:《大战终止后国人之自觉如何》,《东方杂志》, 16:1 (1919年1月), 1—8。
48 杜亚泉:《战后东西文明之调和》,《东方杂志》, 14:4 (1917年4月), 1—7。
49 陈独秀:《1916年》,《青年杂志》, 1:5 (1916年1月), 1—4; 陈独秀:《俄罗斯革命与我国民之觉悟》,《新青年杂志》, 3:2 (1917年4月), 1—3。
50 Duara, "The Discourse of Civilization and Pan-Asianism," 114.
51 Sun Yat-sen, "Pan-Asianism," in Saaler and Szpilman, Pan-Asianism, 2: 78—85, reprinted from Sun Yat-sen, *China and Japan: Natural Friends—Unnatural Enemies* (Shanghai: China United Press, 1941).
52 Sun, "Pan-Asianism," 81.
53 Sun, "Pan-Asianism," 80, 85; Prasenjit Duara, "Transnationalism and the Predicament of Sovereignty: China, 1900-1945," *American Historical Review*, 102:4 (October 1997), 1038–9.
54 Duara, "The Discourse of Civilization and Pan-Asianism," 117.
55 Duara, "The Discourse of Civilization and Pan-Asianism," 119.
56 Duara, "The Discourse of Civilization and Pan-Asianism," 114.
57 Duara, "The Discourse of Civilization and Pan-Asianism," 115.
58 汪晖:《文化与政治的变奏:战争、革命与1910年代的思想战》,《中国社会科学》, 4 (2009)。
59 丘为君:《欧战与中国的现代性》,《思与言》, 46:1 (2008年4月), 75—124。
60 Liang Qichao, "Causes of China's Defeat at the Peace Conference," *Millard's Review*, 9:7 (July 19, 1919), 262—8.
61 C. P. Fitzgerald, *The Birth of Communist China* (London: Penguin Books, 1964), 54.
62 Liang, "Causes of China's Defeat," 267–8.
63 梁启超:《欧游心影录》,《梁启超全集》(北京:北京出版社, 1999), 5:2968—2969。
64 Levenson, *Liang Qichao and the Mind of Modern China*, 198; 梁启超:《欧游心影录》, 5:2969—2978。
65 Philip C. Huang, *Liang Chi-chao and Modern Chinese Liberalism* (Seattle: University of Washington Press, 1972), 144; 亦可参看梁启超:《欧游心影录》, 5:2968—3048。
66 梁启超:《欧游心影录》, 5:2973—2974。
67 Levenson, *Liang Qichao and the Mind of Modern China*, 203; Mishra, *From the Ruins of Empire*, 207; 亦可梁启超:《欧游心影录》, 5:2968—3048。
68 Huang, *Liang Chi-chao and Modern Chinese Liberalism*, 147.
69 Huang, *Liang Chi-chao and Modern Chinese Liberalism*, 147–9; Mishra, *From the Ruins of Empire*, 212; 亦可参看梁启超:《欧游心影录》, 5:2968—3048。
70 梁启超:《欧游心影录》, 5:2985—2987; see also Tang Xiaobing, *Global Space and the Nationalist Discourse of Modernity: The Historical Thinking of Liang Qichao* (Stanford, CA: Stanford University Press, 1996), 193.
71 梁启超:《欧游心影录》, 5:2978。
72 Levenson, *Liang Chi-chao and the Mind of Modern China*, 196–7.
73 Stephen N. Hay, *Asian Ideas of East and West: Tagore and His Critics in Japan, China, and India* (Cambridge, MA: Harvard University Press, 1970), 140.
74 梁启超:《欧游心影录》, 5:2972—2974。
75 无作者, "What the Chinese think of the Shantung Reservation," *Millard's Review of the Far East*, 11:1 (December 6, 1919), 8.
76 翁贺凯:《张君劢传》(北京:中国人民大学出版社, 2014), 45—47。
77 高一涵:《万国联盟与》; 汪精卫:《中国对于万国联盟之希望》,《太平洋杂志》, 2:2 (1919), 68—78。
78 鲠生:《万国联盟问题之历史的观察》,《太平洋杂志》, 2:2 (1919), 4—19; 郑大华、王敏:《欧战后中国知识界对建立国际联盟的思考》,《安徽大学学报》, 36:1 (2012), 108—119。
79 李大钊:《大亚细亚主义与新亚细亚主义》,《国民杂志》, 2:1 (1919年2月1日)。

80 李大钊:《再论新亚细亚主义》,《国民杂志》, 2∶1 (1919 年 11 月 1 日)。
81 Akira Iriye, *Cultural Internationalism and World Order* (Baltimore: Johns Hopkins University Press, 1997), 63.
82 Dewey, *Letters from China and Japan*, 209.
83 Dewey, *Letters from China and Japan*, 262-3.
84 王栻编:《严复集》, 3∶615—616; Benjamin I. Schwartz, *In Search of Wealth and Power: Yen Fu and the West* (Cambridge, MA: Harvard University Press, 1964), 233–4.
85 王栻编:《严复集》, 3∶617。
86 王栻编:《严复集》, 3∶619—623。
87 有关严复对战争的详细研究, 可参看黄克武:《严复与居仁日览》,《台湾师大历史学报》, 39 (2008 年 6 月); 王栻编:《严复集》, 3∶621; 林启彦:《第一次世界大战期间严复的国际政治观: 参战思想分析》, 习近平编:《科学与爱国: 严复思想新探》(北京: 清华大学出版社, 2001), 302—318; 王宪明:《严复佚文 15 篇考析》,《清华大学学报》, 2 (2001); 孙应祥、皮后锋:《严复集补编》(福州: 福建人民出版社, 2004), 339—367。
88 陈友良、王民:《留心世局、睦怀宗邦: 严复的欧战观述论》, 郭卫东、牛大勇编:《中西融通: 严复论集》(北京: 宗教文化出版社, 2009), 237—256。
89 王栻编:《严复集》, 2∶396。
90 林启彦:《第一次世界大战期间严复的国际政治观》, 习近平编:《科学与爱国: 严复思想新探》, 313—314。
91 王栻编:《严复集》, 2∶403。
92 王栻编:《严复集》, 4∶1122—1123, 2∶409—410。
93 王栻编:《严复集》, 3, 624-6; Schwartz, *In Search of Wealth and Power*, 229–31.
94 Schwartz, *In Search of Wealth and Power*, 235.
95 Mishra, *From the Ruins of Empire*, 213.
96 有关详细情况, 可参看丘为君:《战争与启蒙: 欧战对中国的启示》,《国立政治大学历史学报》, 23 (2005 年 5 月), 91—146。
97 王栻编:《严复集》, 3∶691—692。
98 Xu Guoqi, *China and the Great War: China's Pursuit of a New National Identity and Internationalization* (New York: Cambridge University Press, 2005), 206–7.
99 Xu, *China and the Great War*, 253–5.
100 Kung-Chuan Hsiao, *A Modern China and a New World: Kang Yu-Wei, Reformer and Utopian, 1856–1927* (Seattle: University of Washington Press, 1975), 544.
101 有关详细情况, 可参看梁漱溟:《东西文化及其哲学》(北京: 商务印书馆, 1987); Mishra, *From the Ruins of Empire*, 214.
102 Guy Alitto, *The Last Confucian: Liang Shu-ming and the Chinese Dilemma of Modernity* (Berkeley: University of California Press, 1986), 86.
103 Alitto, *The Last Confucian*, 86.
104 Alitto, *The Last Confucian*, 104.
105 Alitto, *The Last Confucian*, 121-5.
106 Alitto, *The Last Confucian*, 129.
107 Manela, *The Wilsonian Moment*, 108.
108 Hu Shih, "The Civilizations of the East and the West," in Charles A. Beard, ed., *Whither Mankind: A Panorama of Modern Civilization* (New York: Longmans, Green and Company, 1928), 25-41.
109 Fischer-Tine, "Indian Nationalism and the 'World Forces'," 336.
110 Fischer-Tine, "Indian Nationalism and the 'World Forces'," 341.
111 Singh, *The Testimonies of Indian Soldiers and the Two World Wars*, 110.
112 Carolien Stolte and Harald Fischer-Tine, "Imagining Asia in India: Nationalism and Internationalism," *Comparative Studies in Society and History*, 54:1 (2012), 72.
113 Stolte and Fischer-Tine, "Imagining Asia in India," 73; for details on the Khilafat movement, see Naeem Qureshi, *Pan-Islam in British Indian Politics: A Study of the Khilafat Movement, 1918–1924* (Leiden: Brill, 1999); Gail Minault, *The Khilafat Movement: Religious Symbolism and Political Mobilization in India* (New York: Columbia University Press, 1982).

114　Stolte and Fischer-Tine, "Imagining Asia in India," 88–9.
115　Stolte and Fischer-Tine, "Imagining Asia in India," 70.
116　Stolte and Fischer-Tine, "Imagining Asia in India," 73-4.
117　T. A. Keenleyside, "Nationalist Indian Attitudes Towards Asia: A Troublesome Legacy for Post-Independence Indian Foreign Policy," *Pacific Affairs*, 55:2 (Summer 1982), 220.
118　Keenleyside, "Nationalist Indian Attitudes Towards Asia," 229–30.
119　Manela, *The Wilsonian Moment*, 86–8.
120　Mishra, *From the Ruins of Empire*, 203, 208.
121　Nanda, *Gandhi: Pan-Islamism, Imperialism, and Nationalism in India*, 152.
122　Masselos, *Indian Nationalism*, 151.
123　Keenleyside, "Nationalist Indian Attitudes Towards Asia," 211.
124　诗歌集《吉檀迦利》是1913年由麦美伦在伦敦出版，帮助他赢得了1913年诺贝尔文学奖，成为第一位获此奖的亚洲人。Uma Dasgupta, *Rabindranath Tagore: A Biography* (New Delhi: Oxford University Press, 2004), 9.
125　*The Modern Review*, 22 (September 17, 1917), ed. Ramananda Chatterjee (Calcutta: Prabasi Press Private, Limited, 1917), 232
126　Stolte and Fischer-Tine, "Imagining Asia in India," 77–9.
127　Rabindranath Tagore, "East and West," in Krishna Dutta and Andrew Robinson, eds., *Rabindranath Tagore: An Anthology* (New York: St. Martin's Press, 1997), 203–14.
128　Mishra, *From the Ruins of Empire*, 192.
129　Mishra, *From the Ruins of Empire*, 210.
130　Mishra, *From the Ruins of Empire*, 210.
131　Nanda, *Gandhi: Pan-Islamism, Imperialism, and Nationalism in India*, 241.
132　Mishra, *From the Ruins of Empire*, 186.
133　Hay, *Asian Ideas of East and West*, 148.
134　Hay, *Asian Ideas of East and West*, 132.
135　Hay, *Asian Ideas of East and West*, 128.
136　Hay, *Asian Ideas of East and West*, 129.
137　Rustom Bharucha, *Another Asia*, 74.
138　Krishna Dutta and Andrew Robinson, *Rabindranath Tagore: The Myriad-Minded Man* (New York: St. Martin's Press, 1996), 203.
139　有关此点，可参看 Chand Mool, *Nationalism and Internationalism of Gandhi, Nehru, and Tagore* (New Delhi: M. N. Publishers and Distributors, 1989)。
140　Chand, *Nationalism and Internationalism of Gandhi, Nehru, and Tagore*, 2, 116–17.
141　Chand, *Nationalism and Internationalism of Gandhi, Nehru, and Tagore*, 9.
142　Mishra, *From the Ruins of Empire*, 210.
143　Selcuk Esenbel, "Japan's Global Claim to Asia and the World of Islam: Transnational Nationalism and World Power, 1900–1945," *American Historical Review*, 109:4 (October 2004), 1140–70.
144　有关此点之详细情况，可参看 Chakravorty, *Indian Nationalism and the First World War*, 37。
145　K. H. Ansari, "Pan-Islam and the Making of the Early Indian Muslim Socialists," *Modern Asian Studies*, 20:3 (1986), 510.
146　Ansari, "Pan-Islam and the Making of the Early Indian Muslim Socialists," 517–18.
147　Ansari, "Pan-Islam and the Making of the Early Indian Muslim Socialists," 519–20.
148　Ansari, "Pan-Islam and the Making of the Early Indian Muslim Socialists," 537.
149　Duara, "Asia Redux," 972-3.
150　Duara, "Asia Redux," 971.
151　Timothy Cheek, "Chinese Socialism as Vernacular Cosmopolitanism," *Frontiers of History in China*, 9:1 (March 2014), 118.
152　Dickinson, "Toward a Global Perspective of the Great War," 1154–83.

结语

1. 有关详细说明，可参看 Xu Guoqi, "China and Empire," in Gerwarth and Manela, eds., Empires at War, 214–34。
2. Lord Hardinge of Penshurst, *My Indian Years, 1910–1916*, 99.
3. Massia Bibikoff, *Our Indians at Marseilles* (London: Smith, Elder & Co., 1915), 160.
4. Omissi, *Indian Voices of the Great War*, 1.
5. 可参看 Santanu Das, "Imperialism, Nationalism and the First World War in India," in Jennifer D. Keene and Michael S. Neiberg, eds., *Finding Common Ground: New Directions in First World War Studies* (Leiden: Brill, 2011), 85; Das, "Ardour and Anxiety," in Keene and Neiberg, *Finding Common Ground*, 341; Vedica Kant, *India and the First World War: "If I Die Here, Who Will Remember Me?"* (New Delhi: Lustre Press/Roli Books, 2014)。
6. Nobutoshi, "What Japan Means to the Twentieth Century," in Nobutoshi, Iriye, Nivat, and Windsor, *Experiencing the Twentieth Century*, 20. See also Nakatani, "What Peace Meant to Japan," in Minohara, Hon, and Dawley, *The Decade of the Great War*, 171–2.

主要参考书籍

蔡尚思:《蔡元培》,南京:江苏人民出版社,1982。
曹汝霖:《一生之回忆》,香港:春秋出版社,1966。
程道德、郑月明、饶戈平编:《中华民国外交史资料选编,1911—1919》,北京:北京大学出版社,1988。
陈独秀:《独秀文存》,香港:香港远东图书公司,1965。
陈独秀:《独秀文存》,合肥:安徽人民出版社,1987。
陈三井:《华工与欧战》,台北:中研院近代史研究所,1986。
陈三井:《旅欧教育运动》,台北:中研院近代史研究所,1996。
陈三井、吕芳上、杨翠华:《欧战华工史料》,台北:中研院近代史研究所,1997。
陈志奇编:《中华民国外交史料汇编》,台北:渤海堂文化公司,1996。
丁文江:《梁任公先生年谱》,台北:世界书局,1959。
凤冈编:《民国梁燕荪先生士诒年谱》,台北:台湾商务印书馆,1978。
高平叔:《蔡元培年谱长编》,北京:人民教育出版社,1996。
顾维钧:《顾维钧回忆录》,第1册,北京:中华书局,1983。
胡国枢:《蔡元培评传》,郑州:河南教育出版社,1990。
黄克武:《一个被放弃的选择:梁启超调适思想之研究》,台北:中研院近代史研究所,1994。
黄克武:《自由的所以然:严复对约翰密尔自由思想的认识》,台北:中研院近代史研究所,2000。
黄克武:《惟适之安:严复与近代中国的文化转型》,台北:中研院近代史研究所,2010。
李大钊:《李大钊选集》,北京:人民出版社,1962。
李大钊:《李大钊文集》,北京:人民出版社,1984。
李大钊:《李大钊全集》,石家庄:河北教育出版社,1999。
梁启超:《盾鼻集》,台北:文海出版社,1966。
梁启超:《新大陆游记》,长沙:湖南人民出版社,1981。
梁启超:《饮冰室合集》,北京:中华书局,1989。
梁启超:《梁启超全集》,北京:北京出版社,1999。
梁漱溟:《东西文化及其哲学》,北京:商务印书馆,1987。
梁漱溟:《梁漱溟全集》,济南:山东人民出版社,1989。
梁漱溟:《梁漱溟集》,北京:群言出版社,1993。
梁漱溟:《梁漱溟卷》,石家庄:河北教育出版社,1996。
罗光:《陆征祥传》,台北:台湾商务印书馆,1966。
欧阳哲生编校:《中国现代学术经典:蔡元培卷》,石家庄:河北教育出版社,1996。
石源华:《韩国独立运动与中国关系论集》,北京:民族出版社,2009。
苏文擢编:《梁谭玉樱居士所藏书翰图照影存》,香港:广记印务,1986。
孙中山:《孙中山选集》,北京:人民出版社,2011。

唐启华：《北京政府与国际联盟，1919—1928》，台北：东大图书公司，1998。
唐启华：《巴黎和会与中国外交》，北京：社会科学文献出版社，2014。
唐振常：《蔡元培传》，上海：上海人民出版社，1985。
翁贺凯：《现代中国的自由民族主义：张君劢民族建国思想评传》，北京：中国人民大学出版社，2014。
习近平编：《科学与爱国：严复思想新谈》，北京：清华大学出版社，2001。
遐菴年谱汇稿编印会编：《叶遐菴先生年谱》，上海：遐菴年谱汇稿编印会，1946。
王栻编：《严复集》，北京：中华书局，1986。
杨河编：《五四运动与民族复兴：纪念五四运动90周年暨李大钊诞辰120周年理论研讨学术论文集》，北京：北京大学出版社，2010。
张君劢等：《科学与人生观》，济南：山东人民出版社，1997。
黄克剑、王涛编校：《中国现代学术经典：张君劢卷》，石家庄：河北教育出版社，1996。
黄克剑、吴小龙编：《张君劢集》，北京：群言出版社，1993。
张力：《国际合作在中国：国际联盟交涉的考察，1919—1946》，台北：中研院近代史研究所，1999。
郑大华：《张君劢传》，北京：中华书局，1997。
中共中央党史研究室：《李大钊研究文集》，北京：中共中央党史出版社，1991。
中国社会科学院近代史研究所编：《五四运动回忆录》，北京：中国社会科学出版社，1979。
中研院近代史研究所编：《中日关系史料：欧战与山东问题》，台北：中研院近代史研究所，1974。
中研院近代史研究所编：《中日关系史料：廿一条交涉》，2册，台北：中研院近代史研究所，1974。

Aksakal, Mustafa. *The Ottoman Road to War in 1914: The Ottoman Empire and the First World War.* Cambridge Military Histories. Cambridge: Cambridge University Press, 2008.
Alexander, Jeffrey W. *Brewed in Japan: The Evolution of the Japanese Beer Industry.* Honolulu: University of Hawaii Press, 2013.
Ali, Asghar. *Our Heroes of the Great War.* Bombay: The Times Press, 1922.
Alitto, Guy. *The Last Confucian: Liang Shu-ming and the Chinese Dilemma of Modernity.* Berkeley: University of California Press, 1986.
Ambrosius, Lloyd E. *Woodrow Wilson and the American Diplomatic Tradition: The Treaty Fight in Perspective.* New York: Cambridge University Press, 1987.
Ambrosius, Lloyd E. *Wilsonian Statecraft: Theory and Practice of Liberal Internationalism During World War I.* Wilmington, DE: SR Books, 1991.
Ambrosius, Lloyd E. *Wilsonianism: Woodrow Wilson and His Legacy in American Foreign Relations.* New York: Palgrave Macmillan, 2002.
Armitage, David. *The Declaration of Independence: A Global History.* Cambridge, MA: Harvard University Press, 2008.
Bailey, Thomas Andrew. *Woodrow Wilson and the Lost Peace.* New York: Macmillan, 1944.
Bailey, Thomas Andrew. *Woodrow Wilson and the Great Betrayal.* New York: The Macmillan Company, 1945.
Baldwin, Frank P. *The March First Movement: Korean Challenge and Japanese Response.* PhD thesis, Columbia University, 1969.
Bao, Tianxiao. *Chuan Ying Lou Hui Yi Lu.* Taibei Shi: Long wen chu ban she, 1990.
Barley, Nigel. *Rogue Raider: The Tale of Captain Lauterbach and the Singapore Mutiny.* Singapore: Monsoon, 2006.
Barua, Pradeep. *The Army Officer Corps and Military Modernisation in Later Colonial India.* Hull: University of Hull Press, 1999.
Barua, Pradeep. *Gentlemen of the Raj: The Indian Army Officer Corps, 1817–1949.* Westport, CT: Praeger, 2003.
Basu, Bhupendranath. *Why India is Heart and Soul with Great Britain.* London: Macmillan and Co., 1914.
Beard, Charles A. *Whither Mankind: A Panorama of Modern Civilization.* New York: Longmans, Green and Company, 1928.

Beasley, W. G. *Japanese Imperialism, 1894–1945*. Oxford: Clarendon Press, 1987.
Beckett, I. F. W. *1917: Beyond the Western Front*. Boston: Brill, 2009.
Bharucha, Rustom. *Another Asia: Rabindranath Tagore and Okakura Tenshin*. New Delhi: Oxford University Press, 2006.
Bhattacharya, Sabyasachi. *Rabindranath Tagore: An Interpretation*. New Delhi: Viking, Penguin Books India, 2011.
Bibikoff, Massia. *Our Indians at Marseilles*. London: Smith, Elder & Co., 1915.
Bianco, Lucien. *Origins of the Chinese Revolution, 1915–1949*. Stanford, CA: Stanford University Press, 1971.
Birdsall, Paul. *Versailles Twenty Years After*. New York: Reynal & Hitchcock, 1941.
Bley, Helmut, and Anorthe Kremers. *The World During the First World War*. Essen: Klartext, 2014.
Bloom, Irene, and Joshua A. Fogel. *Meeting of Minds: Intellectual and Religious Interaction in East Asian Traditions of Thought: Essays in Honor of Wing-Tsit Chan and William Theodore De Bary*. New York: Columbia University Press, 1997.
Bloxham, Donald. *The Great Game of Genocide: Imperialism, Nationalism, and the Destruction of the Ottoman Armenians*. Oxford: Oxford University Press, 2005.
Bonsal, Stephen. *Unfinished Business*. Garden City: Doubleday, Doran and Company, Inc., 1944.
Bonsal, Stephen. *Suitors and Suppliants: The Little Nations at Versailles*. New York: Prentice-Hall, 1946.
Borden, Henry, ed. *Robert Laird Borden: His Memoirs*. Toronto: Macmillan, 1938.
Bourne, Kenneth, ed., *British Documents on Foreign Affairs: Reports and Papers from the Foreign Office Confidential Print*, vol. 23: *China, January 1919–December 1920*. Frederick, MD: University Publications of America, 1994.
Brocheux, Pierre. *Ho Chi Minh: A Biography*, trans. Chaire Duiker. New York: Cambridge University Press, 2007.
Brown, Edwin A. *Singapore Mutiny: A Colonial Couple's Stirring Account of Combat and Survival in the 1915 Singapore Mutiny*. Singapore: Monsoon, 2015.
Brown, J. M., and W. M. Roger Louis, eds. *Oxford History of the British Empire*, vol. 4. Oxford: Oxford University Press, 1999.
Buttinger, Joseph. *Vietnam: A Political History*. New York: Praeger, 1968.
The Carnegie Endowment for International Peace, ed., *Shantung: Treaties and Agreements*. Washington, DC: The Carnegie Endowment for International Peace, 1921.
Chakravorty, U. N. *Indian Nationalism and the First World War, 1914–18*. Calcutta: Progressive Publishers, 1997.
Chand, Mool. *Nationalism and Internationalism of Gandhi, Nehru, and Tagore*. New Delhi: M. N. Publishers and Distributors, 1989.
Chen, Mao. *Between Tradition and Change: The Hermeneutics of May Fourth Literature*. Lanham, MD: University Press of America, 1997.
Chen, Xiaoming. *From the May Fourth Movement to Communist Revolution: Guo Moruo and the Chinese Path to Communism*. Albany: State University of New York Press, 2007.
Chi, Madeleine. *China Diplomacy, 1914–1918*. Cambridge, MA: East Asian Research Center, distributed by Harvard University Press, 1970.
Chow, Tse-Tsung. *The May Fourth Movement: Intellectual Revolution in Modern China*. Cambridge, MA: Harvard University Press, 1960.
Chung, Henry. *Korean Treaties*. New York: H. S. Nichols, 1919.
Chung, Henry. *The Oriental Policy of the United States*. New York: Fleming H. Revell Co., 1919.
Chung, Henry. *The Case of Korea: A Collection of Evidence on the Japanese Domination of Korea, and on the Development of the Korean Independence Movement*. New York: Fleming H. Revell Company, 1921.
Clapp, Priscilla, and Akira Iriye, eds. *Mutual Images: Essays in American-Japanese Relations*. Cambridge: Harvard University Press, 1975.
Clark, Christopher M. *The Sleepwalkers: How Europe Went to War in 1914*. New York: Harper Collins, 2013.

Connors, Lesley. *The Emperor's Adviser: Saionji Kinmochi and Pre-war Japanese Politics*. London: Croom Helm, 1987.
Craft, Stephen G. *V.K. Wellington Koo and the Emergence of Modern China*. Lexington: University Press of Kentucky, 2003.
Dalton, Dennis. *Indian Idea of Freedom: Political Thought of Swami Vivekananda, Aurobindo Ghose, Mahatma Gandhi, and Rabindranath Tagore*. Gurgaon, Haryana: Academic Press, 1982.
Dane, Edmund. *British Campaigns in Africa and the Pacific, 1914–1918*. London: Hodder and Stoughton, 1919.
Daniels, Roger. *The Politics of Prejudice: The Anti-Japanese Movement in California, and the Struggle for Japanese Exclusion*. Berkeley: University of California Press, 1962.
Daniels, Roger. *Asian America: Chinese and Japanese in the United States since 1850*. Seattle: University of Washington Press, 1988.
Daniels, Roger, and Spencer C. Olin. *Racism in California: A Reader in the History of Oppression*. New York: Macmillan, 1972.
Das, Santanu. *Race, Empire and First World War Writing*. Cambridge: Cambridge University Press, 2011.
Das, Santanu. *1914–1918: Indian Troops in Europe*. Ahmedabad: Mapin Publishing, 2015.
Dasgupta, Uma. *Rabindranath Tagore: A Biography*. New Delhi: Oxford University Press, 2004.
Dessingué, Alexandre, and J. M. Winter. *Beyond Memory: Silence and the Aesthetics of Remembrance*. New York: Routledge, 2016.
Devji, Faisal. *Muslim Nationalism: Founding Identity in Colonial India*. PhD thesis, University of Chicago, 1993.
Devji, Faisal. *The Impossible Indian: Gandhi and the Temptation of Violence*. Cambridge, MA: Harvard University Press, 2012.
Devji, Faisal. *Muslim Zion: Pakistan as a Political Idea*. Cambridge, MA: Harvard University Press, 2013.
Dewey, John, Alice Dewey, and Evelyn Dewey. *Letters from China and Japan*. New York: E. P. Dutton Company, 1920.
Dewey, John, and Jo Ann Boydston. *The Middle Works, 1899–1924*. Carbondale: Southern Illinois University Press, 2008.
Dickinson, Frederick R. *War and National Reinvention: Japan in the Great War, 1914–1919*. Cambridge, MA: Harvard University Press, 1999.
Dickinson, Frederick R. *World War I and the Triumph of a New Japan, 1919–1930*. Cambridge: Cambridge University Press, 2013.
Dirlik, Arif. *The Origins of Chinese Communism*. New York: Oxford University Press, 1989.
Dodwell, H. H., ed. *The Cambridge History of India*. Delhi: S. Chand & Co., 1964.
Dolezelová-Velingerová, Milena, Oldrich Král, and Graham Martin Sanders. *The Appropriation of Cultural Capital: China's May Fourth Movement*. Cambridge, MA: Harvard University Asia Center, 2001.
DuBois, W. E. B. *Darkwater: Voices from Within the Veil*. New York: Harcourt, Brace and Howe, 1920.
Duchesne, A. E. *Asia and the War*. Oxford Pamphlets No. 59. London: Oxford University Press, 1914.
Duiker, William J. *The Rise of Nationalism in Vietnam, 1900–1941*. Ithaca: Cornell University Press, 1976.
Duiker, William J. *Ho Chi Minh*. New York: Hyperion, 2000.
Dunscomb, Paul E. *Japan's Siberian Intervention, 1918–1922: A Great Disobedience Against the People*. Lanham, MD: Rowman & Littlefield, 2011.
Dutta, Krishna, and Andrew Robinson. *Rabindranath Tagore: The Myriad-Minded Man*. New York: St. Martin's Press, 1996.
Dutta, Krishna, and Andrew Robinson, eds. *Rabindranath Tagore: An Anthology*. New York: St. Martin's Press, 1997.
Duus, Peter, Ramon Hawley Myers, and Mark R. Peattie. *The Japanese Informal Empire in China, 1895–1937*. Princeton, NJ: Princeton University Press, 1989.
Eckert, Carter J., Ki-Baik Lee, Young Ick Lew, Michael Robinson, and Edward W. Wagner. *Korea, Old and New: A History*. Cambridge, MA: Harvard University Press, 1990.
Ellinwood, DeWitt C., *Between Two Worlds: A Rajput Officer in the Indian Army, 1905–21: Based on

the *Diary of Amar Singh of Jaipur*. Lanham, MD: Hamilton Books, 2005.
Ellinwood, DeWitt C., and Cynthia H. Enloe. *Ethnicity and the Military in Asia*. New Brunswick, NJ: Transaction Books, 1981.
Ellinwood, DeWitt C., and S. D. Pradhan, eds. *India and World War 1*. New Delhi: Manohar, 1978.
Fairbank, John K., ed. *The Chinese World Order: Traditional China's Foreign Relations*. Cambridge, MA: Harvard University Press, 1968.
Fairbank, John K., and Albert Feuerwerker, eds. *The Cambridge History of China: 1912–1949*. Cambridge: Cambridge University Press, 1986.
Fifield, Russell H. *Woodrow Wilson and the Far East: The Diplomacy of the Shantung Question*. Hamden, CT: Archon Books, 1965.
Fitzgerald, C. P. *The Birth of Communist China*. London: Penguin Books, 1964.
Fitzgerald, John. *Big White Lie: Chinese Australians in White Australia*. Sydney: University of New South Wales Press, 2007.
Fogarty, Richard Standish. *Race and War in France: Colonial Subjects in the French Army, 1914–1918*. Baltimore: Johns Hopkins University Press, 2008.
Fogel, Joshua A. *The Role of Japan in Liang Qichao's Introduction of Modern Western Civilization to China*. China Research Monograph, vol. 57 Berkeley: Institute of East Asian Studies, University of California Berkeley, Center for Chinese Studies, 2004.
Fogel, Joshua A. *Crossing the Yellow Sea: Sino-Japanese Cultural Contacts, 1600–1950*. Norwalk: EastBridge, 2007.
Fogel, Joshua A. *Articulating the Sinosphere: Sino-Japanese Relations in Space and Time*. Cambridge, MA: Harvard University Press, 2009.
Frattolillo, Oliviero, and Antony Best. *Japan and the Great War*. New York: Palgrave Macmillan, 2015.
Fridenson, Patrick. *The French Home Front, 1914–1918*. Providence: Berg, 1992.
Fromkin, David. *Europe's Last Summer: Who Started the Great War in 1914?* New York: Vintage, 2005.
Fung, Edmund S. K. *The Intellectual Foundations of Chinese Modernity: Cultural and Political Thought in the Republican Era*. New York: Cambridge University Press, 2010.
Gallagher, Patrick. *America's Aims and Asia's Aspirations*. New York: The Century Co.,1920.
Gerwarth, Robert, and Erez Manela, eds. *Empires at War: 1911–1923*. Oxford: Oxford University Press, 2014.
Godshall, Wilson Leon. *Tsingtau under Three Flags*. Shanghai: The Commercial Press, 1929.
Gong, Gerrit W. *The Standard of "Civilization" in International Society*. Oxford: Clarendon Press, 1984.
Grey of Fallodon, Edward Grey. *Twenty-Five Years, 1892–1916*. London: Hodder and Stoughton, 1925.
Griffin, Nicholas. *Use of Chinese Labour by the British Army, 1916–1920: The "Raw Importation," its Scope and problems*. PhD thesis, University of Oklahoma, 1973.
Grigg, John. *The Young Lloyd George*. Berkeley: University of California Press, 1974.
Hagihara, Nobutoshi, Akira Iriye, Georges Nivat, and Philip Windsor, eds. *Experiencing the Twentieth Century*. Tokyo: University of Tokyo Press, 1985.
Hall, John Whitney. *The Cambridge History of Japan*. Cambridge: Cambridge University Press, 1988.
Hardinge of Penshurst, Charles Hardinge. *Old Diplomacy; the Reminiscences of Lord Hardinge of Penshurst*. London: J. Murray, 1947.
Hardinge of Penshurst, Charles Hardinge. *My Indian Years, 1910–1916: The Reminiscences of Lord Hardinge of Penshurst*. London: John Murray, 1948.
Hardinge of Penshurst, Charles Hardinge, and Ernest Marshall. *Loyal India; an Interview with Lord Hardinge of Penshurst*. London: Hodder & Stoughton, 1916.
Harper, R. W. E., and Harry Miller. *Singapore Mutiny*. Singapore: Oxford University Press,1984.
Hay, Stephen N. *Asian Ideas of East and West: Tagore and His Critics in Japan, China, and India*. Cambridge, MA: Harvard University Press, 1970.
Henn, Katherine. *Rabindranath Tagore: A Bibliography*. Metuchen, NJ: Scarecrow Press, 1985.
Hess, Gary R. *Vietnam and the United States: Origins and Legacy of War*. Boston: Twayne Publishers, 1990.
Hewett, Sir J. P. *The Indian Reform Proposals*. London: Indo-British Association,1918.

Hirobe, Izumi. *Japanese Pride, American Prejudice: Modifying the Exclusion Clause of the 1924 Immigration Act*. Stanford, CA: Stanford University Press, 2001.
Ho Chi Minh, and Walden F. Bello. *Down with Colonialism*. London: Verso, 2007.
Hodgson, Godfrey. *Woodrow Wilson's Right Hand: The Life of Colonel Edward M. House*. New Haven: Yale University Press, 2006.
Hogan, Patrick Colm, and Lalita Pandit. *Rabindranath Tagore: Universality and Tradition*. Madison, NJ: Fairleigh Dickinson University Press, 2003.
Hopkirk, Peter. *On Secret Service East of Constantinople: The Plot to Bring Down the British Empire*. London: John Murray, 1994.
Horne, John. *Labour at War: France and Britain, 1914–1918*. Oxford: Clarendon Press, 1991.
Hoyt, Edwin P. *The Fall of Tsingtao*. London: A. Barker, 1975.
Hsiao, Kung-Chuan. *A Modern China and a New World: Kang Yu-Wei, Reformer and Utopian, 1856–1927*. Seattle: University of Washington Press, 1975.
Hsiao, Kung-Chuan. *A History of Chinese Political Thought*. Princeton, NJ: Princeton University Press, 1979.
Huang, Kewu. *The Meaning of Freedom: Yan Fu and the Origins of Chinese Liberalism*. Hong Kong: Chinese University Press, 2008.
Huang, Philip C. *Liang Chi-chao and Modern Chinese Liberalism*. Seattle: University of Washington Press, 1972.
Hughes, William Morris. *Policies and Potentates*. Sydney: Angus and Robertson, 1950.
Iriye, Akira, ed. *The Chinese and the Japanese: Essays in Political and Cultural Interactions*. Princeton, NJ: Princeton University Press, 1980.
Iriye, Akira. *After Imperialism: The Search for a New Order in the Far East, 1921–1931*. Chicago: Imprint Publications, 1990.
Iriye, Akira. *China and Japan in the Global Setting*. Cambridge, MA: Harvard University Press, 1992.
Iriye, Akira. *Cultural Internationalism and World Order*. Baltimore: Johns Hopkins University Press, 1997.
Iriye, Akira. *Japan and the Wider World: From the Mid-Nineteenth Century to the Present*. London: Longman, 1997.
Iriye, Akira. *Global Community: The Role of International Organizations in the Making of the Contemporary World*. Berkeley: University of California Press, 2002.
Iriye, Akira. *Across the Pacific: An Inner History of American-East Asian Relations*. Chicago: Imprint Publications, 2005.
Ishikawa, Yoshihiro, and Joshua A. Fogel. *The Formation of the Chinese Communist Party*. New York: Columbia University Press, 2013.
Jarboe, Andrew Tait. *Soldiers of Empire: Indian Sepoys in and beyond the Imperial Metropole during the First World War, 1914–1919*. PhD thesis, Northeastern University, 2013.
Jeans, Roger B. *Democracy and Socialism in Republican China: The Politics of Zhang Junmai (Carsun Chang), 1906–1941*. Lanham, MD: Rowman & Littlefield Publishers, 1997.
Jin, Wensi. *Woodrow Wilson, Wellington Koo, and the China Question at the Paris Peace Conference*. Leyden: A. W. Sythoff, 1959.
Jin, Wensi. *China at the Paris Peace Conference in 1919*. Jamaica, NY: St. John's University Press, 1961.
Johnson, Gordon. *Provincial Politics and Indian Nationalism: Bombay and the Indian National Congress*, Cambridge: Cambridge University Press, 1973.
Joll, James. *The Origins of the First World War*. London: Longman, 1984.
Kajima, Morinosuke. *A Brief Diplomatic History of Modern Japan*. Rutland, VT: C. E. Tuttle Co., 1965.
Kajima, Morinosuke. *The Emergence of Japan as a World Power, 1895–1925*. Rutland, VT: C. E. Tuttle Co., 1967.
Kajima, Morinosuke, and Kajima Heiwa Kenkyujo. *The Diplomacy of Japan, 1894–1922*. Tokyo: Kajima Institute of International Peace, 1980.
Kale, Vaman Govind. *India's War Finance and Post-war Problems*. Poona: The Aryabhushan Press, 1919.
Kant, Vedica. *India and the First World War: "If I Die Here, Who Will Remember Me?"* New Delhi:

Lustre Press/Roli Books, 2014.
Karnow, Stanley. *Vietnam: A History*. New York: Penguin Books, 1997.
Kawakami, Kiyoshi Karl. *Japan and World Peace*. New York: Macmillan, 1919.
Kawakami, Kiyoshi Karl, ed. *What Japan Thinks*. New York: Macmillan, 1921.
Kawamura, Noriko. *Turbulence in the Pacific: Japanese–U.S. Relations During World War I*. Westport, CT: Praeger, 2000.
Keene, Jennifer D., and Michael S. Neiberg. *Finding Common Ground: New Directions in First World War Studies*. Leiden: Brill, 2011.
Keylor, William R. *The Legacy of the Great War: Peacemaking, 1919*. Boston: Houghton Mifflin, 1998.
Kiernan, V. G. *The Lords of Human Kind: Black Man, Yellow Man, and White Man in an Age of Empire*. New York: Columbia University Press, 1986.
Kipling, Rudyard, and Thomas Pinney. *100 Poems: Old and New*. Cambridge: Cambridge University Press, 2013.
Kitchen, James E., Alisa Miller, and Laura Rowe. *Other Combatants, Other Fronts: Competing Histories of the First World War*. Newcastle upon Tyne: Cambridge Scholars, 2011.
Koo, Wellington et al., *China and the League of Nations*. London: G. Allen & Unwin Ltd.,1919.
Krenn, Michael L. *Race and U.S. Foreign Policy from 1900 through World War II*. New York: Garland, 1998.
Kripalani, Krishna. *Rabindranath Tagore: A Biography*. New York: Oxford University Press, 1962.
Kripalani, Krishna. *Rabindranath Tagore: A Biography*. Calcutta: Visva-Bharati, 1980.
Ku, Dae-yeol. *Korea Under Colonialism: The March First Movement and Anglo-Japanese Relations*. Seoul: The Royal Asiatic Society Korea Branch, 1985.
Ku, Hung-ming. *The Spirit of the Chinese People*. Peking: The Peking Daily News, 1915.
Kuwajima, Sho. *The Mutiny in Singapore: War, Anti War and the War for India's Independence*. New Delhi: Rainbow, 2006.
Lake, Marilyn, and Henry Reynolds. *Drawing the Global Colour Line: White Men's Countries and the International Challenge of Racial Equality*. Cambridge: Cambridge University Press, 2008.
Lansing, Robert. *The Peace Negotiations: A Personal Narrative*. Boston: Houghton Mifflin Company, 1921.
Lansing, Robert. *The Big Four and Others of the Peace Conference*. London: Hutchinson & Co., 1922.
Lawrence, Walter R. *The India We Served*. Boston: Houghton Mifflin Company, 1929.
Lee, Chong-sik. *The Politics of Korean Nationalism*. Berkeley: University of California Press,1963.
Lee, Chong-Sik, and Michael Langford. *Korea, Land of the Morning Calm*. New York: Universe Books, 1988.
Lee, Ki-Baik. *A New History of Korea*, trans. Edward W. Wagner with Edward J. Shultz. Cambridge, MA: Published for the Harvard-Yenching Institute by Harvard University Press, 1984.
Levenson, Joseph Richmond. *Confucian China and its Modern Fate: A Trilogy*. Berkeley: University of California Press, 1968.
Levenson, Joseph Richmond. *Liang Qichao and the Mind of Modern China*. Berkeley: University of California Press, 1970.
Lewis, David Levering. *W. E. B. DuBois: A Reader*. New York: Henry Holt and Company, 1995.
Lewis, Michael. *Rioters and Citizens: Mass Protest in Imperial Japan*. Berkeley: University of California Press, 1990.
Liang, Qichao. *China's Debt to Buddhist India*. New York: Maha Bodhi Society of America,1900.
Liang, Qichao. *China and the League of Nations*. Peking: Society for the Study of Inter- national Relations, 1918.
Liebau, Heike, et al., eds. *The World in World Wars: Experiences, Perceptions and Perspectives from Africa and Asia*. Leiden: Brill, 2010.
Lin, Yu-sheng. *The Crisis of Chinese Consciousness: Radical Anti-traditionalism in the May Fourth Era*. Madison, WI: University of Wisconsin Press, 1979.
Link, Arthur Stanley, ed. *The Papers of Woodrow Wilson*. Princeton, NJ: Princeton University Press, 1981.

Link, Arthur Stanley. *Woodrow Wilson and a Revolutionary World, 1913–1921*. Chapel Hill: University of North Carolina Press, 1982.
Littrup, Lisbeth. *Identity in Asian Literature*. Studies in Asian Topics. Richmond, Surrey: Curzon Press, 1996.
Lord Sydenham of Combe. *India and the War*. London: Hodder and Stoughton, 1919.
Lynn, Hyung-Gu. *Critical Readings on the Colonial Period of Korea 1910–1945*, vol. 1. Leiden: Brill, 2013.
Mackenzie, Dewitt. *The Awakening of India*. London: Hodder and Stoughton, 1918.
MacMillan, Margaret. *Paris 1919: Six Months that Changed the World*. New York: Random House, 2002.
Maddox, Robert James. *The Unknown War with Russia: Wilson's Siberian Intervention*. San Rafael, CA: Presidio Press, 1977.
Manela, Erez. *The Wilsonian Moment: Self-Determination and the International Origins of Anticolonial Nationalism*. New York: Oxford University Press, 2007.
Marr, David G. *Vietnamese Anticolonialism, 1885–1925*. Berkeley: University of California Press, 1971.
Martin, Bernd. *Japan and Germany in the Modern World*. Providence: Berghahn Books, 1995.
Masselos, Jim. *Indian Nationalism: An History*. New Delhi: Sterling Publishers, 1985.
Masselos, Jim. *Struggling and Ruling: The Indian National Congress, 1885–1985*. New Delhi: Sterling Publishers, 1987.
Masselos, Jim. *India, Creating a Modern Nation*. New Delhi: Sterling Publishers, 1990.
Mee, Charles L., Jr. *The End of Order: Versailles, 1919*. New York: Dutton, 1980.
Meisner, Maurice J. *Li Ta-Chao and the Origins of Chinese Marxism*. Cambridge, MA: Harvard University Press, 1967.
Miller, David Hunter. *My Diary at the Conference of Paris, with Documents*. New York: Printed for the author by the Appeal Printing Company, 1924.
Miller, David Hunter. *The Drafting of the Covenant*. New York: G. P. Putnam's Sons, 1928.
Minault, Gail. *The Khilafat Movement: Religious Symbolism and Political Mobilization in India*. New York: Columbia University Press, 1982.
Minohara, Toshihiro, Tze-Ki Hon, and Evan N. Dawley, eds. *The Decade of the Great War: Japan and the Wider World in the 1910s*. Leiden: Brill, 2014.
Mishra, Pankaj. *From the Ruins of Empire: The Intellectuals Who Remade Asia*. New York: Farrar, Straus and Giroux, 2012.
Mitter, Rana. *A Bitter Revolution: China's Struggle with the Modern World*. Oxford: Oxford University Press, 2004.
Molema, S. M. *The Bantu, Past and Present*. Edinburgh: W. Green, 1920.
Morrow, John Howard. *The Great War: An Imperial History*. London: Routledge, 2004. Morton, Brian, *Woodrow Wilson, USA*. London: Haus, 2008.
Morton-Jack, George. *The Indian Army on the Western Front: India's Expeditionary Force to France and Belgium in the First World War*. New York: Cambridge University Press, 2014.
Moulik, Achala. *Rabindranath Tagore: A Man for All Times*. New Delhi: Har-Anand Publications, 2011.
Mukherjee, Kedar Nath. *Political Philosophy of Rabindranath Tagore*. New Delhi: S. Chand, 1982.
Nanda, B. R. *Mahatma Gandhi: A Biography*. Boston: Beacon Press, 1958.
Nanda, B. R. *Socialism in India*. Delhi: Vikas Publications, 1972.
Nanda, B. R. *Gokhale: The Indian Moderates and the British Raj*. Princeton, NJ: Princeton University Press, 1977.
Nanda, B. R. *Essays in Modern Indian History*. Delhi: Oxford University Press, 1980.
Nanda, B. R. *Gandhi: Pan-Islamism, Imperialism, and Nationalism in India*. New Delhi: Oxford University Press, 2002.
Nanda, B. R. *In Search of Gandhi: Essays and Reflections*. New Delhi: Oxford University Press, 2002.
Nicolson, Harold. *Peacemaking, 1919*. Boston: Houghton Mifflin Company, 1933.
Ninkovich, Frank A. *The Global Republic: America's Inadvertent Rise to World Power*. Chicago: The University of Chicago Press, 2014.
Nish, Ian Hill. *Alliance in Decline: A Study in Anglo-Japanese Relations, 1908–23*. London: Athlone Press,

1972.
No Author. *Our Indian Army: A Record of the Peace Contingent's Visit to England, 1919*. London: Issued for the India Office by Adams bros. & Shardlow Ltd., 1920.
No Author. *Korea's Appeal to the Conference on Limitation of Armament*. Washington, DC: Government Printing Office, 1922.
No Author. "100 Years after 1914, Still in the Grip of the Great War, " *The Economist*, March 29, 2015, 20.
No Author. *The Korean "Independence " Agitation, Articles Reprinted from the "Seoul Press, " 1919*, No publishing data.
O' Neill, H. C. *The War in Africa and in the Far East*. London: Longmans, Green and Co., 1919.
Oka, Yoshitake. *Konoe Fumimaro: A Political Biography*, trans. Shumpei Okamoto and Patricia Murray. Tokyo: University of Tokyo Press, 1983.
Omissi, David. *The Sepoy and the Raj: The Indian Army, 1860–1940*. London: Macmillan, 1994.
Omissi, David. *Indian Voices of the Great War: Soldiers' Letters, 1914–18*. New York: St. Martin's Press, 1999.
Paine, S. C. M. *The Sino-Japanese War of 1894–1895: Perceptions, Power, and Primacy*. Cambridge: Cambridge University Press, 2003.
Pearl, Cyril. *Morrison of Peking*. Sydney: Angus and Robertson, 1967.
Peycam, Philippe M. F. *The Birth of Vietnamese Political Journalism: Saigon, 1916–1930*. New York: Columbia University Press, 2012.
Pinney, Thomas, ed. *Cambridge Edition of the Poems of Rudyard Kipling*. Cambridge: Cambridge University Press, 2013.
Prasad, Yuvaraj Deva. *The Indian Muslims and World War I: A Phase of Disillusionment with British Rule, 1914–1918*. New Delhi: Janaki Prakashan, 1985.
Prior, Robin. *Gallipoli: The End of the Myth*. New Haven: Yale University Press, 2009.
Prior, Robin, Trevor Wilson, and John Keegan. *The First World War*. London: Cassell, 1999.
Purcell, Hugh. *Maharajah of Bikaner*. London: Haus, 2010.
Pusey, James Reeve. *China and Charles Darwin*. Cambridge, MA: Council on East Asian Studies, distributed by Harvard University Press, 1983.
Pyle, Kenneth. *Japan Rising: The Resurgence of Japanese Power and Purpose*. New York: Public Affairs, 2007.
Quinn-Judge, Sophie. *Ho Chi Minh: The Missing Years, 1919–1941*. Berkeley: University of California Press, 2003.
Qureshi, Naeem. *Pan-Islam in British Indian Politics: A Study of the Khilafat Movement, 1918–1924*. Leiden: Brill, 1999.
Rai,Lajpat, and B. R. Nanda. *The Collected Works of Lala Lajpat Rai*. New Delhi: Manohar, 2003.
Ram, Vangala Shiva, and Brij Mohan Sharma. *India and the League of Nations*. Lucknow: Upper India Publishing House, 1932.
Reinsch, Paul Samuel. *An American Diplomat in China*. Garden City: Doubleday, Page & Company, 1922.
Reynolds, Michael A. *Shattering Empires: The Clash and Collapse of the Ottoman and Russian Empires, 1908–1918*. Cambridge: Cambridge University Press, 2011.
Rhee, Syngman, and Han-Kyo Kim. *The Spirit of Independence: A Primer of Korean Modernization and Reform*. Honolulu: University of Hawaii Press, 2001.
Rhee, Syngman. *The Syngman Rhee Correspondence in English, 1904–1948*, 2 vols., eds. Young Ice Lew, Young Seob Oh, Steve G. Jenks, and Andrew D. Calhoun. Seoul: Institute for Modern Korean Studies, Yonsei University, 2009.
Riddell, George. *Lord Riddell's Intimate Diary of the Peace Conference and after, 1918–1923*. London: V. Gollancz, 1933.
Riddell, George. *Lord Riddell's War Diary, 1914–1918*. London: I. Nicholson & Watson, 1933.
Rogan, Eugene L. *The Fall of the Ottomans: The Great War in the Middle East, 1914–1920*. London: Allen Lane, 2015.
Roy, Franziska, Heike Liebau, and Ravi Ahuja. *When the War Began We Heard of Several Kings: South*

Asian Prisoners in World War I Germany. New Delhi: Orient Blackswan Pvt. Ltd., 2011.
Roy, Kaushik. *The Indian Army in the Two World Wars*. Boston: Brill, 2012.
Roy, R. N. *Rabindranath Tagore, the Dramatist*. Calcutta: A. Mukherjee & Co., 1992.
Rumbold, Algernon. *Watershed in India, 1914–1922*. London: Athlone Press, 1979.
Russell, Bertrand. *Autobiography*. London: Routledge, 1998.
Saaler, Sven, and J. Victor Koschmann, eds. *Pan-Asianism in Modern Japanese History: Colonialism, Regionalism and Borders*. London: Routledge, 2007.
Saaler, Sven, and Christopher W. A. Szpilman. *Pan-Asianism: A Documentary History*. Lanham, MD: Rowman & Littlefield, 2011.
Sareen, Tilak Raj. *Secret Documents on the Singapore Mutiny, 1915*. New Delhi: Mounto Pub. House, 1995.
Sarraut, Albert. *La Mise en valeur des Colonies Françaises*. Paris: Payot, 1923.
Saxena, Shyam Narain. *Role of Indian Army in the First World War*. Delhi: Bhavna Prakashan, 1987.
Schlichtmann, Klaus. *Japan in the World: Shidehara Kijuro, Pacifism, and the Abolition of War*. Lanham, MD: Lexington Books, 2009.
Schoppa, R. Keith. *Revolution and its Past: Identities and Change in Modern Chinese History*. Upper Saddle River, NJ: Pearson Prentice Hall, 2006.
Schram, Stuart R., ed. *Mao's Road to Power: Revolutionary Writings, 1912–1949*. Armonk, NY: M. E. Sharpe, 1992.
Schwarcz, Vera. *The Chinese Enlightenment: Intellectuals and the Legacy of the May Fourth Movement of 1919*. Berkeley: University of California Press, 1986.
Schwartz, Benjamin I. *In Search of Wealth and Power: Yen Fu and the West*. Cambridge, MA: Harvard University Press, 1964.
Schwartz, Benjamin I. *China and Other Matters*. Cambridge, MA: Harvard University Press, 1996.
Schwartz, Benjamin I., and Charlotte Furth, eds. *Reflections on the May Fourth Movement: A Symposium*. Cambridge, MA: Harvard University Press, 1972.
Sears, Laurie J., ed. *Autonomous Histories, Particular Truths: Essays in Honor of John R. Smail*. Madison, WI: University of Wisconsin Center for Southeast Asian Studies, 1993.
Seymour, Charles, ed. *The Intimate Papers of Colonel House*. London: Ernest Benn, 1928.
Sharma, Saroj. *Indian Elite and Nationalism: A Study of Indo-English Fiction*. Jaipur: Rawat Publications, 1997.
Shimazu, Naoko. *Nationalisms in Japan*. London: Routledge, 2006.
Shimazu, Naoko. *Japan, Race, and Equality: The Racial Equality Proposal of 1919*. London: Routledge, 2009.
Shotwell, James T. *At the Paris Peace Conference*. New York: Macmillan, 1937.
Singh, Ajai. *Rabindranath Tagore: His Imagery and Ideas*. Ghaziabad: Vimal, 1984.
Singh, Gajendra. *The Testimonies of Indian Soldiers and the Two World Wars: Between Self and Sepoy*. London: Bloomsbury, 2014.
Sinha, S. P. *The Future of India: Presidential Address to the Indian National Congress by Sir S. P. Sinha on the 27th December 1915*. London: Jas. Truscott & Son, 1916.
Sisson, Richard, and Stanley A. Wolpert. *Congress and Indian Nationalism: The Pre-Independence Phase*. Berkeley: University of California Press, 1988.
Smail, John, and Laurie J. Sears. *Autonomous Histories, Particular Truths: Essays in Honor of John R. W. Smail*. Madison, WI: University of Wisconsin Center for Southeast Asian Studies, 1993.
Starling, John, and Ivor Lee. *No Labour, No Battle: Military Labour during the First World War*. Stroud: Spellmount, 2009.
Stoler, Ann Laura, Carole McGranahan, and Peter C. Perdue, eds. *Imperial Formations*. Santa Fe: School for Advanced Research Press, 2007.
Summerskill, Michael. *China on the Western Front*. London: Michael Summerskill, 1982.
Sun, Yat-sen. *China and Japan: Natural Friends—Unnatural Enemies*. Shanghai: China United Press, 1941.
Sun, Yat-sen, Julie Lee Wei, Ramon Hawley Myers, and Donald G. Gillin. *Prescriptions for Saving China: Selected Writings of Sun Yat-Sen*. Stanford, CA: Hoover Institution Press, 1994. Sydenham of

主要参考书籍

Combe. *India and the War*. London: Hodder and Stoughton, 1915.
Tagore, Rabindranath. *Nationalism*. London: Macmillan and Co., 1918.
Tagore, Rabindranath. *The Home and the World*. New York: Penguin, 1985.
Tagore, Rabindranath, and Anthony Xavier Soares. *Lectures and Addresses*. London: Macmillan, 1936.
Tai, Hue-Tam Ho. *Radicalism and the Origins of the Vietnamese Revolution*. Cambridge, MA: Harvard University Press, 1992.
Tang, Xiaobing. *Global Space and the Nationalist Discourse of Modernity: The Historical Thinking of Liang Qichao*. Stanford, CA: Stanford University Press, 1996.
Tang, Xiaobing. *Chinese Modern: The Heroic and the Quotidian*. Durham, NC: Duke University Press, 2000.
Thu, Trang. Những hoạt động của Phan Chu Trinh tại Pháp. Paris: Sudestasie, 1983.
Thu, Trang-Gaspard. *Ho Chí Minh à Paris (1917–1923)*. Paris: Editions L'Harmattan, 1992.
Tillman, Seth P. *Anglo-American Relations at the Paris Peace Conference of 1919*. Princeton, NJ: Princeton University Press, 1961.
The Times. The Times *History of the War*, 1914. London: *The Times*, 1914.
Tooze, J. Adam. *The Deluge: The Great War, America and the Remaking of the Global Order, 1916–1931*. New York: Viking Adult, 2014.
Tran, Nhung Tuyet, and Anthony Reid, eds. *Viet Nam: Borderless Histories*. Madison, WI: University of Wisconsin Press, 2005.
Treat, Payson J. *Japan and the United States, 1853–1921*. Boston: Houghton Mifflin Company, 1921.
Trevelyan, Ernest John. *India and the War*. London: 1914.
Tyau, Min-Chien T. Z. *China Awakened*. New York: Macmillan, 1922.
United States. Department of State. *Papers Relating to the Foreign Relations of the United States: The Paris Peace Conference, 1919*. Washington: US Government Printing Office, 1942.
United States. Department of State, and Robert Lansing. *The Lansing Papers, 1914–1920*. Washington: US Government Printing Office, 1939.
Van de Ven, Hans J. *From Friend to Comrade: The Founding of the Chinese Communist Party, 1920–1927*. Berkeley: University of California Press, 1991.
Verma, D. N. *India and the League of Nations*. Patna: Bharati Bhawan, 1968.
Vu-Hill, Kimloan. *Coolies into Rebels: Impact of World War I on French Indochina*. Paris: Les Indes savantes, 2011.
Walworth, Arthur. *Wilson and His Peacemakers: American Diplomacy at the Paris Peace Conference, 1919*. New York: Norton, 1986.
Wang, Guanhua. *In Search of Justice: The 1905–1906 Chinese Anti-American Boycott*. Cambridge, MA: Harvard University Asia Center, distributed by Harvard University Press, 2001.
Weston, Rubin Francis. *Racism in US Imperialism: The Influence of Racial Assumptions on American Foreign Policy, 1893–1946*. Columbia: University of South Carolina Press, 1972.
White, John Albert. *The Siberian Intervention*. New York: Greenwood Press, 1969. Willcocks, James. *With the Indians in France*. London: Constable and Company, Ltd.,1920.
Williams, L. F. Rushbrook. *India in 1919: A Report Prepared for Presentation to Parliament in Accordance with the Requirements of the 26th Section of the Government of India Act*. Calcutta: Superintendent Government Printing, 1920.
Winegard, Timothy C. *Indigenous Peoples of the British Dominions and the First World War*. New York: Cambridge University Press, 2011.
Winter, J. M. *Dreams of Peace and Freedom: Utopian Moments in the Twentieth Century*. New Haven: Yale University Press, 2006.
Winter, J. M. *Remembering War: The Great War between Memory and History in the Twentieth Century*. New Haven: Yale University Press, 2006.
Winter, J. M., ed. *The Legacy of the Great War: Ninety Years On*. Columbia, MO: University of Missouri Press, 2009.
Winter, J. M. *The Cambridge History of the First World War*. Cambridge: Cambridge University Press, 2014.

Winter, J. M. *Sites of Memory, Sites of Mourning: The Great War in European Cultural History*. Cambridge: Cambridge University Press, 2014.
Winter, J. M., and Blaine Baggett. *The Great War and the Shaping of the 20th Century*. New York: Penguin Studio, 1996.
Winter, J. M., and Antoine Prost. *The Great War in History: Debates and Controversies, 1914 to the Present*. Cambridge: Cambridge University Press, 2005.
Winter, J. M., and Emmanuel Sivan. *War and Remembrance in the Twentieth Century*. Cambridge: Cambridge University Press, 1999.
Winter, J. M., Geoffrey Parker, and Mary R. Habeck. *The Great War and the Twentieth Century*. New Haven: Yale University, 2000.
Wolpert, Stanley A. *Massacre at Jallianwala Bagh*. New Delhi: Penguin Books, 1988.
Wolpert, Stanley A. *Tilak and Gokhale: Revolution and Reform in the Making of Modern India*. Delhi: Oxford University Press, 1989.
Wolpert, Stanley A. *A New History of India*. New York: Oxford University Press, 2009.
Wrigley, Chris, ed. *The First World War and the International Economy*. Cheltenham: Edward Elgar, 2000.
Xu, Guoqi. *China and the Great War: China's Pursuit of a New National Identity and Internationalization*. New York: Cambridge University Press, 2005.
Xu, Guoqi. *Strangers on the Western Front: Chinese Workers in the Great War*. Cambridge, MA: Harvard University Press, 2011.
Xu, Guoqi. *Chinese and Americans: A Shared History*. Cambridge, MA: Harvard University Press, 2014.
Yamasaki, Kakujiro, and Gotaro Ogawa. *The Effect of the World War upon the Commerce and Industry of Japan*. New Haven: Yale University Press, 1929.
Yanaga, Chitoshi. *Japan since Perry*. New York: McGraw-Hill Book Co., 1949.
Yavuz, M. Hakan, and Feroz Ahmad. *War and Collapse: World War I and the Ottoman State*. Salt Lake: The University of Utah Press, 2015.
Yeh, Wen-hsin. *Provincial Passages: Culture, Space, and the Origins of Chinese Communism*. Berkeley: University of California Press, 1996.
Yu, Young Ick. *The Making of the First Korean President: Syngman Rhee's Quest for Independence, 1875–1948*. Honolulu: University of Hawaii Press, 2014.
Zhang, Yongjin. *China in the International System, 1918–20: The Middle Kingdom at the Periphery*. New York: St. Martin's Press, 1991.